Baedeker
Allianz  **Reiseführer**

Dänemark

VERLAG Karl BAEDEKER

Die wichtigsten Reiseziele

** Top-Reiseziele – auf keinen Fall versäumen!

Spannende Wattwanderung vor Fanø
▶ S. 116

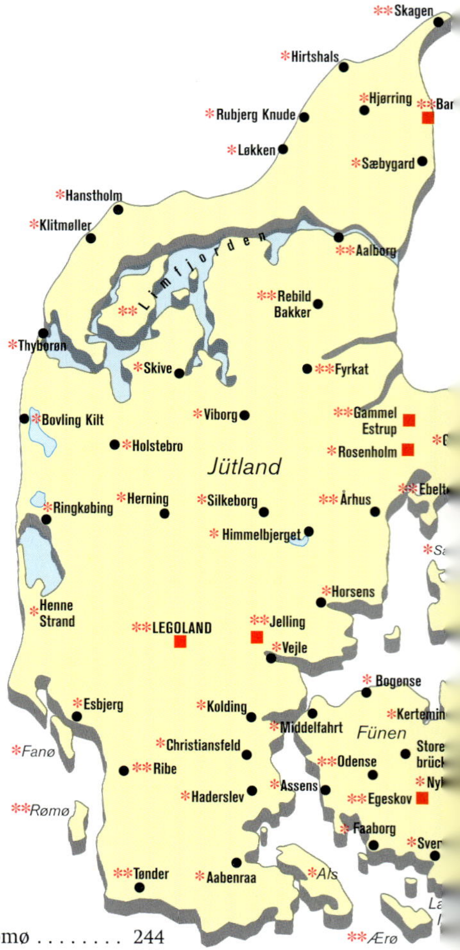

Aalborg	72
Insel Ærø	80
Århus	85
Herrensitz Bangsbo	120
Insel Bornholm	95
Ebeltoft	93
Schloss Egeskov	110
Wikingerburg Fyrkat	143
Schloss Gammel Estrup	235
Schloss Fredensborg	140
Schloss Frederiksborg in Hillerød	136
Holmegård	221
Jelling Runensteine	276
Køge	156
Kopenhagen	160
Schloss Kronborg	129
LEGOLAND	200
Limfjorden	204
Louisiana Museum	131
Insel Møn	215
Odense	224
Rebild Bakker Nationalpark	141
Ribe	236
Insel Rømø	244
Roskilde	246
Skagen	261
Stevns Klint	158
Tønder	153

◀ Kinder auf der ganzen Welt lieben dänische LEGOspielsachen.

* Herausragende Reiseziele – möglichst besuchen!

Assens............ 215	Klitmøller Strand ... 205
Bogense 213	Kolding........... 159
BonBonLand....... 221	Insel Læsø......... 196
Bøvling Klit........ 147	Insel Langeland..... 197
Christiansfeld...... 126	Insel Lolland....... 209
Schloss Dragsholm .. 312	Insel Falster 111
Esbjerg 102	Løkken 145
Faaborg........... 108	Middelfart 212
Insel Fanø......... 114	Nyborg 222
Frederikssund...... 121	Øresundbrücke...... 30
Haderslev 125	Schloss Rosenholm... 92
Hanstholm 206	Ringkøbing........ 240
Henne Strand 108	Rubjerg Knude 144
Herning 134	Insel Samsø........ 256
Hirtshals.......... 145	Silkeborg 257
Hjørring 143	Storebæltbrücke..... 31
Holbæk........... 255	Svendborg......... 265
Horsens........... 148	Thyborøn 205
Holstebro 146	Trelleborg......... 264
Hundested 123	Vejle 275
Kerteminde........ 224	Viborg............ 277

Aabenraa 70
Museum ARKEN 190
Insel Als 82
Insel Anholt 84

Stadtmuseum in Odense ▶ S. 229

Inhalt

Natur, Kultur Geschichte

Seite 10 – 61

Lebendige Geschichte auf Wikingermärkten ▶ S. 44

Zahlen und Fakten — 12
Allgemeines — 12
Landesnatur — 12
Klima — 15
Pflanzen und Tiere — 16
Bevölkerung und Staat — 18
Staat und Gesellschaft — 20
Baedeker SPECIAL Moderne Monarchie — 26
Wirtschaft und Verkehr — 28
Baedeker SPECIAL Abschied vom Inselleben — 30

Geschichte — 36
Baedeker SPECIAL Raue Männer aus dem Norden — 40

Berühmte Persönlichkeiten — 48

Kunst und Kultur — 53
Baedeker SPECIAL Edel, praktisch, formvollendet — 56

Reiseziele von A bis Z

Seite 62 – 283

Märchenschloss Egeskov ▶ S. 124

Routenvorschläge — 64

Aabenraa — 70
Aalborg — 72
Ærø — 80
Als — 82
Anholt — 84
Århus — 85
Baedeker SPECIAL Die alte Stadt — 90
Bornholm — 95
Esbjerg — 102
Baedeker SPECIAL Das Gold des Nordens — 104
Faaborg — 108
Falster — 111
Fanø — 114
Fredericia — 117

Frederikshavn	118
Frederikssund	121
Fyn/Fünen	124
Haderslev	125
Helsingør	127
Herning	134
Hillerød	136
Himmerland	141
Hjørring	143
Holstebro	146
Horsens	148
Jylland/Jütland	152
Kalundborg	153
Køge	156
Kolding	159
Kopenhagen/København	160
Baedeker SPECIAL Sehnsucht in Bronze und Stein	183
Baedeker SPECIAL Geschichten aus Rungstedlund	192
Korsør	194
Læsø	196
Langeland	197
LEGOLAND	200
Limfjorden	204
Lolland	209
Middelfart	212
Møn	215
Næstved	219
Nyborg	222
Odense	224
Baedeker SPECIAL Fast wie ein Märchen	226
Randers	233
Ribe	236
Ringkøbing	240
Ringsted	242
Rømø	244
Roskilde	246
Baedeker SPECIAL Rock in Roskilde	250

Die Kleine Meerjungfrau
▶ S. 183

Møns Kreidefelsen
▶ S. 219

Strohdachidyll ▶ S. 272

Samsø	256
Silkeborg	257
Sjælland/Seeland	259
Skagen	261
Slagelse	263
Svendborg	265
Baedeker SPECIAL Brecht im dänischen Exil	266
Tønder	270
Vejle	275
Viborg	277
Vordingborg	281

Praktische Informationen von A bis Z

Seite 284 – 341

Spezialität: fangfrischer Fisch ▶ S. 297

Anreise	286
Ärztliche Hilfe	287
Auskunft	288
Autohilfe	292
Badestrände und Wasserqualität	293
Behindertenhilfe	293
Camping und Caravaning	294
Diplomatische Vertretungen	294
Einkäufe und Souvenirs	295
Eisenbahn und Autobus	296
Elektrizität	296
Essen und Trinken	297
Baedeker SPECIAL Smørrebrød und andere Leckerbissen	298
Fähren	300
Feiertage	301
Flugverkehr	301
Geld	302
Hotels und Gasthöfe	302
Baedeker SPECIAL Traumhaft schlafen	310
Jugendherbergen	316
Kinder	316
Kino	317
Literaturempfehlungen	317
Margeritenroute	318

Mietwagen	318
Notdienste	319
Öffnungszeiten	319
Post	320
Reisedokumente	320
Reisezeit	320
Restaurants	321
Sport	327
Sprache	329
Straßenverkehr	335
Taxi	336
Telefon	336
Trinkgeld	337
Unterkunft	337
Veranstaltungen	338
Zeit	340
Zeitungen, Zeitschriften	340
Zollbestimmungen	341

Dänemarks Strände sind ein Traumziel für Familien. ▶ S. 292

Register	**342**
Verzeichnis der Karten und grafischen Darstellungen	**350**
Bildnachweis	**351**
Impressum	**352**

Inselreich am

Dem Meer abgerungen

Das Muschelhaus in Tyborøn

"Tonio Kröger stand in Wind und Brausen gehüllt, versunken in dies ewige, schwere, betäubende Getöse, das er so sehr liebte. Wandte er sich und ging fort, so schien es plötzlich ganz ruhig und warm um ihn her. Aber im Rücken wußte er sich das Meer; es rief, lockte und grüßte. Und er lächelte." Was Thomas Mann in seiner 1903 erschienenen Novelle so wunderschön vom südlichsten Land Skandinaviens erzählt hat, besitzt zeitlose Gültigkeit. Ein langer Strandspaziergang bei stürmischem Wetter, wenn der Wind an der Jacke zerrt, die Lippen nach Salz schmecken und das Meer so laut brüllt, dass man sein eigenes Wort kaum versteht, ist und bleibt ein Stück dänischen Wohlbefindens. Am nächsten Tag scheint die Sonne an einem strahlend blauen Himmel, der Strand hat wieder seine natürliche Breite und man findet zwischen Muscheln und anderem Strandgut vielleicht sogar einen Bernstein, das mystische Gold des Nordens. In jedem Fall aber ist man nirgendwo weiter als 50 km vom Meer entfernt, und ein Badestrand und Jachthafen gehören fast überall dazu. Auf der Reise durch das Inselreich zwischen Nord- und Ostsee erschließt sich das Geheimnis von "hygge", der im wortwörtlichen Sinn unübersetzbaren dänischen Gemütlichkeit und Gelassenheit. Vermutlich

Strohdachidylle

In Dänemark ist alles ein bisschen "hyggeliger", gemütlicher, als anderswo.

Metropole mit Charme

An warmen Sommerabenden trifft man sich in Kopenhagen am Nyhavn.

Nordmeer

nirgendwo in Europa hat man auf eine so sympathische Weise das Gefühl, die Zeit sei stehen geblieben, der Beton noch nicht erfunden und die Landschaft gehöre nur uns allein. Und das nicht nur beim urtypischen Ferienhausurlaub, der im kleinen Königreich eigentlich immer Saison hat. Man sagt, dass ein "Kro", wie die traditionsreichen Landgasthöfe heißen, zum Längerbleiben verführt. Das liegt nicht zuletzt an der dänischen Gastfreundschaft, die alles ein bisschen persönlicher macht. Und natürlich an der ausgezeichneten dänischen Küche, die weit mehr als Smørrebrød und Fischgerichte aller Art zu bieten hat. Dänemark ist Weltmeister im Bewahren. In den Großstädten, die man übrigens an einer Hand abzählen kann, wie in den Landgemeinden stehen immer noch Hunderttausende buntbemalter Fachwerkhäuschen, fast jedes wie ein Puppenheim. Dazu kommen sorgsam erhaltene Zeugnisse der legendären Wikingerzeit, verwunschene Bilderbuchschlösser und prachtvolle königliche Residenzen, sensationelle Kunstsammlungen, einzigartige Freilichtmuseen und märchenhafte Vergnügen bei Tivoli, Legoland und Co. Also auf nach Dänemark? Da können Sie es getrost mit Tonio Kröger halten: *"Ja. Und ich verspreche mir Gutes davon."*

Skål!
Carlsberg und Tuborg exportieren ihr Bier in alle Welt.

Natur pur
Endlose Sonnentage an kilometer langen weißen Sandstränden

Festivals
Lustig, laut und liebenswürdig

Natur, Kultur, Geschichte

Zahlen und Fakten

Allgemeines

Lage

Deutschlands Nachbar Dänemark besteht aus der großen Halbinsel Jütland, die im Süden eine 68 km lange Staatengrenze von Schleswig-Holstein trennt, und 406 Inseln, weshalb man auch gern vom Inselreich spricht. Keinen Ort im südlichsten Land Skandinaviens trennen mehr als 55 km vom Meer, die Küstenlinie ist über 7 400 km lang. Im Westen grenzt Dänemark an die Nordsee, im Osten entfällt ein großer Teil der Inseln auf den Ostseeraum. Zwischen dem östlichen Jütland und Schweden befindet sich das Kattegat, zwischen dem nordwestlichen Jütland und Norwegen das Skagerrak – Randmeere, die den Übergang von der Ost- zur Nordsee bilden. Damit liegt Dänemark auf der Schifffahrtsroute vom Ostseeraum zu den Weltmeeren und zugleich auf dem Verkehrsweg von Mitteleuropa nach Skandinavien. Wenn im vorliegenden Band von Dänemark gesprochen wird, so ist der Staat Dänemark gemeint und nicht das Königreich Dänemark, zu dem als teilautonome Außenbesitzungen auch Grönland und die Färöer-Inseln gehören, die hier jedoch nicht behandelt werden (▶ Bevölkerung und Staat).

Ausdehnung

Die genaue Größe des Landes ist nicht einfach anzugeben, da seine Fläche sich infolge der Einwirkung des Meeres wie auch durch Neulandgewinnung häufig ändert. In Küstengebieten, die den Gezeiten unterliegen, verschiebt sich die Küstenlinie bei Ebbe bzw. Flut beträchtlich – etwa an der Westküste Südjütlands. Das Landgebiet umfasst Seen und Wasserläufe, nicht aber Förden und Buchten mit offener Verbindung zum Meer. Legt man diese Definition zugrunde, so hat Dänemark eine Fläche von 43 094 km². Davon entfallen 29 647 km² auf die Halbinsel Jütland (Jylland), während die 406 Inseln, von denen 78 bewohnt sind, zusammen 13 309 km² ausmachen. Die größte Insel ist mit 7 517 km² Seeland (Sjælland), gefolgt von Fünen (Fyn) mit 2 984 km² sowie Lolland (1 243 km²), Bornholm (587 km²) und Falster (514 km²).

Landesnatur

Urgesteine

Das dänische Landschaftsbild verdankt seine Entstehung vor allem den letzten beiden Eiszeiten und der Zeit danach. Unter dem Land aber lagern, wie in den benachbarten Gebieten Mitteleuropas, Gesteine aus älteren erdgeschichtlichen Perioden: hauptsächlich Kalksteine, Sandsteine und Tonschiefer, präkambrische Granite und Gneise. Eine Grundgebirgslandschaft gibt es in Dänemark nur auf

◀ Kathedralen aus Kreide: die Klints auf Møn

Kongeriget Danmark • Königreich Dänemark

Fläche (ohne Grönland und die Färöer): 43 094 km^2

Bevölkerung: 5,3 Mio.

Hauptstadt: København (Kopenhagen)

Sprachen: Amtssprache Dänisch;
Deutsch als Minderheitensprache in Südjütland

Bornholm, das aus alten Graniten aufgebaut ist und dessen Granitoberfläche im Pleistozän vom Inlandeis zu einer Rundhöckerflur überformt wurde.

Dänemarks Landschaft besteht aus einem flachen West- und einem hügeligen Ostteil. Die Grenze verläuft von Bovbjerg an der Nordseeküste über Hald bei Viborg nach Padborg in Südjütland. Hier erstreckte sich die sog. Hauptstillstandslinie des Eises, d. h. hier kamen vor rund 22 000 Jahren die aus dem Norden und Osten vordringenden Eismassen der letzten Eiszeit, der Weichsel-Eiszeit (vor 118 000 – 11 500 Jahren), zum Stillstand. Erkennbar ist die Hauptstillstandslinie heute an den Endmoränen, die vom Eisrand beim Vorstoß aufgeschoben wurden. Westlich dieser Grenze, in Westjütland, befindet sich die von der älteren Saale-Eiszeit geprägte, dann von fließendem Wasser, Regen, Schnee, Frost und Wind überformte Altmoränenlandschaft. Heute beherrschen hier Geesthügel das Bild und ausgedehnte Sanderflächen, d.h. Ebenen aus Sand, Kies und Geröll, die von Schmelzwasserflüssen des Inlandeises abgelagert wurden. Nördlich und östlich der Hauptstillstandslinie findet man die auf die Weichseleiszeit zurückgehenden Jungmoränenlandschaften, die viele unterschiedliche Landschaftsformen und ein weitaus schärferes Relief als die Altmoränenlandschaften aufweisen – diese Gebiete sind seit relativ kurzer Zeit der Abtragung ausgesetzt, da das letzte Inlandeis hier erst vor ca. 12 000 Jahren abschmolz. Im Randbereich des Inlandeises bildete sich durch Anhäufung des Moränenmaterials das Moränenhügelland. Hier befindet sich auch die höchste Erhebung des Landes, das insgesamt

Urgesteine (Fortsetzung)

Glaziale Landschaften

Glaziale Landschaften (Fortsetzung)

nur wenig über dem Meeresspiegel liegt: der Yding Skovhøj südlich von Skanderborg, der eine Höhe von 173 m erreicht. Dahinter entstand durch die Gleitbewegung des Eises über den Untergrund eine geglättete Grundmoränenlandschaft mit sog. Drumlins, langgestreckten Hügeln in Richtung der Gletscherbewegung. Diese relativ niedrigen Hügel sind u. a. auf Nordfünen, Mittelseeland und Lolland anzutreffen. Unterbrochen werden die gleichförmigen Grundmoränenebenen auch von Tunneltälern, den Überbleibseln der riesigen Schmelzwasserströme, die sich einst unter dem Eis ihren Weg bahnten. Viele dieser Täler münden heute in die Ostsee und bilden an den Übergangsstellen Buchten und Förden. Wegen ihrer fruchtbaren Böden gehören die Grundmoränenlandschaften zum besten Agrarland Dänemarks.

Größter Findling Dänemarks: der Dammestenen nördlich von Svendborg

In der Nacheiszeit stieg der Meeresspiegel an, das Land hob sich. Da die Hebung des Landes jedoch geringer war als der Anstieg des Wassers, wurden Teile des ehemaligen Festlands überflutet. Der Zusammenhang zwischen Schweden und Dänemark sowie den dänischen Inseln und dem europäischen Festland ging verloren; durch Überflutungen entstanden die als Sund, Großer und Kleiner Belt bezeichneten Wasserstraßen.

Wasserstraßen, Dünen und Küsten

Dänemarks Wasserläufe sind recht klein. Die größten gibt es in Jütland, wo der Gudenå entspringt und nach 158 km an der Ostseeküste in den Randers-Fjord mündet. Die Möglichkeiten der Wasserkraftnutzung sind im Königreich daher sehr gering. Als fast ununterbrochener Gürtel ziehen sich Dünenlandschaften an der westjütländischen Küste hin. Heute ist es gelungen, die Dünenwanderungen fast völlig zum Stillstand zu bringen – außer bei Råjberg Mile und Rubjerg Knude in Nordjütland, wo die letzten Wanderdünen Dänemarks jährlich noch rund 5 bis 15 m ostwärts rücken. Bei über 7 400 km Küstenlänge kann Dänemark eine Vielzahl verschiedener Küstentypen aufweisen, darunter Felsküsten im nördlichen

Bornholm, Kliffküsten auf Møn und Flachküsten auf den übrigen Inseln. Da die jütländische Westküste über weite Strecken eine Ausgleichsküste ist, deren Buchten durch Nehrungen und Haken ganz oder teilweise geschlossen und zu Haffen geworden sind, gibt es dort nur wenige Häfen, abgesehen vom Limfjord, dem mit 180 km längsten Fjord Dänemarks. Die zahlreichen Förden – im Dänischen "Fjord" genannt–, die besonders an der Küste Ostjütlands auftreten, sind vom Meer überflutete Gletscherrinnen; in ihrem Schutz entstanden eine ganze Reihe von Hafenstädten.

Landesnatur (Fortsetzung)

Die im Wesentlichen aus eiszeitlichen Ablagerungen hervorgegangene dänische Landschaft stellt sich heute dem Betrachter als eine von Menschenhand geschaffene Kulturlandschaft dar. Moore wurden trockengelegt, die Heiden umgebrochen, landwirtschaftlich nutzbare Fläche geschaffen, Menschen angesiedelt. Fast zwei Drittel der Gesamtfläche des Landes werden heute landwirtschaftlich genutzt. Nur einige Naturschutzgebiete und ein dem Tourismus vorbehaltener Dünen- und Heidestreifen entlang der Nordseeküste sind im Urzustand belassen.

Kulturlandschaft

Klima

Dänemarks Klima resultiert aus der Lage im Westwindgürtel der nördlichen gemäßigten Zone an der Westseite des eurasischen Festlandblocks. Da Dänemark aber an der Nordsee und nicht am offenen Atlantik liegt, ist sein Klima nicht so maritim ausgeprägt wie auf den Britischen Inseln. Der vorherrschende Westwind trägt relativ warme Luft vom Atlantik herüber und sorgt so für verhältnismäßig milde Winter. Und das Wärme speichernde Wasser der Ostsee verhindert, dass das Land unter den Einfluss des kühleren osteuropäischen Kontinentalklimas gerät. Nur bei einer Vereisung der Ostsee (was sehr selten, etwa fünfmal im Jahrhundert geschieht) können kalte Luftmassen aus dem Osten nach Dänemark vordringen und starke Kälteeinbrüche verursachen. Auf der anderen Seite gelangt im Sommer zuweilen die kontinentale Warmluft des Ostens über Dänemark, was dann zu einer Hitzewelle führen kann. Der bei einer solchen Wetterlage gemessene Höchstwert lag bei 35,8° C. Doch auch solche Wetterverhältnisse sind eher die Ausnahme von der Regel. Keine Ausnahme ist hingegen das typisch wechselhafte Wetter im Inselreich. Den Hintergrund hierfür bilden Zyklonen, Tiefdruckgebiete mit Kalt- und Warmfronten, die von der Ostküste Amerikas aus nach Nordosten ziehen und Dänemark ein Wetter etwa in folgender Reihenfolge bescheren: regelmäßige Niederschläge, aufgeheitertes, leicht diesiges Wetter evtl. mit Sprühregen, kräftige Regenschauer, klarer Himmel.

Gemäßigtes Seeklima

Die Sommer sind mit Durchschnittstemperaturen um 16 °C recht kühl, die Winter bei durchschnittlichen Temperaturen von 0,5 °C nicht allzu kalt. Die mittlere Temperatur des kältesten Monats ist sogar um ca. 12° C höher als die Durchschnittstemperatur am 56. Grad nördlicher Breite in anderen Gebieten der Erde. Auch wenn die Temperaturen im flächenmäßig kleinen Land Dänemark sehr wenig schwanken, ist dennoch eine deutliche klimatische Differenzierung feststellbar: Von Westen nach Osten steigen die Som-

Temperaturen

Klima (Fortsetzung)

mertemperaturen (15° C an der Westküste gegenüber 18° C im Øresund), während die Wintertemperaturen ostwärts sinken (0,5° C an der Westküste gegenüber -1° C im Innern Bornholms). Auch die Frostperioden fallen entsprechend unterschiedlich aus: In Mitteljütland beginnen sie Ende September, auf Bornholm erst Ende November, an der Westküste enden sie Anfang April, in Mitteljütland erst Mitte Mai.

Niederschläge

Die Niederschläge betragen in Dänemark im Jahresmittel durchschnittlich 550–650 mm. Auch hier ist wie bei den Temperaturen eine Zunahme der Kontinentalität in ostwärtiger Richtung festzustellen: Im westlichen Jütland und besonders in Nordschleswig werden bis zu 900 mm erreicht, auf einigen östlichen Inseln sind es nur um die 400 mm. Niederschläge fallen in Dänemark das ganze Jahr über, am meisten in den Monaten August bis Oktober, am wenigsten in der Zeit von Februar bis Juni – der regenärmste Monat ist der Februar. Die Zahl der Tage mit Niederschlag liegt zwischen 120 und 200 pro Jahr. Schnee fällt von Januar bis März an sechs bis neun Tagen.

Vorherrschende Winde

In Dänemark weht der Wind häufig, vor allem aus West und Südwest. Im Winter ist er am stärksten, im Sommer am schwächsten. Nicht selten verwandeln sich die westlichen Winde in Stürme, die insbesondere in Westjütland große Schäden verursachen können. In den niederschlagsarmen Frühjahrsmonaten entstehen dann durch Winderosion mit Abtragung der Humusschicht stellenweise starke Zerstörungen.

Pflanzen und Tiere

Flora

Wälder

Erdgeschichtlich und damit pflanzengeographisch gehört Dänemark (Bornholm ausgenommen) zu Mitteleuropa, d. h. das Land ist eher festlandseuropäisch als skandinavisch einzuordnen. Entsprechend wächst in den südlichen Teilen Dänemarks sommergrüner Laubwald, d. h. Baumarten herrschen vor, die ihre Blätter im Herbst abwerfen. An bestimmten Stellen Mitteljütlands wird jedoch bereits der Übergang zur Nadelwaldzone deutlich, wo Fichtenpflanzungen besonders gut gedeihen. Unter den Laubbäumen ist die Buche am weitesten verbreitet; daneben finden sich Eiche, Ulme und Linde. In den Nadelforsten dominieren Fichte und Kiefer. Der gesamte heutige Wald, der rund 11 % der Landesfläche bedeckt, ist angepflanzt und wird forstwirtschaftlich gehegt. Auf den westjütländischen Sanderflächen standen einst Eichen und Birken, intensive Forstwirtschaft veränderte aber diese Bestockung hin zu Nadelforsten. Auch im Norden der mächtigen Moränenlandschaften Nord- und Ostdänemarks, einem typischen Buchengebiet (Rotbuche), wurden Nadelwälder angelegt. Wie ursprünglicher dänischer Buchenwald in etwa ausgesehen hat, kann man auf der Insel Møn beobachten, in deren schönen Wäldern auch eine artenreiche Begleitflora gedeiht, die besonders im Frühjahr ins Auge fällt, wenn Buschwindröschen, Leberblümchen, Gelbes Windröschen, Bärlauch und Seidelbast blühen.

Andere typische Pflanzengesellschaften sind die Dünen-, Heide- und Feuchtgebiete, die hauptsächlich in Jütland vorkommen und rund 10 % der gesamten Landesfläche einnehmen. Entlang der Westküste Jütlands breitet sich die Dünenvegetation aus, die sich mit Seegras, Binsen, der schwarzen Rauschbeere, Zwergweiden usw. an die extremen Verhältnisse der Flugsandgebiete angepasst hat. Ferner findet man hier Meersenf, Strandroggen und Strandhafer, Strandsalzmiere, Dünenrose, Strandplatterbse und Stranddistel. Auch die Schlickflächen und Salzwiesen im Wattenmeer weisen eine Fülle von Pflanzenarten auf, wie sie andernorts nicht gedeihen, so etwa Queller, Schlickgras, Widerstoß (Strandflieder) und Salz-Aster. Auf den Sanderflächen und sandigen Moränenhängen sowie auf vielen Arealen, wo Wälder gerodet wurden, hat sich die Heide weit ausgebreitet. Ein Großteil dieser Flächen (wie auch der Moorflächen) wurde im Laufe des 19. Jh.s kultiviert und in Agrarland umgewandelt. Zahlen besagen, dass von den rund 1 Mio. ha großen Heideflächen Jütlands innerhalb weniger Jahrzehnte rund 700 000 ha in Agrarland umgewandelt und weitere 200 000 ha aufgeforstet wurden. Von den ursprünglichen Feuchtgebieten sind im Laufe des 19. und 20. Jh.s sogar zwischen 95 % und 98 % dem Ackerland gewichen.

Dünen-, Heide- und Feuchtgebiete

Um den Limfjord, der Jütlands Norden zweiteilt, findet man tatsächlich noch so etwas wie Natur pur mit artenreichen Brack- und Süßwasserbiotopen und Vejlerne, Nordeuropas größtes Feuchtgebiet für Wasservögel. Im Südosten bietet das Himmerland den größten Wald, die wasserreichsten Quellen und die größten Heideflä-

Zwischen zwei Meeren: der Limfjord

Wind und Wasser haben die Küsten Dänemarks geformt, drei Viertel der Landesfläche aber sind von Menschenhand geschaffenes Kulturland.

Limfjord
(Fortsetzung)

chen im ganzen Königreich. Um der Sandflucht Einhalt zu gebieten, hat man um 1800 damit begonnen, Wald anzupflanzen. Diese Waldinseln, Plantagen genannt, bestehen hauptsächlich aus Blau- und Waldkiefer. Sie ziehen sich heute wie eine Kette an der dänischen Nordküste entlang, teilweise stoßen sie fast an den Fjord an.

Pflanzenwelt Bornholm

Auf Bornholm findet man Skandinavien im Miniaturformat sowie Pflanzenarten, die innerhalb Dänemarks nur selten oder sonst gar nicht anzutreffen sind, wie z. B. die unter Naturschutz stehenden Orchideen und Anemonen. In den Gärten der Bornholmer wachsen sogar Südfrüchte wie Feigen, die normalerweise nur im Mittelmeerraum gedeihen.

Fauna

Allgemeines

Ursprünglich bestanden 80–90 % der Landesfläche Dänemarks aus Mischlaubwäldern. Dementsprechend setzte sich die dänische Fauna hauptsächlich aus Waldtieren zusammen. Zwar macht der Waldbestand heute nur noch rund 11 % der Landesfläche aus, doch ist die dänische Tierwelt, im Hinblick auf die Tierarten, immer noch eine Waldfauna. Auch leben die meisten Arten in den Wäldern, obwohl, zahlenmäßig betrachtet, der überwiegende Teil der Wildtiere auf dem Ackerland anzutreffen ist, das rund zwei Drittel des Landes ausmacht, dessen Bearbeitung durch Maschinen und Chemie jedoch vielen Arten das Überleben erschwert, wenn nicht sogar unmöglich macht. Einer Schätzung der nationalen Forst- und Naturbehörde von 1995 zufolge zählen zu den, durch die intensive Bewirtschaftung des Landes und dichte Besiedlung reduzierten, frei lebenden, natürlich vorkommenden Arten in Dänemark 424 verschiedene Wirbeltiere, darunter 49 Säugetiere, 209 Vögel, 5 Kriechtiere, 14 Lurche, 37 Süßwasser- und 110 Salzwasserfische sowie 21 000 wirbellose Tiere, davon allein 18 000 Insekten. Von den schutzbedürftigen Tieren leben 53 % im Wald, darunter der Baummarder, die Äskulapnatter und 658 Käferarten.

Säugetiere

Die Tierwelt Dänemarks entspricht der des mitteleuropäischen Tieflandes. In den Laubwäldern trifft man Reh, Rothirsch, Damhirsch, Fuchs und Dachs. Der Damhirsch kommt recht häufig vor, der Rothirsch gehört wegen des geringen Waldbestandes eher zu den seltenen Tieren. Immer öfter kann in den Städten und deren Umgebung der Fuchs beobachtet werden, der Kleinnager und Vögel in den Gärten und Grünflächen jagt oder sich über Abfallreste in Mülltonnen hermacht.

Vögel

Bemerkenswert an der dänischen Fauna ist die Vielfalt der Vögel – über 300 Arten wurden gezählt, davon rund 160 Arten Brutvögel. Neben Spechten, Singdrosseln, Rotkehlchen, Meisen, Buchfinken, Amseln und Staren (vor allem im Inland) sind im Küstengebiet viele Zug-, See- und Sumpfvögel zu beobachten. Die Küsten vor den dänischen Gewässern dienen nicht weniger als 17 Seevogelarten mit mehr als 20 % der Individuen der gesamten Art, Rasse oder einer angrenzenden Population als Rast- oder Überwinterungsplätze, u. a. Zwergschwänen, Ringelgänsen und Pfeifenten. Ende September ziehen die etwa 30 000 kurzschnäbeligen Gänse von Svalbard

Gehören zur eingeschworenen Fangemeinde Dänemarks: die Robben.

auf ihrem Flug nach Holland und Belgien an der Westküste Jütlands entlang; spätestens im Januar kehren sie nach Dänemark zurück, zuerst u. a. in die Tønder-Marsch, um sich dann zwischen März und Mai wieder bei Svalbard niederzulassen. Ein wahres Eldorado findet der Vogelfreund auch um den Limfjord herum, dem vielfältig zergliederten Meeresarm im Norden Jütlands, wo man, um auch die Natur zu erhalten, einige schöne Vogelschutzgebiete eingerichtet hat. Hier brüten verschiedene Arten von Meeresvögeln wie Lach- und Silbermöwe, der Säbelschnäbler sowie Brandseeschwalbe und Küstenseeschwalbe, ferner Tiere, wie sie für Süßwasserfeuchtgebiete mit teilweise sehr ausgedehnten Schilfröhrichten typisch sind, darunter Rothalstaucher, Rohrdommel und Rohrweihe. Auf der zu den nordöstlich von Bornholm liegenden Ertholmene (Erbseninseln) gehörenden unbewohnten Insel Græsholm liegen die einzigen dänischen Brutplätze typischer felsbrütender Meeresvögel wie Trottellumme und Tordalk. Der Nationalvogel Dänemarks aber ist der Höckerschwan. Gab es 1926 bei Beginn des absoluten Schutzes dieser Art nur noch drei bis vier Paare, so brüten heute rund 4 000 Paare. Die flachen dänischen Gewässer sind bei den Höckerschwänen u. a. auch als Überwinterungsplatz beliebt: 75 000 Vögel oder ca. 40 % des gesamten nordwesteuropäischen Bestandes sprechen für sich!

Vögel (Fortsetzung)

Genaugenommen besteht Dänemarks Fläche zu zwei Dritteln aus Meer (104 000 km^2 Meeresgebiet, 43 094 km^2 Landgebiet). Mit etwa 1 500 Tierarten verfügt die salzhaltigere Nordsee (3,5 % Salzgehalt) über eine weitaus größere Artenvielfalt als die mit 1 % recht salzarme Ostsee (ca. 200 Arten). Dabei ist das flache Wasser mit alles in

Meerestiere

19

Meerestiere (Fortsetzung) allem besseren Sauerstoffverhältnissen artenreicher als die tieferen Gründe der relativ seichten dänischen Gewässer – nur im Skagerrak beträgt die Meerestiefe über 100 m. Auf weiten Teilen des aus Sand oder Schlick bestehenden, ohnehin artenarmen Meeresbodens nimmt der Sauerstoffgehalt, bedingt auch durch die Zufuhr von Düngemitteln aus der Landwirtschaft, von Jahr zu Jahr ab. Insbesondere folgende Tiere sind in den Gewässern vor der dänischen Küste beheimatet: Tümmler und Robben, Kabeljau, Hering und Scholle, Miesmuscheln, Krebse, Seesterne, Schnecken, Herzmuscheln und Sandwümer sowie Quallen und Wasserflöhe.

Naturschutz

Allgemeines Grenzen sind dem dänischen Naturschutz durch die dichte Besiedlung und die intensive Nutzung fast des gesamten Landes gesteckt. So werden oftmals Flächen geschützt, die ganz oder teilweise nach wie vor landwirtschaftlich genutzt werden. In manchen Gebieten wird die Nutzung ganz gezielt aufrechterhalten, weil sie zu der jetzt herrschenden, bewahrenswerten Pflanzen- und Tierwelt geführt hat. Darüber hinaus versucht man aber auch, Seen, Wasserläufe und Feuchtgebiete, die während der letzten Jahrhunderte durch Entwässerung in Agrarland umgewandelt wurden, wieder zu naturalisieren und zu restaurieren. Auch die Naturpflege von Wiesen, trockenem Grasland und Heiden erfreut sich immer größerer Beliebtheit. Und noch ein Ziel hat man sich gesetzt, nämlich, die Waldfläche innerhalb der nächsten 100 Jahre zu verdoppeln. Um 500 v. Chr. war fast das ganze Land von Wäldern bedeckt; dann kam der Mensch und verwandelte den Wald in Äcker. Als Anfang des 19. Jh.s die Wälder gerade noch 4 % der gesamten Landesfläche ausmachten – u. a. war das Sandtreiben an der jütländischen Küste ein Resultat der Waldrodung –, rang man sich endlich zu einer Wiederaufforstung durch. Doch der wiederaufgeforstete Wald unterschied sich von dem ursprünglichen Bestand: Gepflanzt wurden nun hauptsächlich Nadelbäume, die schneller wachsen als Buchen und Eichen. Mittlerweile sind wieder 11 % der dänischen Landesfläche von Wäldern bedeckt.

Schutzgebiete Die dänischen Schutzgebiete haben – wie die in Deutschland – unterschiedlichen Status. So gibt es einen Nationalpark, den 1912 begründeten Rebild-Nationalpark im Norden Jütlands, der jedoch nicht internationalem Standard entspricht. Daneben verfügt Dänemark über viele kleinere Schutzgebiete. Zu ihnen zählen verschiedene Küstenabschnitte der Inseln wie die Kreidefelsen von Møn, die Heiligtumsklippen von Bornholm und die Steilküste von Vodrup an der Westküste der Insel Ærø. Auf Jütland sind ein Abschnitt des ehemaligen Heerweges, einige der Heidegebiete, ein Teil der Insel Fur im Limfjord, die Berge von Mols an der Ostküste und die Wanderdüne Råbjerg Mile bei Skagen als Schutzgebiete ausgewiesen.

Wattenmeer Ein besonders wichtiges und gleichzeitig Dänemarks größtes Schutzgebiet ist das dänische Wattenmeer vor der Westküste Jütlands. Diese flachen Meeresabschnitte, vor allem um die Inseln Fanø, Mandø und Rømø, die bei Flut überspült werden und bei Ebbe trockenfallen, bilden ein eigenes Ökosystem. Durch den Gezeitenwechsel findet hier ein regelmäßiger Nährstoff- und Sauerstoffaustausch statt, was das Wattenmeer zu einem überaus fruchtbaren Lebensraum macht. Im Herbst und im Frühjahr stärken sich 10–12 Millionen von Zugvögeln wie Seeschwalben, Austernfischer und Sandregenpfeifer in der immensen Speisekammer von Würmern, Krebsen, Schnecken und Muscheln. Hier laichen viele wichtige Speisefischarten wie Scholle und Dorsch, und das Watt ist auch Dänemarks wichtigste Kinderstube für den Seehund. Zusammen mit dem – ebenfalls geschützten – Wattenmeer vor der deutschen und niederländischen Nordseeküste steht hier ein Gebiet unter Schutz, das zu den wertvollsten Feuchtgebieten der Erde zählt.

Pflanzen und Tiere (Fortsetzung)

Bevölkerung und Staat

Bevölkerung

Dänemark, ein moderner Industriestaat mit hohem Lebensstandard, hat knapp 5,3 Mio. Einwohner. Die Bevölkerungsdichte liegt bei durchschnittlich rund 122 Menschen pro km². Die am dichtesten besiedelten Landesteile sind die Inseln Fünen und Seeland mit der Hauptstadtregion Kopenhagen sowie die nordjütische Insel nördlich des Limfjords. Die Halbinsel Jütland und die zahlreichen kleineren Inseln weisen eine relativ dünne Besiedlung auf; von den 406 dänischen Inseln waren Anfang 2000 nur 78 bewohnt. Fast 85 % der Bevölkerung leben in Städten. Der Ballungsraum Kopenhagen zählt etwa 1,77 Mio. Einwohner (ca. 1100 Einwohner/km²), zweitgrößte Stadt ist Århus mit 215 000 Einwohnern. Der Rest der städti-

Allgemeines

Dänische Jugend – weltoffen und selbstbewusst

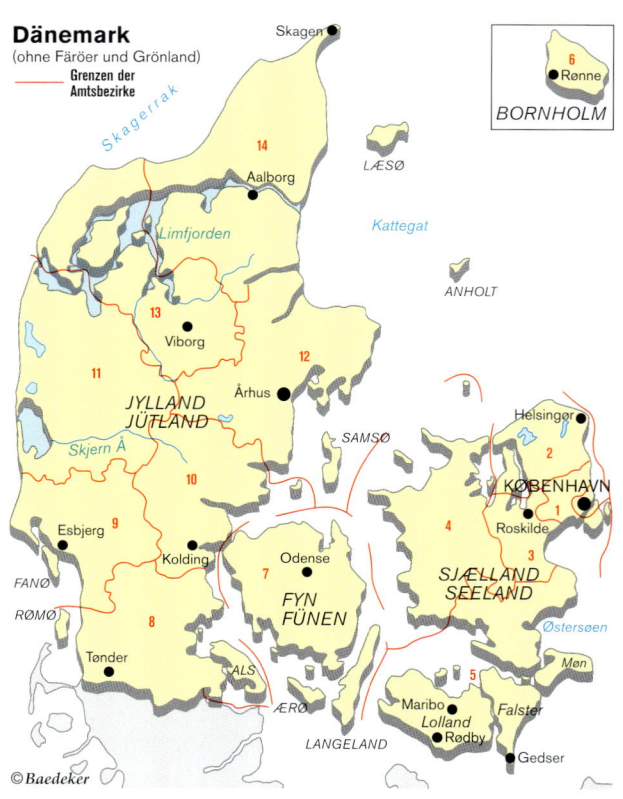

Die dänischen Amtsbezirke

Amtsbezirk (amt)	Fläche in km²	Einwohnerzahl
1 Københavns amt	526	610 261
2 Frederiksborg amt	1 347	359 839
3 Roskilde amt	891	228 202
4 Vestersjællands amt	2 984	292 146
5 Storstrøms amt	3 398	258 295
6 Bornholms amt	588	44 786
7 Fyns amt	3 486	471 873
8 Sønderjyllands amt	3 938	253 836
9 Ribe amt	3 131	223 818
10 Vejle amt	2 997	334 507
11 Ringkøbing amt	4 853	271 978
12 Århus amt	4 561	631 586
13 Viborg amt	4 122	233 143
14 Nordjyllands amt	6 173	493 114
Königreich Dänemark (ohne Färöer und Grönland)	43 094	5 294 860

schen Bevölkerung lebt in einem sich über das ganze Land erstreckenden Netz mittelgroßer Städte.

Bevölkerung (Fortsetzung)

Wie in den meisten westeuropäischen Ländern gab es auch in Dänemark seit Mitte der 1960er-Jahre Geburtenrückgänge; 1983 wurde die vorläufig niedrigste Rate verzeichnet, als die durchschnittliche Zahl der Geburten pro Frau bei 1,4 lag (2,1 Geburten pro Frau sind notwendig, wenn es nicht zu einem Bevölkerungsrückgang kommen soll). Ab 1983 begann die Geburtenrate wieder zu steigen; momentan beläuft sich das Bevölkerungswachstum auf etwa 0,1 %. Die Überalterung bereitet dem Land Probleme: Mehr als ein Sechstel aller Dänen sind im Rentenalter.

Auch Dänemark ist das Ziel von Einwanderern aus Ländern anderer Kulturkreise, vor allem aus der Türkei, dem früheren Jugoslawien und Asien, insbesondere Pakistan. 1999 betrug der Anteil ausländischer Staatsbürger rund 4,5 % im Vergleich zu 2 % im Jahr 1984. Über die Hälfte der ausländischen Staatsbürger lebt im Großraum Kopenhagen, fast jeder vierte stammt aus einem anderen skandinavischen Land oder den EU-Staaten. Die größte Minderheit sind die Deutschen mit 1,7 % in Südjütland (Nordschleswig).

In Dänemark besteht Religionsfreiheit. Die wichtigste Glaubensgemeinschaft ist die Evangelisch-Lutherische Volkskirche, der rund 86 % der Bevölkerung angehören. Die dänische Staatskirche ist in 12 Diözesen unterteilt, einschließlich der Diözesen Grönland und Färöer. Die Leitung der Kirche liegt in den Händen des Folketings (▶ Staat) als der gesetzgebenden sowie der Regierung (Kirchenminister) als der höchsten administrativen Instanz. Neben der Volkskirche sind in Dänemark viele andere christliche Glaubensgemeinschaften vertreten, u. a. die Römisch-Katholische Kirche (ca. 32 000 Mitglieder), die Dänische Baptistenkirche (ca. 6 000 Mitglieder), die Pfingstkirche (ca. 5 000 Mitglieder), ferner die anglikanische Kirche und die russisch-orthodoxe Kirche in Kopenhagen, wo es auch eine schwedische, eine norwegische und eine deutsche Gemeinde gibt. Die Kirchenmitglieder der deutschen Minderheit in Südjütland organisieren sich in volkskirchlichen Gemeinden mit eigenen Geistlichen in den vier südjütländischen Städten Haderslev, Aabenraa, Sønderborg und Tønder bzw. in sechs lutherischen Freikirchen außerhalb der Volkskirche. Zu den zahlenmäßig stärksten nichtchristlichen Glaubensgemeinschaften zählen die jüdische Gemeinde (3 400 Mitglieder) sowie mehrere von Einwanderern aus islamischen Staaten ins Land gebrachte, voneinander unabhängig organisierte moslemische Konfessionen (über 70 000 Mitglieder). Daneben existieren noch kleine Religionsgemeinschaften wie die Bahaigemeinden und etliche Buddhistenzentren.

Religion

Die Dänen verweisen stolz darauf, dass es in ihrem Land – als Ergebnis des historischen Ringens zwischen Elternschaft, Staat und Kirche – Unterrichtspflicht, aber keine Schulpflicht gibt. Nach der Reformation war der Unterricht in erster Linie eine kirchliche Aufgabe. Ab dem 18. Jh. nahm das Interesse des Staates am Unterricht der Kinder zu, im 19. Jh. griffen Eltern vor allem in ländlichen Gebieten, wo die Schulausbildung nicht ihren Vorstellungen entsprach, zur Selbsthilfe und gründeten kleine private "Freischulen". Das Recht, selbst für den Unterricht seiner Kinder zu sorgen, ohne erst die Genehmigung der Behörden einholen zu müssen, wurde 1915

Bildungswesen

Bildungswesen (Fortsetzung)

sogar in der Verfassung verankert. Hintergrund war der Anspruch auf Freiheit in Kirche und Schule, wie er u. a. von N. F. S. Grundtvig (▶ Berühmte Persönlichkeiten) gefordert wurde. Grundtvig war es auch, der 1844 die Volkshochschule, eine Schule für die Erwachsenenbildung, ins Leben rief, die schnell in anderen Ländern Eingang fand. Auch heute noch spielt die Erwachsenenbildung eine gewichtige Rolle in Dänemark, wird die Schulausbildung oft mit examensfreiem allgemeinbildendem bzw. fachlichem Unterricht für Erwachsene ergänzt.

Unterrichtet werden dänische Kinder vom 7. bis zum 15./16. Lebensjahr. Die kommunale bzw. private Grundschule reicht vom 1. bis zum 9. Schuljahr; rund die Hälfte aller Schüler der 9. Klasse besuchen auch die 10. Klasse. Mittlerweile setzen rund 33 % der Schüler ihre Ausbildung im dreijährigen gymnasialen Bereich fort, entweder im sprachlichen oder mathematischen Zweig. Den Abschluss bildet das Abitur, das den Zugang zu den Universitäten oder den höheren Lehranstalten ermöglicht.

Staat

Staatsform und Staatsgebiet

Dänemark ist ein Königreich, eine parlamentarische Demokratie mit einem Monarchen als Staatsoberhaupt. Zur dänischen Reichsgemeinschaft gehören außer dem eigentlichen Staat Dänemark, bestehend aus der Halbinsel Jütland und 406 Inseln, auch die Färöer-Insel im Atlantik auf halbem Weg zwischen Norwegen und Island, sowie Grönland nordöstlich des nordamerikanischen Festlands. Die 1 400 km² große Inselgruppe der Färöer (43 000 Einwohner) bildet seit 1948 ein autonomes Gebiet unter der dänischen Krone und haben ein eigenes Nationalbanner, streben zurzeit jedoch die völlige Unabhängigkeit von Dänemark an. Grönland (2 175 600 km²; 55 000 Einwohner) besitzt seit 1979 das Recht auf innere Selbstverwaltung unter eigener Flagge; 1985 trat die größte Insel der Welt nach einer Volksabstimmung aus der EU aus.

Dänische Nationalflagge

Der Danebrog – dänisch Dannebrog – zeigt ein weißes Kreuz auf rotem Feld. Der Legende nach fiel das "Tuch der Dänen" während einer Schlacht in Estland vom Himmel. Als Valdemar II. Estland erobern und seinem Reich einverleiben wollte, kam es am 12. Juni 1219 bei Lyndaniz zur Entscheidungsschlacht. Nachdem die Dänen schwere Verluste hatten hinnehmen müssen, bat der dänische Bischof Gott um Hilfe und versprach, dass nach einem Sieg im bis dahin heidnischen Estland Kirchen erbaut würden, woraufhin prompt ein rotes Tuch mit weißen Kreuz über dem Schlachtfeld erschien. Valdemars Krieger fühlten sich dadurch ermutigt und siegten anschließend über die Esten. Reichsflagge wurde der Danebrog aber erst unter Erik von Pommern, der 1412 – 1439 regierte.

Das Flagge hissen erfreut sich bei den Dänen großer Beliebtheit. Gerne wird bei festlichen familiären und offiziellen Anlässen vor den Häusern und in den Schrebergärten die dänische Nationalflagge gehisst; auch den Weihnachtsbaum oder die Geburtstagstorte schmücken oft Danebrogfähnchen.

Reichswappen

Das dänische Reichswappen gibt es in zwei Versionen: das kleine Reichswappen, heute als Staatswappen bezeichnet, und das große

Reichswappen oder Königswappen, heute königliches Wappen genannt. Das wahrscheinlich auf König Valdemar I. zurückgehende Staatswappen zeigt drei blaue, von neun Herzen umgebene Löwen, die seit dem 13. Jh. jeweils eine Krone tragen. Auf dem königlichen Wappen ist ein zusammengesetzter Schild abgebildet, der von zwei "wilden Männern" in einem Wappenzelt gehalten wird. Beide Wappen sind Hoheitszeichen: Das Staatswappen wird von staatlichen Institutionen verwendet, das Führen des königlichen Wappens ist dem dänischen Hof vorbehalten.

Nationalhymnen

Dänemark hat nicht nur zwei Reichswappen, sondern auch zwei offizielle Nationalhymnen. Mit der Hymne "Kong Kristian stod ved højen mast" (König Christian stand am hohen Mast), in dem Kriegshelden vergangener Zeiten gedacht wird, begeht man die Fest- und Gedenktage des Königshauses. Der Text stammt von Johannes Ewald aus dem Jahre 1779, die Melodie ist anonymer Herkunft. Bei sonstigen nationalen Ereignissen wird das Lied "Der er et yndigt land" (Es gibt ein lieblich Land) gespielt, das die Anmut des Landes hervorhebt. Den Text verfasste Adam Oehlenschläger um 1819, die Melodie komponierte Hans Ernst Krøyer um 1835.

Staatsoberhaupt

Dänisches Staatsoberhaupt ist seit 1972 Königin Margrethe II. (geb. 1940). Ihretwegen musste das Thronfolgegesetz geändert werden, so dass seit 1953 auch die weibliche Thronfolge in der dänischen Verfassung verankert ist, allerdings in zweiter Linie. Der Königin obliegen ausschließlich formelle und zeremonielle Funktionen: Sie wirkt bei Regierungsbildungen mit und repräsentiert Dänemark im Ausland. Einmal pro Woche setzt sie sich mit der dänischen Regierung zusammen, die ihr Bericht erstattet (▶ Special, S. 26).

Regierung, Folketing

Seit der Verfassungsreform im Jahre 1953 hat Dänemark ein Einkammerparlament, das Folketing. Ihm gehören 179 Abgeordnete an, von denen jeweils zwei in Grönland und auf den Färöern gewählt werden. Stimmrecht bei den alle vier Jahre stattfindenden Wahlen zu dieser Kammer haben seit 1978 alle dänischen Staatsbürger ab 18 Jahren. Das Folketing ist gesetzgebendes Organ, die Regierungsgewalt übt das aus einem Ministerpräsidenten und Ressortministern bestehende Kabinett aus, dessen Mitglieder vom Parlament gewählt und von der Königin offiziell ernannt werden. Die öffentliche Verwaltung ist nicht allein Sache des Staates, ein Großteil der administrativen Vollmachten liegt in den Händen der demokratisch gewählten Kreistage bzw. Gemeinderäte der 14 Kreisgemeinden (amter) und 275 Gemeinden (kommuner) des Landes, von denen zwei – Kopenhagen und Frederiksberg – kreisfreie Gemeinden sind.

Eine Besonderheit im Folketing ist der 1953 nach schwedischem Vorbild eingeführte "Ombudsman", der auf der Grundlage von Beschwerden u. a. aus der Bevölkerung oder auf eigene Initiative die öffentliche Verwaltung kontrolliert. In Dänemark gibt es seit jeher eine Vielzahl politischer Parteien, so dass meist nur Minderheitsregierungen zustande kommen. Zu den stärksten Parteien zählen die Sozialdemokraten sowie die Konservative Volkspartei und die Liberalen. Das Amt des Ministerpräsidenten übt seit 1993 Poul Nyrup Rasmussen von den Sozialdemokraten aus, dessen Partei 1998 mit den Sozialliberalen eine Regierungskoalition eingegangen ist.

Baedeker SPECIAL

Moderne Monarchie

Die Dänen sind stolz auf ihr Königshaus. Die königliche Familie von Margrethe II. lehnt dynastischen Pomp ab und hat einfach keine Skandale zu bieten, wie sie die britische Monarchie in den letzten Jahren in Verruf brachten. Ein Schmunzeln oder Stirnrunzeln über das dänische Königshaus bleibt den Untertanen allerdings auch nicht erspart.

Zur königlichen Familie gehören Königin Margrethe II., deren Ehemann Prinz Henrik sowie die beiden gemeinsamen Söhne Kronprinz Frederik und Prinz Joachim. Letzterer ist seit 1995 mit Alexandra Christina Manley verheiratet, die im Juli 1999 einen Sohn, Prinz Nikolai, gebar. Zur engeren Familie zählen noch die beiden Schwestern der Regentin: Prinzessin Benedikte, verheiratet mit Richard Prinz zu Sayn-Wittgenstein-Berleburg in Deutschland, und Prinzessin Anne-Marie, vermählt mit Exkönig Konstantin von Griechenland. Die allseits beliebte Königinmutter Ingrid starb am 7. November 2000 im hohen Alter von 90 Jahren auf Schloss Fredensborg.

Bürgerliche Königin

Königin Margrethe II. (geb. 1940) erbte nach dem Tod ihres Vaters Frederik IX. im Jahr 1972 den dänischen Thron. Für sie war 1953 eigens die Verfassung geändert worden, da die Dänen bis dahin – mit Ausnahme der 1412 verstorbenen Margrethe I. – nur männliche Nachfolge kannten. Damit ist Margrethe der 55. Monarch der ältesten regierenden Dynastie der Welt. Als Staatsoberhaupt einer konstitutionellen Monarchie wirkt die Regentin bei Regierungsbildungen mit, steht formal an der Spitze der Regierung und repräsentiert Dänemark im Ausland. Über sonstiges politisches Mitspracherecht verfügt Margrethe II., wie schon ihr Vater, laut Verfassung nicht. Beim Volk erfreut sich die natürliche und selbstbewusste Regentin großer Beliebtheit. Berühmt sind ihre Neujahrsansprachen. Während sich bei ihrem Vater Frederik IX. die traditionelle Neujahrsrede kaum von der des Vorjahres unterschied, gibt Margrethe ihrer Ansprache immer eine stark persönliche Note: So muss sich das dänische Volk schon mal den Vorwurf der Intoleranz und Selbstgefälligkeit anhören. Am meisten macht die Königin von sich reden als versierte Kunstkennerin. Kunst war schon immer ihre Leidenschaft. Neben ihrer "akademischen Grundausbildung", dem Studium der politischen Wissenschaften an den Universitäten Kopenhagen, Cambridge, Århus, Paris und London, besuchte sie auch Vorlesungen über Archäologie und nahm an Ausgrabungen teil. In verschiedenen Bereichen hat sich Margrethe II. künstlerisch betätigt. Als Textildesignerin entwarf sie u. a. Bischofstalare sowie Kostüme für eine Fernsehverfilmung, als Grafikerin illustrierte sie viele Bücher, und mit ihrem Gemahl, einem gebürtigen Franzosen, übersetzte sie 1981 den Roman "Alle Menschen sind sterblich" von Simone de Beauvoir ins Dänische.

Kauziger Prinzgemahl

Es war Liebe auf den ersten Blick, als Margrethe während einer England-Reise in London den aus dem Südwesten Frankreichs stammenden Jungdiplomaten Henri-Marie-

Jean-André Graf de Laborde de Montpezat (geb. 1934) kennenlernte. 1967 heiratete das Liebespaar. Seither trägt der Graf den offiziellen Titel Prinz Henrik von Dänemark.

Vom Volk wurde der neue, aus dem Ausland stammende Prinz ohne Umschweife akzeptiert. Über Jahre hinweg genoss der Prinzgemahl, der Schutzherr ungezählter dänischer Organisationen ist und Weingüter in Frankreich unterhält, großes Ansehen im Land. Das hat sich mittlerweile ein wenig geändert. Schuld daran ist Prinz Henrik selbst. Mit seinen öffentlichen Bemerkungen verprellte er sich viele Untertanen. Er plädierte für die Prügelstrafe bei der Kindererziehung, attackierte die Frauenbewegung, indem er deren "Übertreibungen" anprangerte, klagte bitterlich darüber, dass er auf das "Zigarettengeld" seiner Frau angewiesen sei (weshalb ihm das dänische Parlament sogar eine eigene Apanage zubilligte) und umgibt sich am liebsten mit Vertretern des dänischen Geldadels. Auch nimmt ihm das Volk sein schlechtes Dänisch übel – seine Schwiegertochter, die mit Prinz Joachim verheiratete Austrochinesin Alexandra, hat in drei Jahren besser Dänisch gelernt als er in dreißig. Selbst sein Wein genießt nicht den besten Ruf: Bei offiziellen Anlässen am Hof ist er "eine gefürchtete Beigabe" (Nordeuropa-Korrespondent Hannes Gamillscheg). Den größten Unmut erzeugte Henrik, als er einmal äußerte, dass ihm der Königstitel zustünde und er sich gern politisch betätigen würde. Ein politisches Mitspracherecht des Prinzen wäre, falls verfassungsmäßig überhaupt legitim, für die meisten Dänen wohl ein Albtraum. Anders bei Ehefrau Margrethe: Einer Umfrage zufolge würde sie bei Abschaffung der konstitutionellen Monarchie zur Präsidentin gewählt werden.

Königin Margrethe II. feierte am Sonntag, den 16. April 2000, ihren 60. Geburtstag.

Thronnachfolger Frederik

Schüttelt das Volk über Prinz Henrik immer mehr den Kopf, muss es über Kronprinz Frederik (geb. 1968) eher schmunzeln. Während sein jüngerer (und artigerer) Bruder Joachim (geb. 1969) schon längst eine Familie gegründet hat, ist der Thronnachfolger immer noch solo. Ein geregeltes Familienleben scheint für den über Dreißigjährigen wohl noch nicht in Frage zu kommen. Frederik, der sich einmal darüber beklagte, dass es ihm im elterlichen Haus an Zuwendung gemangelt habe, ist mehr daran interessiert, seine eigenen Grenzen kennen zu lernen. Er ist ein begeisterter Marathonläufer, bei der Marine ließ er sich zum Elitesoldaten ausbilden – seither trägt er den Spitznamen "Froschmann Pingo" –, mit einer Expedition brach er Anfang 2000 nach Grönland auf, um dort mit Schlittenhunden vier Monate lang durchs ewige Eis zu ziehen. Ansonsten liebt Frederik das Leben: Nachtclubs, hin und wieder eine ordentliche Sauferei, Sternchen aus der Mode- und Popszene. Mutter Margrethe trägt's mit Fassung – und auch die Dänen zeigen Verständnis für "Prinz Turbo". Die älteren Untertanen werden dabei sicher an Margrethes Vater, den beim Volk äußerst beliebten König Frederik IX., erinnert: Der "sailor's king" hatte tätowierte Oberarme, und statt in Schloss Amalienborg Hof zu halten, ging er lieber mit Freunden in die Kneipe.

Bevölkerung und Staat (Fortsetzung)

"Die Wohlfahrt hat seit hundert Jahren auf dem Thron Dänemarks Platz genommen. Glücklich ein so regiertes Land!" schrieb schon Voltaire am 4. Februar 1767 in einem Brief an den älteren Bernstorff. Lange Zeit galt das dänische Wohlfahrtssystem neben dem schwedischen und norwegischen europaweit als Vorbild. Prinzip des skandinavischen Wohlfahrtsmodells ist, soziale Leistungen allen Bürgern zu gewähren, die die Bedingungen erfüllen, ohne Rücksicht auf die berufliche oder familiäre Situation – in anderen europäischen Ländern werden Sozialleistungen nur den sozial Schwächsten oder Personen, die berufstätig gewesen sind, gewährt bzw. müssen soziale Aufgaben innerhalb der Familie oder zumindest familiennah gelöst werden. Der größte Teil der finanziellen Last bei den Sozialleistungen wird vom dänischen Staat getragen; die hierfür notwendigen Gelder stammen aus allgemeinen Steuern, nicht aus zweckgebundenen Beiträgen. Ein besonderes Kennzeichen des skandinavischen Modells ist auch, dass den Bürgern statt Barzahlungen in größerem Ausmaß öffentliche und häufig kostenlose oder bezuschusste Dienstleistungen zur Verfügung stehen; das Gesundheitswesen und das Bildungssystem sind beide kostenlos. Mittlerweile steckt das Wohlfahrtssystem in einer Krise, das nicht darauf angelegt war, so viele Arbeitslose und Sozialhilfeempfänger auf so lange Zeit zu unterstützen wie in den letzten Jahren. Eine Anhebung der ohnehin schon hohen Steuern ist politisch nicht möglich, weshalb die Staatsverschuldung enorme Ausmaße angenommen hat. Vermutlich wird die Entwicklung in den skandinavischen Ländern auf ein mehr fragmentarisches Wohlfahrtsmodell hinauslaufen, von dem dann vielleicht nur noch Arbeitnehmer, aber nicht mehr alle Bürger profitieren können.

Bündnisse

Dänemark ist Mitglied der Nato – Sollstärke der dänischen Streitkräfte in Friedenszeiten: ca. 25 000 Personen – und der Europäischen Union (EU), ferner der Organisation für Sicherheit und Zusammenarbeit in Europa, der OSZE. Das Verhältnis des Königreiches zu den nordischen und baltischen Staaten spiegelt sich vor allem in der Mitgliedschaft des Nordischen Rates und des neuen Ostseerates wider. 1945 war Dänemark Gründungsmitglied der UN, der Vereinten Nationen. Seitdem hat das Land an mehr als der Hälfte aller friedenserhaltenden Operationen teilgenommen; u. a. operierten dänische Blauhelme 1994 und 1995 in Bosnien.

Wirtschaft und Verkehr

Allgemeines

Gemessen am Bruttosozialprodukt pro Einwohner gehört Dänemark zu den fünf reichsten Ländern der Erde. Die Wirtschaft des Landes ist stark exportorientiert. Rund zwei Drittel des Außenhandels werden mit Ländern der EU betrieben; der weitaus bedeutendste Handelspartner hierbei ist Deutschland, gefolgt von Schweden, Großbritannien und Norwegen. Außerhalb Europas werden v. a. mit den USA und mit Japan Handelsgeschäfte abgewickelt. Den größten Teil des Exports machen Industriegüter aus (75 %), vor allem Maschinen und Geräte, während der Anteil der früher bei der Ausfuhr dominierenden landwirtschaftlichen Produkte nur noch bei ca. 15 % liegt. Eingeführt werden ins Land zu 70 % Rohstoffe und Halbfabrikate einschließlich Energie sowie Maschinen und andere Produktionsmittel, zu 30 % Konsumgüter wie Personenwagen. Seit 1973 ist die Arbeitslosigkeit in Dänemark sehr gestiegen; Mitte der 1990er-Jahre erreichte sie mit 11 % bei Männern und 14 % bei Frauen ihr Maximum. Die höchste Arbeitslosenrate haben die Inseln außerhalb der Hauptstadtregion und der Nordosten Jütlands.

Allgemeines (Fortsetzung)

Fast zwei Drittel der Gesamtfläche des Landes werden landwirtschaftlich genutzt, rund zwei Drittel der Agrarprodukte gehen in den Export. In Dänemark existieren an die 20 000 Vollzeitbetriebe, in der Landwirtschaft sind ca. 6 % aller Arbeitnehmer beschäftigt. Die größte Bedeutung hat die Viehzucht – vor allem Schweine-, aber auch Rinder- und Geflügelzucht. Gerade die Fleisch- und Molkereierzeugnisse übersteigen den Eigenbedarf um ein Vielfaches und stellen daher wichtige Ausfuhrgüter dar; etwa die Hälfte des in Großbritannien verbrauchten Schinkens stammt aus Dänemark. Bei der dominierenden Rolle der Viehzucht ist es kein Wunder,

Landwirtschaft und Fischerei

Auch wenn sich die Anzahl der Bauern innerhalb einer Generation halbiert hat, bleibt Dänemark das Land der weiten Felder und stolzen Vierkanthöfe.

dass mehr als 90 % der pflanzlichen Agrarproduktion Verwendung als Tierfutter findet. Zu den pflanzlichen Hauptagrarprodukten zählen Getreide (60 %), Kartoffeln und Zuckerrüben – Hauptanbaugebiet sind die fruchtbaren Grundmoränenböden in Ostjütland. Ferner spielen Obst- und Gemüseanbau sowie Blumenzucht eine wichtige Rolle, auch für den Export. Deutschland ist Hauptabnehmer von Topfpflanzen, bis zu 40 % der Produktion werden hier abgesetzt. Und in der Holzwirtschaft – 11 % der Landesfläche sind mit Wald bedeckt – kann Dänemark stolz von sich behaupten, in Europa der führende Exporteur von Weihnachtsbäumen zu sein.

Baedeker SPECIAL

Abschied vom Inselleben

Brückengiganten in Dänemark überspannen den Øresund und den Großen Belt. Vor allem mit dem Bau der Querung über den Øresund erhoffen sich die Anrainerstaaten eine wirtschaftliche Blüte für ihre Region. Ökologen hingegen warnen vor einem Umkippen der Ostsee. Doch schon wird eine neue Ostseequerung geplant.

Am 1. Juli 2000 war es soweit. Nach einer großen Feier, die die dänische Königin Margrethe und ihr schwedischer Kollege Carl Gustaf eröffneten, wurde die Øresund-Brücke, die erste feste Verbindung zwischen Dänemark und Schweden, für den öffentlichen Verkehr freigegeben. Die gewaltige Brücke, über die sich die Fahrtzeit vom dänischen zum schwedischen Festland um rund 20 Minuten verkürzt und diejenige von Hamburg nach Malmö um gut eine Stunde verringert, ermöglicht nun Fahrten von Südeuropa bis zum Nordkap, ohne eine Fähre benutzen zu müssen.

Der Øresund-Gigant

Die Verbindung über den Øresund ist ein technisches Bauwerk der Superlative. Das knapp 16 km lange Projekt von Kastrup im Süden Kopenhagens nach Lernacken vor den Toren Malmös setzt sich aus einem Tunnel (4 km), der künstlich aufgeschwemmten Insel Peberholm (4 km) und einer Hochbrücke (7,8 km) zusammen. Für den Autoverkehr stehen vier Spuren, für die Eisenbahn eine doppelgleisige Trasse zur Verfügung. Im Tunnel laufen Schienen- und Straßenstrang parallel nebenher, auf der künstlichen Insel werden die beiden Verkehrswege getrennt: Die Autos rollen auf das Obergeschoss der 7,8 km langen, doppelstöckigen Brücke, die Züge fahren im Untergeschoss knapp 60 m über dem Øresund. Für die Øresund-Brücke waren 2000 t Kabel, 142 000 t Stahl, 280 000 m³ Beton sowie zahlreiche, bis zu 140 m lange, rund 6 600 t schwere, stählerne Tragwerke notwendig, die von dem riesigen Schwimmkran "Svanen" (Schwan) wie Legobausteine auf die insgesamt 51 Betonbrückenpfeiler gesetzt wurden. Der imposanteste Teil der fast 8 km langen Wasserüberführung ist die 490 m lange Schrägseilbrücke.
Jeweils 37 m lang, 35 m breit, 22 m hoch und 10 000 t schwer sind die "Caissons" (Senkkästen aus Beton) für die beiden Pylone, die H-förmigen Türme der Hochbrücke, die von einem Katamaran mit 12 000 t Hebekraft in ausgebaggerte Gruben im Meeresboden gesenkt wurden. Ein Satellitenpositionierungssystem half mit bei dieser Feinarbeit, Taucher überwachten das Geschehen unter Wasser – höchstens 5 cm Abweichung waren beim Absetzen der Caissons zulässig. Schwimmkähne füllten die Senkkästen und die darauf installierten Verschalungen mit schnell festigendem Beton, bis die Pylone eine Höhe von 204 m erreichten.
Die Brückenbauer hatten einen harten Job zu verrichten. Blies der Wind stärker als 20 m pro Sekunde, mussten sich die Arbeiter schleunigst von ihrer Arbeitsstelle in schwindelerregender Höhe hinab auf die sichere Plattform begeben. Für die fertiggestellte Øresund-Brücke wird der Wind jedoch kein Problem darstellen. Deren Träger sind nicht mit senkrechten Seilen am hängen-

den Tragkabel, sondern mit schrägen Kabeln direkt am Pylon befestigt – eine Schrägseilbrücke ist steifer als eine Hängebrücke, d. h. die durch den Wind verursachten Resonanzschwingungen fallen kaum ins Gewicht.
Fast 8 Milliarden DM hat das Projekt verschlungen, an dem auf dänischer Seite seit 1993 und auf schwedischer seit 1995 gebaut wurde und an dem auch die deutsche Firma Hochtief maßgeblich beteiligt war. Mit den Einnahmen aus den Mautgebühren für Kraftwagen sollen die Baukosten innerhalb von 30 Jahren ausgeglichen sein.

Neue Wirtschaftsblüte?

"Wenn in weniger als einem Jahr der Verkehr schnell, komfortabel und sicher über den Øresund fährt, werden sich Dänemark und Schweden und das Verhältnis zwischen den beiden Völkern für immer verändern", so Michael Christiansen, der Vorsitzende des dänisch-schwedischen Øresund-Konsortiums vor der Brückeneinweihung. Die beteiligten Staaten von diesem Projekt, das Nordeuropa und das zentraleuropäische Festland einander näher bringt, versprechen sich v.a. Vorteile in wirtschaftliche Hinsicht. Von der neuen Querung, deren Bau der schwedische Autobauer Volvo angeregt hatte, um seine Wagen ungehinderter auf den zentraleuropäischen Festlandsmarkt verfrachten zu können, erhoffen sich die Regierungen der Bauländer eine neue Wirtschaftsblüte des Ostseeraumes, speziell der Øresund-Region. In der Tat hat sich der baltische Raum seit dem Ende des Kommunismus in Osteuropa und mit der Öffnung weiterer Märkte in den einstigen sozialistischen Staaten zu einer wirtschaftsdynamischen Region entwickelt. Auch bundesdeutsche Unternehmen zeigen immer mehr Interesse an dieser Gegend: Mittlerweile fließen zehn Prozent des einst überwiegend für Übersee bestimmten Exportes in die Anrainerländer der Ostsee; DaimlerChrysler etwa verlegte sein skandinavisches Hauptquartier an den Øresund, Siemens richtete eine Niederlassung in Malmö ein. Auch die beiden Øresund-Anrainer Dänemark und Schweden belassen es nicht nur bei Träumereien. Schon etliche wirtschaftspolitische Planungen sind angelaufen. U. a. werden 14 Hochschulen auf beiden Seiten des Sundes zu einem Wissenschafts- und Forschungsverband zusammengefasst; in Malmö, direkt an der Zufahrt zur Brücke, soll mit 325 m auch Europas höchstes Gebäude entstehen, der "Scandinavian Tower", eine Kombination aus Hotel, Geschäfts- und Kongresszentrum – Dänemark und Südschweden setzen alles daran, zum größten und wirtschaftsmächtigsten Ballungszentrum an der Ostsee aufzusteigen. Für die Dänen ist ganz klar, wohin sie wirtschaftlich expandieren möchten: nach Norddeutschland. "Es gibt nur zwei Plätze in Europa mit einer faszinierenden Entwicklung", so die dänische Wirtschaftsministerin Pia Gjellerup 1999, "Berlin und den Øresund. Und wenn der große Bruder mit der kleinen Schwester spielen soll, muss ihm das auch was bieten." Die Hansestadt Hamburg scheint diesen Gedanken längst aufgegriffen zu haben. Um auch an der wirtschaftlich interessanter werdenden Ostsee mitmischen zu können, wurden Umschlagkapazitäten vom Hamburger Hafen nach Lübeck verlagert.

Der Koloss vom Großen Belt

Die Brücke über den Øresund ist nicht die erste technische Meisterleistung in der Ostsee. Am 14. Juni 1998 wurde die Große-Belt-Brücke zwischen Seeland und Fünen von der dänischen Königin Margrethe eingeweiht. Auch die Brücke über den Großen Belt ist Teil einer Querung, die insgesamt 18 km Seestrecke überwindet. Vom westlich gelegenen Fünen aus führt eine 6,6 km lange, auf 62 Senkkästen gebaute Flachbrücke zu der Insel Sprogø mitten im Belt, die auf das Dreifache ihrer Größe aufgeschüttet werden musste. Auf diesem Eiland trennen sich die Wege von Auto-

und Eisenbahnverkehr. Während die Eisenbahn in einen 8 km langen, die Schifffahrtsstraße unterquerenden Tunnel rollt, überqueren die Autos den Belt in Richtung Seeland auf der insgesamt 6,8 km langen Brücke, in deren Mitte eine gigantische, 65 m hohe Hängebrücke selbst den größten Schiffen die Passage zwischen den einst voneinander getrennten Landesteilen Dänemarks erlaubt. Auch im Großen Belt stellt die Hängebrücke – die "Königin der Brücken", wie es im Ingenieurjargon heißt – ein technisches Bravourstück dar. Mit einer Spannweite von 1624 m ist sie bis jetzt die längste Brücke ihrer Art in Europa; sie übertrifft das berühmte Vorbild über der Bucht von San Francisco um fast ein Drittel. Die 254 m hohen Pylonen sind sogar Dänemarks höchste Erhebungen; den Kölner Dom überragen sie um 98 m. Um von den überaus schweren Brückenteilen nicht nach innen gebogen zu werden, mussten diese gewaltigen Pfeiler jeweils 1,24 m landeinwärts gezogen werden, damit sie nach dem Einhängen der immensen Last wieder aufrecht stehen konnten. Gehalten wird die 1624 m lange freigespannte Fahrtrasse von zwei, jeweils 3 km langen Tragseilen, deren 85 cm dicke Kabel aus 18 648 Einzeldrähten bestehen und von denen jeder einzelne Meter 3,2 t wiegt.

Trotz hervorragender Planung und Durchführung blieben Pannen nicht aus. Am schlimmsten war ein Wassereinbruch nahe der Insel Sprogø. Nur knapp konnten Arbeiter den Wassermassen entkommen, nachdem die für einen solchen Fall eingebauten, automatisch schließenden Schotten ihren Dienst versagt hatten.

Zehn Jahre dauerte der Bau, an dem zeitweise mehr als 4 000 Männer aus ganz Europa beschäftigt waren, auf rund 8 Milliarden DM beliefen sich die

Kosten, sieben Menschen verloren am Arbeitsplatz ihr Leben.

Ökologische Gefahr

Wenig begeistert vom Projekt über den Großen Belt sind Ökologen, die befürchten, dass durch die Zubetonierung der Insel Sprogø ein wichtiger Rastplatz für Zugvögel zerstört wird. Auch schlagen die Umweltschützer Alarm, weil das enorm aufgeschüttete Eiland und die gewaltigen Brückenfundamente, einem Sperrwerk gleich, den Zufluss von Nordseewasser stark einschränken würden. Und auf eine Auffrischung mit dem salz- und sauerstoffhaltigen Wasser aus der Nordsee (Salzgehalt: 3,5 %) ist die Ostsee, die oft unter akutem Salz- und Sauerstoffmangel leidet (mancherorts beträgt der Salzgehalt nur 0,4 %) angewiesen, um nicht zu versüßen und zu ersticken. Die Brückenbauer im Øresund hingegen konnten sich freuen: Etliche Gutachten belegen, dass die Meeresströmung durch den Bau nicht beeinträchtigt wird.

Drittes Wunderwerk

Wie die ökologischen Gutachten auch aussehen mögen – Verkehrs- und Wirtschaftsplaner lassen sich davon wohl kaum beeindrucken. Schon längst ist eine weitere Ostseequerung im Gespräch: über den 18 km breiten Fehmarnbelt zwischen Puttgarden und dem dänischen Rødby auf der Insel Lolland. Doch die Fährgesellschaften sehen dieser Entwicklung relativ gelassen entgegen. Denn billig sind die Fahrten über die neuen Brückengiganten nicht (einfache Fahrt über den Øresund im Pkw 63 DM, im Zug 15 DM). Und so mancher Autofahrer, obwohl glücklich über das Zusammenschweißen der dänischen Inseln, vermisst vielleicht jetzt schon die Zwangspausen in den Fährhäfen und auf den Schiffen – die Zeit für eine gemütliche Tasse Kaffee oder für ein gutes Buch.

Die neue Brücke, die acht Kilometer Øresund in elegantem Bogen überschwingt, macht den Inselstaat zum Durchfahrtsland. Nur eine Viertelstunde mit dem Auto trennt Kopenhagen heute vom schwedischen Malmö.

Übrigens wurde die Øresundbrücke zwei Tage vor der offiziellen Öffnung für den Autoverkehr von einem deutschen Autofahrer bereits eingeweiht, und zwar unfreiwillig. Dieser hatte sich vor Kopenhagen verfahren und war auf der Øresundbrücke gelandet. Kurz vor der schwedischen Küste fing ihn die Polizei ab und schickte ihn wieder zurück.

Fischerei (Fortsetzung)

Bedeutung für die Wirtschaft hat bis heute auch der Fischfang, schließlich gehört Dänemark zu den 10 bis 15 größten Fischereinationen der Welt. Gefangen werden vor allem Kabeljau, Tobis (großer Sandaal), Scholle, Hering und Kaiserhummer. Mehr als 80 % der Fangerträge stammen aus der Nordsee und dem Skagerrak. Die wichtigsten Fischereihäfen sind Esberg, Thyborøn, Hanstholm, Hirtshals und Skagen.

Industrie

Dänemark verfügt nur über wenig Bodenschätze. Die natürlichen Ressourcen bestehen vor allem aus Ackerboden. Die Mineralien, die eine Grundlage für die Schwerindustrie bilden könnten, beschränken sich hauptsächlich auf Ton, Stein, Kies, Kalk und Kreide sowie Torf und Braunkohle. Dennoch ist die Industrie in den letzten Jahrzehnten nach dem Dienstleistungssektor zum zweitgrößten Wirtschaftszweig avanciert – die meisten industriellen Rohstoffe müssen allerdings importiert werden. Führende Branchen sind die Nahrungs- und Genussmittelindustrie mit Schlachtereien, Molkereien, Getreidemühlen und Brauereien, die chemische Industrie mit Kraftstoff, Insulin und Kunststoffprodukten sowie die Eisen- und Metallindustrie, deren Schwerpunkte bei Motoren, landwirtschaftlichem Gerät, Schiffen, Kühlschränken und Telekommunikationsgeräten liegen. Auch Möbel, Teppiche, Keramikgegenstände und Spielzeug vor allem der LEGO-Gruppe zählen zu den Verkaufserfolgen der dänischen Wirtschaft. Nur um die Textilindustrie ist es infolge der Billiglöhne in Ländern der Dritten Welt sowie Mittel- und Osteuropas nicht mehr zum Besten bestellt. Die drei Hauptindustriegebiete befinden sich im Raum Kopenhagen, auf der Insel Fünen mit dem Zentrum Odense sowie an der Ostküste Jütlands von Frederikshavn im Norden bis Sønderborg im Süden.

Energie

Die Energieversorgung des Landes beruht vorwiegend auf importierter Kohle aus billigen außereuropäischen Ländern, auf Öl und Erdgas aus der dänischen Nordsee sowie auf Windenergie. Auch alternative Energiegewinnung spielt eine gewisse Rolle: Sonnenkollektoren, Windkraftanlagen sowie Feuerungsanlagen, die mit Stroh und anderen biologischen Brennstoffen beschickt werden. Einer der größten Windmühlenparks befindet sich bei Ebeltoft auf Jütland. Das im dänischen Teil der Nordsee geförderte Öl und Erdgas übersteigt bei weitem den Eigenbedarf – nach Norwegen und England ist Dänemark drittgrößter Ölproduzent in Westeuropa. Ein Großteil der Fördermengen dieser fossilen Brennstoffe wird daher exportiert: Erdgas gelangt vor allem nach Schweden und Deutschland. Gemessen an der Einwohnerzahl ist der Energieverbrauch der Industrie in Dänemark niedriger als in den meisten anderen Industrienationen.

Die meisten Arbeitsplätze bietet der Dienstleistungssektor, darunter auch der Tourismus als eine beachtliche Einnahmequelle mit steigender Tendenz. Jährlich besuchen rund 10 Mio. Auslandsgäste das Land. Die meisten von ihnen kommen aus Deutschland und Schweden. Auch wenn etwa die Hälfte der Übernachtungen in Hotels und Jugendherbergen und rund ein Drittel der Übernachtungen auf Campingplätzen auf Auslandsgäste entfallen, mieten diese doch bevorzugt Ferienhäuser bzw. Ferienwohnungen. Touristische Schwerpunkte sind im wesentlichen die Hauptstadt Kopenhagen und die Badeorte an den Küsten. Als Highlights gelten die Seebäder an der Nordostküste Seelands. Einsamer wirken dagegen die endlosen Sandstrände an der Westküste Jütlands bis hinauf nach Skagen, die Orte an der jütländischen Nordostküste und auf Fünen. Beliebtes Reiseziel ist auch die Insel Bornholm, das Capri des Nordens.

Dienstleistungssektor

Das Inselreich Dänemark weist eine gut ausgebaute Infrastruktur auf. Über das ganze Land zieht sich ein engmaschiges Straßennetz: Mit 1,65 km öffentlichen Straßen pro km² hat Dänemark eine Straßendichte, die zu den höchsten der Welt zählt – erfreulicherweise sind Staubildungen mit langen Wartezeiten in Dänemark eine Seltenheit. Auch das Flugnetz der 25 Flughäfen ist eines der dichtesten der Welt. An das Eisenbahnnetz – die Gesamtschienenlänge von ehemals 5 000 km wurde auf 2 800 km reduziert – sind fast alle Städte mit mehr als 10 000 Einwohnern angebunden. Den über 70 Fährlinien des Landes, die innerhalb Dänemarks sowie nach Schweden und Deutschland verkehren, stehen rund 90 Verkehrshäfen zur Verfügung. Und seit kurzem überspannen gewaltige Brücken die dänischen Meerengen, den Großen Belt und den Øresund, so dass nun eine direkte Verbindung von Mitteleuropa über Dänemark nach Skandinavien besteht (▶ Baedeker Special, S. 30).

Verkehr

Geschichte

Frühzeit

Vorgeschichte

In einem Flusstal gefundene Feuersteinwerkzeuge belegen, dass Menschen vor rund 250 000 Jahren in Südjütland umhergestreift sind. Doch gilt es als sicher, dass es sich bei diesen Menschen nur um vereinzelte Jäger handelte, die sich in jener Zeit ausschließlich zu Jagdzwecken so weit nördlich vorwagten. Eine ständige Besiedlung dieser Breiten erfolgte erst nach der letzten Eisperiode, also vor etwa 11 500 Jahren, wie Funde von Waffen und Werkzeugen dokumentieren. Aus der Zeit um 7000 v. Chr. datieren die ersten Kunstformen, Einritzungen von Figuren in einem Auerochsenknochen. Die Waldbauern an der Wende von der Alt- zur Jungsteinzeit (ca. 3300 v. Chr.) schließlich begannen, den Wald zu roden und Getreide anzubauen. Die Toten wurden in großen Megalithgräbern bestattet, von denen noch ca. 2000 erhalten sind. In der Bronzezeit, die in Dänemark um etwa 1500 v. Chr. einsetzte, begruben Menschen der Oberschicht ihre Toten in Hügelgräbern. 11 000 dieser Anlagen stehen heute unter Denkmalschutz.

Römerzeit

"Furor teutonicus" nannten die Bewohner von Rom voller Panik die von Norden nach Oberitalien einfallenden Horden der Kimbern und Teutonen. In Kärnten bei Noreia (113 v. Chr.) und Südgallien (109 und 105 v. Chr.) waren die römischen Heere von diesen Kriegervölkern vernichtend geschlagen worden. Erst dem schon in Afrika erfolgreichen römischen Feldherrn Marius gelang es, die Streitmächte zunächst der Teutonen (102 v. Chr.) und dann der Kimbern (101 v. Chr.) auf ihrem Vormarsch nach Süden zu besiegen. Nachdem die Wissenschaft lange Zeit über die Herkunft dieser Völker gerätselt hat, die, wie Bodenfunde belegen, nicht nur kriegerische Barbaren waren, sondern auch über eine gewisse Kultur verfügten, sind sich nun vor allem dänische Ur- und Frühhistoriker sicher, dass beide Volksstämme aus Jütland aufbrachen, die Kimbern aus Himmerland, die Teutonen aus Thy.

In den darauf folgenden Jahrhunderten bestand ein reger Handelsverkehr zwischen dem Römischen Imperium und dem Gebiet des heutigen Dänemark. Ein größeres Staatsgebilde gab es hier noch nicht, sondern nur verschiedene kleinere Stammesfürstentümer – allerdings mit reichen Oberschichten. Für die Wissenschaft sind die ersten nachchristlichen Jahrhunderte jedoch "dark ages", über die politische Geschichte Dänemarks in dieser Zeit ist kaum etwas bekannt. Der Name "Daner" als älteste Bezeichnung für die Stämme auf Jütland und den dänischen Inseln kam erst während der Völkerwanderungszeit bei römischen Schriftstellern auf.

Geschichte im Überblick

vor 250 000 Jahren	Feuersteinwerkzeuge belegen die Existenz früher Großwildjäger in Südjütland.
vor 11 500 Jahren	Erste Siedlungen der steinzeitlichen Jäger und Sammler
113 v. Chr.	Kimbern und Teutonen aus Jütland fallen ins Römische Reich ein.
8.–11. Jh.	Wikingerüberfälle an den europäischen Küsten
1169–1227	Dänisches Großreich in der Ostsee
1397	In der Kalmarer Union vereinigen sich Dänemark, Norwegen und Schweden zu einem Staatenbund.
1460	Beginn der Personalunion zwischen Dänemark und den Herzogtümern von Schleswig und Holstein
1537	Die Reformation hält Einzug in Dänemark.
1563–1720	Kriege mit Schweden
1626	Niederlage Christians IV. gegen Tilly bei Lutter am Barenberg
1660	Beginn des absolutistischen Zeitalters in Dänemark
1720–1807	Befreiung der Bauern von der "Schollenbindung"
1807–1810	Krieg mit England
1814	Frieden von Kiel und Verzicht Dänemarks auf Norwegen
1864	Frieden von Wien und Verlust Schleswig-Holsteins für Dänemark
914–1918	Im Ersten Weltkrieg bleibt Dänemark neutral.
1917	Mit dem Verkauf seiner westindischen Besitzungen an die USA endet die dänische Kolonialära (seit 1620).
1940–1945	Im Zweiten Weltkrieg wird Dänemark trotz seiner Neutralität von deutschen Truppen besetzt.
1944	Island erklärt sich von Dänemark unabhängig.
1949	Mitbegründung der Nato
1973	Beitritt zur EG
1998/2000	Brückenschlag über den Großen Belt und den Øresund

Mittelalter

Staatsbildung und Christianisierung

Um 700 entstand in Dänemark ein Königtum, dessen erster Herrscher Angantyr (Angandeo bzw. Ongendus) hieß. Rund 100 Jahre später ließ König Godfred (ca. 800 – 810) wohl aus Furcht vor dem expandierenden Frankenreich Karls des Großen die dänische Südgrenze befestigen, indem er den vermutlich schon ein Jahrhundert zuvor errichteten Wall "Danevirke", das Dänenwerk, ausbauen ließ. Unter Godfreds Sohn Harald begann langsam die Christianisierung der Dänen, aber es dauerte noch weit über 100 Jahre, bis Harald Blauzahn (935 – 985) stolz auf dem Runenstein von Jelling, einem der bedeutendsten historischen Dokumente des frühen Mittelalters in Dänemark, verkündete, er habe das ganze Land unterworfen und dessen Bewohner christianisiert. Bei der Christianisierung mögen politische Überlegungen eine große, wenn nicht gar die entscheidende Rolle gespielt haben. Schließlich war Harald nicht das grausame Ende der heidnischen Sachsen durch die Truppen Karls des Großen verborgen geblieben und daher erschien es sicher ratsamer, mit den fränkischen Christen rechtzeitig Frieden zu schließen, als diesen einen Vorwand zu geben, in ein heidnisches Land einzufallen und es zu "missionieren".

Wikinger

▶ Baedeker Special, S. 40

Bruderkrieg und große Unruhen

Mit dem Mord an Knud IV. (1080 – 1086), den verärgerte Bauern wegen erhöhter Steuern in Odense erschlugen und der wegen angeblicher Wunder 1101 heilig gesprochen wurde, endete vorläufig die radikale Machterweiterung der dänischen Könige. Ohne Übereinstimmung mit den Interessen von Adel und Geistlichkeit war ein Regieren nicht mehr möglich; im Kampf um die Krone wurde innerhalb der königlichen Familie sogar skrupellos gemordet.

Zeit der Valdemare

Eine glückliche Phase erlebte das Land ab Mitte des 12. Jh.s. Es war die, wie dänische Historiker gern hervorheben, "glückliche" Zeit der Valdemare (1157 – 1241). Unter Valdemar I. dem Großen (1157 bis 1182) und seinen beiden Söhnen Knud VI. und Valdemar II. dem Sieger wurde Dänemark im Innern weitgehend befriedet, die Zentralmacht entscheidend gestärkt. Auch wuchs das Reich nach außen, vergrößerte sein Territorium rund um die Ostsee. 1169 eroberten die Dänen die von den Wenden bewohnte Insel Rügen, 1219 nahmen sie Estland teilweise ein, sogar Holstein mit der Stadt Lübeck gelangte in dänischen Besitz. Mit der Niederlage gegen norddeutsche Fürsten in der Schlacht bei Bornhöved in Holstein 1227 mussten die Besitzungen an der Ostsee allerdings abgetreten werden – Dänemarks Zeit als Großmacht war damit erst einmal beendet. Nach 1241 schwand die Macht der Krone, und Adel und Geistlichkeit konnten ihre Position verstärken. Überall im Lande herrschte feudale Anarchie, acht Jahre lang (1332 – 1340) besaß das Reich nicht einmal einen König. Erst Valdemar IV. Atterdag (1340 – 1375) – für Ludvig Holberg (▶ Berühmte Persönlichkeiten) "einer der größten und nützlichsten Könige, die auf einem dänischen Thron saßen", für adlige und geistliche Zeitgenossen hingegen "der Böse" – stellte die Macht des Königshauses erneut her. Sein größter außenpolitischer Schachzug war die von ihm erwirkte Heirat zwischen seiner Tochter Margrethe und König Håkon VI. von Norwegen.

Nach Valdemars und Håkons Tod ließ sich Margrethe – gegen das Gesetz der männlichen Erbfolge – 1387 zur Regentin von Dänemark ausrufen. Kurze Zeit später regierte sie die Drei-Staaten-Union Dänemark, Norwegen und Schweden, nachdem der schwedische Adel sie zur Herrscherin über sein Land gemacht hatte. Die verfassungsmäßige Grundlage für diesen Staatenbund schuf Margrethe 1397 mit der Kalmarer Union, in der die nordischen Länder gegen das Deutsche Reich vereinigt werden sollten.

Das dänische Großreich

Nach mehreren Kriegen um den Anschluss an Dänemark wählten 1460 die schleswig-holsteinischen Stände überraschend den dänischen König Christian I. zum Herzog von Schleswig und Herzog von Holstein. Ausdrücklich musste der König garantieren, dass die beiden Länder nie geteilt werden dürften – bis ins 19. Jh. hinein waren sie faktisch Bestandteil des Königreichs Dänemark. Norwegen mit seinen Besitzungen im Nordatlantik (Färöer-Inseln, Island und Grönland) gehörte bis 1814 zur dänischen Monarchie, während die Schweden schon bald versuchten, sich von der dänischen Oberhoheit zu lösen. Als der Dänenkönig Christian II. (1513 bis 1523) oppositionelle schwedische Adlige im "Stockholmer Blutbad" (1520) hinrichten ließ, brach in Schweden ein erneuter Aufstand los, der das endgültige Aus der Kalmarer Union bewirkte. Mit dem 1523 zum schwedischen König ausgerufenen Reichsverweser Gustav Vasa begab sich Schweden nun in scharfe Konkurrenz zum Königreich Dänemark-Norwegen um die Vorherrschaft in Nordeuropa.

Reformation und Absolutismus

Historiker sind immer noch nicht in der Lage, darauf zu antworten, warum König Christian II. anno 1523 Dänemark aufgab und vor rebellischen Adligen flüchtete, die daraufhin ihre Macht enorm ausbauen konnten. Die Wahl des Königs lag nun – bis 1660 – in den Händen des Reichsrates, in dem sich der Hochadel versammelte.

Zentralisierung der Macht

1536 führte Christian III. (1534 – 1559) die Reformation in Dänemark ein. Er konfiszierte den Grundbesitz und das Vermögen der katholischen Kirche und machte sich selbst zum Oberhaupt der neuen lutherischen Staatskirche. Durch die Nationalkirche sollte die dänische Muttersprache, die in den Gottesdiensten allmählich das Latein ablöste, einen größeren Stellenwert erhalten und schließlich zu einem neuen dänischen Identitätsgefühl beitragen.

Als König Christian IV. (1588 – 1648; ▶ Berühmte Persönlichkeiten) seine Herrschaft antrat, ging es Dänemark wirtschaftlich gut, befand sich das Reich in einer bedeutenden europäischen Position. Mit seinem Tod hinterließ der volkstümliche dänische König einen politischen (s. u.) und wirtschaftlichen Scherbenhaufen. Sein Nachfolger Frederik III. (1648 – 1670) nutzte die Gunst der Stunde. 1660 konnte er die Stände dafür gewinnen, ihm das Erbfolgerecht zuzugestehen, was ihn unabhängig vom auch wegen der Finanzkrise beim Volk in Misskredit geratenen Reichstag machte. Mit der neu gewonnenen Macht wandelte er seine Herrschaft in eine absolutistische Regierungsform um. Damit begann auch eine Reformzeit, in der sich Dänemark von einer mittelalterlichen Ständegesellschaft zu einem frühmodernen Verwaltungsstaat entwickelte.

Während der Regierungszeit Christians III. war Dänemark die führende Macht in Nordeuropa, die Ostsee wurde fast ausschließlich

Schwedenkriege

Baedeker SPECIAL

Raue Männer aus dem Norden

Wo die Wikinger auftauchten, verbreiteten sie Angst und Schrecken. Brandschatzend zogen sie durch die Welt, stießen dabei in bisher unbekannte Regionen vor, schufen ein riesiges Handelsnetz und errangen politische Macht. Doch ebenso schnell wie sie erschienen waren, verschwanden die rauen Nordmänner wieder von der Bildfläche.

Die Mönche hatten keine Chance. Es ging alles viel zu schnell. Der erste tödliche Hieb einer Streitaxt traf den Abt des Klosters, als dieser sich in die Sakristei begab. Dann metzelten in nur einer Stunde die Wikinger alle Brüder des Klosters Lindisfarne an der Ostküste Britanniens nieder, raubten die Abtei aus und zündeten sie an. "Niemals zuvor hat es in Britannien einen derartigen Schrecken gegeben, wie wir ihn jetzt durch ein Heidenvolk erlitten haben", beschrieb Alkuin, der Gelehrte und Rechtsberater am Hofe Karls des Großen in Aachen, den Überfall auf Lindisfarne am 8. Juni 793, "die Kirche des Heiligen Cuthbert ist besprizt mit dem Blut der Priester Gottes und all ihres Schmuckes beraubt".

Reißende Wölfe

Seit diesem Überfall, in dem viele Historiker den Beginn der Wikingerära sehen, ging in europäischen Küstenorten die Angst vor den wilden Nordmännern in ihren Drachenschiffen um. Keine Küste schien vor den Seemännern sicher, die ab dem Ende des 8. Jh.s wie aus dem Nichts aufgetaucht waren. Sie plünderten, brandschatzten, vergewaltigten Frauen, ermordeten oder versklavten die Einwohner. Besonders beliebte Ziele für ihre Überfälle und Plünderungen waren die Küsten Westeuropas. Sie schreckten auch nicht davor zurück, die Flüsse hinaufzufahren. 810 wurde Friesland geplündert, 845 erlebte Hamburg einen Angriff. Auch Köln, Mainz, Worms und Speyer machten Bekanntschaft mit den Nordmännern. "Die Zahl der Schiffe nimmt zu. Der endlose Strom der Wikinger nimmt kein Ende", kommentierte um 860 ein französischer Mönch die Situation, "die Wikinger erobern alles. Niemand kommt gegen sie an." Paris, Tours, Orléans, Bordeaux, Toulouse... Die Reihe der französischen Städte, die den Wikingern zum Opfer fielen, ließe sich endlos fortsetzen. Selbst vor dem arabischen Kalifat in Spanien machten die beutegierigen Wikinger nicht Halt. Nach der Plünderung von Lissabon, Cádiz und Sevilla stießen sie ins westliche Mittelmeer vor, brandschatzten die Küste Nordafrikas und segelten schließlich das Rhônetal hinauf.

Als "stechende Hornissen", "reißende Wölfe", "Geiseln Gottes" gingen die nordländischen Piraten in die Annalen des 9. und 10. Jh.s ein. "Normanni" wurden sie erschaudernd von den Franzosen genannt, bis sich der Begriff "Wikinger" durchsetzte, abgeleitet vom altnordischen Verb "víkingr", was so viel bedeutet wie plündern, morden, Raubfahrten organisieren, aber auch Handel treiben.

Abenteuer, Gier und Kriegerethos

Die rund 2 Mio. Wikinger bildeten nie ein geeintes Volk in nationalstaatlichen Grenzen. Sie stammten aus Schweden,

Norwegen und Dänemark, wurden von hunderten Kleinkönigen regiert, eine Zentralregierung war unbekannt. Die "Schweden" orientierten sich nach Osten. Zuerst breiteten sie sich im Ostseeraum aus, um von dort über Russland bis nach Konstantinopel und Bagdad vorzudringen. Die "Norweger" wandten sich dem Nordatlantik zu. Von Schottland, Irland und den kleinen atlantischen Inseln führte sie der Weg bis hinüber nach Island und Grönland, um dann etwa im Jahr 1000 unter Leitung von Leif Eriksson schließlich nach Neufundland, d. h. als erste Europäer lange Zeit vor Kolumbus auf den amerikanischen Kontinent zu gelangen und vielleicht sogar, wie ein isländischer Meteorologe vermutet, bis zum heutigen New York zu segeln. Das Betätigungsfeld der "Dänen" waren das südliche Britannien, die westeuropäischen Küsten bis hinunter nach Nordafrika und der Mittelmeerraum.

Warum begaben sich die von Fischfang, Ackerbau und Viehzucht lebenden Nordmänner, die den Schlittschuh mit Knochenkufen erfanden, aber weder Tisch noch Stuhl kannten und keine überragenden bildlichen und schriftlichen Darstellungen hinterließen, auf große Fahrten? Weshalb überbrückten sie rund 10 000 km Wasser- und Landwege und ließen vier Kontinente erzittern? Über die Ursachen der Wikingerzüge (nach dem Bonner Forscher Rudolf Simek eine "späte Phase der Völkerwanderung"), an denen nur eine Minderheit unter den Wikingern teilgenommen haben soll, nach Schätzungen des Schleswiger Archäologen Harm Paulsen "allenfalls fünf Prozent", gibt es viele Theorien. Die Überbevölkerung in Skandinavien dürfte sicher eine große Rolle gespielt haben. Zu viele Leute lebten auf zu wenig fruchtbarem Boden. Etliche Wikinger trieb auch das harte Erbrecht in die Fremde; denn nur die Erstgeborenen waren erbberechtigt, während sich die anderen Söhne selbst um ihre Zukunft kümmern mussten. "Gier", so der französische Skandinavist Régis Boyer, sei das Hauptmotiv der Wikinger für ihre Raubzüge gewesen. Schon die Saga weiß von der Habsucht der Nordmänner zu berichten: Den Wikinger trifft das Schwert des Feindes beim Geldzählen – "sieben, acht, neun" –, und der abgeschlagene Kopf sagt noch im Fallen "zehn". Tatsächlich verließen viele Wikinger ihre Dörfer nur zu Raubzügen, suchten in der Ferne das Abenteuer und das schnelle Geld. Eine solche Raubfahrt könnte, wie Simek vermutet, als "Ini-

Nur ein rekonstruiertes Vorburggebäude erinnert an die um 980 errichtete Wikingerburg Trelleborg bei Slagelse.

tiationsritus" für die heranwachsenden Männer gedient haben, d. h. erst die Teilnahme an der Expedition machte den Knaben zum Mann. Auch der Kriegerethos der an nordische Gottheiten glaubenden Wikinger dürfte eine Rolle gespielt haben: Wer auf dem Schlachtfeld sein Leben einbüßte, so ihr Glaube, wurde von Walküren nach Walhall gebracht, wo er sich bis in die Ewigkeit mit Frauen und Met verlustieren durfte.

Navigationskünstler mit Schnellbooten

Eine der Voraussetzungen für die Raubfahrten waren die genial konstruierten Schiffe der Wikinger. Das Langboot mit dem Drachen- oder Greifvogelkopf am Vordersteven, das rund 100 Mann Platz bot, hatte einen geringen Tiefgang, weshalb die Binnenflüsse für diese Boote kein Hindernis darstellten. Der Kiel, eine Erfindung der Wikinger, erlaubte eine sichere Fahrt durch hohe Wellen. Zudem waren die Boote so leicht, dass sie auf Baumstämmen über Land gerollt werden konnten.

Möglich wurden den Wikingern die Raubzüge übers Meer allerdings erst, nachdem sie im 8. Jh. damit begonnen hatten, ihre Schiffe mit dem berüchtigten Rahsegel auszustatten. Mit Geschwindigkeiten bis über 20 Stundenkilometer waren die Wikingerschiffe eventuellen Verfolgern an Schnelligkeit weit überlegen, mit dem Rechtecksegel ließ sich das Schiff sogar rückwärts fahren. Tauchte einmal Flaute oder Gegenwind auf, griff man einfach zum Ruder. Über die Navigationskünste der Wikinger weiß man allerdings bis heute noch recht wenig Bescheid. Sie orientierten sich vermutlich an Sonne, Mond und Sternen und hielten sich bei ihren Fahrten dicht an der Küste auf. Im Dänischen Nationalmuseum in Kopenhagen ist eine Holzscheibe mit einem Durchmesser von 7 cm ausgestellt, die als "Sonnenkompass" bekannt ist. Diese Reliefscheibe, die in etwa auf das Jahr 1000 datiert wird, könnte den Wikingern möglicherweise als Kompass gedient haben. Die Überfälle erfolgten immer nach dem gleichen Schema: heimliche Landung, gewaltsame Erstürmung des ausgesuchten Angriffszieles, z. B. eines Klosters, Plünderung und schneller Rückzug. "Die Wikinger", so Paulsen, "haben den Blitzkrieg erfunden." Wer verschont werden wollte, wurde zur Kasse gebeten: Viele Städte und Grundherren zahlten, wenn sich ihnen die Möglichkeit dazu bot, lieber das sog. Danegeld, also Zwangsabgaben, statt zerstört und geplündert zu werden. Und prominente Gefangene konnten oft nur durch hohe Lösegelder freigekauft werden. Als für den Erzbischof von Canterbury nicht die verlangten 12 000 Kilo Silber gezahlt wurden, prügelten die Geiselnehmer mit Knochen und Ochsenköpfen kurz entschlossen zu Tode.

Gewiefte Händler

Die Wikinger taten sich jedoch nicht nur als marodierende Gesellen hervor. Schnell hatten die wilden Nordmänner erkannt, dass sich auch im friedlichen Kontakt mit anderen Völkern Reichtum erwerben ließ. Mit großem Ehrgeiz und viel Geschick errichteten sie aus unzusammenhängenden Wasserstraßen ein weitverzweigtes Verkehrsnetz. Auf fremdem Gebiet erbauten sie befestigte Stützpunkte, aus denen sich später teilweise große Städte entwickelten wie Dublin in Irland oder Kiew und Nowgorod in Russland. Doch kehrten sie immer wieder gern zu ihrem Piratendasein zurück, wenn sich die Gelegenheit dazu bot. So wurde auf der Fahrt zum Markt ein zufällig kreuzendes, schwächeres Handelsschiff schon mal gekapert und dessen Beute dann auf dem Markt des Zielortes öffentlich verkauft. Handel und Piraterie waren für die nordischen Seeleute gut unter einen Hut zu bringen, Hauptsache, die Kasse stimmte.

In der ersten Hälfte des 11. Jh.s reichte das Handelsnetz der Wikinger schließlich von Grönland bis Taschkent. Die Nordmänner handelten mit allem, mit Gewürzen, Waffen, Speckstein, Honig, Schmuck, Pelzen und Häuten. Doch Sklaven, so Boyer, waren ihre "wichtigste Ware", dem Menschenhandel vor allem verdankten sie ihren Reichtum.

Die größte Handelsniederlassung bildete Haithabu in Schleswig-Holstein am südlichen Ufer der Schlei gegenüber von Schleswig. In der von einem halbkreisförmigen Erdwall umgebenen mittelalterlichen Handelsmetropole mit über 1000 Einwohnern, in der ähnlich viel los war wie zur gleichen Zeit in Köln, traf sich die internationale Welt. Manchem Fremden scheint der Besuch nicht sehr gefallen zu haben, wie dem aus dem kultivierten Córdoba in

Auf dem Wikingermarkt von Lindholm Høje wird alljährlich Ende Juni die bekannteste Geschichtsepoche Dänemarks wieder lebendig.

Spanien angereisten Araber At-Tartûschi. Entrüstet schrieb er 965 in seinen Aufzeichnungen nieder, dass es den Bewohnern an Tischsitten mangele und dass, um sich die Ausgaben zu sparen, überzählige Babys einfach ins Meer geworfen würden.

Das Ende

Nicht nur im Handel, auch im europäischen Machtgefüge mischten die Wikinger ordentlich mit. Zwischen 867 und 954 befanden sich weite Teile Englands unter der Kontrolle dänischer Wikinger, Knud der Große (1018 bis 1035) gelang es schließlich, König über England, Dänemark und Norwegen zu werden; nach 1042 zerfiel das Großreich der drei Staaten jedoch wieder. Wikingerführer Rollo gründete anno 911 in Frankreich das Herzogtum Normandie und wurde 912 Vasall und Herzog des fränkischen Königs Karls des Einfältigen, Robert Guiscard unterwarf 1059–1085 Unteritalien. Im Namen eines modernen Staates sind die Wikinger sogar verewigt. Von den am Ladogasee ansässigen Slawen und Finnen wurden die schwedischen Wikinger, aus deren Machtbasen sich schließlich der erste russische Staat mit Kiew als Zentrum entwickeln sollte, "rus" (Rothaarige) genannt. Dass Russland den Schweden, also "rus", seinen Namen verdankt, wurde in der früheren UdSSR gar nicht gern gesehen und daher lange Zeit beständig abgestritten.
Die Wikinger verschwanden fast ebenso schnell wieder von der Bildfläche, wie sie erschienen waren. Fast überall in Europa hatte sich die herrschende Wikinger- bzw. Normannenschicht mit der Kultur der Untertanen vermischt. Ausgerechnet mit dem Normannen Wilhelm dem Eroberer, der nach dem Sieg über die Angelsachsen 1066 Englands neuer Herrscher wurde, ging die Wikingerära zu Ende. Das Jahr 1066 bedeutete auch das Aus für Haithabu. Nachdem es von Feinden niedergebrannt und anschließend von den Bewohnern verlassen worden war, blieb von der einstigen Handelsmetropole über 800 Jahre lang nur die meterhohe, halbkreisförmige Umwallung sichtbar, bis unter Wiesen und Feldern die Stadt 1897 wiederentdeckt wurde.

Reformation und Absolutismus (Fortsetzung)

von den Dänen kontrolliert. Ab Mitte des 16. Jh.s endete die bis dahin friedliche Koexistenz zwischen Dänemark und seinem schwedischen Nachbarn. Schweden wollte Dänemark die Souveranität im Norden abringen, der dänische König hingegen träumte von einer neuen Kalmarer Union unter eigener Vorherrschaft. Mehrere Kriege zwischen beiden Staaten waren die Folge. Die Niederlage Christians IV. während des Dreißigjährigen Krieges (1618–1648) gegen die Truppen des kaiserlichen Feldherrn Tilly bei Lutter am Barenberg (1626) bescherte Dänemark einen militärischen Zusammenbruch und einen Staatsbankrott; um die finanzielle Not zu lindern, verpfändete der König sogar seine Krone an deutsche Kaufleute. Bis 1658 musste das Reich alle seine Besitzungen östlich des Øresunds außer Bornholm an das immer stärker werdende Schweden abtreten, womit die Landesfläche Dänemarks um ein Drittel schrumpfte. Nach der letzten kriegerischen Auseinandersetzung, dem Großen Nordischen Krieg (1709–1720), war der lange Machtkampf zwischen Dänemark und Schweden vorüber. Gewonnen hatte keiner der letztendlich gleichstarken nordischen Staaten – nur Dänemark war seine ostsundischen Provinzen endültig los. Nach dem Frieden von 1720 setzte zwischen beiden Königtümern eine lange Periode friedlicher Koexistenz ein.

Langer Friede

Die Jahre zwischen 1720 und 1807 wurden zur längsten friedlichen Periode, die Dänemark bis dahin erlebt hatte. In dieser Zeit entwickelte sich das Land nahezu ungestört. Vor allem in wirtschaftlicher Hinsicht war ein enormer Aufschwung zu verzeichnen: Der Außenhandel florierte, auch die Schifffahrt Dänemarks, das in den Kriegen zwischen den europäischen Seemächten seine Neutralität bewahrte, hatte Hochkonjunktur. Reformen sorgten für Veränderungen in Wirtschaft und Gesellschaft. So wurde in der Landwirtschaft die mittelalterliche Form der Allmende aufgehoben, und jeder Hof erhielt eigene Äcker. Auch zu einem Verbot des Sklavenhandels, den Dänemark u. a. an der afrikanischen Goldküste betrieb, rang sich die Krone 1792 durch.

19. Jahrhundert

Krieg mit England

Mit seiner Neutralitätspolitik rief Dänemark allerdings Anfang des 19. Jh.s Großbritannien auf den Plan. London fürchtete, dass der französische Kaiser Napoleon Bonaparte die Dänen in ein Bündnis gegen die Briten zwingen und die große dänische Flotte gegen die Schiffe der Royal Navy einsetzen könnte. Als Kopenhagen sich einem von London aufgedrängtem Bündnis mit Großbritannien verweigerte und stattdessen weiterhin auf seine Neutralität pochte, bombardierten britische Schiffe Anfang September 1807 die dänische Hauptstadt und raubten die dänische Flotte. Dänemark ging daraufhin eine Allianz mit Napoleon ein und beteiligte sich an Frankreichs Kontinentalsperre gegen Großbritannien, was zur Folge hatte, dass der französische Kaiser zur Unterstützung des dänischen Heeres Truppen verbündeter Länder in Dänemark stationieren ließ, darunter auch spanische Verbände – diese schlugen sich allerdings nach dem Einmarsch Napoleons in Spanien auf die englische Seite und kehrten auf die Iberische Halbinsel zurück, um nun die französischen Invasoren zu bekämpfen.

Nach der Bombardierung durch britische Schiffe muss Kopenhagen am 6. September 1807 kapitulieren (Gouache von I.M. Wagner).

Nach der Abdankung Napoleons auf dem Wiener Kongress musste das nun wirtschaftlich am Boden liegende Dänemark im Kieler Frieden von 1814 Norwegen an Schweden abtreten, das sich mit einem Heer gegen den einstigen Kaiser gestellt hatte. Die Färöer, Island und Grönland durfte Kopenhagen behalten.

19. Jahrhundert (Fortsetzung)

Nach dem Kieler Frieden blieben dem Königreich zudem die Herzogtümer Schleswig, Holstein und Lauenburg. Die Kolonien in Südindien (seit 1620) und an der afrikanischen Goldküste wurden 1845 und 1850 verkauft. Ein zentrales Problem in der ersten Hälfte des 19. Jhs. war die Stellung der Herzogtümer innerhalb des Reiches. Ein Drittel der Bevölkerung des eigentlichen Dänemark und der Herzogtümer war deutsch – Holstein und Lauenburg hatten eine rein deutsche Bevölkerung, Schleswigs Einwohner bestanden je zur Hälfte aus Deutschen und aus Dänen. Im Rahmen des erstarkenden Nationalismus in ganz Europa forderte nun die überwiegende Mehrheit der Bevölkerung in den Herzogtümern die Loslösung von der Oberherrschaft Dänemarks, das immer mehr als Besatzungsmacht empfunden wurde, und die Einbindung in den Deutschen Staatenbund. 1848 brach zwischen Dänemark und Schleswig ein Krieg aus, in den sich auch Preußen einmischte und der 1851 mit der Niederlage Schleswigs endete. Als dann die dänische Monarchie 1863 erneut versuchte, das nördlich gelegene Schleswig entgegen den Friedensvereinbarungen von 1851 per Verfassung an das Königreich zu binden – für Holstein und Lauenburg gab es nie eine gemeinsame Verfassung –, erklärten 1864 Preußen und Österreich Dänemark den Krieg, der rasch zugunsten der mitteleuropäischen Mächte entschieden war. Im Frieden von Paris musste Dänemark schließlich die drei deutschen Herzogtümer abtreten.

Das Schleswig-Problem

Nach dem Motto "Was nach außen verloren ging, muss im Inneren gewonnen werden" bemühte sich Dänemark nach 1864, den An-

Industriezeitalter

19. Jahrhundert (Fortsetzung)

schluss an das Industriezeitalter zu finden. In erster Linie waren es die Bauern, die, nun vereinigt in Genossenschaften, den industriellen und agrartechnischen Fortschritt für bessere Ernteergebnisse vorantrieben. Auf die Molkereien und Schlachthöfe folgten Bierbrauereien, Zuckerfabriken, Werften und Zementfabriken. Anfang des 20. Jh.s waren 51 % aller dänischen Arbeiter in den Gewerkschaften organisiert.

Seit 1849 verfügte das Land über die sog. Juni-Verfassung, die ein Zweikammerparlament vorsah: das Folketing als Organ der Volksparteien und das Landsting als das der Großgrundbesitzer – letzteres wurde 1953 abgeschafft. Wahlberechtigt waren aber nur Männer, das Frauenwahlrecht kam erst 1915. Nach 1864 bestimmten Kämpfe zwischen der konservativen Regierung und der liberal-konservativen Folketingsmehrheit die dänische Innenpolitik.

20. Jahrhundert

Erster Weltkrieg

Im Ersten Weltkrieg (1914 – 1918) blieb Dänemark neutral, was ganz in deutschem Interesse war. Am 30. Juli 1914 hatte Berlin in Kopenhagen anfragen lassen, "ob Dänemark eine wohlwollende Neutralität einnehmen wolle", falls es zum Weltkrieg käme, und gleichzeitig versichert, dass das Deutsche Reich keine aggressiven Absichten gegen den nördlichen Nachbarn hege. Allerdings musste die dänische Regierung in vielen Bereichen deutschen Forderungen nachkommen und so den Großen Belt verminen trotz internationaler Verpflichtungen, diese Wasserstraße offen zu halten. Die Dänen blieben vom Krieg nicht verschont: Ca. 275 Schiffe der Handelsmarine wurden versenkt; etwa 6 000 dänische Südjütländer fielen auf deutscher Seite. 1917 verkaufte Dänemark seine letzte Kolonie, die westindischen Besitzungen (Virgin Islands), an denen Washington strategisches Interesse bekundete, für 25 Mio. Dollar an die USA. 1920 stimmten gemäß den Vereinbarungen im Versailler Friedensvertrag von 1918 die Nordschleswiger über ihre künftige Staatszugehörigkeit ab. Über die Hälfte von ihnen votierte für den Anschluss an Dänemark, zu dessen Gunsten die Grenze neu gezogen wurde, so dass diese weitgehend mit der Sprachengrenze zusammenfiel.

Zweiter Weltkrieg

Auch im Zweiten Weltkrieg (1939 – 1945) wollte Dänemark neutral bleiben. Doch diesmal drangen Truppen des deutschen Nachbarn ins Land ein. Trotz eines mit Hitler-Deutschland geschlossenen Nichtangriffspakts (31. Mai 1939) wurde Dänemark am 9. April 1940 innerhalb weniger Stunden besetzt. Nach kurzem sporadischen Widerstand – 16 dänische Soldaten fielen – kapitulierte die Regierung in Kopenhagen. Dieser garantierte die Besatzungsmacht die völlige territoriale Integrität und Souveränität des Staates, d. h. die Dänen sollten sich weiterhin selbst regieren, sowie die weitere dänische Neutralität. Die Deutschen ihrerseits würden sich zum Schutz der norwegischen Eisenerzroute mit einigen dänischen Militärbasen für die eigene Luftwaffe zufrieden geben. Anders als in anderen von deutschen Truppen besetzten Ländern gab es in Dänemark keine Nazifizierung des gesellschaftlichen Lebens; Heer, Flotte und Polizei blieben unter dänischer Führung. Schon bald regte sich Widerstand gegen die Besatzer. Mit dem Verbot der Kommunistischen Partei Dänemarks, womit sich die Deutschen nun doch über die

Souveränität des Landes hinwegsetzten, gingen die Kommunisten in den Untergrund und sammelten hier alle unzufriedenen Dänen. Als sich die deutsche Niederlage abzuzeichnen begann und die Besatzer zunehmend diktatorischer wurden, nahmen die Sabotageakte zu. Im Oktober 1943 plante die deutsche Regierung die Deportation der dänischen Juden. Angeregt hatte diese der neue Reichsbevollmächtigte Dr. Werner Best, wohl um seinen nationalsozialistischen Eifer in Berlin unter Beweis zu stellen. Best unterrichtete aber auch dänische Stellen über die geplante Deportation. Diesem Doppelspiel war es zu verdanken, dass weniger als 500 Juden in die Hände der Nazis fielen und nach Theresienstadt deportiert wurden; über 7 000 Juden gelang über See die Flucht nach Schweden. Am 5. Mai 1945 kapitulierten die deutschen Truppen in Dänemark vor den Engländern – mit Ausnahme der Kampfeinheiten auf Bornholm, die erst am 8. Mai vor den Russen die Waffen niederlegten. Durch den Krieg und die Okkupation waren rund 7 000 Dänen ums Leben gekommen. Ein Jahr vor Kriegsende (1944) hatte sich Island von Dänemark losgelöst und zur Republik erklärt.

20. Jahrhundert (Fortsetzung)

Obwohl Dänemark im Zweiten Weltkrieg neutral geblieben war, wurde das Land 1945 als Alliierter anerkannt und konnte somit die Vereinten Nationen (UN) mitbegründen. Nach den negativen Erfahrungen im Krieg und mit dem Erstarken der UdSSR gab Dänemark nun auch seine traditionelle Neutralität auf und wurde 1949 Gründungsmitglied der Nato. Neben dem Engagement im Nordatlantikpakt haben dänische Soldaten als Blauhelme an vielen friedenserhaltenden Maßnahmen der UN teilgenommen: u. a. im Suez (1956–1957), im Kongo (1960–1964) und auf Zypern (seit 1964) sowie seit den 1990er-Jahren im früheren Jugoslawien.
In den 1950er-Jahren verbesserte sich das Verhältnis zur Bundesrepublik Deutschland. In den Bonn-Kopenhagener Erklärungen von 1955 legten die Regierungen beider Staaten das Minderheitenproblem in der deutsch-dänischen Grenzregion endgültig bei, indem den jeweiligen Minoritäten Sonderrechte im kulturellen und politischen Bereich zugestanden wurden.
1960 war Dänemark Gründungsmitglied der EFTA (European Free Trade Association), eines Bündnisses zum Schutz der Handelsinteressen von Staaten, die nicht der Europäischen Wirtschaftsgemeinschaft angehören. 1973 trat das Land der EG (Europäische Gemeinschaft) bei, womit die Mitgliedschaft bei der EFTA erlosch. Bei einem Referendum am 2. Juni 1992 sprach sich eine knappe Mehrheit der dänischen Staatsbürger gegen den Maastrichter Vertrag aus, die Grundlage für den politischen Zusammenschluss aller EU-Staaten. Bei einem erneuten Referendum wurde der Maastrichter Vertrag angenommen, nachdem die dänische Regierung im Edinburgh-Abkommen einige Ausnahmeregelungen hatte durchsetzen können. Dem Euro-Club der elf EU-Staaten, in denen seit 1. Januar 1999 der Euro als gemeinsame Währung gilt, ist das EU-Mitglied Dänemark bisher noch nicht beigetreten – am 29. September 2000 entschieden sich die Dänen mit knapper Mehrheit gegen den Euro. Durch dem Brückenschlag über den Großen Belt anno 1997/1998 und die Eröffnung der Øresundbrücke am 1. Juli 2000 hat Dänemark heute eine direkte Anbindung zum Kontinent und zum Nachbarn Schweden, was seiner Rolle als Mittlerin zwischen Skandinavien und Mitteleuropa künftig zunehmend Gewicht verleihen wird.

Nachkriegszeit

Geschichte

Berühmte Persönlichkeiten

Hinweis

Die nachstehende, alphabetisch geordnete Liste vereinigt eine Reihe von Persönlichkeiten, die durch Geburt, Aufenthalt, Wirken oder Tod mit Dänemark verbunden sind und überregionale Bedeutung erlangt haben.

Martin Andersen Nexø (1869 – 1954) Schriftsteller

Martin Andersen Nexø stammte aus ärmlichen Verhältnissen und fühlte sich zeitlebens mit der besitzlosen Klasse verbunden. Er war der erste große Vertreter der ab Beginn des 20. Jh.s an Bedeutung gewinnenden sog. Arbeiterliteratur in Dänemark. In seinem wohl größten Werk, dem vierbändigen Roman "Pelle der Eroberer" (1906 bis 1910), beschreibt er einfühlsam das harte Leben von Bauern, Fischern und Arbeitern seiner Zeit auf der Insel Bornholm, seiner Heimat in Kindertagen. Den ersten Teil des Romans verarbeitete 1987 Bille August zu einem Film, der 1988 die Goldene Palme von Cannes und einen Oscar erhielt. Andersen, der als Mitglied der dänischen KP 1943 vor den Nazis nach Schweden geflüchtet war, lebte ab 1951 bis zu seinem Tod in Dresden.

Niels Bohr (1885 – 1962) Physiker

Nicht wenige Wissenschaftler schüttelten den Kopf, als Niels Bohr 1913 seine Hypothese von den Gesetzen der Atome veröffentlichte. Ausgehend von Ernest Rutherfords Atommodell erklärte der junge Physiker, dass das Atom nicht die kleinste unteilbare Einheit ist, sondern dass um einen positiven geladenen Atomkern elektrisch negative Elektronen rotieren, so wie die Planeten ihre Bahnen um die Sonne ziehen. 1922 erhielt er "für seine Verdienste um die Erforschung der Struktur der Atome und der von ihnen ausgehenden Strahlungen" den Nobelpreis für Physik. Gemeinsam mit anderen Forschern begründete er auch die Quantenmechanik, die Mechanik der Vorgänge in der Mikrophysik. Neben Werner Heisenberg zeigte er, dass, anders als in der klassischen Physik, wo sich Phänomene nach dem Prinzip von Ursache und Wirkung vorausberechnen ließen, sich im atomaren Maßstab nur Wahrscheinlichkeiten, aber keine Gewissheiten erkennen lassen. Während der deutschen Besatzungszeit emigrierte Bohr über Schweden und England in die USA, wo er an der Entwicklung der Atombombe mitarbeitete, obwohl er ihre Auswirkung fürchtete – er wies Roosevelt und Churchill auf entsprechende Konsequenzen hin, doch ohne Erfolg. Nach dem Krieg arbeitete Bohr wieder am Institut für Theoretische Physik in Kopenhagen (seit 1965 Niels Bohr Institut). 1975 wurde seinem Sohn Aage ebenfalls der Physik-Nobelpreis verliehen.

Tycho Brahe (1546 – 1601) Astronom

Sein Weltsystem, nach dem sich Mond und Sonne um die Erde drehen, um die Sonne aber alle übrigen Planeten, war Voraussetzung für die Weltenschau des Kopernikus, der das Sonnensystem als Erster erkannte. Im dänischen König Frederik II. fand der in Südschweden geborene Astronom Tycho Brahe einen großen Gönner. Auf der Insel Ven im Øresund durfte er die Sternwarte Uranienborg erbauen, wo er u.a. einen Katalog mit den Positionen von 1000 Fixsternen erstellte. Nach einem Streit mit König Christian IV. verließ er 1597 Dänemark, um seine Tage in Prag als Kaiserlicher Astronom von Kaiser Rudolf II. zu beschließen. Seine frühere Sternwarte auf Ven wurde abgerissen, von seinem astronomischen Instrumentarium blieben der Nachwelt nur zwei Sextanten erhalten. Doch Brahe hatte in seinen letzten Jahren einen gelehrigen Gehilfen, der seine Arbeiten entscheidend weiterführte: Johannes Kepler.

Tycho Brahe (Fortsetzung)

König Christian IV. und Anna Katharina von Brandenburg
(Gemälde von Jacob van der Doordt aus dem Jahre 1611)

Immer wieder betonte er, dass er sich nur für das Wohl des Reiches und des Volkes einsetzte. Und die Untertanen glaubten ihm. Doch nicht alles, wofür König Christian IV. stritt, brachte seinem Land das erhoffte Glück. Ein großer Baumeister war er auf alle Fälle. Im alten Kopenhagen gibt es kaum ein prächtiges Gebäude, wo nicht sein Signum prangt, das berühmte große "C" mit der kleinen "4". Aber er gab nicht nur Prunkbauten in Auftrag, sondern auch die

Christian IV.
(1577 – 1648)
Baumeister und Feldherr

Berühmte Persönlichkeiten

Christian IV. (Fortsetzung)	ersten Reihenhäuser Europas mit Wohnungen für seine Seeleute und deren Familien. Mit seinen Feldzügen allerdings (zweimal gegen Schweden sowie auf deutschem Boden im 30jährigen Krieg) verursachte der König, der sich nie gern eines Besseren belehren ließ und der sich auch bei Saufgelagen und bei Frauen als richtiger Haudegen erwies (23 Kinder!), ein gewaltiges Chaos im Reich. Nach vielen militärischen Niederlagen war das Land wirtschaftlich völlig am Boden und hatte im Ränkespiel der europäischen Mächte ein für alle Mal nichts mehr zu melden. Dessen ungeachtet ist kein anderer König in Dänemark so populär wie Christian IV.
Nikolaj Frederik Severin Grundtvig (1783 – 1872) Schriftsteller, Theologe, Pädagoge	Einen Namen machte sich der unermüdliche Schriftsteller und Pfarrer Grundtvig mit dem Werk "Die Mythologie des Nordens" (1808), das den Dänen nordische heidnische Mythen nahe zu bringen versuchte, und mit über 400 von ihm selbst verfassten Liedern, die das dänische Kirchengesangbuch so sehr beherrschen, dass ein Gottesdienst in Dänemark ohne ein Wort von Grundtvig kaum vorstellbar ist. Mit seinen pädagogischen Zielen wurde er auch über die Landesgrenzen hinaus bekannt: Er trat ein für eine konsequente Erwachsenenbildung und schuf die Volkshochschulen, die ohne Lehrpläne und Examenszwang den Bürgern eine allgemeine Orientierung über das tägliche Leben vermitteln sollten. Die erste Schule dieser Art wurde 1844 in Rødding auf Jütland gegründet.
Ludvig Holberg (1684 – 1754) Dichter und Universalgelehrter	Mit seinen gesellschaftskritischen Komödien, in denen er in Anlehnung auch an Molière und die italienische Maskenkomödie treffsicher kleinmenschliche Selbstgefälligkeiten aufs Korn nahm, ist Ludwig Baron von Holberg als Schöpfer des dänischen Lustspiels in die Weltliteratur eingegangen. Doch die Komödien sind nur ein kleiner Teil der enormen Produktion des gebürtigen Norwegers, der mit seinen Schriften in verschiedenen dichterischen, wissenschaftlichen und philosophischen Bereichen als Hauptvertreter der skandinavischen Aufklärung gilt. Eine Verbindung zwischen seiner Tätigkeit als Kopenhagener Universitätsprofessor für Metaphysik, Rhetorik und Geschichte und dem leichtfertigen Theater war wohl nicht sehr passend. Für seine Komödien legte sich der vielseitige Kopf, der auf drei großen Auslandsreisen auch Deutschland besuchte, das Pseudonym "Hans Mickelsen, Bürger in Kalundborg" zu, das in Dänemark rasch zum geflügelten Wort wurde.
Søren Kierkegaard (1813 – 1855) Philosoph	"Was von einem Toten kommt", prophezeite Søren Kierkegaard kurz vor seinem Tod, "darauf wird man weit eher hören!" Er behielt Recht. Von seinen Zeitgenossen wollten und konnten den grüblerischen, schwermütigen Denker und dessen quälenden Zwiespalt zwischen pietistischem Herrnhutertum und Hegels Dialektik, die ihn während eines Ferienaufenthaltes in Deutschland nachhaltig beeindruckte, nur wenige begreifen. In seinem dichterisch-philosophischen Werk, das rund 40 Titel umfasst, behandelte Kierkegaard die Situation des modernen isolierten Menschen. "Existenz" und "Angst" sind hierbei die zentralen Themen. Sein Denken mündete in die Einsicht, dass Angst und Selbstverlorenheit ausschließlich durch die göttliche Gnade zu überwinden seien, dass es ohne einen Glauben an Gott keine menschliche Existenz geben könne. Der zurückgezogene Philosoph – die Verlobung mit einer 18-Jährigen hatte er aufgelöst, weil er "in religiösem Sinn bereits als Kind

Gott versprochen war" – verstand sich selbst als religiöser Schriftsteller, der dazu beitragen sollte, wieder zum "Christentum des Neuen Testaments" zurückzukehren. Ein Jahr vor seinem Tod begann er seinen "Kirchenkampf", seine scharfen Angriffe gegen die offizielle Verkündigung des Christentums und die kirchlichen Autoritäten. Im Oktober 1855 brach er krank und ausgebrannt auf der Straße zusammen. Er kam ins Krankenhaus, wo er fünf Wochen später starb. Berühmt wurde er außerhalb Dänemarks durch deutsche Übersetzungen. Seine Ideen bilden weitgehend die Grundlagen der Dialektischen Theologie, sowohl für den Existenzialismus, die Dialogphilosophie als auch die Existenzphilosophie.

Søren Kierkegaard (Fortsetzung)

Nicht ein Hollywoodstar erhielt die erste Supergage der Filmgeschichte, sondern die Schauspielerin Asta Nielsen aus Dänemark. Bekam sie für ihren ersten Filmauftritt in "Der Abgrund" (Dänemark, 1910) noch bescheidene 200 Kronen (53,60 Dollar), verdiente sie Ende 1912 bei dem Berliner Produzenten Paul Davidson 1 500 Dollar pro Woche – der bestbezahlte US-Star seinerzeit musste sich mit 250 $ zufrieden geben. Ihre ruhmreiche Karriere begann Asta Nielsen als Bühnenschauspielerin in ihrem Heimatland. Aber erst in Deutschland wurde sie eine der größten Stummfilmstars. Sie spielte mit einer Körpersprache, die weniger theatralisch war, als man dies bisher gesehen hatte, und alle möglichen Frauentypen waren ihr wie auf den Leib geschnitten. Berühmtheit erlangte sie vor allem durch Filme, die von der großen, unglücklichen Liebe handeln. Zu ihren bekanntesten Filmen gehören "Hamlet" (1920), "Fräulein Julie" (1922) sowie ihr letzter Streifen "Unmögliche Liebe", ein Tonfilm von 1932. Asta Nielsen hat wesentlich dazu beigetragen, den Film zu einer Kunstgattung mit eigenen ästhetischen Gesetzen zu machen. Und sie wusste auch um die Wirkung des Films. Als nach dem Ersten Weltkrieg in einer spanischen Stadt ein Mann während einer Filmvorführung mitten in die Großaufnahme ihres Gesichtes schoss, reagierte sie wenig beeindruckt: "Der Film kann lebendiger als das Leben wirken... Ich fühle mich nicht im Geringsten erschossen!"

Asta Nielsen (1881 – 1972) Schauspielerin

Eineinhalb Jahre leitete der deutsche Arzt Johann Friedrich Struensee die politischen Geschicke Dänemarks. Er führte bahnbrechende liberale Reformen ein, sorgte sogar dafür, dass das Land nach Jahrzehnten wieder schuldenfrei war. Doch erwartete ihn am Ende ein grausamer Tod. Der in Halle a. d. Saale geborene Hamburger Mediziner war 1769 von König Christian VII. als Leibarzt an den dänischen Hof geholt worden. Dort erwarb er sich schnell das Vertrauen der unglücklich verheirateten Königin Caroline Mathilde, mit der er eine enge Liaison einging, sowie des schwachsinnigen Monarchen, der ihm zusehends mehr politische Macht in die Hände gab.

Johann Friedrich Graf von Struensee (1737 – 1772) Staatsmann

Johann Friedrich Graf von Struensee (Fortsetzung)

"Auf Befehl des Königs" versuchte Struensee, das feudale, rückständige Dänemark eilig in einen aufgeklärten Staat umzureformieren. U.a. schaffte er die Folter ab, beschnitt die Rechte des Adels und verbesserte den gesellschaftlichen Status der Bauern. Doch mit seinen Eigenmächtigkeiten machte er sich am Hof auch Feinde. Die riefen wegen des "schamlosen Treibens" mit der Königin schließlich zur Hetzjagd auf den deutschen Arzt. Auch die Presse – Struensee hatte die Pressefreiheit eingeführt! – stimmte in den Chor mit ein und putschte den Hass der Dänen gegen das "Deutschtum" des "Königinnenschänders" und "Tyrannen" hoch. Am 17. Januar 1772 wurden Struensee und Caroline Mathilde verhaftet, nachdem es der oppositionellen Hofclique gelungen war, vom König entsprechende Haftbefehle zu erwirken. Die aus England stammende Königin durfte nach Celle ausreisen, wo sie drei Jahre später starb. Struensee wurde wegen Hochverrats zum Tode verurteilt und auf dem Osterfeld vor Kopenhagen unter dem tosenden Beifall der Bevölkerung enthauptet, nachdem ihm erst, wie das Gesetz es vorsah, die rechte Hand abgehauen worden war.

Bertel Thorvaldsen (1768 – 1844) Bildhauer

Heute weniger bekannt, war Bertel Thorvaldsen zu seinen Lebenszeiten neben Antonio Canova der größte Bildhauer des Klassizismus. Den überwiegenden Teil seines Lebens, von 1797 bis 1838, verbrachte der Künstler in Rom, wo er sich an den Werken der klassischen Kunst ausbildete. Am Ende seines Lebens stand fast in jeder europäischen Metropole ein Bildwerk aus seiner Werkstatt, in der ihn rund 50 Schüler und Mitarbeiter bei dem gewaltigen Auftragspensum unterstützten: u.a. in Rom der Alexanderfries, in Kopenhagen die Gestalt Christi mit den 12 Aposteln, in Stuttgart die Statue Schillers, in München das Reiterdenkmal von Kurfürst Maximilian. Als er von der Heiligen Stadt nach Kopenhagen zurückkehrte, bereitete ihm die Bevölkerung der dänischen Residenzstadt einen triumphalen Empfang. Seinen Tod inmitten einer Theatervorstellung empfand ganz Dänemark als nationales Unglück. Schon zwei Jahre später wurde in Kopenhagen das Thorvaldsenmuseum eröffnet, in dem alle Werke ausgestellt sind, die der Künstler seiner Geburtsstadt vermacht hatte.

Kunst und Kultur

Kunstgeschichte

Die ältesten kunsthandwerklichen Zeugnisse in Dänemark stammen aus der mesolithischen Maglemosekultur (ca. 9300 – 6800 v. Chr.): Knochen, Geweihe und Bernsteinanhänger, in die geometrische Muster, zuweilen auch stilistische Tiere und Menschen eingeritzt sind. In der mesolithischen Ertebøllekultur (ca. 5400 – 3900 v. Chr.) formten Künstler Tierfiguren aus Bernsteinklumpen. Als schönstes Beispiel hierfür gilt die 6,5 cm lange Bärenfigur, die 1991 am Strand von Fanø gefunden wurde und heute im Nationalmuseum von Kopenhagen zu sehen ist. Mit Beginn des Neolithikums (Jungsteinzeit; ca. 3000 – 1800 v. Chr.) wurde die Keramik zur Grundlage des künstlerischen Schaffens. Einzelne Tongefäße lassen Reste einer Kalkpaste erkennen, die darauf hinweisen, dass die z. T. recht komplizierten Ornamente einen weißen Kontrast zur dunklen Oberfläche gebildet haben. Erhalten sind auch Gräber, Dolmen aus unbehauenen Granitblöcken und Grabhügel mit Kammern oder Steinkisten, die immer noch das Landschaftsbild prägen. In der Bronzezeit (1800 – 500 v. Chr.) ersetzten Bronze und auch Gold die Keramik als künstlerische Ausdrucksform. Weisen die Metallgefäße, Waffen und Schmuckstücke zunächst streng lineare Ornamente auf, wird das Spiralenmuster bald zum vorherrschenden Stil. Das wohl schönste Werk dieser Epoche ist der "Sonnenwagen" von Trundholm, ein 60 cm großes, wagenförmiges Kultgerät aus dem 12.–11. Jh. v. Chr., das man heute im Kopenhagener Nationalmuseum bewundern kann. Das häufigste Motiv der Bronzezeit war jedoch das Schiff, das als religiöses Symbol eine wichtige Rolle spielte. In der Eisenzeit (500 v. Chr. – 800 n. Chr.) entwickelte sich eine feine, dünnwandige Luxuskeramik mit Winkelmustern (Nordjütland), Mäandermustern (Ostjütland) und breiten, waagerechten Rillen (Südjütland), und es entstand eine hochentwickelte Goldschmiedekunst, zu deren berühmtesten Exponaten die mit zahlreichen Figuren verzierten "Goldhörner von Gallehus" gehören. Zahlreich sind die Funde aus der Wikingerzeit (um 800 – 1060),

Frühzeit

Die Scheibe des Sonnenwagens von Trundholm wurde mit Goldblech belegt.

Frühzeit (Fortsetzung)

darunter Schmuckstücke von hoher Qualität mit Tierdarstellungen wie der 1994 bei Tissø im Westen von Seeland gefundene vergoldete Anhänger aus Bronze in Form eines Adlers. Als bedeutendstes Zeugnis für das bildhauerische Schaffen der Wikinger gilt der Runenstein des Harald Blauzahn bei Jelling (um 985). Während bei den älteren Skulpturen die Tierornamentik vorherrscht, findet man auf diesem Stein bereits die Christusfigur.

Romanik

In der romanischen Epoche (1060 – 1265) entstanden während der Regierungszeit Valdemars des Großen (1157 – 1182) mächtige Dome, darunter, von den Domen am Niederrhein beeinflusst, die von Ribe und Viborg, dreischiffige Basiliken mit zwei Westtürmen. Auch die Rundkirchen, Sakralbauten mit einem kreisförmigen Grundriss, die als wehrhaftes Gotteshaus konzipiert waren, stammen aus dieser Zeit. Vier der sieben Rundkirchen Dänemarks befinden sich auf Bornholm. Auswärtigen Einfluss zeigen die Kalkmalereien, die vor allem auf Seeland reichhaltig vorzufindenden Freskenmalereien des 12. Jh.s, die auf Kontakte bis zum Byzantinischen Reich hinweisen. Zu den hervorragenden Werken der romanischen Steinskulptur gehört das Bogenfenster am Dom zu Ribe mit einer ergreifenden Darstellung der Kreuzabnahme. Unvergleichlich ist der Reichtum Dänemarks an "goldenen Altären" aus dem 12. und 13. Jh., an vergoldeten Altaraufsätzen aus Kupfer, die in keinem anderen Land in solcher Zahl erhalten sind.

Gotik

Ab Mitte des 13. Jh.s hielt die Gotik (um 1265 – 1525/50) Einzug in Dänemark. Da aber im 12. Jh. in Dänemark zahlreiche Kirchen erbaut wurden, fehlten in den folgenden Jahrhunderten größere Aufgaben, und die Gotik hinterließ nur wenige Baudenkmäler, wie die beiden Kirchenbauten St. Marien und St. Olai in Helsingør sowie St. Knud in Odense, der Dom von Århus und die Peterskirche in Næstved, die sich vom Stil her an die norddeutsche Backsteingotik anlehnen. Unter deutschem Einfluss entstanden auch die aus Holz geschnitzten und bemalten Altartafeln. Die herausragendsten Arbeiten hiervon sind der Flügelaltar des Lübecker Holzschnitzers Bernt Notke im Dom von Århus von 1479 und die von dem ebenfalls aus Lübeck stammenden, aber im süddeutschen Stil arbeitenden Claus Berg angefertigte Hochaltartafel der St.-Knud-Kirche in Odense (1515 – 1525). Die Einführung der Reformation und damit der Bruch mit der katholischen Kirche bedeutete auch das Aus für diese Bildschnitzkunst. Künstler wie Claus Berg verließen schließlich das Land, weil die Aufträge ausblieben.

Renaissance

Die Kunstform der Renaissance (um 1550 – 1650/60) kam über eingewanderte Künstler vor allem aus den Niederlanden nach Dänemark, wo diese große Aufgaben erwarteten. Wohlstand kennzeichnete die Epoche, die Macht der Krone, die sich zum Oberhaupt der Landeskirche aufgeschwungen und gleichzeitig Kirchengüter konfisziert hatte, nahm zu. Die Verherrlichung des eigenen Status wurde für die Monarchie zum Prinzip – und die Kunst war hierfür das geeignetste Mittel. Unter Frederik II. wurde Schloss Kronborg bei Helsingør (1574 – 1586) umgebaut und neu eingerichtet, Christian IV. ließ in Hillerød Schloss Frederiksborg (1602 – 1620) bauen und in Kopenhagen das kleine Schloss Rosenborg (1610 – 1626). Die Prestigegelüste der Krone wirkten sich auch auf den Hochadel aus, der den Bau stattlicher Herrensitze in Auftrag gab wie Schloss Rosenholm in Ostjütland oder Schloss Holckenhavn auf Fünen, sowie auf Bürger, die reichgeschmückte Steingebäude errichten ließen wie das Jens Bangs Stenhus in Ålborg. Einhergehend mit der verstärkten Hervorhebung des Individuums entstanden zudem eindrucksvolle Grabmäler, wie das für Christian III. (1575) im Dom von Roskilde. Auch die Porträtkunst stand in hoher Blüte. Eine Vorstudie zu einem Wandteppich in Schloss Kronborg mit der Darstellung Frederiks II. ist das älteste gemalte Ganzfigurporträt in Dänemark (1581). **Renaissance (Fortsetzung)**

Im Zeitalter des Barock (um 1660 – 1750/60) setzte in Kopenhagen nach einer Phase darniederliegender Wirtschaft eine Periode intensiven Bauens ein. Zu den bedeutendsten Bauten gehören das Schloss Charlottenborg, seit 1754 Sitz der Königlichen Kunstakademie, das im österreichischen Barockstil erbaute Schloss Christiansborg und die nach einem Entwurf von Niels Eigtved errichteten Rokokopalais von Amalienborg, die seit der Zerstörung von Schloss Christiansborg 1794 als Residenz der dänischen Könige dienen. Auf dem Gebiet der Skulptur sind vor allem Thomas Quellinus' prachtvolle Grabmäler in vielen dänischen Kirchen und das 1688 enthüllte Reiterstandbild von Christian V. auf dem Kongens Nytorv in Kopenhagen zu erwähnen. Die Malerei wurde weiterhin durch ausländische Künstler, insbesondere aus den Niederlanden, beeinflusst. Sie hatte jetzt vor allem der Raumdekoration zu dienen, was die nach 1615 erstellte Serie großer Ölgemälde an der Decke des langen Saales von Schloss Rosenborg in Kopenhagen zeigt. Anfang des 18. Jh.s gelangte der Porträtstil des französischen Hofes von Ludwig XIV. nach Dänemark. Der bedeutendste Porträtmaler dieser Zeit war der in Deutschland ausgebildete Balthasar Denner, dessen Werke einen Einblick in die Sitten und Mode der höheren Klassen vermitteln. **Barock und Rokoko**

Zu den herausragenden Werken des Klassizismus (um 1760 – 1825/35) zählen die Liebfrauenkirche in Kopenhagen (1811 – 1829) von Christian Friedrich Hansen und das Reiterstandbild Frederiks V. des Franzosen J. F. J. Saly auf dem Schlossplatz von Amalienborg (1771), was als ein Hauptwerk der europäischen Skulptur gilt. Die Malerei machte vor allem mit Landschaftsdarstellungen von sich reden. Imposante Werke auf diesem Gebiet schuf Christoffer Wilhelm Eckersberg (1783 – 1853), der mit seiner Lehrtätigkeit an der Kunstakademie in Kopenhagen ab 1818 wesentlichen Einfluss auf die Malerei der nächsten Generation hatte. **Klassizismus**

Der Einfluss der Romantik auf die Architektur führte vielfach zur Nachahmung früherer Stilformen wie Romanik, Gotik, Renaissance und Barock. Aus der Epoche des Historismus (1835 – 1915) stammen das Rathaus von Kopenhagen und im Westen der Hauptstadt die Grundtvigkirche, die aber bereits einen Übergang zur Architektur der Moderne bildet. Die Malerei erlebte zwischen 1816 und 1848 ein "Goldenes Zeitalter", die sich durch eine liebevolle Schilderung der Umwelt sowie durch Ausgewogenheit der Bildkomposition und der Farbgebung hervortrat und die schlechthin als der eigentliche Beginn der dänischen Kunst angesehen wird. Bedeutendster Vertreter dieser Periode war Christen Købke (1810 – 1848), der trotz seines relativ kurzen Lebens mit seinen Landschafts- und Porträtbildern zu **Historismus**

Baedeker SPECIAL

Edel, praktisch, formvollendet

Dänisches Design genießt in aller Welt einen hervorragenden Ruf. Man findet es im Kunsthandwerk, in der Architektur, im Handwerk, in der Industriefertigung. Selbst die einfachsten Gebrauchsgüter kommen in Dänemark ohne Design kaum aus.

Anno 1788 beauftragte der dänische Kronprinz Frederik die 1775 gegründete Königliche Porzellanmanufaktur, ein Tafelservice von 2600 Teilen herzustellen. Dieses Service, auf dem die gesamte dänische Pflanzenwelt abgebildet war und das den Namen "Flora Danica" trug, wollte er der russischen Zarin Katharina II., einer passionierten Porzellansammlerin, zum Geschenk machen. Das Geschirr wurde jedoch erst 1803 fertiggestellt, die Zarin war schon 1796 verstorben. So behielt der mittlerweile zum König ernannte Frederik VI. das Service an seinem Hof. Die "Flora Danica", die aus technischen Gründen nur die Verwendung weniger Farben erlaubte, ist das Flaggschiff einer eigenständigen kunstgewerblichen Entwicklung, vor allem auf dem Gebiet der Tafelgeschirre mit Blumenmustern, und gilt als Vorreiter des im 20. und beginnenden 21. Jh. hochgeschätzten und gefeierten Dänischen Designs.

Schlicht, funktional und zeitlos

Zu einem Markenzeichen wurde "Dansk Design" nach dem Zweiten Weltkrieg, als Dänemark mit der Produktion von Mobiliar, Beleuchtung und anderer Ausstattung für Haus und Heim einen wirtschaftlichen Aufschwung erlebte. Den internationalen Durchbruch schafften die Dänen mit ihren Designprodukten schließlich in den 60er-Jahren des 20. Jh.s. Dänisches Design steht für Erzeugnisse von hoher Qualität, die schlicht, doch originell, ja teilweise künstlerisch gestaltet, eine wichtige Forderung erfüllen: Funktionalität. Die Vorliebe der Dänen für qualitätsvolle, aber einfache, d.h. sparsam angefertigte Gebrauchsgüter reicht in frühere Zeiten zurück. Das Land verfügt über so gut wie keine Bodenschätze – nur mit einem hochentwickelten Handwerk konnte man sich wirtschaftlich behaupten. Also begannen sich die Hersteller auf Gegenstände zu spezialisieren, die aus erlesenem Material bestanden und leicht zu produzieren waren. Auf Zierrat verzichtete man dabei großzügig, nur die Materie selbst war als Dekorationselement erlaubt. Veredelung wurde schließlich zum A und O der Produktion. "Etwas Dauerhaftes, das gut zusammengebaut und aus hochwertigem Material ist und so klassisch aussieht, dass es jahrelang in Mode bleibt" – das ist nach den Worten von Christian Jacobsen, Direktor des Museums für angewandte Kunst in Kopenhagen, "echtes dänisches Design". Eine Vorreiterrolle hin zur Entwicklung des dänischen Designs spielte nicht nur die "Kongelige Porcelainsfabrik", auch die 1853 errichtete Porzellanfabrik Bing & Grøndahl, die Silberschmiede von Georg Jensen (gegr. 1904) und die Holmegård Glaswerke (gegr. 1825) lieferten dabei wichtige Voraussetzungen und tun es immer noch. Um Herstellung und Absatz von Keramik, Glas und Silber zu fördern, fusionierten 1985 die größten dänischen Kunstindustrieunternehmen – Königliche Porzellanmanufaktur, Georg Jensens

Silberschmiede und die Holmegård Glaswerke – zum Konzern "Royal Copenhagen", heute "Royal Scandinavia".
Pionierarbeit bei der Entwicklung von "Dansk Design" leisteten auch Einzelpersonen. Als erster und größter Designer im eigentlichen Sinn gilt Thorwald Bindesbøll (1846 bis 1908), ein ausgebildeter Architekt, der unter dem Einfluss japanischer Kunst eine ganz persönliche, gleichzeitig organische und abstrakte Ornamentik entwarf, die vor allem in seiner Keramik, aber auch in seinen Möbeln, Silber- und Stickereiarbeiten, Buchbinderei und schließlich in einzelnen Gebäuden zum Ausdruck kam.

Das "blau bemalte" Tafelservice der Königlichen Porzellanmanufaktur wird seit dem Gründungsjahr 1775 in kunstvoller Handarbeit hergestellt.

Beleuchtung

Zu den bekanntesten Formgebern des dänischen Designs zählt das Multitalent Poul Henningsen (1894–1967). Für Zeitungen schrieb er sozialkritische Artikel, als Architekt schuf er Villen und Industriebauten, als Designer entwarf er Haushaltsgüter, u.a. einen Armstuhl, der gemütlicher, vom Gewicht her leichter und wesentlich billiger als andere vergleichbare Stühle war. Poul Henningsen – von den Dänen kurz PH genannt – lieferte auch die theoretische Grundlage, nach der heute viele Designer arbeiten. "Schmeißt den Künstlerschlapphut weg und zieht euch Arbeitskluft an, entwickelt jeweils nur einen Gegenstand, der dann brauchbar ist", forderte er in der gesellschaftskritischen Zeitschrift "Kritisk Revy", deren Chefredakteur er war. Insbesondere mit seinen Beleuchtungskörpern machte sich der Designer einen Namen. Seine lichttechnische Tätigkeit begann 1925, als er einen Wettbewerb für die Beleuchtung des dänischen Pavillons auf der Pariser Weltausstellung gewann. Die hierfür geschaffene PH-Lampe, die 1928 patentiert wurde, zeigte ein schlichtes Design, nutzte die Lichtqualität und -stärke optimal aus und war einfach und daher preisgünstig herzustellen. Charakteristisch für PH's Beleuchtungskörper ist, dass sie mehrere Schirme besitzen, um die Farbe des Lichtes zu korrigieren. Die PH-Lampe wurde ständig weiterentwickelt, zunächst von Henningsen selbst (PH fünf; 1956), dann von Louis Poulsen, dessen PH fünf plus das Licht bei geringerem Energieverbrauch noch besser ausbeutet.

Dänisches Design

Typische PH-Lampe aus den 1930er-Jahren, die durch mehrere Schirme die Farbe des Lichtes korrigiert.

Architektur und Möbeldesign

Ein vielfältiges Talent war auch Arne Jacobsen (1902–1971). In den 1930er-Jahren trug er als Architekt zur Einführung des Funktionalismus in Dänemark bei. Er erneuerte wesentlich den Wohnungsbau, den Bau öffentlicher Gebäude wie Rathäuser und Schulen sowie den Bau von Fabriken. Zu seinen berühmtesten Gebäuden zählen das 1942 eingeweihte Rathaus von Århus und das Hotel SAS Royal, das erste Hochhaus in Kopenhagen. Auch in England und Deutschland schuf er große Bauten wie 1966 das St. Catherine's College in Oxford und 1973 das Rathaus von Mainz. Viele dänische Architekten sind in die Fußstapfen von Arne Jacobsen getreten und haben auch im Ausland ihre Spuren hinterlassen. Das wohl berühmteste Beispiel für dänisches Architekturdesign ist Jørn Utzons Opernhaus in Sydney mit seinen gewaltigen übergreifenden Dachschalen von 1973, das während der Bauphase nur Schimpf und Schande auf sich zog, weil es wesentlich teurer wurde als ursprünglich geplant.

Neben der Architektur widmete sich Arne Jacobsen auch der Gestaltung von Möbeln und Gebrauchsgegenständen, darunter Gläser, Bestecke und Thermoskannen. Aufsehen erregte er mit seinem "Ei". Er höhlte die Vorderseite eines riesigen Eis aus Stahl aus, überzog es mit Kunststoff und schwarzem Leder und befestigte es auf nur einem Bein aus Stahl – "eine Skulptur zum Sitzen", schwärmte eine dänische Zeitung. Jacobsens Stahlrohrstühle aus den 1950er-Jahren wurden zum Renner und, wenn auch im Design und in der Farbgebung leicht variiert, zum festen Bestandteil der Möbelbranche.

Überhaupt erfuhr die dänische Möbelkunst ihren Durchbruch auf internationaler Ebene im Laufe der 1950er-Jahre. Wegbereiter für diesen Erfolg war der Architekt Kaare Klint (1888–1954), der 1924 der erste Dozent für Möbelgestaltung an der Kopenhagener Kunstakademie wurde. Mit seinen Studien der menschlichen Proportionen eröffnete Klint eine systematische Arbeitsweise, die nach dem Motto "Die Form eines Gegenstandes folgt seiner Funktion" Bequemlichkeit und Funktionalität von Möbeln in den Vordergrund stellte. Auf dieser Grundlage nutzte er bereits bestehende, zweckmäßige Möbeltypen, die er weiterentwickelte – u.a. vereinfachte er englische Chippendalemöbel – und damit ein neues Verständnis von Möbeldesign schuf. Seither haben sich viele dänische Künstler durch ausländische Möbel inspirieren lassen und diese dann so stark verbessert, dass das Endprodukt urdänisch erscheint. Zu den bekanntesten Vertretern dänischen Möbeldesigns gehört Hans J. Wegner, dessen 1949 entworfener "The Chair" zum Begriff wurde – der "Stuhl der Stühle" soll der einzige gewesen sein, auf dem John F. Kennedy, den ein Rückenleiden quälte, wirklich sitzen konnte. Wie beispielhaft die flexiblen Verarbeitungsmöglichkeiten von Holz sind, zeigte auf der Möbelmesse 2000 in Köln Peter Karpf mit seinem Stuhl "Eco", der aus einem einzigen Stück Holz geschnitten wurde.

Industriedesign

Auch im Industriedesign nimmt Dänemark eine gute internationale Position ein. Bereits 1947 eröffneten Sigvard Bernadotte und Acton Bjørn das erste dänische Büro für Industriedesign. Zu den designorientierten Unternehmen der Gegenwart zählen u.a. die Firmen LEGO, VELUX und Bodum. Modernes Design ist auch charakteristisch für die Produkte des mit zahlreichen Designpreisen ausgezeichneten Elektronikkonzerns Bang & Olufsen aus Struer in Jütland, dessen Fernseh- und Hi-Fi-Geräte sich einerseits durch eine Technik der Spitzenklasse, andererseits durch ihre Formschönheit auszeichnen, wobei die leicht verständliche Handhabung – Knöpfe, Tasten oder flackernde Lichter werden, soweit möglich, ausgespart – im Vordergrund steht. Klar, dass diese Hi-Fi-Geräte der Luxusklasse mit fernöstlicher Massenware nur wenig gemeinsam haben und, laut Unternehmensjargon, für diejenigen bestimmt sind, "die Geschmack und Qualität vor dem Preis diskutieren". Auch die dänische Königin Margrethe II. lässt sich hin und wieder gern von Bang & Olufsen beliefern, wenn sie die üblichen Gastgeschenke für Staatsbesucher benötigt.

Überall zu finden

Wer sich einen Überblick zum Thema Dänisches Design verschaffen will, sollte im "Kunstindustriemuseet" und dem neuen "Dansk Design Center" in Kopenhagen reinschauen. Dänische Designprodukte findet man ansonsten im ganzen Land auf Schritt und Tritt. PH-Lampen hängen in öffentlichen Gebäuden, Restaurants, Hotels, an Hauswänden, in Privatwohnungen. Kaffeekannen von Bodum, Kinderstühle und Gartenmöbel von Trip-Trap (ohne die auch viele deutsche Haushalte nicht auskommen), ja sogar Fabrikschornsteine, Briefkästen oder die Dänischen Staatsbahnen (DSB) – alles "danish designed". Am häufigsten entdeckt man dänisches Design (noch!) im Straßenverkehr. Ein Blick auf den dänischen Wagen des Vordermannes, besser: auf dessen Nummernschild mag genügen. 1976 wurden die alten gelben und schwarzen Kfz-Zeichen durch neue ersetzt: weiße Schilder mit schwarzen Buchstaben und Ziffern in einem dünnen roten Rahmen (Mittlerweile sind immer mehr gelbe EU-Schilder in Gebrauch). Auch hierzu war im Designerland Dänemark natür-

Dänisches Design ist überall zu finden, und fast jede Fensterbank zeigt das Bemühen, Dekorationselemente charmant zu arrangieren.

lich ein Formgeber bemüht worden. Die alten Nummernschilder kosteten 50 Kronen, die neuen dreimal so viel. Dänisches Design hat nun mal seinen Preis.

Historismus (Fortsetzung)

den größten dänischen Künstlern gehört. Zu Lebzeiten genoss Købke allerdings noch keine so große Anerkennung. Die gebührte dem Bildhauer Bertel Thorvaldsen, dem berühmtesten Künstler seiner Zeit (▶ Berühmte Persönlichkeiten). Ab ca. 1850 setzte in der dänischen Malerei ein Niedergang ein. Auch in Opposition zur tonangebenden, mittlerweile aber selbstzufriedenen Kunstakademie gründeten am Ende des 19. Jh.s dänische, schwedische und norwegische Maler im nordjütländischen Skagen eine Künstlerkolonie, die zur berühmtesten Künstlergruppe Dänemarks wurde. Im Stil des Impressionismus und unter dem Eindruck der französischen Freiluftmalerei schufen die "Skagenmaler" eine Reihe von Gemälden, die das Meer sowie das Leben der Fischer und Bauern zum Motiv hatten. Auch malten sie sich gern gegenseitig. Die dänischen Vertreter dieser Kolonie waren u. a. Anna und Michael Ancher, Peter Severin Krøyer und Viggo Johansen.

Auf Peter Severin Krøyers stimmungsvollem "Sommerabend am Strand von Skagen" (1893) schlendern seine Ehefrau Marie und Malerkollegin Anna Ancher am Meer entlang.

20. Jahrhundert

Für die Architektur des 20. Jh.s war Skandinavien von großer Bedeutung. In den 1920er und 1930er-Jahren wurde eine bodenverbundene Bauweise geschätzt. Bestes Beispiel hierfür sind die "Bakkehusene" des Dänen Ivar Bentsen (1876 – 1943), im Reihenhausstil angelegte "Hügelhäuser". Als Schöpfer eines neuen Architekturstils traten in Dänemark u. a. Erik Møller und Arne Jacobsen hervor, nach deren preisgekrönten Entwürfen 1938 – 1942 das neue, in Stahlbeton gehaltene Rathaus von Århus errichtet wurde. Neben Arne Jacobsen (1902 – 1971) ist Jørn Utzon (geb. 1918) der wohl international bekannteste dänische Architekt. Dessen bedeutendstes Werk steht jedoch nicht in Dänemark, sondern in Australien: die Oper von Sydney (1957 – 1974) mit den markanten Betondachschalen, die aufgeblähten Segeln ähneln. Zu den herausragenden Bildhauern des 20. Jh.s zählen Kai Nielsen (1882 – 1924), der Schöpfer eines neuen Monumentalstils, dessen Werk auch von einer Vorliebe für das Erotische durchsetzt ist, und der Metall- und Holzbildner Robert Jacobsen (1912 – 1993), der 1962 – 1981 eine Professur an der Kunstakademie in München innehatte. In der Malerei erregte die Künstlergruppe COBRA die größte Aufmerksamkeit. Gegründet wurde sie 1948 in Paris unter Leitung des dänischen Malers Asger Jorn von abstrakten Künstlern aus Dänemark, Belgien und den Niederlanden – COBRA steht als Abkürzung für Copenhague, Bruxelles und Amsterdam. Die vielzitierte Gruppe strebte eine von populären Bildsprachen ausgehende "Volkskunst" an, die sie unter Verschmelzung von Expressionismus, Surrealismus und Abstraktion mit Hilfe der informellen Kunst zu gestalten

Skulptur von Robert Jacobsen im Kunstmuseum von Herning

suchte. Zwar wurde COBRA bereits 1951 aufgelöst, doch leistete ihre Malerei den wesentlichsten Beitrag Dänemarks zur europäischen Kunst der Nachkriegszeit. Die zurzeit international weitaus größte Wertschätzung genießt Per Kirkeby (geb. 1938), der neben der Malerei Ausdrucksformen und Medien wie Skulptur, Grafik, Lyrik und Film verwendet; seit 1978 ist Kirkeby Professor an der Kunstakademie in Karlsruhe. Neben Kunstwerken im engeren Sinn findet besonders das dänische Design internationale Beachtung (▶ Baedeker Special, S. 56).

20. Jahrhundert (Fortsetzung)

Reiseziele von A bis Z

Routenvorschläge

Vorbemerkung zu den Routen

Die folgenden Routen berühren die schönsten Regionen und Städte des Landes. Einen ersten Überblick über den Verlauf der Routen gibt die nebenstehende Karte; die genauen Streckenführungen kann man in der zum Buch gehörenden Reisekarte verfolgen.
Orte und Landschaften, die im Abschnitt "Reiseziele von A bis Z" als Hauptstichwort beschrieben sind, erscheinen innerhalb der Routenvorschläge in **halbfetter Schrift**. Alle anderen in den Routen erwähnten Orte, Landschaften und Einzelobjekte können über das Register gefunden werden. Bei den genannten Entfernungen handelt es sich um abgerundete Kilometerangaben, die sich lediglich auf die Hauptstrecke beziehen; Abstecher sind nicht enthalten.

1. West- und Nordjütland: Von Tønder nach Skagen

Westjütland: von Tønder bis Holstebro (240 km)

Die Hochburg der Klöppelspitzen heißt ****Tønder**, ein beliebtes Ausflugsziel wenige Kilometer hinter der deutschdänischen Grenze. Nur 5 km westlich in *Møgeltønder residiert Prinz Joachim mit seiner Familie auf *Schloss Schackenborg. Durch seine ästhetische Ziegelbauweise besticht 20 km nördlich das im 12. Jh. von Zisterziensern begonnene ****Løgumkloster**. Feinsandig und endlos lang sind die Traumstrände der größten dänischen Nordseeinsel ****Rømø**. Hier wie auf der Nachbarinsel *Mandø ist eine Wattwanderung absolutes Muss. Knapp 50 km nördlich von Tønder erreicht man die älteste Stadt Dänemarks: ****Ribe** – über 100 Häuser der Fachwerkidylle stehen unter Denkmalschutz. Das schönste Bernsteinmuseum des Landes findet man 30 km weiter in *Esbjerg, dem größten Fischereihafen. Nur 20 Minuten dauert von hier die Überfahrt nach *Fanø mit kilometerlangen Sandstränden und reetgedeckten Fischerhäuschen. Über die hübsche Kleinstadt *Varde und die Ferienhausmetropole *Henne Strand geht die Fahrt nun zur stimmungsvollen Hafenstadt *Ringkøbing. Die gesamte Küstenlinie des Ringkøbing Fjords ist ein durchgehender breiter Sandstrand, der Fjord selbst eines der besten Surfreviere Nordeuropas. Eine wahre Rhododendrenpracht bietet 30 km nördlich der Wallgrabengarten von *Norre Wosborg, bevor man ***Holstebro** erreicht, das fast an jeder Ecke mit Straßenkunst aufwarten kann.

Limfjord: Von Holstebro nach Aalborg (160 km)

Von ***Holstebro** kann man direkt über die Domstadt *Viborg nach ****Aalborg** fahren oder den Umweg über den ****Limfjorden** wählen, ein Paradies für Naturfreunde, Segler und Surfer mit einem bezaubernden Labyrinth aus Land und Wasser. Die kürzere

◀ Seit 1875 Nationalhistorisches Museum: Schloss Frederiksborg

Routen durch Dänemark

Strecke verläuft von **∗Holstebro** über Jütlands alte Hauptstadt **∗Viborg** zur Wikingersiedlung **∗∗Fyrkat** und weiter durch das **∗Himmerland** mit dem Nationalpark **∗∗Rebild Bakker** nach **∗∗Aalborg** (130 km). Sein Stenhus von Jens Bang ist wohl das schönste Renaissancebürgerhaus des Nordens. Gleich außerhalb in ∗Lindholm Høje sind ein gewaltiges Gräberfeld und eine Siedlung aus der Eisen- und der Wikingerzeit erhalten. Gut 60 km nordöstlich kann ∗**Frederikshavn** in seiner nächsten Umgebung mit zwei prachtvollen Herrensitzen aufwarten: ∗∗Bangsbo und ∗Sæbygard. Nun trennen nur noch 45 km von ∗∗**Skagen**, der Spitze Dänemarks, wo Skagerrak und Kattegat zusammenlaufen. Allein die Bilder der berühmten Malerkolonie von Skagen sind schon eine Reise wert, und natürlich die äußerste Landzunge ∗Grenen, der Treffpunkt zweier Meere.

Limfjord: Von Holstebro nach Aalborg (Fortsetzung)

Alternativ kann man von ∗∗**Aalborg** die längere Strecke über die Jammerbucht wählen, wo im Sommer an den weißen Stränden zwischen Blokhus und Hirtshals Hochbetrieb herrscht. Charmant reihen sich die weißgetünchten Strandhäuser von ∗Løkken vor den Dünen auf, während das örtliche Museum über das mühsame Geschäft der Strandfischerei informiert – die Kutter werden mit Stahlseilen ins Meer bzw. auf Land gezogen. In Dänemarks größtem

Von Aalborg nach Skagen (150 km)

Jütland, von Aalborg nach Skagen (Fortsetzung)

Aquapark *Fårup Sommerland bei Saltrum kommen Wasserratten voll auf ihre Kosten. Nicht versäumen sollte man auch das Naturschauspiel der Wanderdüne *Rubjerg Knude, die 80 m zum Strand abfällt, bevor man ***Hjørring** mit seiner sorgsam restaurierten Altstadt ansteuert. Heringsschwärme, Robben und heimische Haiarten sind Thema des *Nordsømuseet, knapp 20 km weiter nördlich in ***Hirtshals**. Gut 50 km entlang der Tannisbucht, wo ein Abstecher zur Wanderdüne *Rabjerg Mile lohnt, führen schließlich nach **Skagen, dem Endpunkt des europäischen Kontinents.

2. Süd- und Ostjütland: Von Aabenraa nach Århus

Von der deutsch-dänischen Grenze zur Hauptstadt Jütlands (170 km)

Gleich zwei große Marinas warten auf Freizeitkapitäne in ***Aabenraa**, 25 km hinter der deutschdänischen Grenze – wer Anfang Juli anreist, sollte sich das spektakuläre Ringreiterfest auf keinen Fall entgehen lassen. Gute Wassersportmöglichkeiten findet man auch knapp 30 km nördlich am Fjord von ***Haderslev**, dessen Museum die Kulturgeschichte der Region erzählt. Typisch für *Christiansfeld, nur 12 km entfernt, ist die schlichte Architektur der Herrnhuter Brüdergemeine, unwiderstehlich das Naschwerk seiner Honigkuchenbäckerei. Eine geniale Verbindung von Alt und Neu bietet der Ruinensaal im Schloss von ***Kolding**, knapp 30 km weiter kann sogar der Industriestandort ***Vejle** altes Fachwerk vorweisen wie den Smidtske Gård von 1799 mit netten Kunsthandwerkläden. Als Taufurkunde Dänemarks gelten die **Runensteine 10 km außerhalb in Jelling. Weit über 1 Mio. Besucher kommen jedes Jahr nach Billund, 35 km westlich von Vejle, um sich im **LEGOLAND zu amüsieren. Dänemarks breiteste Fußgängerzone gehört indes 20 km nordöstlich von Vejle zur Fjordstadt ***Horsens**. 25 km weiter beginnt bei Skanderborg die liebliche Seenlandschaft des *Himmelbjerget, aus dänischer Sicht schon eine "Bergwelt", liegt hier doch der Ejer Bavnehøj, mit knapp 171 m der höchste Gipfel des Landes. Etwa 2400 Jahre alt ist die Moorleiche im Hovedgården von *Silkeborg, einmalig die COBRA-Ausstellung im örtlichen Kunstmuseum. Allein die extravagante Architektur von *Hernings Kunstmeile, 40 km weiter westlich, lohnt den Besuch: hier sind Carl-Henning Pedersens fabulierende Keramikwerke zu bewundern. Keine 80 km trennen die Heidestadt vom quirligen **Århus, wirtschaftlich wie kulturell der Gegenpol zum übermächtigen Kopenhagen. Handlich und überschaubar ist Jütlands attraktive Hauptstadt, ihr museales Highlight "Den Gamle By" widmet sich der Kleinstadtkultur vom 16. bis 19. Jahrhundert.

Ausflug nach Djursland (120 km)

Wer Zeit hat, sollte von hier aus die geschichtsträchtige Halbinsel Djursland erkunden mit dem romantischen Renaissance-Schlössern *Rosenholm und **Gammel Estrup, dem Bilderbuchstädtchen **Ebeltoft und dem spannenden *Kattegatcentret von Grenaa, wo man Haie aus nächster Nähe beobachten kann.

3. Fünen und die dänische Südsee

Von Middelfahrt nach Faaborg

Hüte, Seefahrt und Brücken sind Thema im Stadtmuseum von *Middelfahrt, dem Einfallstor nach Fünen, das hier durch zwei Brücken mit dem dänischen Festland verbunden ist. Knapp 30 km nordöstlich bezaubert die Küstenstadt *Bogense mit alten Fachwerkhäuschen, während 40 km südöstlich schmucke Segeljachten in der großen Marina von *Assens vor Anker gehen. Rund 50 km auf der Autobahn E 20 trennen ***Middelfahrt** von **Odense**. Der charmante Geburtsort des Märchendichters H.C. Andersen kann

Von Middelfahrt über Odense nach Faaborg (180 km)

mit sehr schönen Fachwerkbauten und erstklassigen Museen aufwarten. Zwei Dutzend traditionelle ländliche Gebäude aus allen Teilen Fünens sind im Freilichtmuseum *Den Fynske Landsby, 4 km südlich der City, rekonstruiert worden. Gute 4 km weiter widmet sich der prachtvolle Herrensitz *Hollufgård der Vor- und Frühgeschichte der Insel. Dass Märchen mitunter auch wahr werden können, beweist 35 km südlich das Bilderbuchschloss **Egeskov, das mitten in einem See auf hunderten von Eichenpfählen ruht. Die gute 20 km entfernte Fjordstadt ***Faaborg** besitzt die größte Sammlung fünischer Maler im Faaborg Museum an der Grønnegade.

Die Museen, Bühnen und Cafés von Brandts Klædefabrik in Odense sind populärer Treffpunkt der jungen Kulturszene.

Dutzende Eilande und Sandbänke gehören zur vorgelagerten Inselwelt. Von Bøjden auf der Halbinsel Horneland setzt die Fähre zur grünen Ferieninsel ***Als** über. Skandinaviens älteste und Dänemarks erste protestantische Kirche ist die herrliche Schlosskapelle des *Sonderborg Slot am Als Sund. Von Stockrosen umrankte Fachwerkhäuschen und verträumte Gartenlokale gehören zur Märchenstadt **Ærøskøbing auf der Nachbarinsel *Ærø. Eine Stunde braucht die Fähre von Marstal hinüber nach *Langeland. Gute 15 km nördlich von Rudkøbing sollte man sich dort das Land-Art Museum bei *Schloss Tranæker ansehen. Über eine Brücke ist man schnell auf dem Inselchen Tåsinge. Mit seinem Prisengeld aus der siegreichen Seeschlacht bei **Køge erwarb der Seeheld Niels Juel hier anno 1678 **Schloss Valdemar, das von seinem Enkel zu einer prachtvollen Barockanlage ausgebaut wurde.

Island Hopping in der dänischen Südsee

Das Nordende von Tåsinge verbindet eine 1200 m lange Brücke direkt mit *Svendborg. Sein lebhafter Marktplatz entzückt durch das älteste Haus der Seefahrerstadt, Anne Hvides Gård von 1560. Nur 4 km außerhalb steht eines der herrlichsten deutschen Barockpalais: *Hvidkilde Slot, ebenfalls ein Meisterwerk des 16. Jahrhunderts. Um 1550 entstanden nach venezianischem Vorbild auch die Rundgiebel des Herrensitzes *Hessellagergård, 15 km nördlich. Nächster Halt ist **Nyborg, dessen lange Geschichte der Fährschifffahrt 1998 zu Ende ging, als die gigantische **Storebæltbrücke nach **Seeland eröffnet wurde. Schmale Gassen mit kleinen bun-

Von Svendborg nach Kerteminde (60 km)

Fünen
(Fortsetzung)

ten Häuschen und die spannende Unterwasserwelt des *Fjord- & Bæltcentret findet man 40 km nördlich in *Kerteminde, 4 km außerhalb am Kertinge Nor stößt man bei *Ladby auf Dänemarks einziges Grabschiff der Wikingerzeit. Schließlich kann man noch einen Ausflug anhängen zur Halbinsel *Hindsholm mit schönen Stränden und dem gewaltigen Hünengrab Mårhøj bei Snave.

5. Lolland – Falster – Møn

Von Rødbyhavn bis Møns Klint
(150 km)

Wer von Deutschland über den Fehmarnbelt anreist, betritt in Rødbyhavn auf ***Lolland** erstmals dänischen Boden. Nicht nur für Kinder ein tolles Erlebnis ist 25 km nördlich bei Maribo der *Knuthenborg Safaripark. Mit dem Auto fährt man hier durch ein Stück Afrika und Asien, begegnet man Giraffen, Nashörnern und bengalischen Königstigern. Eine weitere Attraktion der Insel liegt knapp 30 km entfernt an der Südküste bei Nysted: Zum *Automobilmuseum von Alholm Slot gehören rund 200 Oldtimer, allesamt fahrtüchtig. Tapferen Rittern und holden Jungfrauen begegnet man 20 km nordöstlich im *Middelaldercentret am Guldborgsund, das schon zu Nykøbing ***Falster** gehört. In der Langgade 9 kann man wie zu Großmutters Zeiten einkaufen, und die Gråbrødrekirke von Nykøbing F. besitzt die größte Ahnentafel Dänemarks mit mehr als 30 Porträts der mecklenburgischen Verwandten. Nur 12 km sind es von hier zur Ferienhaushochburg Marielyst mit ewig viel Platz für Wasserratten und Strandläufer an kilometerlangen, kinderfreundlichen **Sandstränden. Motorradfans sollten außerdem 20 km nördlich von Nykøbing F. das Oldtimermuseum in Stubbekøbing einplanen. Vom Hafen kann man in 12 Minuten mit der Fähre nach Bogø übersetzen, wo eine Brücke nach ****Møn** weiterleitet. Erster Halt an der Südwestspitze der Insel ist die **Fanefjord Kirke mit einer Bilderbibel des Meisters von Elmelunde. Der schönste Strand von Møn liegt gute 20 km nördlich auf der Halbinsel **Ulvshale. Die *Keldby Kirke 10 km südöstlich trägt ebenfalls die Handschrift des Meisters von **Elmelunde, das man 3 km weiter östlich erreicht. Seine weithin sichtbare Dorfkirche wurde im 15. Jh. von dem berühmten unbekannten Künstler in der sehr haltbaren Al-Fresco-Technik ausgemalt. Die wahren Stars der Ostseeinsel aber sind die fast 130 m hoch aufragenden **Møns Klint – um das grandiose Naturschauspiel mitzuerleben, sollte man übrigens mit den ersten Sonnenstrahlen vor Ort sein.

4. Seeland

Von Kopenhagen nach Südseeland
(270 km)

Nach ausgiebigem Kunst- und Kulturprogramm in Dänemarks charmanter Hauptstadt **Kopenhagen** lohnt ein Abstecher zum idyllischen Städtchen *Dragør auf die Insel Amager. Hinter dem Flughafen Kastrup stellt seit dem 1. Juli 2000 die gigantische **Øresundbrücke die Verbindung zum schwedischen Malmö her. Westlich in den Dünen der Betonvorstadt Ishøj recken sich drei futuristische Flügeldächer dramatisch gen Himmel: das umstrittene *ARKEN-Museum für moderne Kunst. Besitzer der "Copenhagen Card" fahren kostenlos die 38 km nach ****Køge**, eine der besterhaltenen Mittelalterstädte Dänemarks. Unvergesslich ist von hier ein Ausflug zu den 30 km südöstlich aufragenden, bis zu 41 m hohen Kreideklippen *Stevns Klint. Über die Autobahn E 55 erreicht man derweil in kürzester Zeit das vergnügliche Kinderparadies *BonBon Land und die traditionsreiche **Holmegaards-Glaswerkstatt direkt bei ***Næstved** mit dem letzten mittelalterlichen Gildehaus Dänemarks. Gute 40 km nordwestlich bei **Slagelse** vermittelt Harald Blauzahns *Trelleborg ein Stück Wikingergeschichte. Im Hafen von *Kalundborg, 37 km weiter in Richtung Norden, sammelten schon die Wikinger ihre Kriegsflotte für Beutezüge, heute ist die fünftürmige Vor Frue Kirke das prägende Element der Stadtsilhouette. Knapp 30 km nordöstlich an der Nekseløbucht soll in den 800 Jahre alten Gemäuern von *Dragsholm Slot der Geist von Lord Bothwell umgehen, dem dritten und letzten Gatten von Maria Stuart. Heute kann man im Schloss nobel logieren und in der alten Schlossküche ausgezeichnet dinieren. Das Tor nach Westseeland heißt *Holbæk mit einem bemerkenswerten kunsthistorischen Museum, das sich auf neun hübsche Fachwerkbauten verteilt. Etwa 20 km südöstlich liegt eine der besterhaltenen Rokokoanlagen des Landes: *Ledreborg Slot. *Nur 2 km weiter versucht man im 25 ha großen *Lejre Forsøgscenter die Lebensbedingungen der Menschen in der Eisenzeit zu erforschen. In der prachtvollen Domkirche von **Roskilde haben 38 Regenten ihre letzte Ruhe gefunden, in den einzigartigen Vikingeskipshallen sind fünf Wikingerschiffe ausgestellt, die man um 1000 vermutlich als Sperre im Roskildefjord versenkt hatte. Schließlich sind es nur noch wenige Kilometer bis zu den Vororten von **Kopenhagen, das schon für sich allein immer eine Reise wert ist.

Zu jedem **Kopenhagenaufenthalt sollte auch ein Ausflug ins königliche Nordseeland gehören. Am besten folgt man der herrlichen Küstenstraße am Øresund nach *Rungstedlund. Hier begann und endete das bewegte Leben der Schriftstellerin Karen Blixen. Im **Louisiana Museum, 10 km weiter, verschmelzen moderne Kunst, Architektur und Landschaft zu einem harmonischen Dreiklang besonderer Art. Auf drei Inseln inmitten eines Sees liegt 23 km westlich Dänemarks schönstes Renaissanceschloss: das Nationalhistorische Museum **Frederiksborg Slot in *Hillerød. Nur 6 km trennen das Schloss von **Fredensborg Slot, Frühjahrs- und Herbstresidenz der königlichen Familie. Auch *Helsingør kann 15 km weiter mit Renaissance in Vollendung aufwarten: **Kronborg Slot, illustrer Schauplatz der Hamlettragödie. Für endlose Sonnentage am Strand kann man an der Nordküste Seelands zwischen *Hornbæk, *Gilleleje, *Tisvildeleje und *Liseleje wählen und zum Abschluss vielleicht das Haus des Polarforschers in *Hundested aufsuchen. Auf dem Rückweg zur dänischen Metropole findet man zwischen zwei Fjorden noch ein stilles Stück Dänemark: *Jægerspris Slot bei *Frederikssund war erst mittelalterliche Burg, wurde dann Jagdsitz der Krone und endlich prunklos-bequeme königliche Wohnung "nach Gutsherrenart". Knapp 50 km sind es von hier zurück zur Schlossinsel im Herzen **Kopenhagens.

Südseeland (Fortsetzung)

Von Kopenhagen nach Nordseeland (210 km)

Routenvorschläge

Reiseziele von A bis Z

Hinweise zum Alphabet

Die dänische Sprache besitzt außer den Buchstaben des deutschen Alphabets zusätzlich drei Sonderbuchstaben: Æ/æ, Ø/ø und Å/å. Sie stehen in vorgenannter Abfolge ganz am Ende (!) des dänischen Alphabets. Man beachte dies bei der Benutzung dänischer Verzeichnisse. Da die ungewöhnliche Reihenfolge deutschsprachige Leser bei der Benutzung des Buches irritieren könnte, werden die dänischen Sonderbuchstaben **in diesem Reiseführer** wie folgt eingeordnet: **Å, å wie A, a; Æ, æ wie Ae, ae; Ø, ø wie O, o.**

Aabenraa — R 9

Halbinsel Jütland
Bezirk: Sønderjyllands amt
Einwohnerzahl: 22 000

Alte Schreibweise

Um Missverständnissen gleich vorzubeugen: Dänemarks Rechtschreibreform in den 1950er-Jahren, die aus dem "Aa" ein "Å" machte, wurde auch mancherorts wie in Aabenraa vehement abgelehnt. Åbenrå mit "Å" in älteren Karten meint also die gleiche Stadt, die jetzt aber ganz offiziell wieder die alte Schreibweise benutzen darf.

Lage und Allgemeines

Durch den breiten Fjord besitzt Südjütlands größte Hafenstadt eine unmittelbare Verbindung zum Kleinen Belt, was ihr schon 1335 Stadtrecht einbrachte. Noch heute zeugen schmucke Bürgerhäuser und Kapitänshöfe aus dem 18. und 19. Jh., als Aabenraas stolze Flotte bis in den Fernen Osten segelte, vom Wohlstand großer Reedereien. Dass in "Apenrade", wie der deutsche Name lautet, auch eine deutsche Minderheit recht aktiv ist, kann man in Europas nördlichster deutschsprachiger Tageszeitung lesen, dem "Nordschleswiger". Am ersten Wochenende im Juli werden in Aabenraa mittelalterliche Traditionen wieder lebendig: Zum spektakulären Ringreiterfest treten mehr als 500 Bewerber an – der Sieg gehört dem Reiter, dessen Lanze die meisten Ringe vom Galgen holt.

Sehenswertes in Aabenraa

*Aabenraa Museum

Westlich des alten Hafens führt die H.P. Hanssens Gade zum Aabenraamuseum (Nr. 33 B). Seine Schifffahrtsabteilung besitzt über 200 Buddelschiffe und eine kuriose Sammlung von Souvenirs, die Seeleute aus aller Welt mitgebracht haben. Auf bronzezeitliche Besiedlungen deutet das Skelett des "Mannes von Nybøl" hin. In der Gemäldesammlung sind dänische Künstler des 19. und 20. Jh.s ausgestellt (Öffnungszeiten: Juni – Aug. Di. – So. 10^{00} – 16^{00} Uhr, Sept. bis Mai Di. – So. 13^{00} – 16^{00} Uhr). Dem Aabenraa-Museum angegliedert ist der Jacob-Michelsen-Gård von 1704 am Toften 37 B. Übrigens: Hans Peter Hanssen war Ende des 19. Jh.s einer der eifrigsten Verfechter der Wiedervereinigung von Südjütland und Dänemark, die bis 1920 getrennt blieben.

Aabenraa Museum (Fortsetzung)

Wer Lust zum Einkaufen hat, schlendert durch die Fußgängerzone im alten Stadtkern, wo auch die St.-Nikolai-Kirche steht mit spätromanischem Taufstein und einer Altartafel von 1642.

Sct. Nikolai

Beim Ringreiterfest im Juli finden sich alle Generationen ein.

Von 1998 bis 2000 hat man den großen Hauptmarkt liebevoll restauriert, so dass die Gebäude rund um den Storetorv in neuem Glanz erstrahlen. Für das zweistöckige Rathaus zeichnete 1830 der damalige Stararchitekt Christian Frederik Hansen verantwortlich. Im Rathaussaal ist eine Porträtsammlung dänischer Monarchen zu bewundern, darunter Jens Juels Bildnis von Königin Caroline Mathilde, der Gemahlin Christians VII. – Stilvolle Giebelhäuser aus dem 18. Jh. findet man in der Slotsgade und am Vægterpladsen.

Storetorv

Im alten Bahnhof an der Jernbanegade 2 zeigt die Galerie Banegården beachtliche Wechselaustellungen der Moderne.

Banegården Kunst & Kultur

Umgebung von Aabenraa

Kunstfreunde sollten südlich der Stadt Schloss Brundlund einplanen, das 1411 unter Königin Margrethe I. erbaut wurde und heute dänische Kunst vom 18. Jh. bis zur Gegenwart präsentiert.

Brundlund Slot

Nördlich vom Aabenraafjord erstreckt sich die Halbinsel Løjt. Wo früher wohlhabende Kapitäne ihr stolzes Anwesen hatten, findet man heute schöne Campingplätze und zahlreiche Ferienhäuser.

Løjt

Aabenraa, Umgebung (Fts.)	Zur romanischen Løjt-Kirche gehören ein spätgotischer Flügelaltar und eine Kanzel, die Jes Jessen bemalt hat.
Flensburger Förde	Überall hat die Geschichte ihre deutlichen Spuren im Grenzland an der Flensburger Förde hinterlassen – fast alle Bewohner hier sind zweisprachig. Die idyllische Landschaft lädt zu ausgedehnten Radtouren und Wanderungen ein, zum Baden, Segeln und einer historischen Reise auf dem Heerweg – Dänemarks ältester Straße (s. S. 153) – oder dem naturschönen Gendarmenpfad bei Padburg, wo blauuniformierte Grenzsoldaten bis 1920 Wache schoben.
Gråsten	Fast jedes Kind in Dänemark weiß, dass Gråsten in Südjütland liegt, denn hier residierte früher im Sommer die Königinmutter Ingrid, die im November 2000 im hohen Alter von 90 Jahren starb. Das Gråstener Schloss wurde um 1600 im holländischen Barockstil erbaut, beim Großbrand 1757 konnte man nur die reichverzierte herzogliche Schlosskapelle und vier Türme retten. Nach der Wiedervereinigung 1920 übernahm der dänische Staat das Anwesen. Majestätische Bäume und kleine Seerosenteiche gehören zum Schlosspark im englischen Stil. Karten, Scherenschnitte und ein ganzes Märchenland aus Papier faszinieren Groß und Klein im Papiermuseum an der Nygade von Gråsten.
Broager	Hauptgrund für den Besuch in Broager ist die um 1200 errichtete romanische Ziegelkirche des Ortes mit ihren charakteristischen Doppeltürmen, die früher auch als Seemarke fungierten. Die Zwillingstürme kamen jedoch erst im 14. Jh. dazu. In der Apsis beeindrucken Wandmalereien des 13. Jh.s, die Fresken im Chor sind auf das 16. Jh. datiert. Gräber von 1848 und 1864 auf dem Friedhof erinnern an die Kämpfe um Schleswig.
Catherinesminde Teglværksmuseum	Wie einst die Ziegelherstellung vom Lehmgraben bis zum Ringofen funktionierte, kann man südöstlich des Ortes im Ziegeleimuseum erfahren, einer Industrieanlage aus dem 18. Jahrhundert.
Frøslevlejrens	Ein trauriges Kapitel jüngster deutschdänischer Vergangenheit erzählt rund 3 km nordwestlich von Padborg das Frøslevlager, ein Internierungslager aus dem Zweiten Weltkrieg, das heute als Museum eingerichtet ist. Viele Gefangene wurden von hier ab 1944 in andere deutsche Konzentrationslager deportiert. In den erhaltenen Lagerbaracken und Wachtürmen ist die Besatzungszeit in Südjütland dokumentiert, sind u.a. Ausstellungen von Amnesty International und der UNO zu sehen.

Aalborg   E 12

Halbinsel Jütland
Bezirk: Nordjyllands amt
Einwohnerzahl: 159 000

Alte Schreibweise	Um Missverständnissen gleich vorzubeugen: Dänemarks Rechtschreibreform in den 1950er-Jahren, die aus dem "Aa" ein "Å" machte, wurde von Aalborg vehement abgelehnt. Bei Ålborg mit "Å" in älteren Karten handelt es sich also um die gleiche Stadt, die jetzt aber ganz offiziell wieder die alte Schreibweise benutzen darf.

Wer nach vielen ländlichen Impressionen Lust auf Stadtluft, Geschäfte, Cafés und etwas Nachtleben verspürt, wird in Aalborg nicht enttäuscht werden. Dänemarks drittgrößte Stadt am Südufer des ▶ Limfjords blickt auf eine lange und wechselvolle Geschichte zurück, die sich in den historischen Gebäuden seiner stimmungsvollen Altstadt widerspiegelt. Die Liste der kulturellen Angebote reicht vom erstklassigen Kunstmuseum bis zum Aalborger-Jazz- und-Blues-Festival, Wikingermarkt und Kinderkarneval. Ob im Tivoli, dem Oldtimerzug der Limfjordbahn oder bei einer Hafenrundfahrt mit dem "Hornfisken", der im Sommer zwischen Honnørkajen und Egholm verkehrt – es gibt jede Menge Spaß für Groß und Klein. Wer lieber bummeln will, schlendert durch die Fußgängerzonen von Algade, Bredegade und Nørregade.

*Reizvolle Hauptstadt Nordjütlands

Verkehr	Vom Bahnhof am J.F. Kennedy Plads fahren stündlich IC-Züge in Richtung Frederikshavn, Århus, Flensburg und Kopenhagen. Vom benachbarten Busbahnhof (Rutebilstation) verkehren Expressbusse nach Kopenhagen und Überlandbusse nach Nordjütland. Flughafenbusse pendeln vom Bahnhof zum Flughafen 5 km außerhalb. Schiffsverbindungen bestehen via Frederikshavn nach Göteborg (Schweden) und nach Oslo, Moss und Larvik (Norwegen); via Hirtshals nach Kristiansand, Moss und Oslo (Norwegen); via Hanstholm nach Bergen und Egersund (Norwegen) sowie von Mai bis Sept. nach Torshavn (Färöer), nach Lerwick (Shetland Islands) und nach Seydisfjord (Island); via Skagen nach Larvik (Norwegen).
Geschichte und Wirtschaft	Erste Besiedlungen sind schon für die Eisenzeit nachgewiesen, 1070 wurde Aalborg als "bekannte Seefahrtstadt" erwähnt, 1342 erhielt die einstige Wikingersiedlung Stadtrecht. Im Laufe des Mittelalters entwickelte sich Aalborg zu einem der wichtigsten Handelszentren Skandinaviens. Seehandel, Werften und die Heringsfischerei verhalfen der Hafenstadt im 18. Jh. zu großem Wohlstand – 1720 wurden im Limfjord fast 230 000 t Hering gefangen. Als 1825 der Durchbruch der Nordsee bei Agger einen starken Anstieg des Salzgehaltes im Limfjord verursachte, erlitt die Heringsfischerei erhebliche Einbußen. Erst der Eisenbahnanschluss und die Vertiefung des Limfjords, der jetzt auch von größeren Schiffen angelaufen werden konnte, brachten einen erneuten Aufschwung von Handel und Industrie. Heute besitzt Aalborg Betriebe von internationalem Format wie Dansk Eternit, Trip Trap und Danisco Destillers – am bekanntesten natürlich Aalborg Akvavit und Jubilæumsakvavit, die in den Spirituosenfabriken beim Strandvej und Spritkaj hergestellt werden. Hinzu kommen aufstrebende Unternehmen der Elektronik und Telekommunikation. Darüber hinaus ist Aalborg ein Zentrum für Forschung und Ausbildung, allen voran die 1973 gegründete Universität mit rund 65 000 Studierenden.

Baedeker TIPP) **Längste Theke Dänemarks**

Gut zwei Dutzend Restaurants und witzige Musikkneipen finden Nachtschwärmer in dem nur 200 m langen Sträßchen Jomfru Ane Gade, das Aalborg durch sein Nachtleben berühmt gemacht hat – am Nordende lockt obendrein eines der sechs Spielkasinos Dänemarks. Aber nicht nur ausgelassene Stimmung, sondern auch kulturell Ambitioniertes wird hier geboten, jedenfalls genießt das avangardistische Jomfru Ane Teatret (Nr. 14) über die Stadtgrenzen hinaus einen guten Ruf.

Rundgang durch die Altstadt

**Jens Bangs Stenhus	Südlich der Stelle, wo die Limfjord-Brücke nach Nørresundby hinüberführt, bezaubert das alte Aalborg mit romantischen Winkeln. Der Rundgang beginnt im Viertel der Kaufleute gegenüber vom Turistbureau in der Østerågade 9. Hier steht Aalborgs Hauptattraktion: Jens Bangs Stenhus, mit seinen fünf Stockwerken das größte und wohl schönste Renaissancebürgerhaus in Dänemark. Der Prachtbau beherbergt seit 300 Jahren die älteste Apotheke der Stadt, der Duus Vinkjælder im Keller gehört zu den gemütlichsten Kneipen Aalborgs. Erbauer des Hauses war 1624 der wohlhabende Kaufmann Jens Bang, so prunkliebend wie begabt. Er ließ den Back-

Jens Bangs Stenhus – als Giebelfigur streckt sein Erbauer dem Rathaus die Zunge heraus, weil Bang niemals in den Stadtrat gewählt wurde.

steinbau mit Sandsteinornamenten überziehen, die den Einfluß der niederländischen Renaissance erkennen lassen. Dafür, dass ihn die Stadtoberen nicht in den Rat aufnahmen, soll Bang seine Widersacher in den Trollmasken am Haus karikiert haben – sich selbst ließ er als Steinfigur am geschweiften Giebel porträtieren, mit herausgestreckter Zunge in Richtung Rathaus.

Jens Bangs Stenhus (Fortsetzung)

Im Laufe der Zeit hat das 1759 – 1762 erbaute Rathaus einige Veränderungen erfahren. Zum Gammeltorv hin zieren den gelben Rokokobau die Büste Frederiks V., das Reichswappen und der Leitspruch des Königs: Prudentia et Constantia (Klugheit und Beständigkeit). Vom Gammeltorv aus wurde Aalborg einst regiert, hier standen Galgen und Pranger, waren Thing und Richtstätte.

Gammeltorv, Rådhus

Westlich an der Algade erreicht man die weißgekalkte Sankt-Budolfi-Kirche, benannt nach einem englischen Schutzpatron der Seefahrt, St. Botholphus. Der gotische Dom wurde um 1430 errichtet, wobei man die Mauerreste einer älteren romanischen Kirche miteinbezog. Um 1780 entstand die barocke Turmspitze, das Wahrzeichen Aalborgs. Zwischen 9^{00} und 22^{00} Uhr ertönt zu jeder vollen Stunde das Spiel der 48 Glocken. Im Kirchenvorraum, einer ehemaligen katholischen Kapelle, verdienen die herrlichen Fresken Beachtung. In der Vierung sieht man die vier Evangelistensymbole und über der Bogenöffnung die Opferung Isaaks sowie die Legende vom Feigenbaum. Im Kirchenraum selbst beeindrucken das Altarbild und die 1689 – 1692 von Laurids Jensen geschnitzte Kanzel, der 1727 gestiftete Marmortaufstein und im nördlichen Seitenschiff eine Re-

*Budolfi Kirke

Budolfi Kirke (Fortsetzung)	naissanceempore mit Illustrationen zu den Zehn Geboten. Das südliche Seitenschiff schmücken "Christi Leidensweg" und Inschriften für bedeutende Aalborger Persönlichkeiten aus der Zeit um 1650.
*Aalborg Historiske Museum	Das Historische Museum an der Algade 48 zeigt Ausstellungen zur Frühgeschichte, Ständegesellschaft und Stadtgeschichte sowie eine schöne Sammlung nordjütischer Gläser. Ein Muss ist das elegante "Aalborg-Zimmer" von 1602 mit seinem bürgerlichen Renaissance-Interieur (Öffnungszeiten: Di. – So. 10^{00} – 17^{00} Uhr).
Helligånds-klostret	Nördlich am C. W. Obelsplads steht das Aalborgkloster, das 1431 von "dem ehrbaren Weibe Maren Hemmings" als Heiliggeisthaus gestiftet wurde. Das Doppelkloster mit Brüder- und Schwesterabteilung ist heute ein Pflegeheim.
Gravensgade	Durch das schmale Lateinergässchen geht es weiter westlich zur belebten Gravensgade, der ältesten Fußgängerzone der Stadt. Wo früher der Befestigungsgraben verlief, flaniert man heute zwischen Kaufhäusern, Banken und Designerboutiquen.
Jomfru Ane Gade	s. S. 74
Jørgen Olufsens Gård	An der Østerågade lohnt ein Blick auf Jørgen Olufsens Gård (Nr. 6), eines der besterhaltenen dänischen Kaufmannshäuser aus der Renaissance. Das Sandsteinportal mit männlichen und weiblichen Hermes-Figuren trägt die Jahreszahl 1616 sowie die Initialen des Erbauers, Bürgermeister Jørgen Olufsen, dem Bruder von Jens Bang.

Weitgehend Fachwerk zeigt auch Schloss Aalborghus am Limfjordufer.

Aalborghus Slot	Weiter in Richtung Limfjord stößt man bald auf ein großes, weißes Gebäude mit Treppengiebeln: Schloss Aalborghus, heute Sitz von Nordjyllands Statsamt. Erbaut wurde das Anwesen 1539 bis 1555 im Auftrag König Christians III., es diente jedoch nie als Festung, sondern als Wohnsitz und Lagerplatz für die enormen Naturalienabgaben, die der König Nordjütland abverlangte. Der Schlosshof und Teile der Wallanlagen sind im Sommer zu besichtigen.

Südlich an der Niels Ebbesensgade liegt die neoromanische Liebfrauenkirche, die um 1100 aus Granitquadern als Klosterkirche errichtet, 1878 aber gänzlich verändert wurde. Bei dem Umbau setzte man das ursprüngliche Nordportal mit Granitreliefs an den westlichen Haupteingang. Im Giebeldreieck sitzt Christus in der Mandorla, umgeben von den Symbolen der vier Evangelisten: dem Adler des Johannes, dem Löwen des Markus, dem Engel des Matthäus und dem Stier des Lukas. Unter dem Tor hält Petrus den Schlüssel zum Himmelreich. Im Innern beeindrucken v.a. die Epitaphien aus dem 17. und 18. Jh. und die Kanzel des Bürgermeisters Povl Pop.

Vor Frue Kirke

Baedeker TIPP) Handgemachtes mit Pfiff

Im Gässchen Hjelmerstald, was so viel wie Pferdestall bedeutet, sollte man unbedingt im Atelier Lange (Nr. 15) reinschauen. In den offenen Werkstätten um einen idyllischen Hof werden wirklich originelles Steingut, geschmackvolles Porzellan und wunderschöne Glasvasen hergestellt. Hier fällt es niemandem schwer, passende Souvenirs zu finden. (☎ 98 13 82 68).

Im Zuge einer umfassenden Sanierung sind im Viertel um die Kirche zwischen Nørregade, Øster Gravensgade, Sønder- und Bredegade viele alte Häuser restauriert worden. Auch die Klokkestøbergade mit hübschen Häuschen aus dem 18. Jh. erzählt von der kleinstädtischen Vielfalt früherer Zeiten. Wen wundert es, dass die neuen Wohnungen in diesem Viertel längst begehrte Domizile sind.

Begehrtes Wohnviertel

Das Bürgerhaus an der Rendsburggade 2 beherbergt Konferenzräume, ein Internetcafé und die Nordjütische Landesbibliothek.

Medborgerhuset

Spaß für die ganze Familie verspricht der Vergnügungspark an der südöstlichen Peripherie. Geboten werden u. a. Achterbahn mit Doppellooping, Breakdance und ein 55 m hoher Freifallturm (Öffnungszeiten: Mitte April – Aug. tgl. 12^{00} – 21^{00} bzw. 23^{00} Uhr).

*****Tivoliland**

Westen und Südwesten

An der Einmündung der Bispensgade in die Vesterbro steht der "Zimberstier" (Cimbrertyren), 1937 von A. J. Bundgård geschaffen, mit einem Gedicht des Nobelpreisträgers Johannes V. Jensen (1873 – 1950) auf dem Sockel. Weiter südlich grüßt das "Gänsemädchen" (Gåsepigen) von Gerhard Henning„ das 1937 vom Tabakbaron C.W. Obel gestiftet wurde. Gegenüber der St.-Ansgar-Kirche liegt der Kildeparken, Aalborgs ältester Park, der 1802 seiner Bestimmung übergeben wurde. In den Grünanlagen stehen u.a. die "Drei Grazien" von Thorvaldsen (▶ Berühmte Persönlichkeiten).

Vesterbro

Musicals, Konzerte, Ausstellungen und Ballett werden in den 1953 eingeweihten Aalborghallen und den 1990 eröffneten Europahallen am Europa Plads veranstaltet (Auskunft: ☎ 99 35 55 55).

Aalborg Kongres & Kultur Center

**Nordjyllands Kunstmuseum	Markanter Blickpunkt an der Kong Christians Allé 50 ist der lichtdurchflutete Bau des Nordjütischen Kunstmuseums. Die Heimstatt der Moderne wurde 1968 – 1972 von den Finnen Elissa und Alvar Aalto sowie dem Dänen Jean Jacques Baruël erbaut. Zwei Privatsammlungen bilden den Grundstock der Gemäldeausstellung dänischer Künstler vom Ende des 18. Jh.s bis heute, darunter Arbeiten von J.F. Willumsen, Harald Giersing, Robert Jacobsen und Richard Mortensen. Einen spannenden Abschnitt der Moderne zeigen die Werke von Addi Köppke und Nam June Paik. Das Kindermuseum veranstaltet Sonderausstellungen zu erlebnisorientierten Ideen.
**COBRA	Ein Muss ist die große COBRA-Sammlung. Nur drei skandalumwitterte Jahre bestand die 1948 in Paris gegründete abstrakt-expressionistische Künstlergruppe, deren kritische Auseinandersetzung mit Konventionen und Formprinzipien die Moderne nachhaltig beeinflusst hat. Ihr Name ist eine Abkürzung von COpenhagen, BRüssel und Amsterdam, den Hauptstädten der drei Herkunftsländer. Zu den führenden Mitgliedern gehörten die Dänen Asger Jorn, Ejler Bille, Carl-Henning Pedersen und Egill Jacobsen, der Niederländer Karel Appel und der Belgier Joseph Noiret. Im Skulpturenpark flankieren Bjørn Nørgårds "Traumschloss" und die "Zeitkrüge" von Mogens Møllers ein "Säulenlabyrinth" von Gunnar Ågård. Andersen (Öffnungszeiten: Di. – So. 10^{00} – 17^{00} Uhr; Juli und August auch Mo.).
Aalborgtårnet	An das Museum grenzt südlich der Skovbakken, ein bewaldeter Hügel mit Freilichtbühne. Vom 55 m hohen Aalborgtårnet hat man einen herrlichen Blick auf die Stadt und den Limfjord.
Mølleparken	Heiße Rhythmen unter freiem Himmel bieten im Sommer die großen Rockkonzerte im Mølleparken, 2 km südwestlich der Altstadt.
Zoo	Am Mølleparkvej 63 ist der Eingang zum Aalborger Zoo mit afrikanischen Elefanten, Rothschildgiraffen und sibirischen Tigern.
*Søfarts- og Marinemuseum	Im Seefahrts- und Marinemuseum am Limfjord erfährt man alles über das Leben auf See und den Aalborger Hafen. Höhepunkte sind das U-Boot "Springeren" und das Torpedoboot "Søbjørnen". Und im Simulator kann man sogar Kapitän auf einer Fähre sein (Öffnungszeiten: Mai – Aug. tgl. 10^{00} – 18^{00}, Sept. – April tgl. 10^{00} – 16^{00} Uhr).

Südosten

Vandteknisk Museum	Untergebracht ist das Wassertechnische Museum an der Sønderbro 53 in einer großen Maschinenhalle von 1907. Zur Ausstellung gehört eine Dampfmaschine von 1893.
Urania Observatoriet	Zwischen September und April kann man jeden Mittwochabend in der Sternwarte am Borgmester Jørgensensvej 13 den Abendhimmel durch Dänemarks zweitgrößtes Linsenfernrohr betrachten.

Umgebung von Aalborg

Egholm	Ganzjährig besteht im Limfjord eine Fährverbindung zur Insel Egholm. Das dortige Landwirtschaftsmuseum besitzt 20 Bauernhöfe nach traditionellem Muster.

Den Marktplatz von Nørresundby bewacht der "Steinhund" von Henrik Starcke. In der Fußgängerzone findet man auch Skulpturen von Edgar Funch, Jørgen Brynjolf und Kaj Nielsen. Die Sundby Samlingerne, eingerichtet in einem ehemaligen Pachthof am Fr. Raschs Vej 9, präsentiert eine stadtgeschichtliche Bildersammlung, Buddelschiffe und einen Kaufmannsladen wie zu Großmutters Zeiten. Badespaß für die ganze Familie bietet das Svømmeland am Lerumbakken 11 mit Wasserrutschen, Fitnesscenter und türkischem Bad.

Nørresundby

Eines der bedeutendsten prähistorischen Denkmäler Dänemarks liegt nördlich von Nørresundby: die Lindholmhöhe, ein Gräberfeld mit rund 740 Gräbern und einer Siedlung aus der jüngeren Eisenzeit und der Wikingerzeit (▶ Baedeker Special, S. 40). Das Gräberfeld war von etwa 400 n. Chr. bis kurz vor der Jahrtausendwende in Gebrauch. Bei 41 Gräbern handelt es sich um gewöhnliche Erdgräber, die nicht markiert sind. Die übrigen sind Brandgräber: Die Verstorbenen wurden mit ihren Grabbeigaben vor Ort verbrannt und anschließend in einem Grab beigesetzt, das durch eine Steinsetzung markiert war. Während die älteren Steinsetzungen dreieckig sind, kennt man aus einer späteren Zeit runde und ovale; aus der Wikingerzeit stammen schiffsförmige Setzungen. In der Siedlung nördlich vom Gräberfeld hat man holzgepflasterte Wege, Pfostenlöcher von Häusern, Brunnen und Kochgruben freigelegt. Die Löcher der Pfosten wurden dann stellenweise mit Zement ausgefüllt, so dass der Besucher auch einen Eindruck von der Größe der Häuser bekommt. Um 1100 mussten die Bewohner die Siedlung, die immer wieder vom Flugsand begraben und daher mehrfach verlegt wurde, endgültig verlassen. Wie die Menschen damals in Lindholm lebten, veranschaulichen die Fundstücke im Lindholm Høje Museet (Öffnungszeiten: April – Okt. tgl. 10:00 – 17:00 Uhr, Nov. – März Di. – So. 10:00 – 16:00 Uhr). Ein unvergessliches Spektakel bieten die vielbesuchten Wikingerspiele Ende Juni, wo man wie die Nordmänner auch selber Bogen schießen kann (Abb. S. 43).

*Lindholm Høje

Im Herzen von Vendsyssel, rund 20 km nördlich von Aalborg, lockt das lebhafte Handelsstädtchen Brønderslev vor allem zum Einkaufen. Die Stadtmitte ziert einer der größten Rhododendrenparks im Land – mehr als 125 Sorten blühen jedes Jahr. In der Umgebung lohnt ein Ausflug zum naturschönen Moor Store Vildmose.

Brønderslev, Store Vildmose

Ærø

S/T 14–16

Bezirk: Fyns amt
Inselfläche: 88 km²
Bewohnerzahl: 9000

Idyllische Inselwelt

Größte Attraktion der kleinen Insel südlich von ▶ Fünen sind zweifelsohne ihre Natur und ländliche Idylle. Bequem kann man die nur 25 km lange und knapp 8 km breite Insel an einem Tag mit dem Auto oder per Fahrrad erkunden. Wie eine Perlenschnur reihen sich hübsche Dörfer im grünen Hügelland entlang der großen Landstraße auf, die quer durch die kuppengekrönte Insel verläuft. Viele der gepflegten alten Inselhäuser haben Fachwerk und Reetdächer. Schon der fantastische Blick allein lohnt einen Ausflug zur Steilküste von Voderup – fast 30 m hoch ragen die Klippen aus dem Meer und bilden ein 3 km langes Naturschutzgebiet. Die besten Badestrände der Insel sind Vesterstrand bei Ærøskøbing, Eriks Hale bei Marstal, Søby Strand und das Gebiet Borgnæs/Vrå. Æro besitzt auch eine Reihe alter Windmühlen, von denen einige am alljährlichen "Mühlentag" geöffnet sind (Auskunft beim Touristikbüro).

Fähren

Autofähren verkehren zwischen Ærøskøbing und Svendborg (Fünen), Marstal und Rudkøbing (Langeland), Søby und Faaborg (Fünen) sowie Søby und Mommark (Als).

Orte auf Ærø

**Ærøskøbing

An einem Landvorsprung der Nordküste liegt der älteste Inselort. In Ærøskøbing, das 1398 Handelsrecht erhielt, scheint die Zeit still zu stehen: bunte Fachwerkhäuschen, von Stockrosen umrankte alte

Ærøskøbing – von Stockrosen umrankte Fachwerkidylle

Türen und Fenster, verträumte Gartenlokale – wen wundert der Titel "Märchenstadt". Fast 40 Gebäude der guterhaltenen Kaufmannsstadt des 17. und 18. Jh.s stehen heute unter Denkmalschutz, darunter das älteste Postamt Dänemarks von 1749 und das Kjøbinghus aus dem Jahre 1645. Im Hammerichs Hus am Gyden 22, dem früheren Wohnhaus des Bildhauers Gunnar Hammerich, sind typisch dänische Möbel zu bewundern. Über 1000 Buddelschiffe nennt das Museum in der Smedegade 22 sein Eigen, das Lebenswerk von Peter Jacobsen (1873 – 1977), der seine Zeit auf See im Miniaturformat rekonstruiert hat. Auch Hans Billedhuggers Holzschnitzereien sind hier untergebracht. Besonders fotogen ist das Dukkehuset in der Smedegade, das kleinste Häuschen der Stadt. Von Seefahrern, Land- und Kleinstadtkultur erzählt das Ærø-Museum in der Brogade 3–5.

Ærøskøbing (Fortsetzung)

Das Seefahrerstädtchen an der Ostspitze Ærøs war früher eine der bedeutendsten Hafenstädte Dänemarks. Die in Marstal gebauten Dreimaster haben jahrhundertelang die Weltmeere durchkreuzt. Die ortsansässige Seefahrtsschule bildet seit über 100 Jahren Navigationsoffiziere für die dänische Handelsflotte aus. Noch heute hat ein Fünftel der dänischen Frachtschiffe Marstal als Heimathafen, sind Werften und Reedereien ein wichtiger Lebensnerv des Ortes. Schmale Gassen mit hübschem Fachwerk führen zur Hafenmole, die 1825 von Seeleuten und Bauern mühsam errichtet wurde. In der 1738 erbauten Kirche hängen mehrere Schiffsmodelle, standen Marstaler Matrosen selbst für die Apostelstatuen Modell. Mehr als 200 Schiffsmodelle, Kapitänsbilder und Galionsfiguren sind in der Prinsegade 1 ausgestellt. Zudem besitzt das Seefahrtsmuseum Kellinghusener Fayencen.

Marstal

Auf den Fundamenten einer mittelalterlichen Burg, deren Fundstücke aus dem 12. Jh. auf König Niels als Bauherrn hinweisen, ließ Herzog Hans um 1580 in einem kleinen Stausee an der Nordwestspitze der Insel das bäuerliche Anwesen Søby Volde errichten. Nach umfangreichen Renovierungsarbeiten konnte das Haupthaus 1997 wieder den Betrieb aufnehmen. Aber auch die Wirtschaftsgebäude und Burgwälle sollen in den kommenden Jahren restauriert werden (aktuelle Öffnungszeiten beim Fremdenverkehrsamt erfragen).

*Søby Volde

Die dänische Südsee

Fast wie ein Binnenmeer wirkt die Ostsee zwischen den langezogenen Inseln Ærø und ▶ Langeland. Dutzende Eilande und Sandbänke bilden die Gipfel eines Landes, das während der letzten Eiszeit absackte. Entsprechend seicht ist hier das Wasser, müssen die Schiffe in den schmalen Fahrrinnen genau Kurs halten.

Inselwelt zwischen Ærø und Langeland

Von Søby setzt die Fähre über dach Lyø. Um 1540 waren die ersten Inselbewohner vor die Wahl gestellt worden: Hinrichtung oder Auswanderung hierher. Heute haben die Höfe stolze Ausmaße von Herrensitzen und die 140 Einheimischen werben zu Recht mit "einem der schönsten Dörfer Dänemarks": Lyø By. Hier sieht man fast nur reetgedeckte Häuser, von Stockrosen umrankte Fachwerkfassaden mit rostrot, hellgrün oder samtblau gestrichenen Türen und Fenstern, wie Leuchtzeichen gegen das lange Grau des Winters.

Lyø

Ærø, Umgebung (Fortsetzung), Avernakø

Weiter geht die Fahrt nach Avernakø. Die rund 600 ha große Doppelinsel existiert in ihrer jetzigen Form erst seit 1937, als der Damm nach Kørshavn gebaut wurde. Die Insel gilt als Vogelparadies, ihre 120 Bewohner leben noch vorwiegend von der Landwirtschaft – die mit Seetang gedüngten fruchtbaren Böden werden bis hart an die Küste genutzt. Auf Avernakø hat der 1974 gegründete Verband der dänischen Kleininseln (Sammenslutningen af Danske Småøer) seinen Sitz, dem 27 Inselchen mit etwa 5300 Bewohnern angehören – acht Eilande davon in der dänischen Südsee.

Drejø

Fünf langgezogene Kilometer in Ost-West-Richtung misst das 430 ha große Drejø, das Meer fast überall in Sichtweite. Um 1900 lebten auf der Insel noch etwa 400 Menschen, heute sind es nur knapp 80. Eine Rundfahrt gilt zu Recht als "smukke tur": Felder und Weiden, die sich sanft über kleine Hügel breiten, Bauernhäuser hinter schlanken Baumreihen, reetgedeckt und fachwerkverwinkelt.

Skarø

Hjortø

Birkholm

Auf der winzigen Insel Skarø, wo die Höfe immer noch nach alter Sitte paarweise um den Dorfteich stehen, leben nur 20 Menschen. Die fünf Höfe auf dem pfannkuchenflachen Inselchen Hjortø werden noch von 15 Einheimischen bewirtschaftet, die bis heute ihren "Oldermann" wählen, der zu entscheiden hat, wann der Tang auf den Feldern ausgebracht wird und das Vieh auf die Sommerweiden kommt. Das knapp 100 ha große Birkholm zählt heute etwa 50 Bewohner – um 1900 waren es noch doppelt so viele. So ist das vorrangige Ziel des Kleininselverbandes denn auch, junge Familien auf den Inseln zu halten, damit diese nicht zu Sommerresidenzen von Urlaubern und Pensionären werden.

Als   R / S 10 – 13

Bezirk: Sønderjyllands amt
Inselfläche: 321 km²
Bewohnerzahl: 60 000

Grüne Ferieninsel

"Die Insel Als ist ein wundervolles, fruchtbares Stück Land, mit Buchenwäldern, schweren Weizenfeldern und Obstgärten mit vielen Gravensteiner Äpfeln" notierte der expressionistische Maler und Grafiker Emil Nolde 1930 in seinen Tagebuchaufzeichnungen. Noch immer besticht die lang gestreckte Insel zwischen Flensburger Förde und Kleinem Belt durch ihre herrliche Natur. Während die dem Belt zugewandte Seite Steilküsten aufweist, verfügt die Westseite über zahlreiche Buchten und tiefe Fjorde, ein wahres Paradies für Wassersportler. Die besten Strände befinden sich auf der Halbinsel Kegnæs, die durch einen schmalen Damm mit Südals verbunden ist. Im Sommer wird fast jedes Wochenende irgendwo auf der Insel das traditionsreiche Ringreiterfest veranstaltet mit Umzügen zu Pferde und Ringreiterturnieren. Auf Nordals befindet sich einer der größten Industriebe-

> **Baedeker TIPP** **Anno dazumal**
>
> Wie es in einem Kaufmannsladen der 1940er-Jahre aussah und duftete, welche Produkte zu Großmutters Zeiten unentbehrlich oder der große Hit waren, das und mehr kann man im Købmandsmuseet an der Kastanieallee 1A von Sønderborg erfahren.

triebe Dänemarks: Danfoss, dessen Namen man auch in Deutschland fast an jeder Heizung lesen kann. Zwei Brücken gibt es zwischen Als und ▶ Jütland, drei Autofähren verbinden die Insel mit ▶ Fünen, ▶ Ærø und ▶ Jütland.

Allgemeines (Fortsetzung)

Sønderborg

Maritimes Flair in Sønderborg am Als Sund

Direkt am Als Sund liegt die größte Stadt der Insel. Schon Anfang des 12. Jh.s stand hier eine Burg, die Mitte des 16. Jh.s zu einem vierflügeligen Renaissanceschloss umgebaut wurde. Die außergewöhnlich schöne Schlosskapelle im Nordflügel wurde 1568 – 1570 von der Königinwitwe Dorothea in Auftrag gegeben. Sie ist Skandinaviens älteste und Dänemarks erste protestantische Kirche. Im Schlossmuseum wird die bewegte Geschichte Nordschleswigs vom Mittelalter bis zur Gegenwart erzählt.

*Sønderborg Slot

Kunst- und kulturhistorische Exponate in der alten Fabrikantenvilla am Rønhaveplads 12 dokumentieren die Geschichte der deutschen Minderheit von 1850 bis heute. Nur wenige Schritte weiter erhält man in der Papirmuseets butik am Rønhaveplads 4 alles für Puppenhäuser, Teddybären und originelle Karten.

Deutsches Museum Nordschleswig

Herzog Hans d.J. ließ die Marienkirche Ende des 16. Jh.s auf ihre jetzige Größe erweitern. Den lichten Kirchenraum zieren Altartafeln aus dem 17. Jh. von Niels Tagesen, eine Kanzel von 1559 und ein Kruzifix aus der Zeit um 1500.

Sct. Marie Kirke

Umgebung von Sønderborg

Auf dem Festland südwestlich von Sønderborg erreicht man die geschichtsträchtige Düppelermühle, die während der deutsch-dänischen Kriege bis auf die Grundmauern zerstört und später als Symbol dänischer Tapferkeit wiederaufgebaut wurde. Seit 1995 informiert hier ein Museum über die "Düppelerschanzen" (Dybbøl Banke), einen natürlichen Höhenzug nahe der Düppelermühle. Am 18. April 1864 überwältigten dort deutsche Truppen die zahlenmäßig unterlegenen Dänen, die sich vom Danewerk hierher zurückgezogen hatten; damals verlor Dänemark ganz Schleswig an Preußen. Im modernen Geschichtszentrum an historischer Stelle zeigt ein Schanzenmodell im Maßstab 1:10 die taktische Grundidee von

*Dybbøl Mølle

Dybbøl Banke

Als
(Fortsetzung)

1864, ferner sind eine rekonstruierte Schanze, Waffen und Uniformen ausgestellt (Öffnungszeiten: April – Okt. tgl. 10^{00} – 17^{00} Uhr).

Weitere Orte auf Als

*Augustenborg Slot

Rund 7 km nordöstlich von Sønderborg kann Augustenborg mit einem 1770 erbauten Rokokoschloss aufwarten. Zu besichtigen sind der Gartensaal, das Arbeitszimmer des Herzogs und die Schlosskapelle mit schönen Stuckarbeiten des Italieners Michelangelo Taddei; der Taufstein ist ein Geschenk des russischen Zaren Alexander I. (Öffnungszeiten: tgl. 10^{00} – 18^{00} Uhr)

Nordborg Slot

Das Schloss im Norden der Insel war ursprünglich eine Burg, die Svend III. um 1150 zum Schutz gegen die Wenden errichten ließ. Während der Kriege mit Schweden wurde sie zerstört und 1665 – 1670 neu erbaut. Seit 1922 ist das Schloss Ausbildungsstätte, daher ist nur der Schlosspark zu besichtigen.

Danfoss Museum

Im Geburtshaus des Firmengründers Mads Clausen am Gl. Fabriksvej 7 in Elsmark wird über die technologische Entwicklung von Danfoss seit 1933 informiert.

Anholt   G 22

Bezirk: Århus amt
Inselfläche: 22 km²
Bewohnerzahl: 160

Die Sandinsel

Mitten im Kattegat, etwa auf halber Strecke zwischen Norddänemark und Schweden, findet man Nordeuropas größte Wüste: die Sandinsel Anholt. Nur vereinzelt gibt es Bäume, im Ostteil wachsen dürre Grasmatten und flaches Heidekraut. Zu vier Fünfteln aber ist Anholt mit Sand bedeckt. Von Grenaa erreicht man die Insel, die ausgezeichnete Sandstrände hat, in etwa 2$^{1}/_{2}$ Stunden mit dem Fährschiff. Dass Anholt zu Dänemark gehört, verdankt es angeblich einem cleveren dänischen Unterhändler, der im 17. Jh. die Rückgabe der Provinzen Schonen, Halland und Blekinge an Schweden verhandeln musste. Dabei wurde Anholt anscheinend vergessen – der Däne hatte seinen Bierkrug auf die ausgebreitete Karte gestellt, mitten ins Meer, direkt auf Anholt – rein zufällig natürlich. An der Hafenmole drängen sich heute Boote aus Dänemark, Schweden, Norwegen und Deutschland. Gleich hinter dem Kai, gegenüber von Fährbüro und Fahrradverleih, gibt es zwei Restaurants. Wer übernachten will, kann zwischen dem Inselgasthof im 3 km entfernten Dorf, einigen Sommerhäusern und dem Campingplatz wählen.

*Naturschutzgebiete

Wind und Wellen haben das einzigartige Dünenmeer geschaffen, Ørkenen heißt das 10 km lange Flugsandgebiet, nach dem dänischen Wort für Wüste. Hier gibt es nichts, was Schatten spenden könnte, abgesehen von dem weißen, schlanken Leuchtturm, der dort seit 1881 steht. Fast 90 % der Insel sind Naturschutzgebiet, darunter Dänemarks größte Seehundkolonie an der Dünenspitze "Totten" im Osten Anholts und das Vogelschutzgebiet "Flakket" im

Nordwesten, wo alljährlich im Frühjahr und Herbst die großen Vogelschwärme Rast machen. Den besten Überblick hat man vom Sønderbjerg, einer immerhin 48 m hohen Hügelkette im Westen.

Anholt (Fortsetzung)

Århus

K/L 13/14

Halbinsel Jütland
Bezirk: Århus amt
Einwohnerzahl: 266 000

Dänemarks zweitgrößte Stadt und größter Containerhafen gilt wirtschaftlich wie kulturell als Gegenpol zum übermächtigen ▶ Kopenhagen. Klein und überschaubar, aber mit einem Kulturleben auf internationalem Niveau, dieser attraktiven Mischung verdankt Århus seinen Titel "Verdens mindste storby", "der Welt kleinste

Kleinste Großstadt der Welt

Am Storetorv erzählt die farbenfrohe Fassade des Stadttheaters vom dänischen Bühnenleben der Jahrhundertwende.

Großstadt". Weit über die Landesgrenzen hinaus kennt man Jütlands Metropole als lebendige Musikstadt. Im Århuser Musikhuset sind ein Symphonieorchester und die renommierte Jütische Oper zuhause, gastieren Stars von Weltniveau. Dazu kommen die vielen Spielstätten für Rock und Jazz, Theatersport und Stand-up-Comedy und natürlich die alljährlichen Festwochen Anfang September, eines der größten Kulturfestivals in Skandinavien. Bürgerliche Wohnzimmer vergangener Zeiten bietet die einzigartige Museumsstadt "Den Gamle By", während Kinder jeder Altersstufe im "Tivoli Friheden" ihren Spaß erleben. Hier gibt es auch das einzige Frauenmuseum Nordeuropas. An der 1928 gegründeten Universität, Dänemarks zweitgrößter, sind rund 20 000 Studierende immatrikuliert. Außerdem besitzt Århus die einzige Journalistenschule des Landes, eine Kunstakademie und ein Konservatorium. Selbst die Königin logiert im Sommer am Südrand der Stadt auf Schloss Marselisborg.

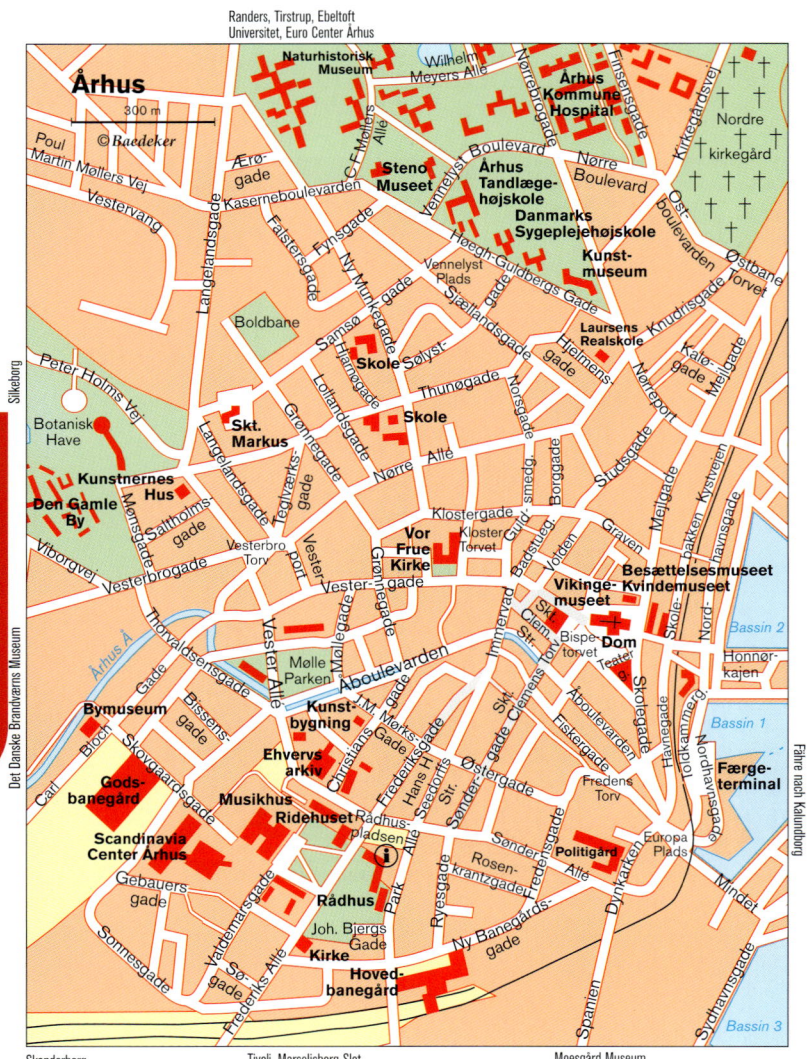

| Geschichte und Wirtschaft | Schon 928 wird Århus als Bischofssitz erwähnt, der 1441 die Stadtrechte erhielt. Während des Mittelalters beteiligte sich das aufstrebende Handelszentrum eine Zeitlang sogar an den großen, von ganz Nordeuropa besuchten Heringsmärkten in Falsterbo auf Schonen. Eine Blütezeit erlebte Århus im 16. Jh. und Anfang des 17. Jh.s, als der Handel bis nach Deutschland, Holland und Norwegen ausgedehnt wurde. Vom damaligen Reichtum der Stadt zeugen noch einige guterhaltene Renaissancebauten. Harte Rückschläge kamen ab 1627 durch Pest, Brände und Besatzungstruppen während des |

Dreißigjährigen Krieges, der Kriege gegen Schweden und der Kriege um Schleswig. 1902 erhielten der dänische Kronprinz, der spätere König Christian X., und seine Gemahlin das Schloss Marselisborg als Geschenk. Mit dem Bau der transjütischen Eisenbahn erfuhr die Industrialisierung ihren großen Aufschwung. In wenigen Jahren verdoppelte sich die Einwohnerzahl, entwickelte sich der Hafen zum wichtigsten Aktivposten; inzwischen ist er der zweitgrößte Hafen des Landes.

Geschichte und Wirtschaft (Fortsetzung)

Zu den größeren dänischen Städten fahren stündlich IC-Züge. Mit der Fähre oder dem Katamaran ist man in 2 bis 3 Std. von Århus aus in Kalundborg (Seeland). Vom Flughafen Tirstrup fliegt die SAS mehrmals täglich nach Kopenhagen. Direktflüge nach Deutschland starten vom nahen Flughafen Billund. Fast alle Sehenswürdigkeiten der Stadt sind gut zu Fuß erreichbar. Mit dem Århuspass für einen Tag, zwei Tage oder eine Woche hat man freie Fahrt mit allen Stadtbussen sowie kostenlosen Eintritt zu den wichtigsten Museen.

Verkehr

Rundgang durch die Innenstadt

Am großen Marktplatz erzählt die farbenfrohe Fassade des Stadttheaters (Abb. S. 85) vom dänischen Bühnenleben der Jahrhundertwende. Schräg gegenüber fällt der Blick auf das von bronzenen Frauenskulpturen flankierte Entree des Hotel Royal, dem ersten Haus am Platz und Standort des noblen Royal Scandinavian Casino.

Storetorv

Dominierendes Bauwerk ist jedoch der gewaltige Dom von Århus, seit dem 16. Jh. ein protestantisches Gotteshaus. Die erste Kirche entstand als romanische Basilika zwischen 1200 und 1500. Romanische Elemente finden sich noch an den Außenmauern von Lang- und Querhaus, auch die Kapellen an der Ostseite des Querschiffs stammen aus dieser Zeit. Nach 1400 wurde der Dom zu einer gotischen Kathedrale umgebaut, wobei Bischof Jens Iversen Lange im 15. Jh. die treibende Kraft war. Dabei wurde die Fassade durch eine Einturmfront ersetzt. Der Turm trägt einen Anker, das Attribut des Kirchenpatrons. Im Inneren der spätgotischen Kathedrale, die 1999 umfangreiche Restaurierungen erfuhr, verdient besonders der 1479 aufgestellte Flügelaltar des Lübecker Meisters Bernt Notke Beachtung: In seinem Hauptfeld sind die Hl. Anna Selbdritt, Johannes der Täufer und der Hl. Clemens in päpstlichem Ornat zu sehen. Zur Ausstattung gehört auch eine geschnitzte Kanzel aus dem 16. Jh., die Mikkel van Groningen geschaffen hat. Die Kalkmalereien an den Gewölben stammen aus dem 15. Jahrhundert. In den Gewölben sind der Hl. Clemens als Patron der Kirche und der richtende Christus zu sehen, im Chorumgang Marterszenen des Mittelalters. Wer Zeit hat, sollte eines der Kirchenkonzerte besuchen, die regelmäßig stattfinden.

*Sct. Clemens Kirke

Domwächter König Christian X. hoch zu Ross

Vikingemuseet	Bei Grabungsarbeiten für die Fundamente der heutigen Handelsbank am Sct. Clemens Torv 6 stieß man auf Reste eines alten Wikingerwalls, der vor mehr als 1000 Jahren eine kleine Siedlung schützte. Die Funde sind im Untergeschoss der Bank ausgestellt.
Besættelses-museet	Im Hinterhaus des Frauenmuseums sind die deutsche Besatzung im Zweiten Weltkrieg und der dänische Widerstand dokumentiert.
*Rådhus	Wer erste Mitbringsel sucht, kann einen Bummel durch die Fußgängerzone Sct. Clemens Torv und Søndergade anschließen, bevor man den Rådhuspladsen ansteuert. An seiner Südseite prunkt das funktionalistische Wahrzeichen der Stadt: das 1938–1942 von Arne Jacobsen und Erik Møller erbaute Rathaus, das mit norwegischem Marmor verkleidet ist. Der "salonkommunistische Pappkarton", wie die Stadtväter den umstrittenen Bau betitelten, erhielt erst später seinen 60 m hohen Turm, der heute einen herrlichen Blick auf die Stadt und das Meer gewährt. Und seit 1994 befindet sich der Bau gar als Paradebeispiel dänischer Architektur unter Denkmalschutz (Turmbesteigung: Juli – Sept. tgl. 12^{00} und 14^{00} Uhr; im Sommer Mo. – Fr. 11^{00} Uhr, Führungen mit Turmbesteigung). Auf dem Rathausplatz steht der Schweinebrunnen (Grisebrønden) von Mogens Bøggild, am Fuß des Rathausturms der Springbrunnen "Agnethe und der Wassermann".

> **Baedeker TIPP** **Frauenpower**
>
> Von Teppichklopfern und Dienstbüchern bis zu Frauenliteratur, Modetrends und Liebesbriefen – das 1984 eröffnete Kvindemuseet am Domkirkeplads 5 befasst sich mit allen Lebensbereichen der Frau im 20. Jahrhundert. Wechselausstellungen widmen sich Sonderthemen aus Kunst und Kultur (Öffnungszeiten: Juni – Sept. tgl. 10^{00} bis 17^{00} Uhr, Okt. – Mai Di. – So. 10^{00} – 16^{00} Uhr).

Musikhus	Einen Blick lohnt in der nahen Thomas Jensens Allé die 1982 eröffnete Konzerthalle, Sitz des Århus-Symphonieorchesters und der Jütischen Oper. In den zwei Konzertsälen mit knapp 2000 Plätzen werden Konzerte, Tanz- und Opernvorstellungen von internationalem Rang gegeben, im lichtdurchfluteten Glasfoyer finden wechselnde Kunstausstellungen statt (☎ 89 31 82 00, FAX 86 19 43 86).
Bymuseum	Im alten Hammeler Bahnhof in der Carl Blochs Gade 28 informiert das Stadtmuseum über Århus von den Anfängen bis heute.
Kunstbygning	Nördlich vom Musikhus an der J.M. Mørks Gade 13 warten innovative Ausstellungen moderner Kunst und ein Plakatmuseum mit fast 70 000 Exponaten, wovon allerdings immer nur eine kleine Wechselausstellung zu sehen ist.
*Møllestien	Über Aboulevarden und Grønnegaden erreicht man kurz vor der Liebfrauenkirche den Møllestien, ein malerisches Gässchen mit mehreren stockrosenumrankten Kunsthandwerkerläden.
*Vor Frue Kirke	Gegenüber an der Vestergade erhebt sich die Liebfrauenkirche. Ursprünglich als Teil eines Dominikanerklosters im frühen Mittelalter erbaut, ist sie heute ein rein gotischer Bau – mit Fresken und einer meisterhaften Altartafel von 1520 aus der Odenser Werkstatt von Claus Berg. Anno 1955 fand man bei Grabungsarbeiten unter

Das junge Herz von Århus schlägt im Lateinerviertel zwischen Dom und Universität, und das Café Jordan gilt dort längst als Institution.

dem Chor einen weiteren Kirchenraum, eine dreischiffige, um 1060 erbaute Tuffsteinkrypta, die Sct. Nikolai Kryptkirke. Der Kapitelsaal des Klosters, das seit der Reformation als Hospital diente, wurde ebenfalls als Kirchraum geweiht, so dass der Gesamtkomplex heute drei Kirchen umfasst.

Vor Frue Kirke (Fortsetzung)

Östlich der Liebfrauenkirche schlägt das junge Herz von Århus im Trendviertel Latinerkvater zwischen Badstuegade, Graven und Rosengade. In den kleinen Häuschen haben sich witzige, oft auch extravagante Boutiquen, gemütliche Kneipen und multikulturelle Restaurants wie das französisch inspirierte Café Jordan etabliert. In der Mejlgade stößt man auf den Kulturpalast der alternativen Szene, Kulturgygnen, mit Konzerten, Ausstellungen, vegetarischem Restaurant und Disko bis zum frühen Morgen.

*Latinerkvater

Etwa zehn Ausstellungen moderner Kunst werden pro Jahr im "Haus der Künstler" an der Saltholmsgade gezeigt.

Kunstnernes Hus

In der Nähe begrenzt die Vesterbrogade den großen Botanischen Garten mit Gewächshäusern für über 4000 tropische Pflanzen.

Botanisk Have

Nördliche Stadt

Im Norden der Stadt liegen im gleichnamigen Park die Gebäude der 1928 gegründeten Universität mit dem 1946 fertiggestellten Hauptbau und dem sog. Buchturm von Christian Frederik Møller.

Universitetsparken

Baedeker SPECIAL

Die alte Stadt

Freilichtmuseum für Stadtkultur

Stimmungsvolle Straßen und Höfe, historische Interieurs und Werkstätten, romantische Gärten, Gaststuben und Geschäfte – "den gamle By" im Südteil des Botanischen Gartens von Århus gilt heute als das größte und umfassendste Freilichtmuseum für Stadtkultur in Europa.

Aus allen Teilen des Landes stammen die 75 originalgetreu wiedererrichteten Häuser vom ausgehenden 16. Jh. bis in die Zeit um 1930. "Die alte Stadt" ist ein lebendiger Ort mit Pferdekutschen, Promenadenkonzerten, Krämerladen, Bäckerei und Handelshaus. Speziell für Kinder erdacht: eine abenteuerliche Schatzsuche, die Bonbonherstellung und das größte Spielzeugmuseum des Landes. Die Idee zu dieser einzigartigen Museumslandschaft lieferte zu Beginn des 20. Jh.s Peter Holm, ein Mitarbeiter des Museums von Århus. Im Gegensatz zu vielen anderen Freilichtmuseen, die meist eine Sammlung ländlicher Gebäude darstellen, wurde hier konsequent eine ganze Kleinstadt rekonstruiert. Den Anfang machte 1914 der "Borgmestergården", ein 1597 vom Ratsherrn Niels Skriver errichteter Kaufmannshof aus dem Zentrum von Århus. Mit größter Sorgfalt wurde das Gebäude auf seinen Zustand am Ende des 18. Jh.s zurückgebaut, während das Mobiliar den Geschmack wohlhabender Kaufleute von etwa 1600 bis um 1850 widerspiegelt.

Ein Spaziergang durch die kopfsteingepflasterten Gassen lässt längst vergangene Zeiten wieder aufleben und den Alltag der Dänen durch die Jahrhunderte begreifbar werden. Überall gibt es malerische Ecken zu entdecken: verwinkelte Kaufmannshäuser, idyllische Kräutergärtchen, eine Schule, Lagerhäuser, das Zollamt und eine Brauerei. Töpferei und Postamt sind noch in Betrieb. Zu besichtigen sind auch eine Apotheke mit magischem Giftschrank, die Werkstätten von Kerzengießern, Goldschmieden und Buchbindern, Seifensiedern, Böttchern und Hutmachern, eine Tabakmanufaktur, eine Seilerei und eine Mühle. Im ehemaligen Stadttheater von Helsingør werden heute illustre Opernabende gegeben. Für den Museumsbesuch sollte man einen halben Tag einplanen (geöffnet: Jan. – März 11^{00} – 15^{00} Uhr, April, Mai, Sept., Okt. 10^{00} – 17^{00} Uhr, Juni bis Aug. 9^{00} – 18^{00} Uhr, Nov., Dez. 10^{00} – 16^{00} Uhr). Empfehlung: das Smørrebrød im Gartenlokal "Simonsens Have". Und natürlich das Restaurant "Prins Ferdinand", ein Gourmettempel der Stadt.

Zum Südteil des Parks gehört das naturgeschichtliche Museum. Hier werden ausgestopfte Tiere und Mineralien aus aller Welt gezeigt. In der Dänemarkhalle sind die typischen Naturräume und die Gestaltung der Kulturlandschaft in Dänemark veranschaulicht.

Naturhistorisk Museum

Fernrohre des 19. Jh.s, medizinische Heilkräuter und die ersten dänischen Computer aus den 1950er-Jahren bietet das Museum für Wissenschafts- und Medizingeschichte an der C.F. Møllers Allé.

Steno Museum

Auf Kunstfreunde wartet südöstlich im Vennelystparken eine der ältesten und sehenswertesten Sammlungen dänischer Kunst. Sie umfasst Gemälde, Skulpturen und Zeichnungen von 1750 bis zur Gegenwart (Öffnungszeiten: Di. – So. 10^{00} – 17^{00} Uhr).

*Kunstmuseum

Südliche Stadt

Wie beim Kopenhagener Vorbild wird in dem bunten Vergnügungspark alles vom Kasperletheater bis zur Achterbahn geboten (Öffnungszeiten: Mitte April – Mitte Okt. tgl. 12^{00} – 22^{00} Uhr).

*Tivoli Friheden

Durch die Marselisborger Wälder führt der Kongevejen südlich zur königlichen Sommerresidenz, die 1902 im klassizistischen Stil erbaut wurde. Wenn sich Ihre Hoheiten dort aufhalten, findet täglich um 12^{00} Uhr ein Wachaufzug der Garde statt. Der Schlosspark mit dem Rosengarten ist nur in Abwesenheit der königlichen Familie zugänglich. In Richtung Küste erinnert ein Gedenkpark an den Ersten Weltkrieg; ein Ehrenmal trägt die Namen von 4144 dänischen Nordschleswigern, die als deutsche Soldaten gefallen sind.

Marselisborg Slot

Mindepark

Die Marselisborger Wälder erstrecken sich an der Küste kilometerweit nach Süden. Am Skovridervej sind in einem gesonderten Areal exotische Pflanzen und Vögel zu bewundern, während ein Teil des Waldes am Orneredevej als Wildpark ausgewiesen worden ist. Nicht weit vom Stadtzentrum entfernt kann man hier Sikahirsche und Wildschweine in natürlicher Umgebung beobachten.

Forstbotanisk Have

Dyrehaven

Umgebung von Århus

Rund 9 km südlich bietet sich die Möglichkeit, im ehemaligen Herrensitz Moesgård etwas über die Vor- und Frühgeschichte Dänemarks von der Steinzeit bis zu den Wikingern zu erfahren. Größte, wenn auch etwas makabere Attraktion ist der "Mann von Grauballe", die über 2000 Jahre alte, vollständig erhaltene Moorleiche. Entdeckt wurde der knapp 1,80 m große, etwa 40 Jahre alte Mann 1952 in der Nähe von ▶ Silkeborg (Öffnungszeiten: März – Sept. tgl. 10^{00} bis 17^{00} Uhr; Okt. – Mitte März Di. – So. 10^{00} – 16^{00} Uhr). Vom Museum hinunter zum Strand führt der 7 km lange "Weg der Vorzeit" (Oldtidssti), vorbei an rekonstruierten Häusern und Grabhü-

**Moesgård Museum

Der Grauballemann lebte vor über 2000 Jahren.

Moesgård Museum (Fortsetzung)	geln aus prähistorischer Zeit. Alljährlich am letzten Juliwochenende wird der Strand von Moesgård zum "Vikingetræf". Gezeigt wird dort der Waffengebrauch und wie die Wikingerschiffe von ihren sommerlichen Kriegsfahrten und Handelsexpeditionen heimkehrten (s. hierzu auch Baedeker Special, S. 40). In erster Linie handelt es sich jedoch um ein fröhliches Fest mit Olafsmarkt, bei dem nach alter Sitte ausgiebig gegessen und getrunken wird.
Det Danske Brandværnsmuseum	Im westlichen Vorort Åbyhøj sind im Dänischen Feuerwehrmuseum am Tomsagervej 25 rund 100 Feuerwehrfahrzeuge nebst Brandspritzen und Rettungswagen zu bestaunen – Kinder dürfen sogar mit richtigen Feuerwehrautos und Zubehör spielen.
Skanderborg	Fast noch ein Teil von Århus und gleichzeitig schon das Tor zur mitteljütischen Seenlandschaft (▶ Silkeborg) ist das knapp 20 km entfernte Skanderborg am Norduferes eines gleichnamigen Sees, den man mit dem Dampfer M/S Dagmar erkunden kann. Skanderborg entstand um eine Königsburg, die Dänemarks Monarchen im Mittelalter wiederholt als Residenz diente. Vom Schloss erhalten sind lediglich ein Teil des Südflügels mit der 1570 geweihten Schlosskirche und ein Rundturm, der eine schöne Aussicht bietet. Im Schlosspark steht eine Büste König Frederiks VI. von Bertel Thorvaldsen (▶ Berühmte Persönlichkeiten). Hübsche Häuschen aus dem 18. Jh. findet man bei einem Spaziergang durch die Borgergade und Skolegade. Im Skanderborg Museum an der Adelgade 5 wird Lokalgeschichte erzählt, das Frihedsmuseet am Dyrehaven 6 ist der Besatzungszeit 1940 – 1945 gewidmet. Als höchste Erhebung Dänemarks gilt die Anhöhe Ejer Bavnehøj (171 m ü.d.M.), 7 km südwestlich.
Ejer Bavnehøj	

*Ausflug nach Djursland

***Rosenholm Slot**	Von Århus führt die A 15 hinauf zur windumtosten Halbinsel Djursland, die neben einer reizvollen Natur auch eine Reihe historischer Stätten zu bieten hat. Erster Halt ist unweit von Løgten das Renaissanceschloss Rosenholm aus der Zeit um 1560, Dänemarks ältester Familiensitz. Seit über 450 Jahren residiert auf dem mächtigen Wasserschloss die Adelsfamilie Rosenkrantz. In den 40er-Jahren des 18. Jh.s wurden die Räume der vierflügeligen Anlage im Barockstil umgestaltet und gleichzeitig ein 5 ha großer Park mit Lindenalleen und Buchenhecken angelegt (Öffnungszeiten: Mai – Sept. 10^{00} – 17^{00} Uhr; Führungen).
Thorsager Rundkirche	Etwa 10 km östlich steht in Thorsager die einzige Rundkirche Jütlands, die um das Jahr 1200 begonnen wurde. Wie die Rundkirchen auf ▶ Bornholm diente die wehrhafte Doppelkapelle mit umlaufender Empore nicht nur als Gotteshaus, sondern auch als Schutzburg.
Jernbanemuseum	In und um die 100 Jahre alte Remise nördlich bei Ryomgård am Museumsvej 2 erzählen Dampfloks die Geschichte der Eisenbahn.
***Djurs Sommerland**	Mit dem Liliputexpreß durch die Höhle der Trolls fahren, auf einem Floß den Rio Grande bezwingen oder mehr als einen halben Kilometer Wasserrutschen ausprobieren – der Vergnügungspark

Das Renaissanceschloss Rosenholm ist Stammsitz derer von Rosenkrantz und seit mehr als 450 Jahren in Familienbesitz.

am Randersvej 17 bei Nimtofte bietet mehr als 60 Attraktionen (Öffnungszeiten: Mitte Mai – Anfang Sept. tgl. 10^{00} – 17^{00} bzw. 18^{00} Uhr).	**Djurs Sommerland (Fts.)**
Auf der Weiterfahrt nach Ebeltoft passiert man eine Landzunge mit der Ruine von Schloss Kalø, das 1314 von König Erik Menved erbaut wurde. Gustav Wasa, der spätere König von Schweden, wurde hier 1518 gefangengehalten, konnte jedoch fliehen.	**Kalø Slot**
Naturfreunden empfiehlt sich ein Abstecher in das Naturschutzgebiet der Mols Berge und in die hügelige Moränenlandschaft Helgenæs, das seine Entstehung der letzten Eiszeit verdankt.	**Mols, Helgenæs**
"Rund um die Wölfe" heißt es im 24 ha großen Tierpark, etwa 2 km nördlich vom Flughafen Tirstrup. Hier kann man Wölfe und Füchse, Elche und Wildschweine aus nächster Näher erleben.	**Skandinavisk Dyrepark**
Das idyllische Städtchen an der Ebeltoftbucht ist für seine Glaswerkstätten berühmt, nicht zu vergessen die Europäische Filmhochschule, vor allem aber die liebevoll erhaltenen Häuser der verwinkelten Gassen, die einer Laune der Natur zu folgen scheinen. Sehenswert sind das kleine Rathaus mit dem Ebeltoft Museum am Torvet, der Farvergård, eine alte Färberwerkstatt an der Adelgade 15, und das Glasmuseum am Strandvejen 8, wo im Sommer auch junge Künstler ihr Handwerk vorführen (Öffnungszeiten: tgl. 10^{00} bis 17^{00} Uhr, im Juli bis 21^{00} Uhr). Wer schöne Mitbringsel sucht, sollte in einer der sechs örtlichen Glasbläsereien vorbeischauen. Im Trockendock liegt die 1860 vom Stapel gelaufene Fregatte Jylland,	****Ebeltoft**

Ebeltoft die 1864 an der Schlacht vor Helgoland teilnahm und 1908 ausge-
(Fortsetzung) mustert wurde. Nach zehnjähriger Restaurierung wurde der Dreimaster 1970 als Museum eingeweiht (Öffnungszeiten: tgl. 10^{00} bis
17^{00} bzw. 19^{00} Uhr). Ein Muss für Kinder ist Tante Andantes Haus am
Vibæk Strandvej 9 mit buntverrückten Spielecken, Erzählhöhle,
Singwerkstatt und dem Fantasiecafé. Zum Ebeltoft Familienpark
am Stubbe Søvej 15, der das ganze Jahr täglich geöffnet hat, gehören Tiere aus aller Welt, tropische Vögel und ein Streichelzoo.

**Fragt man Dänen nach den schönsten Orten ihrer Heimat, fällt oft der
Name Ebeltoft, eine Fachwerkidylle mit alten Kopfsteinpflastergassen.**

Grenaa Größte Stadt in Djursland ist Grenaa, ein moderner Fischereihafen
und Fährhafen nach Schweden (Varberg und Halmstad), ▶ Seeland
(Hundested) und ▶ Anholt. Von der Blütezeit im 18. Jh., als Grenaa
einer der wichtigsten Häfen am Kattegat war, zeugen noch zahlreiche Fachwerkhäuser im Ortskern wie der Kaufmannshof in der
Søndergade. Heute zeigt hier das Djursland Museum archäologische Funde, Waffen und Keramik aus der Region. Über die dänische
Fischerei informiert das angeschlossene Dansk Fiskerimuseum mit
einer großen Sammlung von Schiffsmodellen und einer eigenen
Abteilung für Aalfischerei (Öffnungszeiten: Mitte Juni – Aug. Mo.
bis Fr. 10^{00} – 16^{00}, Sa., So. 13^{00} – 16^{00} Uhr). Wer sich für altes Handwerk interessiert, kann in der 1849 erbauten Schmiede (Smede-
stræde 2) noch dem Meister bei der Arbeit zusehen (Mai – Aug. Mi.
und Sa. Vorführungen), während die Motorsamling im Kristians-
mindevej 14 rund 200 Motoren aus den 1920er-Jahren ausstellt.

*Kattegat- Schwarmfische, Meerforellen, Dorsche und Hummer aus däni-
centret schen Küstengewässern tummeln sich in den Aquarien des Katte-

gatcentret am Færgevej 4 von Grenaa. Beim Spaziergang durch den Haitunnel sieht man die tropischen Raubfische aus nächster Nähe, im Streichelzoo können Kinder den Flügelschlag der Rochen spüren. Neuheit 2000 ist die Freiluftanlage der Robben in der Lagune, wo sie täglich gefüttert werden. Wer selber einmal Meeresbiologe spielen möchte, kann im Umwelt- und Sciencecenter die Wasserqualität prüfen oder Meeresströmungen, Wellen und Tidenhub erforschen (Öffnungszeiten: tgl. 10^{00} – 17^{00} bzw. 18^{00} Uhr).

Århus, Umgebung (Fortsetzung)

Einige Kilometer nordöstlich der Stadt erreicht man beim 1892 erbauten Leuchtturm von Fornæs den östlichsten Punkt Jütlands. Von hier lohnt ein Abstecher nach Gjerrild zum Schloss Sostrup, das um 1600 entstand. Anno 1960 wurde das Anwesen von Zisterzienserinnen übernommen und grundlegend renoviert – heute kann man hier im Hotel logieren (☎ 86 38 41 11).

Fornæs Fyr

Sostrup Slot

Bornholm · A–C 1–4

Bezirk: Bornholms amt
Inselfläche: 588 km²
Bewohnerzahl: 46 000

Als Gott Skandinavien erschaffen hatte, so erzählt die Legende, blieb ihm von allen schönen Dingen, die man im Norden kennt, noch etwas übrig. Diese sammelte er und warf sie in die Ostsee, und daraus entstand dann Bornholm, rund 37 km vor der südschwedischen Küste und etwa 150 km von ▶ Kopenhagen entfernt. Das Vorkommen von Südfrüchten weist darauf hin, dass wohl auch etwas aus dem Mittelmeerraum dabei gewesen sein muss. Nicht ohne Grund spricht man von Bornholm als der "Perle der Ostsee", dem "Süden im Norden". Gemütliche Kleinstädte und malerische Fischerdörfer reihen sich wie an einer Perlenschnur rund um die etwa 140 km lange Küste mit langen weißen Sandstränden und kleinen Badebuchten, ideal für Sonnen- und Badeurlaub. Dänemarks waldreichster Landkreis bietet schöne Natur- und Küstenwege. Hier kann man die einzigartige Natur in Ruhe genießen, seltene Orchideen und Anemonen bewundern oder im Spaltental Døndalen auf Nordbornholm einen der größten Wasserfälle Dänemarks bestaunen. Hünengräber, Schutzburgen und Skandinaviens größte mittelalterliche Burgruine, Hammershus, erzählen von der dramatischen Geschichte der Insel. Fast mediterran muten die weißgetünchten Schornsteine der vielen Bornholmer Heringsräuchereien an. Das besondere Licht auf Bornholm war seit dem 19. Jh. für viele Maler Inspirationsquelle, und noch immer kommen zahlreiche Künstler hierher. In mehr als 60 offenen Werkstätten kann man zusehen, wie mit den unterschiedlichen Materialien gearbeitet wird.

**Perle der Ostsee

Von Rønne fahren Autofähren nach Kopenhagen; außerdem besteht Schiffsverbindung zu den deutschen Häfen Sassnitz (Rügen) und Mukran (Rügen) sowie nach Schweden (Ystad). Mehrmals täglich gehen vom Flugplatz südlich von Rønne Flüge nach Kopenhagen; im Sommer auch Charterflüge von Berlin, Düsseldorf und Hamburg. Sehenswürdigkeiten auf der Insel sind durch die guten Busverbindungen ohne große Anstrengungen zu erreichen. Im

Verkehr

Verkehr (Fortsetzung)

Sommer steuert der "Kunsthandwerkerbus" einige der Bornholmer Keramikateliers und Glasbläsereien direkt an, der "Grüne Bus" fährt zu besonderen Naturschutzgebieten. Vom Mountainbike bis zum Pedersencykel, das seit 1893 auf Bornholm produziert wird, sind Fahrräder in allen Variationen zu mieten – eine Broschüre mit den schönsten Radtouren ist bei allen Touristikbüros erhältlich.

**Paradies für Naturfreunde

Auf Bornholm findet man Skandinavien im Miniaturformat. Dies ist auf die Lage der Insel wie ihre Entstehungsgeschichte zurückzuführen, die mit der Bildung der Bornholmer Granite vor 1 500 Mio. Jahren begann und mit der Sandsteinformation Südbornholms vor etwa 550 Mio. Jahren vollendet wurde – anschaulich präsentiert im neuen Erlebniscenter "NaturBornholm" am Grønningen 30 in Aakirkeby. Der mächtige, vielfach nur von einer dünnen Erdschicht überzogene Granitklotz Nordbornholms weist schöne schärenartige Klippenpassagen auf. Der südliche Teil der Insel besitzt kilome-

terlange Sandstrände, die sich von Hasle im Norden über Dueodde im Süden bis Neksø im Osten erstrecken. Hier spielt sich im Sommer ein reges Badeleben ab, finden Surfer ideale Verhältnisse. Und die nahen Dünen versprechen ein ruhiges Plätzchen, geschützt vor Wind und fremden Blicken. Im Frühjahr und Herbst ist Bornholm Rastplatz für Millionen von Zugvögeln, in lauen Frühlingsnächten kann man Bornholms Nationalvogel, der Nachtigall, lauschen. Das Innere der Insel ist teils bewaldet, teils mit Heidefläche und Mooren bedeckt, die zu ausgedehnten Wanderungen einladen. Sportangler finden an der Küste silberblanke Meerforellen, Hering und Hornfisch, in den idyllischen Seen kann man Hecht, Regenbogenforelle, Barsch, Zander und Schleie fangen.

Natur (Fortsetzung)

Steinzeitliche Hünengräber und Felszeichnungen aus der Bronzezeit belegen die frühe Besiedlung der Insel. Mehr als 1000 Jahre alte Zufluchtsburgen zeugen davon, wie Bornholm Spielball verschiedener Machthaber im Ostseegebiet war. Denkmäler aus der Wikingerzeit sind die vielen Runensteine und die Ruinen von Almindingen und Lilleborg. Auch die bis zu 800 Jahre alten romanischen Rundkirchen, die ursprünglich zur Verteidigung gegen die wendischen Seeräuber erbaut wurden, erzählen vom ewigen Unfrieden. Von 1525 bis 1658 gehörte die Insel zu Lübeck. Nach dem Friedensschluss 1658 musste Bornholm an die Schwedische Krone abgetreten werden. Daraufhin nahmen die Bornholmer ihr Schicksal selbst in die Hand, liquidierten kurzerhand den schwedischen Kommandanten und gaben die Insel 1660 an den dänischen König zurück.

Geschichte

Inselrundfahrt

Eingangstor und Hauptort von Bornholm ist Rønne, wo sich auch der Flugplatz und der wichtigste Hafen befinden. Die Fachwerkhäuser aus dem 18. und 19. Jh. in den Straßen rund um den Storetorv – Mi. und Sa. ist Markttag – bestechen durch ihre Liebe zum Detail, so der 1806 erbaute "Erichsens Gaard" in der Laksegade 7, wo das Stadtmuseum seinen Sitz hat, und die Hauptwache an der Søndergade 12, die 1743 aus Baumaterialen von Hammershus errichtet wurde. Auch die Bohlentüren vom ehemaligen Proviantdepot der Ostseeflotte in der Toldbodgade stammen angeblich von Hammershus. Auf einer Anhöhe über dem Hafen thront seit dem 14. Jh. die St.-Nikolai-Kirche, die 1918 weitgehend umgebaut wurde. Im Innern verdient ein gotländischer Taufstein Beachtung. Von der Frühgeschichte bis zur Neuzeit reichen die Exponate im Bornholms Museum an der Sct. Mortens Gade 29. Zu sehen sind Gegenstände der Seefahrt, traditionelle Stuben, Bornholmer Uhren, Silber und Spielzeug; besonderes Augenmerk gilt den "Guldgubber", kunstvollen Goldblechteilen aus der Eisenzeit um 550. Dem Museum angeschlossen ist Bornholms Kera-

*Rønne

> **Baedeker TIPP Goldene Bornholmer**
>
> Frisch geräuchert, gepökelt oder in Roggenmehl gewendet und gebraten – Bornholmer Fischrezepte sind unwiderstehlich, abwechslungsreich und meist ein wohlgehütetes Geheimnis. Wer der Tradition folgen will, genießt den berühmten Bornholmer Räucherhering als "Sol over Gudhjem", d.h. mit grobem Salz, Schnittlauch, Radieschen, Graubrot und der "Sonne", einem rohen Eigelb, der den Fisch leichter durch die Kehle rutschen lässt!

Rønne (Fortsetzung)

mikmuseum in einer Fabrik von 1859 an der Krystalgade 5. Hier kann man nicht nur schöne Arbeiten vom 17. Jh. bis zur Gegenwart bestaunen, sondern auch den Urenkelinnen des Firmengründers Hjorth bei der Produktion zusehen und ein hübsches Mitbringsel erstehen. Guter Ton in der Nähe der Stadt lieferte seit dem 18. Jh. den Grundstock für zahlreiche Töpfereien in Rønne, und noch heute gibt es fast zwei Dutzend Kermikwerkstätten, die u.a. die "gelbe Bornholmer Fayence" herstellen. Im Süden von Rønne steht seit 1650 das Kastell mit einem mächtigen Rundturm, das heute als "Verteidigungsmuseum" eingerichtet ist.

Nykirke

Als bedeutender Beitrag zur mittelalterlichen Architektur des Nordens gelten die vier Rundkirchen Bornholms. Knapp 8 km nordöstlich von Rønne steht in Nyker die jüngste und kleinste Rundkirche der Insel. Das Tonnengewölbe ruht auf einem massigen Mittelpfeiler. Seine frühgotischen Kalkmalereien zeigen Szenen aus der Passion Christi. In Verbindung mit einer Restaurierung stieß man auf ein Runenalphabet, das in den Wandverputz eingeritzt war.

Brogårdstenen

Auf dem Weg nach Hasle liegt 9 km nördlich von Rønne der Brogårdstenen, der bedeutendste Runenstein Bornholms. Er wurde 1868 als Deckstein in einer Brücke über die Bagå gefunden und hier aufgestellt. Der um 1100 entstandene Stein trägt die Inschrift: "Svenger ließ diesen Stein errichten für seinen Vater Toste und für seinen Bruder Alvlak und für seine Mutter und seine Schwestern".

Hasle

*Jons Kapel

Im Juli trifft man sich in Hasle zum Heringsfest, und in der Museumsräucherei kann man den Wandel vom silbernen Hering zum goldenen "Bornholmer" sogar live erleben. Rund 7 km nördlich bildet die Brandung eine gewaltige Geräuschkulisse für eine steile Klippenküste mit dem 41 m hohen Jons-Kapel-Felsen – der Legende nach soll in seiner Grotte der Einsiedlermönch Jon gehaust haben.

Allinge–Sandvig

Weiter nordwärts kommt man nach Sandvig mit hübschen Fachwerkhäuschen. Die Schanzen des Ortes stammen aus der Lübecker Zeit und stellen einen Teil des alten Bornholmer Verteidigungssystems dar. Auch der Nachbarort Allinge kann eine ganze Reihe ansprechender Fachwerkhäuser vorweisen, ein schmuckes altes Rathaus und eine Kirche, deren älteste Teile aus der Gotik stammen.

**Hammershus

Ein schöner Spaziergang führt nach Norden zum Leuchtturm von Hammeren, vorbei am Stejleberg, dem mit 84 m höchsten Felsen der Insel. Südwestlich vom Leuchtturm thront strategisch günstig auf einem 74 m hohen Felsplateau die Ruine Hammershus, Nordeuropas größte mittelalterliche Burgruine. Das einstige Schloss, um 1250 vom Erzbischof in Lund zum Schutz gegen die dänischen Könige erbaut, war mehrfach heftig umkämpft. Im 16. Jh. wurde die Festung in erster Linie als Aufbewahrungsort für die eingezogenen Steuern ausgebaut, als Bornholm für 50 Jahre Lübeck gehörte. Nach einer Beschießung von nur wenigen Stunden wurde die Burg 1645 vom schwedischen General Wrangel erobert. Danach diente sie als Staatsgefängnis, später als Steinbruch, bis sie 1822 unter Denkmalschutz gestellt wurde. Heute ist das Symbol einstiger Macht v. a. Picknickziel für Familien, nicht zu vergessen die mittelalterlichen Markttage im Sommer mit Turnieren in historischen Kostümen.

Jahrhundertelang stritten Dänen und Schweden um Hammershus, heute die größte mittelalterliche Burgruine Nordeuropas.

Rund 4 km südlich von Allinge steht die im 12. Jh. erbaute Olskirke, mit 30 m die höchste Rundkirche von Bornholm. Da das Rundschiff einen geringen Durchmesser hat, besitzt sie in besonderem Maße den Charakter eines Festungsturms.

*Olskirke

Eine atemberaubende Klippenküste säumt südlich von Allinge das Meer. Fast jeder Stein trägt hier einen seltsamen Namen oder ist durch eine alte Legende belegt. Als Höhepunkt gelten die 22 m hohen Felsnadeln der Heiligtumsklippen, zu denen ein schöner Wanderweg von Gudhjem herauf führt. Gudhjem an den steilen Hängen des Bokulhügels ist sicherlich einer der schönsten Orte Bornholms mit winkligen steilen Gassen und romantischen Häuserzeilen. In der Werkstatt von Baltic Sea Glass am Melstedvej 47 kann man hautnah den Arbeitsprozess mit dem glühenden Glas verfolgen.
Ganz oben im Holka-Tal zeigt das Kaffeeschloss wechselnde Kunstausstellungen und das ehemalige Atelier des Malers Oluf Høst, der sich hier zu Beginn des 20. Jhs niederließ. Das schmucke Gebäude wurde 1912 von einem exzentrischen Kaffeegroßhändler erbaut.
Das arbeitende Landwirtschaftsmuseum am Melstedvej 25 befindet sich in einem charakteristischen Fachwerkbauernhof, wo das alte Klöppelhandwerk ebenso bewahrt wird wie die traditionelle Getreideernte mit Pferd und Bindemäher.

**Helligdomsklipperne
**Gudhjem

Galleri Kaffeslottet

Melstedgård

Unweit bei Rø an den Felsen der Helligdomsklippen wird seit 1993 eine hervorragende Sammlung von Kunst und Kunsthandwerk der Inselbewohner präsentiert. Den Schwerpunkt bildet die Bornholmer Schule: Werke von Edvard Weie, Olaf Rude, Kræsten Iversen,

**Bornholms Kunstmuseum

Bornholms Kunstmuseum (Fortsetzung)

Niels Lergaard und Oluf Høst vermitteln einen Eindruck des Bornholmer Kunstschaffens. Außerdem ist dort eine der größten kunstgewerblichen Sammlungen des Landes zu bewundern (Öffnungszeiten: Mai – Okt. Di. – So. 10^{00} – 17^{00} Uhr, Nov. – April Di., Do. und So. 13^{00} – 17^{00} Uhr).

*****Østerlars Kirke**

Landeinwärts von Gudhjem liegt im Süden Østerlars mit der größten und ältesten Rundkirche der Insel aus dem 11. Jahrhundert. Der figurenreich verzierte Mittelpfeiler des Rundschiffs ist als Rippengewölbe sogar begehbar.

Größte und schönste der vier Rundkirchen von Bornholm ist die wehrhafte Kirche von Østerlars aus dem 11. Jahrhundert.

*****Middelaldercenter**

Seit 1998 kann man im Erlebniszentrum von Rågelundsgård am Stangevej zum Mittelalter zurückkehren. Dazu gehören nicht nur alte Häuser und Werkstätten, sondern auch Bogenschießen und Reiterturniere (Öffnungszeiten: Juni – Aug. tgl. 10^{00} – 16^{00} Uhr).

******Svaneke**

Südöstlich von Gudhjem erreicht man die Klippenpartie Randkløveskår, bevor man nach gut 15 km in Svaneke eintrifft, mit wunderschönen Fachwerkhäusern. Hier findet man Antiquitätengeschäfte und Kunsthandwerker wie am Brænderigænget die Glasbläserei von Pernille Bülow, der nach alten Verfahren moderne Formgebung betreibt. Beliebter Treffpunkt ist der Hafenkai mit alten Kaufmannshöfen. Im Sommer kann man mit der Pferdestraßenbahn eine Tour unternehmen oder samstags über den Markt schlendern und zwischen Bioerzeugnissen und Kunsthandwerk wählen. Der futuristische Wasserturm des Ortes stammt übrigens vom Architekten der Oper in Sydney, Jørn Utzon.

Neksø

Während im Norden Bornholms Granit ansteht, bildet im Süden bei Neksø Sandstein den Untergrund. Viele Straßen sind daher mit Sandstein gepflastert, die Garteneinfriedungen aus rötlichem Sandstein errichtet. Am Hafen liegt das alte Gerichtsgebäude der Stadt, heute ein Museum, das sich v. a. mit der Seefahrt befasst. Im Elternhaus von Arbeiterdichters Martin Andersen Nexø (▶ Berühmte Persönlichkeiten) hat man eine Gedenkstätte für den populären Schriftsteller eingerichtet (im Sommer werktags 10⁰⁰ bis 16⁰⁰ Uhr). Neueste Attraktion ist der 1998 eröffnete Schmetterlingspark mit Tropenland.

> **Baedeker TIPP) Luna-Loop und Joboland**
>
> Wo können Kinder sich so richtig austoben? Nur 3 km südwestlich von Svaneke im Brændesgårdshaven. Dänemarks ältestes Spielland lockt mit Hüpfburg, Kletterwand und Purzelbaummaschine, Ruderbooten, Tierpark und Joboland, dem unterirdischen Reich der Wichtelmännchen. Die lustigen Kobolde und ihr König Ellestingeren stehen den Bornholmern – wenn sie denn wollen – immer gern hilfreich zur Seite und sollen sogar schon beim Bau von Hammershus mitgewirkt haben (Öffnungszeiten: Mai bis Mitte September tgl. 10⁰⁰ – 18⁰⁰ Uhr).

*Snogebæk

Feinschmeckerrestaurants und Kunsthandwerksläden findet man in Snogebæk sowie eine große Räucherei mit allen Fischspezialitäten der Insel. In der Schokoladenwerkstatt am Hovedgaden 9 kann man dänische Pralinen nach altem Rezept probieren.

**Strand von Dueodde

Die Südspitze der Insel markiert der Leuchtturm von Dueodde. Sein über 20 km langer Strand liefert so feinen Sand, dass er früher sogar für Sanduhren verwendet wurde. Kein Wunder also, dass hier im Sommer eine Hochburg für Sonnenanbeter und Surfer ist.

Almindingen *Trabrennbahn

Herrliche Wanderwege bietet das 2410 ha große Waldgebiet Almindingen. Hier findet man auch die höchste Erhebung der Insel, den von einem Aussichtsturm gekrönten, 162 m hohen Rytterknægten und die wohl schönste Trabrennbahn Dänemarks, wo man zwischen April und Mitte November mitfiebern kann. Die dreitägige Tierschau im Juni ist ein Muss für alle Bornholmer.

Aakirkeby *NaturBornholm

Bornholms einzige Binnenstadt besitzt das größte Gotteshaus der Insel aus dem 12. Jahrhundert. Einen Einblick in die Entstehungsgeschichte der Felseninsel gibt am Grønningen 30 das neue Erlebniscenter, das Henning Larsen entworfen hat (Öffnungszeiten: Mai bis Sept. tgl. 10⁰⁰ – 18⁰⁰, Do. bis 21³⁰, Okt. – April tgl. 10⁰⁰ – 16 Uhr).

Ertholmene

Christiansø

Gut eine Stunde dauert die Überfahrt zu Dänemarks östlichster Inselgruppe – Boote zu den "Erbseninseln" fahren von Allinge, Gudhjem und Svaneke. Auf der Hauptinsel Christiansø sieht man ausgedehnte Festungsanlagen, die Christian V. anno 1684 anlegen ließ.

Frederiksø, Græsholm

Eine Hängebrücke führt hinüber zur Nachbarinsel Frederiksø, früher ein berüchtigter Verbannungsort. Das Museum im "Lille Tårn" (Kleiner Turm) besitzt alte Waffen und ein Modell des Kastells auf Christiansø. Auf der vorgelagerten unbewohnten Insel Græsholm nisten Trottellummen und Tordalken (kein Zutritt).

Esbjerg — O / P 3

Halbinsel Jütland
Bezirk: Ribe amt
Einwohnerzahl: 83 000

Dänemarks Tor nach Westen

Nur 100 Jahre nach Verleihung der Stadtrechte – das Jubiläumsjahr 1999 wurde festlich begangen – kann Dänemarks jüngste Großstadt sich als fünftgrößte Metropole des Landes behaupten. Esbjerg ist Dänemarks wichtigster Nordsee- und größter Fischereihafen. Das Stadtbild zeigt eine gelungene Mischung aus historischen Bauten und neuer dänischer Architektur wie Jørn und Jan Utzons Musikhaus. Hier wie in vielen anderen Kulturtreffs wird Esbjerg seinem Ruf als Livestadt gerecht mit einem breiten Repertoire von klassischer Musik bis zu heißem Rock, modernem Jazz und Funk. Zudem besitzt die Kulturmetropole Südwestjütlands das schönste Bernsteinmuseum des Landes. Mit dem Esbjergpass ist der Eintritt zu fast allen Museen frei. Wer lieber bummeln möchte, ist in der Kongensgade genau richtig, Jütlands längster Fußgängerzone.

Die Hafenstadt

Nach dem Wiener Frieden 1864, der Dänemark zwang, die Herzogtümer Schleswig, Holstein und Lauenburg an Deutschland abzutreten, waren die Häfen an der Westküste Schleswigs den Dänen nur noch gegen Entrichtung einer Zollgebühr zugänglich. So beschloss König Christian IX. anno 1868 an der Stelle von Esbjerg die Anlage eines Hafens, der später mehrfach erweitert wurde. Triebfeder für die Entwicklung des Hafens war von Anfang an der Export nach Großbritannien. Im Südhafen liegen heute die größten Kühlhäuser Dänemarks, der Osthafen ist Versorgungsbasis für Öl- und Gasbohrplattformen draußen in der Nordsee. Älteste Anlage ist der Dockhafen am Englandkai, wo die Reederei DFDS mit ihren gigantischen Fähren jährlich über 350 000 Fahrgäste zwischen Dänemark und England befördert. Gewaltige Silos für Getreide und Futtermittel signalisieren, dass der Großteil des dänischen Agrarexports über Esbjergs Containerhafen verschifft wird. Auf den Werften im Nordhafen werden neben Schiffen auch die großen Offshorekonstruktionen für die Öl- und Gasindustrie in der Nordsee gebaut.

Das Feuerschiff "Horns Rev" am Pier 1 war bis 1984 im Dienst.

Verkehr

Von Esbjerg verkehren Fähren nach Großbritannien (Newcastle, Harwich) und zu den Färöern (Tórshavn); 20 Min. dauert die Überfahrt nach ▶ Fanø. Alle zwei Stunden fahren IC-Züge in Richtung

Kopenhagen. Vom Flughafen am John Tranumsvej gehen mehrmals täglich Flüge nach Kopenhagen; Busanschluss im Stundentakt.

Verkehr (Fortsetzung)

Sehenswertes in Esbjerg

Neben dem Dockhafen im Stadtpark sieht man den 1897 erbauten Wasserturm aufragen, ein Wahrzeichen von Esbjerg. Hier hat man nicht nur eine herrliche Aussicht, sondern kann sich auch über europäische Wassertürme kundig machen. Daneben befindet sich das Kunstmuseum (Eingang Havnegade 20) mit dänischen Gemälden und Skulpturen von ca. 1920 bis zur Gegenwart. Ausgestellt sind u.a. die COBRA-Maler, konkret-abstrakte Bilder von Robert Jacobsen und Richard Mortensen, surreale Arbeiten der Brüder Haugen Sørensen sowie junge Werke von Michael Kvium und Claus Carstensen aus den 1990er-Jahren (Öffnungszeiten: tgl. 10^{00} – 16^{00} Uhr). Am Eingang grüßt Robert Jacobsens "Esbjerg"-Skulptur aus dem Jahr 1963, ein Hauptwerk des Konstruktivismus. An das Kunstmuseum grenzt das von Jan Utzon und seinem berühmten Vater entworfene Musikhaus – Jørn Utzon lieferte auch die Pläne für das spektakuläre Opernhaus in Sydney. Der 1997 eröffnete Komplex ist eine begehrte Bühne für Theater, Konzerte und Ausstellungen (Kartenverkauf: ☎ 76 10 90 10).

Vandtårn

Musikhuset

Wie eine dänische Druckerei ist das Museum an der Borgergade 6 eingerichtet mit traditionellen Maschinen und Bleilettern, die ab 1850 verwendet wurden.

Bogtrykmuseum

Parallel zur Borgergade verläuft Jütlands längste Einkaufsmeile, die Kongensgade, an der sich noch mehrere Jugendstilhäuser und Bauten aus den Gründerzeitjahren erhalten haben. Beliebter Treffpunkt etwa auf der Hälfte der Fußgängerzone ist der große Marktplatz mit seinen gemütlichen Restaurants und Cafés. In der Mitte des Platzes grüßt Stadtgründer Christian IX. hoch zu Ross.

*Kongensgade, Torvet

Die Torvegade führt hinauf zum Esbjerg Museum (Nr. 45), das die Stadtgeschichte von den Anfängen bis heute illustriert, darunter ein rekonstruierter Wikingerhof, Hafenszenarios, Läden und Wohnungen der Jahrhundertwende. Höhepunkt bleibt aber die große Bernsteinausstellung mit mehreren Hundert einzigartigen Exponaten – das älteste Schmuckstück Dänemarks aus bearbeitetem Bernstein ist rund 9000 Jahre alt (Öffnungszeiten: Juni – Aug. tgl. 10^{00} bis 16^{00} Uhr, Sept. – Mai Di. – So. 10^{00} – 16^{00} Uhr).

*Esbjerg Museum, **Vestjyllands Ravmuseum

Baedeker SPECIAL

Das Gold des Nordens

Kein anderer Ort in Dänemark ist so bekannt für seine zahlreichen Bernsteinfunde wie die jütländische Nordseeküste. Fündig werden kann man bei jedem Wetter, am besten sind die Chancen aber nach einem kräftigen Sturm, der den Meeresboden aufwühlt und bei auflandigem Wind das berühmte "Gold des Nordens" an den Strand spült.

Viele Mythen und Legenden ranken sich um die Entstehung des magischen Edelsteins, dem bis heute heilende und schützende Kräfte zugeschrieben werden. Während der Römer Plinius in seiner "Naturalis Historia" schon die Vermutung äußerte, daß Bernstein aus dem Harz von Nadelhölzern entstanden sei, glaubte man im Mittelalter, daß er aus den Strahlen der untergehenden Sonne auf den Wogen des Meeres geboren werde – und so wurde Bernstein für Magie und Volksheilkunde unentbehrlich. Erst 1767 gelang es, die organische Herkunft des Steins nachzuweisen, der seine Bezeichnung wegen der Brennbarkeit des Harzes nach dem mittelniederdeutschen Wort "Bernen" für "Brennen" erhielt.

Fossile Harztropfen

Inzwischen weiß man, daß das fettglänzende fossile Harz von der Bernsteinkiefer Pinus succinifera stammt, die im Tertiär vor 65 – 70 Mio. Jahren weite Teile Nordeuropas bedeckte. Klimaveränderungen führten später zum Anstieg des Meeresspiegels, der Waldboden wurde überflutet und das Harz wurde weit fortgeschwemmt bis zur polnischen Samlandküste, die heute die größten Bernsteinvorkommen besitzt. Die Gletscher der letzten Eiszeiten verteilten den Bernstein überall. Was man an der jütländischen Nordseeküste findet, haben Wasser und Eis vielleicht aus dem Baltikum oder von den schwedischen Seen hierher gebracht. Die Farbe des undurchsichtig bis klaren Steins variiert zwischen weißlichgelb und rotbraun. Im Gegensatz zu geschliffenem Glas läßt sich Bernstein mühelos einritzen und ist so leicht, daß er sogar in Salzwasser schwimmt. Er lädt sich auch elektrisch auf, wenn man ihn an der Kleidung reibt. Charakteristisch sind die häufig auftretenden Einschlüsse von Insekten und Pflanzenteilen, die im rasch erhärteten Harz hervorragend konserviert worden sind.

Kultstein der Küste

Schon in der Altsteinzeit und bei den Wikingern wurde Bernstein für kultische Zwecke und als Grabbeigabe benutzt. Im Mittelalter verbreitete sich der Handel über die "Bernsteinstraßen" in ganz Europa, im 17. Jh. war der Stein populärer Zimmerschmuck in höfischen Kreisen. Heute findet man an Dänemarks Küsten, wo die Schatzkammer unerschöpflich scheint, kaum einen Badeort ohne Bernsteinschleiferei und die entsprechenden Boutiquen. Und geduldige Goldsucher können zwischen Muscheln und anderem Strandgut noch immer einen guten Fang machen.

*Musikkonservatorium

Im ehemaligen Esbjerger E-Werk an der Ørstedsgade ist ein modernes Musikkonservatorium eingerichtet worden. Die Akustik im Konzertsaal, der von Hans Tyrrestrup ausgeschmückten ehemaligen Turbinenhalle, gilt als ausgezeichnet. Vor dem Konservatorium steht seit 1998 Thorbjørn Laustens Skulptur "Uret", eine futuristische Komposition verschiedener Uhrwerke.

*Fischauktion

Auch wenn das Quotensystem der EU einen drastischen Rückgang der Konsumfischerei bewirkt hat, die Auktionshalle am Fischereihafen bietet nach wie vor spannende Rituale, wenn morgens ab 7^{00} Uhr fangfrischer Dorsch und Hering versteigert werden. Im Juli und August können mittwochs um 9^{30} Uhr sogar Urlauber mitbieten und ein paar Meeresfrüchte für den Mittagstisch erstehen.

*Museumsfyrskib

Immer ein Erlebnis sind die Hafenrundfahrten und am Pier 1 das Feuerschiff "Horns Rev", das 1912 – 1984 vor Jütlands Westküste Dienst tat (Abb. S. 102; Öffnungszeiten: Mo. – Fr. 10^{00} – 16^{00} Uhr). Mit einem Mahnmal wird nördlich am Hjertingvej all jener Esbjerger Fischer gedacht, die seit 1900 auf See ihr Leben ließen.

*Fiskeri- og Søfartsmuseum

Nur wenige Schritte entfernt zeigt am Tarphagevej das 1968 eröffnete Fischerei- und Seefahrtsmuseum eine umfangreiche Sammlung von Booten und Fanggeräten. Im Salzwasseraquarium kann man über 80 verschiedene Fischarten und andere Meerestiere der dänischen Küstengewässer kennenlernen, im Robbenhaus Seehunde und ihre Jungen beobachten. Zur Freilichtausstellung gehört

Fiskeri- og Søfahrts- museum (Fortsetzung)	u.a. eine Köderhütte von Holmsland Klit – bis zu Beginn des 20. Jh.s siedelten Kleinbauern im Frühjahr in solche Hütten in die Dünen um, um Langleinenfischerei nach Dorsch zu betreiben. Im Museumshafen liegt der Ewer "Ane Catherine" vor Anker, der 1887 in Nordby vom Stapel lief (Öffnungszeiten: Juli – Aug. tgl. 10^{00} – 18^{00} Uhr, Sept. – Juni tgl. 10^{00} – 17^{00} Uhr).
Kirchen	Die romanische Jerne Kirke am Strandby Kirkevej ist um 1150 aus Granitquadern errichtet worden. Beachtung verdienen die alten Grabsteine der Jernefamilie aus dem 18. Jh., der Barockaltar und ein Epitaph von 1747 für Probst Maturin Castesen. Esbjergs älteste Stadtkirche, die Vor Frelsers Kirke an der Kirkegade, wurde 1887 erbaut und 1896 um die Kreuzarme erweitert. Anno 1928 erfolgte die Ausschmückung der Erlöserkirche mit Bildern von Ole Søndergård sowie die Einweihung der Marcussenorgel mit Holzschnitzereien von Erik Pedersen.

Mennesket ved Havet – die Begegnung des Menschen mit der Natur

***Mennesket ved Havet**	Neues Wahrzeichen von Esbjerg ist die 1995 gegenüber am Hertingvej enthüllte Monumentalskulptur "Menschen am Meer" von Svend Wiig Hansen. Das letzte große Werk des Künstlers besteht aus vier 9 m hohen männlichen Gestalten, die ihren Blick auf die Nordsee gerichtet haben.
Lyshøjen	Wer über die Autobahn anreist, passiert einen gewaltigen Erdhügel von 180 m Durchmesser mit kleinen Lichtern, die im Rhythmus des Verkehrs pulsieren – am besten bei Nacht zu sehen. Erst wenn der "Lichthügel" ganz mit Heidekraut bewachsen ist, wird das 1997 begonnene Werk von Eva Koch und Steen Høyer vollendet sein.

Umgebung von Esbjerg

Marbæk, Ho Bugt

Weite Heideflächen und mächtige Schonungen mit Bergkiefern, Sitkafichten und Laubhölzern bestimmen das Landschaftsbild im 1300 ha großen Naturpark Marbæk, 12 km nordwestlich der Stadt. In dem Gelände befinden sich zwei Wohnplätze aus der älteren Eisenzeit, die bei Ausgrabungen freigelegt wurden. Eindrucksvoll präsentiert sich die Steilküste an der Hobucht mit Strandpflanzen wie Stranderbse, Meerhanf und Strandhafer. An den Seen kann man Stockenten, Blässhuhn, Austernfischer und Rotschenkel beobachten. Den Mittelpunkt des Gebiets bildet der Marbækgård mit Informationszentrum, Landwirtschaftsausstellung und Restaurant.

Varde

Die Kleinstadt 20 km nördlich von Esbjerg wird 1100 erstmals urkundlich erwähnt. Am Marktplatz steht die St.-Jacobi-Kirche aus dem 12. Jh. mit Barockkanzel und spätgotischem Taufbecken. Besonderes Augenmerk verdienen die Bürgerhäuser aus dem 18. Jh. wie der Kampmannsche Hof von 1781 im Louis-XVI-Stil, der Schulzhof von 1796 und das Sillasenshaus, in dem heute das Fremdenverkehrsamt logiert. Im kulturhistorischen Vardemuseum kann man u. a. jütländisches Steingut und Silber bewundern. In der angeschlossenen Arnbjerganlage ist Varde um 1800

> ### *Baedeker* TIPP) Gartenidylle
>
> Der Sammelleidenschaft des Naturfreundes Tambour ist ein bezaubernder Garten nordöstlich von Varde am Karlsgårde Sø zu verdanken. Fast 40 Jahre lang pflanzte der fantasievolle Schneidermeister hier seine geliebten Blumen, Büsche und Bäume aus aller Herren Länder an (Öffnungszeiten: Mai – Sept. tgl. 10⁰⁰ – 18⁰⁰ Uhr).

im Maßstab 1:10 nachgebildet. Uniformen, Kanonen und Handwaffen sind im Artilleriemuseum am Vesterhold 11 ausgestellt.

*Varde Sommerland

Im hohlen Baumstamm den Wildbach hinunter, über eine Gokartbahn brausen oder mit dem Mississippiraddampfer losschippern – Varde Sommerland verspricht Unterhaltung für die ganze Familie (Gellerupvej; Öffnungszeiten: Mai – Anf. Sept. tgl. 10⁰⁰ – 18⁰⁰ Uhr).

Oksbøl

Knapp 14 km trennen Varde von Oksbøl. In seiner romanischen Ål-Kirche aus dem 12. Jh. gibt es schöne Wandmalereien aus dem 13. Jh., darunter ein Reiterkampffries aus der Valdemarzeit. Im Blåvandshuk Egnsmuseum an der Kirkegade wird die Geschichte der Gegend erzählt, darunter auch das traurige Kapitel der Besatzungszeit 1940 – 1945 und des deutschen Flüchtlingslagers 1945 – 1949.

Blåvands Huk

Südwestlich überragt am Blåvands Huk, dem westlichsten Punkt Dänemarks, ein 39 m hoher Leuchtturm die Dünenlandschaft. Das 1900 erbaute Leuchtfeuer warnte vor der Seeleute vor Horn Rev, einer 40 km in die Nordsee hinausreichenden Sandbank.

Blåvand, Tirpitz Stillingen

In den ehemaligen Rettungsstationen von Blåvand am Fyrvej 25 ist das Rettungswesen dokumentiert, am Tane Hedevej wird in einem deutschen Bunker aus dem Zweiten Weltkrieg über die örtlichen Befestigungen und den Atlantikwall informiert.

Skallingen

Von Ho führt ein kleiner Weg mitten in das Naturschutzgebiet der Halbinsel Skalligen. Im Sommer grasen hier Schafe und Rinder, Ende August findet der berühmte "Ho Schafsmarkt" statt, zu dem Besucher aus dem ganzen Land anreisen.

Baedeker TIPP **Kirsten Winter Johannsen**

In beige, blau und weiß klar dekoriert sind die wunderschönen handgedrehten Teekannen, Becher und Schalen der Keramikwerkstatt am Vesterkærvej 30 in Hennebjerg. Außerdem sind Grafiken und Aquarelle westjütländischer Künstler ausgestellt (tgl. geöffnet).

**Henne Strand: Die wohl schönsten Dünen der jütländischen Westküste erreicht man nordwestlich von Varde bei Henne Strand – im Sommer ist die populäre Ferienhausmetropole fest in deutscher Hand.
*Blåbjerg: Von der 67 m hohen Wanderdüne Blåbjerg bietet sich eine Traumsicht. Beste Adresse für ruhige Spaziergänge und ausgedehnte Radtouren: noch weiter nördlich das Wald- und Heidegebiet Blåbjerg Plantage.

Faaborg   R 14

Insel Fünen
Bezirk: Fyns amt
Einwohnerzahl: 6000

Lage und Allgemeines

Die reizende Kleinstadt im Süden von ▶ Fünen kann mit gut erhaltenen Bürgerhäusern und Kaufmannshöfen aufwarten, die von ruhmreicher Vergangenheit als Umschlagplatz einer großen Handelsflotte zeugen. Kunstfreunde finden im örtlichen Museum die größte Sammlung fünischer Maler, Kinder begeistern sich für die Kalekomühle mit der ältesten Müllerei Dänemarks. Und Schloss Egeskov, Fünens größte Attraktion, ist nur 20 km entfernt. Die südfünische Inselwelt bietet dazu ein Paradies für Sportangler, Surfer und Segler. Schöne Fahrradtouren führen nördlich durch Wälder nach Korinth und zu den Seen Arreskov, Nørresø und Brændegårdssø mit einer der größten Kormorankolonien Nordeuropas.

Verkehr

Die Faaborg-Gelting-Linie und die Fährlinie Bøjden-Fynshav von der Halbinsel Horneland verbinden Fünen mit Deutschland bzw. Südjütland (Als). Fähren pendeln außerdem nach ▶ Ærø und zu den Inseln Avernakø und Lyø. Nach Bjørnø verkehrt ein Passagierboot. Der Bahnverkehr auf Südfünen ist längst eingestellt, im Sommer fährt jedoch ein Museumszug nach Fjellebroen und Korinth.

Sehenswertes in Faaborg

Vesterport

Trotz eines verheerenden Großbrandes 1728 sind viele historische Gebäude und Straßenzüge gut erhalten geblieben. Von den mittelalterlichen Stadttoren steht noch das Westtor in der Vestergade. Es wurde im 15. Jh. errichtet und bildete mit Wall und Graben lange Zeit die Grenze zum Umland. Während der Grafenfehde 1534 bis 1536 wurde die Festungsanlage bis auf das Westtor zerstört.

*Klokketårnet

Wahrzeichen der Stadt ist ein Glockenturm an der Lille Tårnstræde, der für die St.-Nikolai-Kirche im 12. Jh. gebaut wurde. An der Ostwand des Turms zeugen Mauerreste von der einstigen Kirche, die im 16. Jh. abgebrochen wurde. Vom Turm hat man einen herrlichen Blick auf die Stadt und die kleinen Inseln vor der Küste (Öffnungszeiten: Juni – Aug. Mo. – Fr. 11^{00} – 16^{15} Uhr, Sa. 10^{00} – 13^{00} Uhr).

Nur wenige Schritte weiter auf dem Marktplatz steht Kai Nielsens Ymer-Brunnen, der 1913 von Mads Rasmussen gestiftet wurde – Ymer ist in der nordischen Sagenwelt der Urvater aller Riesen. Das alte Rathaus am Marktplatz beherbergt das Stadtarchiv und eine Gefängnisausstellung, "Faaborg Arrest", die über das triste Leben in der ehemaligen Strafanstalt berichtet.

Torvet

Ein Muss ist der Besuch im Faaborgmuseum an der Grønnegade 75 mit der größten Sammlung fünischer Künstler aus der Zeit um 1900. Gründer war der betuchte Konservenfabrikant und Kunstmäzen Mads Rasmussen, für den Entwurf zeichnete anno 1910 Carl Petersen verantwortlich. Zum Bestand gehören Werke der fünischen Maler Peter Hansen, Fritz Syberg und Johannes Larsen, Jens Birkholm, Karl Schou und Harald Giersing. 1985 entwarf Niels Frithiof Truelsen den Erweiterungsbau für Arbeiten des neoklassizistischen Bildhauers Kai Nielsen (1882 bis 1924). Dieser schuf für das Museum auch die Statue seines Förderes Mads Rasmussen. Zu sehen ist ferner eine Studie zu Nielsens wuchtigem Ymer-Brunnen auf dem Marktplatz (Öffnungszeiten: April – Okt. tgl. 10^{00} – 16^{00} bzw. 17^{00} Uhr, Nov. – März Di. – So. 11^{00} – 15^{00} Uhr).

**Faaborg Museum for Fynsk Malerkunst

In schönster neoklassizistischer Architektur zeigt das Faaborg Museum die Hauptwerke der fünischen Maler.

Im "alten Hof" von 1725 an der Holkegade ist das frühere Leben in Faaborg dokumentiert, darunter ein prunkvoller Rokokosaal und kostbare Gläser und Fayencen des 17. und 18. Jh.s. In einem Nebengebäude wird über die Blütezeit der Seefahrt berichtet, eine dritte Abteilung ist dem Kunsthandwerk der Insel Lyø gewidmet (Öffnungszeiten: Mitte Mai – Mitte Okt. tgl. 10^{30} – 16^{30} Uhr).

*Den gamle Gård

Umgebung von Faaborg

Aus dem 15. Jh. stammen die ältesten Teile der mittelalterlichen Wassermühle, mitten im Wald 2 km östlich von Faaborg. Besucher können hier den Alltag einer Müllerfamilie vor mehr als 100 Jahren erleben (Öffnungszeiten: Mitte Mai – Mitte Sept. tgl. 10^{30} – 16^{30} Uhr).

*Kaleko Mølle

Nach Westen erstreckt sich die Halbinsel Horneland mit der einzigen Rundkirche Fünens, die im 12. Jh. bei Horne aus Feldsteinen

Horne

Faaborg, Umgeb. (Fortsetzung)

errichtet und mit Schießscharten versehen wurde. Das Altargemälde von C. W. Eckersberg stammt aus dem Jahre 1812.

Fünische Alpen

Die A 8 führt von Faaborg nordostwärts Richtung Svanninge Bakker durch die sog. Fünischen Alpen mit Hügeln, flachen Moränenlandschaften und Seen, die ihr Entstehen der letzten Eiszeit vor 15 000 Jahren verdanken.

Brahetrolleborg

Nach 9 km taucht Schloss Brahetrolleborg auf, das im 15. Jh. begonnen und später mehrfach umgebaut wurde. Am Parkeingang liegt das Restaurant "Humlehaven", in dem auch Kunst- und Antiquitätenausstellungen stattfinden (Zutritt zum Park tgl. 9^{00} – 17^{00} Uhr).

Korinth

Johan Ludvig Reventlow von Brahetrolleborg rief 1784 im nahen Korinth die ersten Volksschulen ins Leben – im benachbarten Gærup erzählt heute ein Museum die dänische Schulgeschichte.

**Egeskov Slot

Öffnungszeiten:
Mai, Sept.
tgl. 10^{00} – 17^{00},
Juni, Aug.
tgl. 10^{00} – 18^{00},
Juli 10^{00} – 20^{00}
bzw. Mi. bis 23^{00}

Märchen können mitunter auch wahr werden. So erscheint es zumindest beim Anblick des Bilderbuchschlösschens Egeskov, das 1524 – 1554 unter Reichsmarschall Frands Brokkenhuus bei Kværndrup mitten in einem See erbaut wurde – für die Errichtung musste ein ganzer Eichenwald (egeskov) geschlagen werden. Das luxuriöse Renaissanceschloss galt für damalige Verhältnisse als Sensation, da bereits alle Wohnräume über einen Kamin verfügten und selbst die obersten Etagen durch ein Aufzugsystem mit Wasser versorgt werden konnten. Seit 1784 ist das noble Anwesen im Besitz der Familie Ahlefeldt-Laurvig-Bille. Im vornehmen Rittersaal grüßt

Zweifelsohne eines der schönsten Wasserschlösser aus der Renaissance ist Egeskov Slot, für dessen Bau ein ganzer Eichenwald weichen musste.

**Feuerwehrwagen im Falckmuseum von Schloss Egeskov, das
Graf Ahlefeldt-Laurvig-Bille ganz dem Tourismus geöffnet hat.**

Christian IV. hoch zu Ross, die Gelbe Stube schmücken kostbare Louis-Seize-Möbel, in der Klunkestue findet man Nippes und allerlei Zierat des Wilhelminischen Zeitalters. Die Riborgstube erzählt das Liebesdrama von der jungen Riborg Brockenhuus, die für ihre Affäre mit dem Junker Frederik Rosenkrantz zu lebenslanger Einzelhaft im Turm verurteilt wurde. Nicht nur im Jagdgang zeugen viele Trophäen von der Leidenschaft für die Großwildjagd in Afrika. Der Holzmann "Jul" auf dem Treppenturmboden darf übrigens laut Legende nie entfernt werden und braucht zu Weihnachten frisches Stroh, andernfalls versinkt Egeskov am Heiligen Abend im Wassergraben. Weithin bekannt ist der herrliche Park mit Barockgarten, einem 1730 angelegten Buchen-Labyrinth, Kräutergarten und einem von Multitalent Piet Hein 1990 entworfenen Bambuslabyrinth. In den ehemaligen Stallungen befinden sich ein Oldtimermuseum mit klassischen Autos, Motorrädern und Flugzeugen, ein Pferdewagen- und Landwirtschaftsmuseum und seit 2000 auch das Falckmuseum über die Geschichte des Rettungswesens.

Faaborg, Umgebung, Egeskov Slot (Fortsetzung)

Falster   S – U 23 – 25

Bezirk: Storstrøms amt
Inselfläche: 514 km²
Bewohnerzahl: 45 000

Eigentlich werden ▶ Lolland und Falster fast immer als Einheit genannt, dabei handelt es sich durchaus um zwei eigenständige In-

Lage und Allgemeines

Allgemeines (Fortsetzung)

seln, die durch zwei Brücken über den Guldborg Sund verbunden sind. Große Schonungen sichern die Ostküste der flachen Insel, die nirgendwo höher als 30 m ist. Wie auf der Nachbarinsel Lolland wird die Landwirtschaft vom traditionsreichen Zuckerrübenanbau bestimmt, den Danisco Sugar in Nykøbing F. verarbeitet. Hauptreiseziel sind die kilometerlangen, kinderfreundlichen Sandstrände um Marielyst. Kein Wunder also, dass sich hier eine der größten Ferienhausansiedlungen Dänemarks befindet.

Nykøbing Falster

Brückenkopf am Guldborg Sund

Größte Stadt der Insel ist Nykøbing F., nicht zu verwechseln mit den beiden anderen Städten gleichen Namens auf Seeland und Mors. Da der Stadtteil Sundby auf der Westseite des Guldborg Sund liegt, greift die Stadt bereits nach Lolland rüber. Ende des 12. Jh.s wurde eine Befestigung zum Schutz gegen die Wenden angelegt, die man später zum Schloss Nykøbing ausbaute. Nach der Reformation wurde es zum Witwensitz der dänischen Königinnen, sah man hier gekrönte Häupter Europas wie Zar Peter den Großen, der 1716 bei seinem Besuch allerdings in einem Wirtshaus Quartier bezog (s. unten). 1767 wurde das Schloss verkauft und später abgerissen. Von der glorreichen Vergangenheit zeugen einige schöne Fachwerkhäuser wie der alte Kornspeicher in der Slotsgade und der Ritmestersgård in der Store Kirkestræde, ein schmucker Renaissancebau aus der Zeit um 1620. In der Langgade 18 steht das älteste Bürgerhaus der Stadt, das auf 1580 datiert ist.

Baedeker TIPP: Zurück ins Mittelalter

Tapferen Rittern und holden Jungfrauen kann man im Middelaldercentret am Guldborg Sund im Ved Hamborgskoven begegnen. Hier finden Ritterturniere statt, präsentieren Falkner ihre Jagdvögel, zeigen Weber, Tuchfärber und Zinngießer ihr handwerkliches Können. Täglich um die Mittagszeit wird die riesige Wurfmaschine abgefeuert. Vom Museumshafen starten auch Törns mit Repliken historischer Schiffe (Öffnungszeiten: Mitte Feb. – Anfang April, Mai – Sept., 16. – 24. Okt. tgl. 10⁰⁰ – 16⁰⁰ Uhr).

*Gråbrødrekirke

Die Franziskanerkirche im Ortskern wurde um 1482 im gotischem Stil als Teil eines Klosters errichtet. Anno 1627 ließ die Königswitwe Sofie, Mutter Christians IV., hier von Antonius Clement die größte Ahnentafel Dänemarks anfertigen mit mehr als 30 Porträts der mecklenburgischen Verwandten.

Czarens Hus, *Museet Falsters Minder

Das um 1700 erbaute Fachwerkhaus an der Langgade 2 verdankt seinen Namen einem unerwarteten Besuch Peters des Großen am 15. Juli 1716, als dieser zu einem Staatsbesuch nach Kopenhagen unterwegs war. Wer gern in historischem Rahmen speist, sollte das Restaurant Czarens Hus ausprobieren (☎ 54 85 28 29). In den Räumen des Falster-Museums wird die Inselgeschichte dokumentiert (Öffnungszeiten: Mai – Mitte Sept. Di. – Sa. 11^{00} – 17^{00} Uhr, So. 14^{00} bis 16^{00} Uhr, Mitte Sept. – April Di. – So. 14^{00} – 16^{00} Uhr).

Museet Falsters Minder (Fortsetzung)

Fünf Häuser weiter kann man im nostalgischen Kaufmannsladen an der Langgade 9 wie Anno dazumal einkaufen. Museumsfreunde sollten sich auch den Besuch im Feuerwehrmuseum (Brandmuseum) an der Vendersgade 6 gönnen und das originelle Friseurmuseum (Friseurmuseet) an der Strandgade 2 anschauen. Den besten Panoramablick hat man vom 32 m hohen Wasserturm mit Wechselausstellungen auf sieben Etagen (Vandtårn, Hollands Gård). Nette Alternative für Kinder: der kleine Zoo in der Østre Allé Nr. 97.

Weitere Museen

Weitere sehenswerte Stätten auf Falster

Rund 12 km östlich von Nykøbing F. steht Schloss Korselitze aus dem 18. Jh., umgeben von einem Park im englischen Stil mit romantischen Teichen und Kanälen (Park: April – Okt. tgl. geöffnet).

Korselitze Slot

Südlich in der alten Dorfkirche von Væggerløse sind im Turmgewölbe spätmittelalterliche Malereien erhalten. Den berühmten Gangsterwagen B 11 von Citroën findet man unter den blankpolierten Oldtimern im Sportscars Museum am Stovby Tværvej 11.

Væggerløse

Auch in der Hochsaison ist an den kilometerlangen, weißen Stränden um die Ferienhaushochburg Marielyst jede Menge Platz zum Faulenzen und Spielen, genau das Richtige für Sonnenanbeter, kleine Wasserratten und passionierte Strandläufer.

**Strände von Marielyst

Aquapark und Gokartbahn gehören im benachbarten Bøtø zum Vergnügungspark Sommerland Falster (Öffnungszeiten: Juni – Aug. tgl. 10^{00} – 18^{00} Uhr).

Sommerland Falster

Von Dänemarks südlichstem Ort, der "jehser" ausgesprochen wird, bestehen Fährverbindungen nach Warnemünde/Rostock; mit der Schnellfähre Berlin Express dauert es eine gute Stunde, mit der Fähre Kronprins Frederik knapp zwei Stunden. Im Gamle Købmannsgaard am Gedser Landevej 79 zeigen Kunsthandwerker Bauernmalerei, Holzwaren und Keramik aus eigener Werkstatt. Westwind bei Gedser ist übrigens auch für die besten Surfer eine Herausforderung.

Gedser

Die E 55 führt von Nykøbing F. durch fruchtbare Felder und Weiden nordwestwärts nach Nørre Alslev. Seine gotische Kirche birgt ein Totentanzfresko des Meisters von Elmelunde (▶ Møn).

Nørre Alslev

Nördlich stellt die 3200 m lange Storstrømsbrücke über die Insel Masnedø die Verbindung nach ▶ Vordingborg/Seeland her.

Storstrømsbro

Die von Lolland kommende E 47 führt nordöstlich von Nørre Alslev über die 1985 eröffnete Farøhochbrücke nach ▶ Seeland hinüber. Die gut 3300 m lange Brückenkonstruktion ist im ersten Teil nach Farø als Schrägseilbrücke gestaltet, die an ihrer Spitze 75 m hoch ist – der zweite Brückenabschnitt erreicht lediglich 20 m Höhe.

Farøbro

Falster (Fts.), Stubbekøbing	Ältester Inselort ist das reizvoll am Grønsund gelegene Stubbekøbing mit dem ältesten Gotteshaus auf Falster, das um 1200 errichtet wurde. Beachtung verdienen der Renaissancealtar und die Wandmalereien mit Szenen aus dem Leben des hl. Rochus. Alte Motorräder und Rundfunkgeräte sind im Museum am Nyköbingvej 54 ausgestellt, während das Egnsmuseum in der Vestergade Nr. 43 Küchengeräte aus der Zeit präsentiert, als unsere Urgroßväter jung waren. Vom Hafen kann man mit der Fähre in 12 Minuten zum Inselchen Bogø übersetzen, wo eine Brücke zur Insel ▶ Møn weiterleitet.
Hesnæs	Wer noch ein Fotomotiv sucht, wird 12 km südöstlich fündig. Sogar die Wände der Reethäuser sind aus diesem Material gefertigt.

Rudge-Ulster, Baujahr 1938, im Motorradmuseum

Fanø A 3

Bezirk: Ribe amt
Inselfläche: 55 km²
Bewohnerzahl: 3200

Lage und Allgemeines	Entstanden ist die Nordseeinsel gegenüber von ▶ Esbjerg aus einer Sandbank im Wattenmeer. 1741 erkauften die Inselbewohner ihre Freiheit vom dänischen König auf einer Auktion in ▶ Ribe. Nun durften die ehemaligen Pachtbauern freien Handel treiben und eigene Schiffe bauen. Zwischen 1741 und 1896 liefen hier mehr als 1000 Segelschiffe vom Stapel, 1897 besaß Fanø eine der größten Handelsflotten Dänemarks. Mit seinen kilometerlangen Sandstränden ist Fanø heute ein beliebtes Ferienziel, v. a. für Familien. Von ▶ Esbjerg gelangt man während der Saison halbstündlich mit einem Fährschiff nach Fanø, die Überfahrt dauert rund 20 Minuten.
Vom Mond bestimmt: Ebbe und Flut	Wie war das noch mit dem Mond und dem Ablauf der Gezeiten? Zweimal täglich lässt sich der Wechsel von Hoch- und Niedrigwasser am Strand oder der östlichen Wattseite der Insel beobachten. Bestimmt wird dieser Rhythmus durch die Gravitation – die Anziehungskraft – des Mondes. Er ist wesentlich kleiner als unser Planet und kreist durch die stärkere Anziehungskraft der Erde auf einer festen Umlaufbahn um sie herum. Dennoch ist die Anziehungskraft des Mondes so groß, dass er Einfluss auf die Weltmeere ausüben kann, sichtbar als Steigen und Fallen des Wassers in Abständen von ca. 6 Stunden und 20 Minuten. Die genauen Intervalle der Hochwasserzeiten, die für die Schifffahrt äußerst wichtig sind, werden alljährlich in einem Gezeitenkalender festgehalten. Auf den Nordseeinseln Fanø und ▶ Rømø beträgt der Unterschied zwischen Hoch- und Niedrigwasser etwa 1,80 m, wobei sich das Wasser

allerdings nur etwa 1 m auf den Strand wagt. Das Ansteigen der Flut kann man deutlich am schnelleren Zulauf des Wassers sehen. Die Priele füllen sich binnen kurzer Zeit, durchschnittlich jedoch nicht mehr als bis zu einer kinderfreundlichen Höhe, man kann sich also auch bei Flut unbedenklich am Strand aufhalten. Aufgepasst heißt es jedoch bei ablandigen Winden und Strömungen, um nicht hinaus zu treiben! Und wer sein Auto ungern im nassen Sand eingespült sehen will, sollte auch nie näher als 100 m an der Wasserkante parken.

Ebbe und Flut (Fortsetzung)

Die weitläufigen, nahrungsreichen Wattflächen sind Laichplatz und Kinderstube vieler Fischarten der Nordsee sowie Speisekammer für zahlreiche Wasservögel, die sich hier vor allem in der Zugzeit von März bis Mai und von Juli bis November zu Tausenden versammeln. Dazu gehören Gänse, Enten und Seeschwalben, Austernfischer, Sandregenpfeifer und Alpenstrandläufer. Fast die ganze Saison werden geführte Wattwanderungen angeboten. Am Deich bei der "Børsen" in Sønderho, wo man sich zum Klönen über Wind und Wetter trifft, kann man in der Zugzeit bis zu 100 000 Wattvögel beobachten. Nicht zu vergessen: die Seehunde, die sich im Sommer auf den Sandbänken südlich von Fanø tummeln. Auf Søren Jessens Sand, der größten Sandbank an der Nordspitze der Insel, kann man stundenlang im weißen Sand herumstreifen. Aber aufgepasst: immer Wasser- und Strömungsverhältnisse abfragen und nie bei Nebel wandern, da man leicht die Orientierung verlieren kann. In der weit verbreiteten Dünenheide wachsen Leimkraut, Heidenelke und Thymian, Krähen-, Rausch- und Moosbeere, während in den Strandwiesen dicht an der Meereskante die sog. Pionierpflanzen gedeihen, die die Neubildung von Marschland sichern, wie Queller, Schlickgras und Strandgänsefuß.

**Wattenmeer und Dünenheide

Nordby

Hauptort der Insel ist die alte Seefahrergemeinde Nordby, die vor gut 100 Jahren mit der Segelschifffahrt ihre große Zeit erlebte, bevor ▶ Esbjerg zur bedeutendsten Hafenstadt an der westjütischen Küste aufstieg. Noch heute ist Norby ein Zentrum für seemännische Ausbildung, findet man romantische Gassen mit über 200 Jahre alten Häusern wie Trappen und Mellemgaden. Handverpackte Butter aus der kleinsten Molkerei des Landes, die in der Hauptstraße von Nordby liegt, ist in ganz Dänemark bekannt.

Allgemeines

Von der traditionsreichen Vergangenheit erzählt das Schifffahrts- und Trachtenmuseum im 1891 erbauten Skipperhaus am Hovedgaden 28. Gezeigt werden nicht nur Schiffsmodelle, sondern auch Dokumente vom harten Arbeitsalltag (Öffnungszeiten: Mai – Sept. tgl. 11⁰⁰ – 16⁰⁰, Okt. – April Mo. – Sa. 11⁰⁰ – 13⁰⁰ Uhr).

*Skibsfarts- og Dragtsamling

Über 300 Jahre alt ist das Gebäude des Fanømuseums am Skolevej 2 mit einer vielseitigen Sammlung von Möbeln, Werkzeug und seltenen Gegenständen, die Seeleute aus aller Welt mitgebracht haben. An der Decke der 1786 geweihten Nordbykirche, die ein Walmdach mit glasierten Ziegeln hat, hängen neun Schiffsmodelle; das Taufbecken ist auf die zweite Hälfte des 15. Jh.s datiert.

Fanø-Museum

Fanø Vesterhavsbad, Klintplantage

Rund 3 km südwestlich von Nordby gehört zu Fanø Vesterhavsbad ein schöner Sandstrand. Dieser erstreckt sich an der Westseite der Insel südwärts, während das Innere großenteils mit Wald bestanden ist. Der naturschöne Staatswald ist durch Aufforstung seit der Jahrhundertwende entstanden.

Sønderho

Hannes Hus

Reetgedeckte Fischerhäuschen bestimmen das Ortsbild von Sønderho an der Südspitze der Insel. Wie eine Seemannsfamilie hier früher lebte, zeigt das um 1800 erbaute Hannes Hus am Øster Land 7, das mit Originalmöbeln eingerichtet ist.

Fanø Kunstmuseum

Verlockende Motive und gute Lichtverhältnisse zogen seit dem 19. Jh. viele Maler nach Fanø, so dass hier eine kleine Künstlerkolonie entstand. Anno 1992 wurde in einem restaurierten Kaufmannsladen aus dem Jahre 1868 und in dem ehemaligen Elektrizitätswerk am Nordland 5 das Kunstmuseum ins Leben gerufen, dessen Bilder vor allem das Wattenmeer zum Thema haben, darunter Arbeiten von Julius Exner, Johan Rohde, Holger Drachmann und Jørgen Hahn.

Das Watt gilt als Kinderstube für einen Großteil der Nordseefische und als Speisekammer zahlreicher Wasservögel, die man während der Zugzeiten im Frühjahr und Herbst zu Tausenden beobachten kann.

Weitere Attraktionen

Im Café Nanas Stue am Sønder Land 1 ist eine Sammlung der charakteristischen holländisch-friesischen Wandfliesen zu bewundern, die von Seeleuten seit 1650 auf die Insel gebracht wurden.

Aus der Zeit von 1850 bis heute stammen die Buddelschiffe, die im Kromanns Hotel am Sønder Land 7 ausgestellt sind. Wer sich über die gefährliche Arbeit der Rettungsboote im 19. Jh. informieren will, sollte in der ehemaligen Rettungsstation am Sønderho Strandvej vorbeischauen. In der Dorfkirche hängen 14 Modellschiffe, darunter ein Kriegsschiff und ein Rettungsboot. Alljährlich findet Mitte Juli in der 1895 erbauten Mühle am Vester Land 44 der Sønderhotag statt, zu dem viele Bewohner ihre alten Trachten tragen.

Fanø
(Fortsetzung)

Baedeker TIPP Sønderho Kro

Lange Spaziergänge und endlose Sonnentage am Strand machen Appetit. Wer außer guter Küche ein historisches Ambiente zu schätzen weiß, findet beides im Gasthof am Kropladsen 11, der seit 1722 in Betrieb ist. Hier werden noch im Steinofen nach grönländischem Muster eigene Räucherwaren hergestellt. Spezialität: mit Wachholderbeeren geräucherte Wurst und hausgemachte Marmelade, auch durchaus leckere Mitbringsel (☎ 75 16 40 09).

Fredericia   O 11

Halbinsel Jütland
Bezirk: Vejle amt
Einwohnerzahl: 31 000

Nördlich der Brückenverbindung zwischen ▶ Jütland und ▶ Fünen, wurde 1650 auf Geheiß von König Frederik III. das Festungsstädtchen Fredericia angelegt. Höhepunkt im Jahresreigen sind die Festlichkeiten am 5. und 6. Juli, wenn auf den Wallanlagen des dramatischen Sieges von 1849 gedacht wird. Da die Stadt auf drei Seiten von Wasser umgeben ist, finden Sonnenanbeter wie Freizeitkapitäne ein herrliches Revier – die Ausflüge auf dem Kleinen Belt versprechen Natur pur, und vom Stadtkern zum Østerstrand sind es nur zehn Gehminuten.

Lage und Allgemeines

Sehenswertes in Fredericia

Im Verlauf des ersten deutschdänischen Krieges 1848 – 1850 gelang den Dänen am Morgen des 6. Juli 1849 ein siegreicher Ausfall von den Wällen Fredericias, das die Deutschen belagert hatten. Zur Erinnerung an die Opfer der einfachen Soldaten steht beim weißen Wasserturm an der Prins Georgs Bastion das Bronzedenkmal "Der Landsoldat", das der Thorvaldsenschüler H. V. Bissen schuf.

Landsoldaten

Noch heute zeugen die Wallanlagen von jener Festung, die Frederik III. Mitte des 17. Jh.s erbauen ließ, um das nördliche Jütland vor feindlichen Angriffen zu schützen und die Überfahrt von Jütland zu den Inseln gesichert zu wissen. Innerhalb eines halbbogenförmigen Ringwalls, legte der Festungsbaumeister Gottfried Hoffmann ein rechtwinkeliges Straßennetz an. 1664 erhielt der Ort den Namen seines Gründers: Fredericia. Um den Ort zu bevölkern, gewährte der König besondere Rechte wie Glaubensfreiheit und ein zehnjähriges Asyl für Schuldner. Ende des 17. Jh.s kamen jüdische Familien und seit dem 18. Jh. auch Reformierte, von denen viele Tabak anbauten. Ein Spaziergang auf den Wallanlagen, die zu den größten Dänemarks zählen, bietet einen weiten Rundblick. Von den ur-

*Wallanlagen

Fredericia (Fortsetzung)	sprünglichen Stadttoren ist nur noch das Prinzentor (Prinsenport) von 1750 erhalten, ferner ein Kastell an der Spitze der Halbinsel.
*Fredericia Museum	Acht alte Fachwerkhäuser an der Jernbanegade 10 gehören zum 1999 restaurierten städtischen Museum, das u.a. eine komplette Werkstatteinrichtung der Silberwarenfabrik Cohr zeigt. Zudem findet man hier Dokumente über die Geschichte der Glaubensgemeinschaften, die in früheren Jahrhunderten in Fredericia Aufnahme gefunden haben (Öffnungszeiten: Mitte Juni – Mitte Aug. tgl. 11^{00} bis 17^{00} Uhr; während der übrigen Zeit Di. – So. 12^{00} – 16^{00} Uhr).
Weitere Museen	Jüngste Zeitgeschichte vermittelt das Museum in einem Doppelbunker aus dem Zweiten Weltkrieg an der Nørre Voldgade, während es sich beim Museum in der Østervoldgade um die historische Sammlung des Telegrafenregiments Bülows Kaserne handelt.
*Madsby Parken	Bootsfahrten auf dem See, Indianerdorf, Verkehrsschule und Badeland gehören zum weitläufigen Madsby Parken nordwestlich vom Bahnhof. Wie Fredericia 1849 mit seinen schnurgeraden Straßen und Häusern im Schutz der Wälle aussah, zeigt die Miniaturstadt im Maßstab 1 : 10 hinter dem Sportzentrum am Vestre Ringvej.
Den historiske Miniby	

Umgebung von Fredericia

Hvidbjerg	Naturfreunden empfiehlt sich nördlich der Stadt eine Wanderung durch die Dünenlandschaft Trelde Næs. Westlich von hier liegt an der Küste Hvidbjerg ein hübscher Badeort mit feinkörnigem Sandstrand und bis zu 27 Meter hohen weißen Dünen, denen der Ort seinen Namen verdankt: "Weißer Berg".
*Børkop Vandmølle	Ländliche Idylle verspricht ein Besuch der alten Wassermühle von Børkop am Vandmøllevej 4. Im Sommer wird hier noch frischgemahlenes Mehl verkauft, wenn die Mühlräder am Wochenende in Betrieb gehen. Landesweit bekannt ist das 1546 erstmals erwähnte, heute liebevoll restaurierte Gebäude jedoch vor allem als Gourmettempelchen mit romantischer Atmosphäre (☎ 75 86 87 88).

Frederikshavn   C 16

Halbinsel Jütland
Bezirk: Nordjyllands amt
Einwohnerzahl: 30 000

Lage und Allgemeines	Im "kleinen Liverpool", wie der Sänger Allan Olsen seine Geburtsstadt nannte, gibt es urgemütliche Ecken und jede Menge Musik vom Neujahrskonzert im Colosseum über Pfingstrock bei Knivholt bis zum klassischen Vendsysselfestival im Sommer. Wind und Wellen warten auf Surfbrett, Jolle und Wasserski, Angler können direkt an der Küste Lachse fangen und die Jüngsten tummeln sich an kinderfreundlichen Sandstränden. Die 1818 nach Friedrich VI. benannte Hafenstadt am Kattegat ist der größte Ort nördlich des ▶ Limfjords. Bis heute sind Fischerei und fischverarbeitende Betriebe ein wichtiger Wirtschaftszweig geblieben. Von dem befestigten Na-

turhafen aus bestehen Fährverbindungen nach Göteborg (Schweden), Larvik, Moss und Oslo (Norwegen) sowie zur dänischen Insel ▶ Læsø. Auf der 60 km langen "Grünen Tour" können Rad- und Wanderfreunde die naturschöne Umgebung am Kattegat erkunden mit Mooren und Dünen, Heide, Laub- und Nadelwäldern.

Allgemeines (Fortsetzung)

Sehenswertes in Frederikshavn

Immer wieder ein Erlebnis sind die Hafenmanöver im großen Fährhafen. Der Marinehafen ist Heimathafen der königlichen "Dannebrog"; zudem halten hier Eisbrecher ihre Sommerpause. Neben Fischkuttern findet man im Fischereihafen auch viele historische Schiffe. Ankerplätze für Segeljachten bieten der Rønnerhavnen am Nordstrand und der Søsporthavnen bei Sønderstrand.

Hafen

Im weißen Pulverturm sind 300 Jahre Militärgeschichte dokumentiert.

Am Havnepladsen steht das Wahrzeichen der Stadt: Der weiße Pulverturm wurde Ende des 17. Jh.s nach Plänen des Festungsbaumeisters Anthon Coucheron aus Feldsteinen errichtet. Heute sind hier schwere Kanonen und andere Waffen aus der Zeit von 1600 bis 1900 zu sehen (Öffnungszeiten: Juni bis Mitte Sept. tgl. $10^{30} - 17^{00}$ Uhr).

*Krudttårnet

Die quirlige Fußgängerzone führt hinauf zur Jernbanegade, wo man links zum Kunstmuseum abbiegt mit einer schönen Sammlung lokaler Künstler und internationalen Wechselausstellungen.

Kunstmuseum

Nördlich des Fischereihafens erstreckt sich der älteste Stadtteil, der im 16. Jh. angelegt wurde. Am besten erkundet man zu Fuß die ver-

Fiskerklyngen

Nordre Skanse	winkelten Gassen mit gut erhaltenen Häusern des 18. und 19. Jh.s. Einen Blick lohnt auch die nördliche Schanze, die während des Dreißigjährigen Krieges von Wallensteins Truppen erbaut wurde.
*Sognefoged-gården	Über den Alltag der Landbevölkerung im 18. und 19. Jh. informiert "der Hof der Gendarmerie" am westlichen Stadtrand. Hier sind Küche, Milchkeller sowie Stall und Werkstatt in ihrer ursprünglichen Form belassen worden (Öffnungszeiten: Mo. – Fr. 10⁰⁰ – 17⁰⁰ Uhr).
Cloostårnet	Rund 4 km südwestlich der Stadt hat man vom 58 m hohen Cloosturm, der sich 165 m ü.d.M. erhebt, eine herrliche Aussicht über ganz Vendsyssel von ▶ Skagen bis Hammer Bakker.

Umgebung von Frederikshavn

**Bangsbo — Vor gut 100 Jahren war der Herrenhof Bangsbo mit zwei der ältesten Fachwerkgebäude Vendsyssels ein Treffpunkt der dänischen Kulturelite, darunter die Schriftsteller Herman Bang und Gustav Wied. Erste Erwähnung findet Bangsbo bereits 1364, im ausgehenden Mittelalter war das Gut Teil des Klosters Børglum. Das älteste Wirtschaftsgebäude stammt aus der Zeit um 1583, die meisten Gebäude kamen zwischen 1880 und 1909 hinzu. Heute ist das sorgsam restaurierte Anwesen am südlichen Stadtrand (Buslinie 3 vom Rathausplatz bis zum Restaurant Møllehuset) ein Museum, Botanischer Garten und Tierpark mit einem etwa 50 ha großen Wald- und Parkgelände. Schmuckstück der Seefahrtsabteilung mit einer ausgezeichneten Sammlung von Galionsfiguren ist das im Herbst 1163 erbaute Ellingå-Schiff, ein 14 m langes Frachtschiff, das 15 t Ladung aufnehmen konnte. Zur Wagensammlung gehören Pferdefuhrwerke aus den letzten 400 Jahren. Einzigartig sind die Ausstellungen von Kunstobjekten aus Haar im Hauptgebäude und der Garten mit über 1000 Nutzsteinen, die ältesten aus vorgeschichtlicher Zeit. Darüber hinaus sind hier die Besatzungsjahre 1940 – 1945 sehr umfangreich dokumentiert (Öffnungszeiten: tgl. 10³⁰ – 17⁰⁰ Uhr, Nov. – Mai Mo. geschlossen). Unweit südlich erheben sich die Pikkerhügel (Pikkerbakken) mit herrlichem Blick auf die Stadt und das Meer.

*Sæby — "Das Städtchen am Meer", wie die Übersetzung des Namens Sæby lautet, liegt an der Küste 12 km südlich von Frederikshavn. Schon die Wikinger wussten um die Lagegunst des Naturhafens. Vor etwa 100 Jahren begannen Künstler und Schriftsteller wie Herman Bang und Henrich Ibsen die kleine Gemeinde zu entdecken. Heute dümpeln im Hafen Fischkutter und Segeljachten, kann man frischgeräucherten Hering und ein kühles Bier auf der Mole genießen – Urlaub pur! In Strandnähe steht die weißgetünchte St.-Marien-Kirche, letzter Überrest eines vierflügeligen Karmeliterklosters, das um 1460 errichtet wurde. Die Kirche ist bekannt für ihre reiche Freskomalerei aus dem 16. Jh.; im Chorgestühl haben Lateinschüler die Schiffstypen eingeritzt, die sie im 17./18. Jh. am Hafen beobachten konnten. Ein Klassenzimmer aus den 20er-Jahren des 20. Jh.s, eine Geigenwerkstatt und eine Wohnstube im wilhelminischen Stil kann man im Stadtmuseum in der Algade bewundern.

Im Herrenhaus Bangsbo wird die Wikingerzeit wieder lebendig, kann man Schiffe besichtigen und staunen, was sich alles aus Haaren basteln lässt.

Breite Wallgräben umgeben die schlichten Gebäude des Herrensitzes, der im Mittelalter dem Bischof von Børglum gehörte. Das Hauptgebäude stammt aus der Renaissance. Drei Admiräle hatten hier ihren Wohnsitz, unter ihnen Seeheld Niels Juel (1629 – 1697), der sich im Krieg gegen Schweden auszeichnete und zum Oberbefehlshaber der dänischen Flotte avancierte. Von 1723 bis 1989 war Sæbygård im Besitz der Familie Arenfeldt. Im Schlosshof ist einer der wenigen Treppentürme Dänemarks mit Quadersteinmauerung erhalten (Öffnungszeiten: Juni – Aug. Di. – So. 10^{00} – 17^{00} Uhr).

*Sæbygård

Frederikssund · N 25

Insel Seeland
Bezirk: Frederiksborg amt
Einwohnerzahl: 15 000

Da der langgestreckte Roskildefjord bei Frederikssund am leichtesten zu überqueren ist, gab es hier bereits im Mittelalter eine Fährstelle, die 1573 Zollrechte erhielt. Heute ist die nach Frederik III. benannte Hafenstadt vor allem für ihre Wikingerspiele bekannt, die jedes Jahr von Mitte Juni bis Anfang Juli auf der Freilichtbühne Kalvøen südlich vom Hafen inszeniert werden. Seit 1952 führen Frederikssunder ehrenamtlich das historische Spektakel auf, zu dem immerhin 150 Darsteller antreten. Wie man im 8. bis 11. Jh. lebte, wird in der rekonstruierten Wikingersiedlung von Frederikssund anschaulich dargestellt. Südlich im Fjord bei Skuldelev wurden die

Lage und Bedeutung

| Lage (Fortsetzung) | Reste von fünf Wikingerschiffen aus der Zeit um 1000 geborgen, die heute auf der Museumsinsel von ▶ Roskilde ausgestellt sind. |

Sehenswertes in Frederikssund

| *J.-F.-Willumsen-Museum | Über 70 Jahre spielte er in der dänischen Kunstszene eine bedeutende Rolle: Jens Ferdinand Willumsen (1863 – 1958). Der gebürtige Kopenhagener verbrachte viele Jahre in Frankreich, wo er u.a. mit Paul Gauguin und Odilon Redon zusammentraf. Unter der Bedingung, dass für die Präsentation ein Museum erbaut würde, vermachte Willumsen seine zahlreichen Gemälde, Skulpturen, Zeichnungen und architektonischen Entwürfe der Stadt. Und diese schuf 1955 – 1957 nördlich der Innenstadt am Jenriksvej 4 einen beachtlichen Neubau, in dem 125 Werke des Künstlers ausgestellt sind, darunter im großen Saal "Badende Kinder am Strand von Skagen" und das monumentale "Große Relief", an dem Willumsen über 30 Jahre gearbeitet hat (Öffnungszeiten: tgl. 10^{00} – 16^{00} Uhr). |

Umgebung von Frederikssund

| Færgegården | Das Heimatmuseum des grünen Fjordlandes befindet sich neben der Kronprinz-Frederiks-Brücke in einem ehemaligen Fährhaus. Zu den archäologischen Funden gehören bronzezeitliche Felszeichnungen und seit 1998 auch ein ca. 5000 Jahre altes Megalithgrab. |

| *Jægerspris Slot | Fast ein wenig fremdartig wirkt das große Jagdschloss auf der sanft gewellten, zungenförmigen Halbinsel Hornsherred, 7 km westlich der Stadt. Ursprünglich Abrahamstrup genannt, ist es mehr als sechs Jahrhunderte alt, und in dieser Zeit verwandelte es sich von der wehrhaften mittelalterlichen Burg erst zu einem Jagdsitz der Krone und dann zu einer prunklos-bequemen königlichen Wohnung "nach Gutsherrenart". Frederik VII. machte das dreiflügelige Anwesen 1848 zur Sommerresidenz, wo er viel Zeit mit seiner morganatischen Gemahlin Louise Rasmussen, der späteren Gräfin Danner, verbrachte. Nach dem Tod des Königs vermachte die Gräfin das Schloss 1863 einer Stiftung für hilfsbedürftige Menschen. Heute kann man hier die Gedenkräume mit den ursprünglichen Möbeln und der Pfeifen- und Waffensammlung des Königs besichtigen sowie ein Kinderheimmuseum (Öffnungszeiten: April, Okt. So. 10^{00} bis 16^{00} Uhr, Mai – Sept. Di. – So. 10^{00} – 16^{00} Uhr). |

| Skuldelev Legetøjssamling | Mit mehr als 2500 alten Puppen, Dampfmaschine und Modelleisenbahn erweckt das Spielzeugmuseum knapp 8 km südlich der Stadt in Skuldelev nostalgische Kinderträume zu neuem Leben. |

| Selsø Slot | Schloss Selsø liegt weiter südlich am gleichnamigen See mit einem großen Vogelreservat. Das Anwesen wurde während der Renaissance errichtet und später barockisiert. Hauptaugenmerk gilt dem Rittersaal mit Originaltäfelung und großem Deckengemälde. |

| Frederiksværk, Arresø | Fährt man von Frederikssund am Ufer des Roskildefjords nordwärts, kommt man zur Hafenstadt Frederiksværk am friedvollen Arresee, mit 40 km^2 der größte Binnensee Dänemarks und Lebens- |

raum für Fischreiher, Wildgänse und stolze Seeadler. Unter der Leitung von General Classen wurde im Jahre 1761 das Gjethuset erbaut, seit 1996 das neue Kulturzentrum von Frederiksværk an der Gjethusgade 5. Classen gründete anno 1756 an der Krudtværksalléen 1 auch eine Schießpulverfabrik, die heute als Museum eingerichtet ist (Krudtværksmuseet). Von Pferden und Feuerspritzen erzählt das Brandværnsmuseum in der Vognmandsgade 5, während die Stadtgeschichte sehr anschaulich im Bymuseum am Torvet 18 bis 20 illustriert ist.

Frederiksværk (Fortsetzung)

Sommerfreuden für die ganze Familie verspricht ein Strandspaziergang nördlich von Frederiksværk bei Liseleje. Straßencafés, kleine Antiquitätenhändler, Marktsamstage und Mittsommerfest gehören hier ebenso zum Bild wie in Tisvildeleje mit kilometerlangem, kinderfreundlichem Sandstrand – der wohl attraktivste Abschnitt der Kattegat-Küste mit südländischem Flair. Hier surft man, badet, sonnt sich und faulenzt. Zwischen beiden Orten erstreckt sich der Wald Tisvildeleje Hegn mit dem Naturschutzgebiet Tibirke Bakker, wo Kiefern, Wacholder und Heidekraut die vom Sandtreiben geformten Hügel bewachsen.

*Liseleje,
*Tisvildeleje

> **Baedeker TIPP) Im ewigen Eis**
>
> Lange Jahre wohnte der dänische Polarforscher Knud Rasmussen (1879 – 1933) in Hundested am Treffpunkt von Isefjord und Kattegat. Oben im Arbeitszimmer seiner reetgedeckten Villa beim Leuchtturm Spodsbjerg schrieb der engagierte Ethnologe und Kartograf die Berichte über seine Expeditionen zu den Eskimos und seine Durchquerung der Arktis bis zur Beringstraße. Wie er dabei den magnetischen Nordpol entdeckte und vieles mehr erzählt das spannende Museum in seinem Domizil (Öffnungszeiten: tgl. 11^{00} – 16^{00} Uhr).

Jenseits des Isefjord liegt einer der ältesten Handelsorte Dänemarks: Nykøbing Sjælland, das Herz der fruchtbaren Landschaft Odsherred. Die Anneberg-Samlingerne in der Anneberg Stræde zählt zu den bedeutendsten Sammlungen antiker Gläser in Nordeuropa, das Pakhuset am Vesterbro Torv 4 stellt Werke der aktiven Kunstszene vor. Dem Odsherred-Heimatmuseum in der Kirkestræde 12 mit Interieurs von Bauernhäusern und Fischerkaten ist ein Bäckereimuseum angeschlossen.

Nykøbing Sjælland

Kinderfreundliche Sandstrände und unzählige von Ferienhäusern gehören zur attraktiven Halbinsel, die westlich ins Kattegat hinausragt. Gemütlichster Fischerhafen ist Havnebyen – unter der Woche wird hier um 8^{00} Uhr fangfrischer Fisch versteigert. Vom benachbarten Odden setzen die Fähren nach Ebeltoft (▶ Århus, Umgebung) über. Die frühromanische Kirche von Højby, die im Mittelalter auch als Seemarke fungierte, ist sehr schön mit gotischen Kalkmalereien ausgeschmückt. Südlich verspricht Seelands längste Wasserrutschbahn am Gl. Nykøbingvej 169 Badespaß für die ganze Familie – der Vergnügungspark hat sogar eine eigene Bahnstation. Im Moor wenige Kilometer südwestlich wurde 1902 der berühmte bronzezeitliche "Sonnenwagen von Trundholm" (s. S. 53) freigelegt – das Original steht im ▶ Kopenhagener Nationalmuseum. In der Fårevejle Kirke hat der Earl of Bothwell 1578 seine letzte Ruhe gefunden – der schottische Adlige heiratete 1567 Königin Maria Stuart.

Odsherred

Havnebyen

Højby

*Sommerland Sjælland

Trundholm Mose

Fårevejle Kirke

s. S. 312

Dragsholm Slot

Fyn · Fünen O – R 11 – 17

Bezirk: Fyns amt
Inselfläche: 3482 km²
Bewohnerzahl: 398 000

Garten Dänemarks

Die Insel zwischen Kleinem und Großem Belt stellt die Verbindung von ▶ Jütland nach ▶ Seeland her. Dänemarks zweitgrößte Insel ist eben, mit flachen, kinderfreundlichen Sandstränden, nur im Südwesten bildet eine waldreiche Moränenkette die "Fünenschen Alpen". Fruchtbare Mergelböden erlauben einen intensiven Gemüseanbau – hier sitzen Dänemarks Hauptlieferanten für Erdbeeren und Tomaten. Schon Hans Christian Andersen (s. S. 226) nannte seine Heimat den "Garten Dänemarks", dessen intakte Natur bis heute den Besucher fasziniert. Dazu kommen verträumte Städtchen mit uralten, reetgedeckten Fachwerkhäusern und verwinkelten Gassen. Kulturelles Zentrum ist das charmante ▶ Odense, die Geburtsstadt von Märchenerzähler H.C. Andersen. Aber auch die Küstenstädte ▶ Middelfart, ▶ Nyborg, ▶ Faaborg und ▶ Svendborg lohnen den Besuch. Fünen gilt als "das Land der hundert Herrenhöfe", von denen es hier tatsächlich über 120 gibt. Einige davon sind für die Öffentlichkeit zugänglich wie Egeskov Slot, Valdemar Slot und Nyborg Slot.

Fünens Traumschloss Egeskov

Anreise

Man erreicht Fünen von Jütland aus über den Kleinen Belt auf einer der beiden großen Brücken bei ▶ Middelfart: die ältere, 1,2 km lange Brücke wurde 1935 als Beton-Stahlkonstruktion errichtet. Einige Kilometer weiter nördlich wurde 1970 für die Autobahn E 20 eine neue, 1,1 km lange Brücke gebaut, die erste Hängebrücke Dänemarks, mit einer Spannweite von 600 m. Seit 1998 können Autofahrer auch den Großen Belt ohne Fähre statt in bislang 90 Minuten nun in 15 Minuten überqueren. Von Knudshoved fahren Autos und Züge zunächst parallel über die 6,6 km lange Westbrücke zur künstlich verbreiterten Sandinsel Sprogø. Züge erreichen das seeländische Halskov von dort durch einen 7,7 km langen, zweiröhrigen Eisenbahntunnel. Autos und Lastwagen fahren indes über die 6,8 km lange Ostbrücke weiter, die sich im Scheitelpunkt 65 m hoch über die vielbefahrene Schifffahrtsroute durch den Belt spannt (▶ Baedeker Special, S. 30). Darüber hinaus verkehren zwischen Fünen und anderen dänischen Inseln zahlreiche Fähren.

Fyn / Fünen
(Fortsetzung)

Haderslev

Q 9 / 10

Halbinsel Jütland
Bezirk: Sønderjyllands amt
Einwohnerzahl: 25 000

Gut 12 km lang ist der schmale Haderslevfjord, der sich nach Westen zum Binnensee Haderslev Dam weitet, wo der Raddampfer "Helene" von Mai bis September zu einer Schifffahrt einlädt. Direkt an der Förde wurde im 12. Jh. Haderslev gegründet. Ein großer Teil seiner Häuser, die den verheerenden Stadtbrand im 17. Jh. überstanden hatten, sind liebevoll für die Nachwelt erhalten worden.

Lage und Allgemeines

Sehenswertes in Haderslev

Schon von weitem sieht man den gotischen Dom auf dem höchsten Hügel der Stadt thronen. Ein erster Sakralbau stand an dieser Stelle bereits im 13. Jh., mit dem heutigen Hallenkirche aus Backstein wurde im 15. Jh. begonnen. Im Inneren beeindruckt der lichte Hochchor mit 16 hochstrebenden gotischen Fenstern. Das bronzene Taufbecken wurde 1485 von Peter Hansen aus Flensburg gegossen, den Altar mit einem Kruzifix aus der Zeit um 1300 zieren Apostelfiguren aus Alabaster. Die Altardecken und Messgewänder hat Königin Margarethe II. selbst entworfen.

Vor Frue Kirke

Die schönsten Fachwerkhäuser stehen in der nahen Slotsgade. Eines davon, das Haus Nr. 20 aus dem Jahre 1580, zeigt eine einzigartige Sammlung von Keramik aus ganz Dänemark und Südschleswig – zwischen 1864 und 1920 gehörte Haderslev zur preußischen Provinz Schleswig-Holstein und kam erst nach der Teilung des Herzogtums 1920 endgültig zu Dänemark (Öffnungszeiten: Sept. – Mai Di., Do. 10^{00} – 17^{00} Uhr, Sa., So. 14^{00} – 17^{00} Uhr; Juni – Aug. Di. – Fr. 10^{00} bis 17^{00} Uhr, Sa., So. 14^{00} – 17^{00} Uhr).

*Ehlers Samlingen

Einen Besuch lohnt nordöstlich vom Stadtzentrum das Haderslev Museum an der Dalgade 7 mit Feuersteingeräten und Goldschalen aus der Bronzezeit sowie einer Kopie der Tracht des "Skrydstrup-Mädchens", das 1935 in einem Eichensarg bei Vojens gefunden wurde. Zum Gelände gehört außerdem ein Freilichtmuseum mit alten Fachwerkhöfen aus Ostschleswig und einer Bockmühle, wie sie den holländischen Windmühlen als Vorbild diente (Öffnungszeiten: Juni – Aug. Di. – So. 10^{00} – 16^{00} Uhr, Sept. – Mai Di. – So. 13^{00} – 16^{00} Uhr.)

*Haderslev Museum

Umgebung von Haderslev

Eishockey, Speedway und die Kühlschränke der Firma Gram A/S haben das 12 km westlich von Haderslev gelegene Vojens bekannt gemacht. Nicht zu vergessen die bronzezeitlichen Grabfunde im

Vojens

Das ehemalige Witwenhaus der Herrnhuter Brüdergemeine in Christiansfeld informiert über die Missionsarbeit in aller Welt.

Haderslev, Umgeb. (Fts.)

Raum Vojens, darunter das Grab des Skrydstrup-Mädchens, das vor mehr als 3500 Jahren hier gelebt hat.

Dansk Klokkemuseum

Knapp 15 km nördlich bei Sommersted gibt es seit 1998 ein Glockenmuseum in der ehemaligen Over Lerte Kirche am Farrisvej 12.

*Christiansfeld

Ein ganz eigenes Kapitel der Region beschreibt knapp 12 km nördlich von Haderslev das "Honigkuchendorf" Christiansfeld. Mit Einwilligung König Christians VII., dem Namensgeber, wurde der Ort 1773 von einer Gruppe Herrnhuter aus dem holländischen Zeist gegründet – die Herrnhuter Brüdergemeine ist eine evangelische freie Gemeinde mit der gleichen Glaubensgrundlage wie die däni-

sche Volkskirche. In nur wenigen Jahren entstand das in seiner architektonischen Schlichtheit eindrucksvolle Städtchen mit schnurgeraden Straßen, die sich rechtwinklig kreuzen. Die 1777 eingeweihte Kirche im Dorfkern kann sich rühmen, Dänemarks größten Kirchensaal ohne tragende Pfeiler zu besitzen – der schmucklose, ganz in weiß gehaltene Raum bietet Platz für 1000 Besucher. Viele Häuser der Brüdergemeine stehen heute unter Denkmalschutz. Im Westflügel des Witwenhauses (Enkehuset) in der Nørregade 16 schildert ein Museum die Lokalgeschichte und berichtet über die weltweite Missionstätigkeit. Im Schatten mächtiger Linden ruhen auf dem Gottesacker (Gudsageren), wie der Friedhof bei den Herrnhutern genannt wird, die Schwestern zur Rechten und die Brüder zur Linken vom Eingang. Nicht vergessen: die 1783 eingerichtete Gamle Honningkage Bageri. Nach überliefertem Rezept werden hier bis heute die köstlichen Christiansfelder Honigkuchen gebacken – und frisch schmecken sie natürlich am besten.

Haderslev Umgebung (Fortsetzung)

Helsingør   L 28

Insel Seeland
Bezirk: Frederiksborg amt
Einwohnerzahl: 58 000

"Ich finde, der Øresund ist das herrlichste Gewässer der Welt. Ich kenne keine Meereslandschaft, über der die Wolken so oft wechseln und deren Küsten sich so sehr in den verschiedenen Jahreszeiten ändern. In der weichen Frühjahrsluft liegen sie fern im Dunst. Schweden verschwindet, nur Ven ist gerade noch am Horizont zu erkennen ... Im Frühsommer werden die Küsten wieder hoch, mit gelben Rapsfeldern, bläulicher Frühjahrssaat und türkisgrünen Weiden ... Der Spätsommer bringt hohe Kumuluswolken in kühlen Porzellanfarben ... Dann werden die Küsten wieder von Herbstwolken niedergedrückt, der Wind frischt auf, aber Seeland gewährt Schutz vor dem Südwestwind ... Zum Schluss rahmt der Schnee den Sund ein ..." schwärmt Louisianagründer Knud Jensen in seiner 1991 erschienenen Autobiografie. Über die 4,5 km breite Einfahrt zum Øresund wacht ▶ Seelands zweitgrößte Stadt und geschäftigster Fährhafen – knapp 20 Minuten dauert die Überfahrt mit der Fähre zum schwedischen Helsingborg. Mittelalterliche Fachwerkbauten und schöne Renaissancegebäude zeugen in der alten Stadtmitte von jener Zeit, als Helsingør eine wichtige Rolle in der dänischen Geschichte spielte. Alle Schiffe, die den Øresund passierten, mussten hier von 1422 bis 1857 die Segel reffen, um den Øresundzoll zu zahlen, den König Erich von Pommern eingeführt hatte. Mit den beträchtlichen Einnahmen – in den besten Jahren kamen dadurch bis zu 10 % der dänischen Staatskasse zusammen – konnte um 1600 die Festung Kronborg errichtet werden, die den größten Rittersaal Nordeuropas erhielt. Weltberühmt wurde das einzigartige Renaissanceschloss aber dank William Shakespeare, der hier sein Hamletdrama spielen ließ. Wer noch mehr Schlösser sehen möchte, sollte eine Reise im "Lille Nord"-Zug machen: seit Eröffnung der Strecke 1864 verbindet die Bahn Kronborg Slot mit der königlichen Residenz Fredensborg und dem Märchenschloss Frederiksborg in ▶ Hillerød.

Lage und Allgemeines

Innenstadt

Sorgsame Restaurierung und Denkmalpflege im alten Stadtkern lassen einen Bummel zum Vergnügen werden. Haupteinkaufsmeile ist die von alten Fachwerkhäusern gesäumte Stengade, die zum 1855 erbauten Rathaus führt. Auch an der Strandgade, der östlich parallel verlaufenden Fußgängerzone, findet man gut erhaltene historische Bauten wie Stephan Hansens Gård im Rokokostil von

*Altstadt

Altstadt (Fortsetzung)	1760 (Nr. 95), die 1577 begonnene Alte Apotheke (Nr. 77) und den auf 1520 datierten Richterhof (Nr. 72). Das besterhaltene mittelalterliche Ensemble bietet die kleine Gammel Færgestræde, die von der Hafenpromenade in die Stadt führt.
Sct. Olai Kirke	Der spätgotische Dom mit Resten einer romanischen Vorgängerkirche aus der ersten Hälfte des 13. Jh.s wurde 1559 vollendet. Seine Taufkapelle schmücken Gemälde von Joakim Skovgaard, der Altaraufsatz stammt aus dem Jahre 1662.

Um 1430 entstand nördlich an der Sct. Anna Gade ein Karmeliterkloster, das bald zu den bedeutendsten Klöstern Dänemarks zählte. Im ehemaligen Armenhaus der gotischen Klosteranlage zeigt heute das Bymuseet historische Dokumente und ein Modell der Stadt von 1801. In der spätmittelalterlichen Klosterkirche Sct. Mariæ war ab 1660 der Barockkomponist Dietrich Buxtehude (1637 – 1707) Organist, bevor er 1668 nach Lübeck ging.

*Karmeliterklosteret

Nur wenige Schritte weiter westlich erinnert am quirligen Axeltorv ein Brunnendenkmal von Einar Utzon-Frank an König Erich von Pommern, der Helsingør 1426 das Stadtrecht verlieh. Auf dem Axeltorv ist mittwochs und samstags Markttag, von Mai bis Oktober kann man hier freitags nach Antiquitäten stöbern.

Axeltorv

Nördliche Stadt

Familien mit Kindern sollten das Aquarium an den Strandpromenaden beim Nordhafen einplanen. In zehn Becken sind verschiedene Lebensräume und Meerestiere zu sehen, die im Øresund vorkommen, einschließlich dem Wrack einer gesunkenen Fregatte.

Øresundsakvariet

Etwa zeitgleich mit Kronborg Slot wurde Schloss Marienlyst 1587 als Aussichtspavillon zum Sund hin aufgeführt und um 1760 von Nicolas-Henri Jardin für Königin Juliane Marie, die Witwe König Frederiks V., umgebaut und erweitert. Heute sind hier originale Louis-XVI.-Möbel, Ansichten der Stadt Helsingør und Silberarbeiten zu bewundern. Im Park liegt eines der drei in Dänemark vorhandenen Gedenkgräber für Prinz Hamlet, ein 1926 aufgestellter Granitsarkophag von Einar Utzon-Frank.

Marienlyst Slot

Im Technikmuseum am Nordre Strandvej 23 wird die Entwicklung von Wissenschaft und Technik aufgezeigt; eine Sondersammlung ist dem Astronomen Ole Rømer gewidmet. Die angeschlossene Ausstellung in der Verkehrshalle südwestlich am Ole Rømersvej 15 stellt Oldtimer der Luft, der Schiene und der Straße vor, wie das dänische Auto "Hammelvognen" von 1896.

Danmarks Teknisk Museum

**Kronborg Slot

Auf einer sandigen Halbinsel an der schmalsten Stelle des Øresund thront weithin sichtbar Schloss Kronborg, wo Shakespeare seinen Helden Hamlet den bedeutungsschweren Satz *"To be or not to be"* sprechen lässt. Auch das geflügelte Wort *"Etwas ist faul im Staate Dänemark!"*, das Hamlets Freund Marcellus im 1. Akt ausruft, stammt aus der um 1600 entstandenen Tragödie um den selbstquälerischen Dänenprinzen, der den Meuchelmord an seinem Vater rächen will und dabei schließlich selbst den Tod findet. Immer wieder gab und gibt es Gastspiele berühmter Hamletdarsteller, unter ihnen Gustav Gründgens, Sir Lawrence Olivier und Kenneth Branagh.

Hamletschloss

Öffnungszeiten tgl. 10^{30} – 17^{00}

Schon 1420 erstand unter Erich von Pommern eine erste, "Krogen" (Haken) genannte Burg, um den vorbeifahrenden Schiffen den Sundzoll abzuverlangen – eine reichlich sprudelnde Geldquelle für

Baugeschichte

Berühmt wurde Schloss Kronborg durch Shakespeare, der seinen Hamlet hier den bedeutungsschweren Satz "To be or not to be" sprechen lässt.

Kronborg Slot (Fortsetzung)	König und Staatskasse. Das jetzige Schloss wurde 1574 – 1585 unter Frederik II. durch die Flamen Hans van Paeschen und Antonius van Opbergen zu einer prachtvollen vierflügeligen Renaissanceanlage umgebaut. Nach einem Brand im September 1629, bei der nur die Kirche verschont blieb, ließ Christian IV. (▶ Berühmte Persönlichkeiten) durch Hans van Steenwinckel d. J. das Schloss 1635 – 1640 unverändert wieder aufbauen. Unter den nachfolgenden Monarchen erfuhr die Festung weitere Aus- und Umbauten, 1785 – 1922 diente sie als Kaserne. Zwischen 1924 und 1935 wurde das Schloss von J. Magdahl-Nielsen komplett restauriert und im Stil Frederiks II. und Christians IV. wieder hergerichtet. Unterstützt wird der Erhalt der Einrichtungen seit Jahren von der Ny-Carlsberg-Stiftung. Die Gemäldebestände des 16. und 17. Jh.s ergänzen laufend Leihgaben des ▶ Kopenhagener Statens Museum for Kunst sowie des Nationalhistorischen Museums von Frederiksborg Slot in ▶ Hillerød.
Königliche Gemächer	Die ehemaligen Königsgemächer mit prächtigen Kaminen aus der Mitte des 17. Jh.s liegen im Nordflügel. Mit 62 m Länge und 11 m Breite ist der Rittersaal der größte und dazu einer der schönsten Renaissanceräume des europäischen Nordens. Thema seiner großformatigen Gemälde ist die Macht der Planeten über den Verlauf des menschlichen Lebens. Als Höhepunkt gelten die Tapisserien des Flamen Hans Knieper aus dem Jahre 1582, deren Bildwerk frühe dänische Monarchen zeigt. Die zeitgleich geweihte Schlosskapelle im Südflügel besitzt eine wunderschöne Renaissanceausstattung mit kunstvollen Holzschnitzereien deutscher Meister. Das vergoldete Alabasterrelief der Kreuzigung über dem Altar ist auf 1587 da-

tiert, die Verkleidung des Altarunterbaus lieferten 1982 die Textilkünstler Kirsten und John Becker. Wer schließlich die 145 Stufen der Wendeltreppe im "Trompeterturm" hinaufsteigt, wird mit einem herrlichen Blick über den Øresund belohnt.

Kronborg Slot (Fortsetzung)

Das dänische Handels- und Seefahrtsmuseum im Nordflügel gibt Einblick in die dänische Kolonialgeschichte sowie die Entwicklung von Schiffsbau und Navigationsinstrumenten.

Handels- og Søfartsmuseet

Für viele Dänen ist Kronborg ein Nationalsymbol, denn in den Kasematten unter dem Schloss schlummert der steinerne Sagenheld Holger Danske, der erst bei größter Gefahr wieder erwachen und das Land retten wird – die wichtigste dänische Widerstandsgruppe im Zweiten Weltkrieg benannte sich nach der Legendengestalt.

Holger Danske

Umgebung von Helsingør

Ist es die Kunst des 20. Jh.s oder ihr Arrangement an der Steilküste vor der Kulisse von Øresund und Südschweden oder beides zusammen? Was um die alte weiße Villa am Gl. Strandvej 13 von Humlebæk, rund 10 km südlich von Helsingør, zu sehen und zu erleben ist, spricht für sich. Fast unerschöpflich scheint die Vielfalt der gezeigten Gegenwartskunst, die dabei in wohltuend lockerer Atmosphäre präsentiert wird. Zwischen alten Bäumen und Büschen liegen weißgeschlemmte Ausstellungspavillons, verstecken sich Wandelgänge und lichtdurchflutete Wintergärten, die das Geländege-

**Louisiana Museum for Moderne Kunst

Auskunft:
☎ 49 19 07 19
Internet:
www.louisiana.dk

Schönstes Domizil moderner Kunst: im Museum Louisiana sitzt man ganz ungezwungen zu Füßen der Calderskulpturen hoch über dem Øresund.

Helsingør, Umgebung, Louisiana (Fortsetzung)

Öffnungszeiten:
tgl. 10⁰⁰–17⁰⁰
Mi. bis 22⁰⁰

fälle geschickt einbeziehen. Initiator des Museums war der Industrielle Knud Jensen, der 1954 zunächst nur an eine Heimstatt skandinavischer Kunst gedacht hatte. Dank großzügiger Schenkungen, vor allem des Ny Carlsbergfonds, entwickelte sich das Museum aber schon bald zu einer internationalen Kollektion, die heute weltweit zu den besten Sammlungen der Moderne gehört. Den Eingang Louisianas markiert eine efeubewachsene alte Sommervilla. Ihr früherer Besitzer, ein Hofjägermeister, der Haus und Park 1855 anlegen ließ, war mit drei Frauen verheiratet, die alle Louise hießen – daher der Name des Museums. Für die ständig wachsenden Magazine schufen Jørgen Bo und Vilhelm Wohlert, später unterstützt von Claus Wohlert, zwischen 1958 und 1998 mehrere moderne Bauten, die sich anmutig in das Landschaftsbild einfügen.

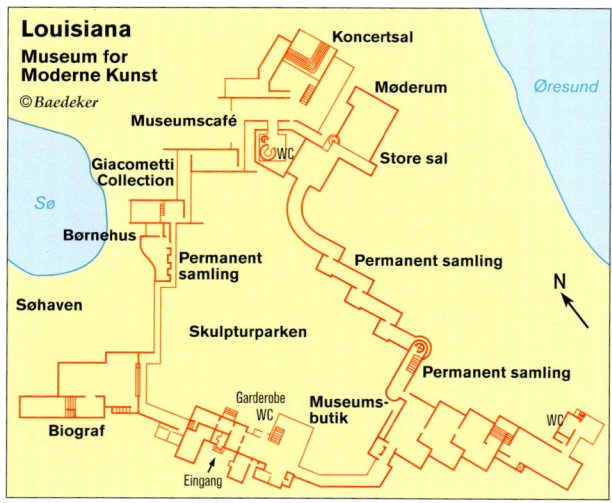

Die ständige Sammlung setzt nach dem Zweiten Weltkrieg ein, als dänische Künstler wie Robert Jacobsen und Richard Mortensen nach Paris gingen und dort mit begnadeten Bildhauern und Malern in Kontakt kamen, deren Werke nun in Louisiana zu bewundern sind, darunter Josef Albers, Pablo Picasso und Alexander Calder. Die wegweisende COBRA-Gruppe ist mit Gemälden von Asger Jorn, Karel Appel und Pierre Alechinsky vertreten. Andere Kunstströmungen der 1950er-Jahre zeigen die Skulpturen von Alberto Giacometti und Germaine Richier sowie die Gemälde von Saura, Sam Francis und Mark Rothko. Jean Tinguelys spektakuläre Freiluftskulptur "Skizze des Weltuntergangs" erinnert an die wilden 1960er, während die farbenfrohe Pop-Art jener Jahre durch Roy Lichtenstein, Robert Rauschenberg und Andy Warhol präsentiert wird. Raumgreifend im wahrsten Sinne des Wortes sind die gewaltigen Leinwände von Morris Louis und Frank Stella. Die 1970er und 1980er sind durch Josef Beuys, Per Kirkeby und Richard Serra vertreten, nicht zu vergessen Georg Baselitz und Anselm Kiefer. Höhepunkte der Skulpturensammlung sind zweifellos der lichte Giacomettisaal und die schimmernden Bronzestatuen von Henry Moore, Max Ernst und Alexander Calder im weitläufigen Parkgelände. Schwerpunkt der Grafikausstellung sind die 1990er-Jahre mit Arbeiten von Mona Hatoum, Pipilotti Rist und Paul McCarthy. Louisiana veranstaltet außerdem jedes Jahr sechs bis acht Sonderausstellungen, die schon für sich eine Reise wert sind. Im Børnehus werden im Zusammenhang damit Sonderaktionen für die Jüngsten geboten. Wer sich nach soviel Kunstgenuss erstmal erholen möchte, kann ganz ungezwungen auf dem Rasen Platz nehmen oder in der filigranen Cafeteria den Kaffee mit Meerblick genießen.

Helsingør, Umgebung, Louisiana (Fortsetzung)

Von Helsingør nach Gilleleje

Über fast allen der kilometerlangen weißen Sandstrände nördlich von Helsingør weht die begehrte "Blaue Fahne", das Symbol für sauberes Badewasser. Meist grenzen meterhohe Dünen den Strand vom Hinterland ab und bieten Schutz vor dem Wind. Die besten Strände liegen bei Julebæk, Hornbæk, Dronningmølle und Gilleleje. Der Sandstrand wechselt mit aussichtsreichen Steilküsten. Hier weht jener besondere Wind, der das Gebiet zum Paradies für Surfer und Drachenflieger macht.

**Sandstrände und Surfgebiete

Um die Festung Kronborg mit den notwendigen Waffen zu versorgen, wurden bei Hellebæk um 1600 die Gewehrfabrik Kronborg und 1765 die Mühle Hammermøllen erbaut, wo bis zu 6000 Gewehre pro Jahr hergestellt wurden.

Hellebæk

Das populäre Seebad am Übergang vom Øresund zum Kattegat besitzt neben alten Fischerhäusern und einer großen Marina gute Einkaufsmöglichkeiten.

*Hornbæk

Im Hafen von Gilleleje herrscht von morgens bis abends reger Betrieb.

Helsingør, Umgebung (Fts.), Dronningmølle Tegner Museum	Etwa 2 km landeinwärts von Dronningmølle und seinen herrlichen Sandstränden kann man in der spröden Heideregion "Rusland" Gemälde und Skulpturen von Rudolph Tegner (1873 – 1950) bestaunen. Auch das wuchtige Museum entwarf der Symbolist 1938 selbst. Gleichzeitig erwarb er weite Flächen für den schönen Naturpark, in dem mehrere seiner Skulpturen in Bronze stehen.
Nakkehoved Østre Fyr	Seit 1772 weisen die Kohlenfeuer des Leuchtturms bei Nakkehoved kurz vor Gilleleje den Schiffen aus Norden die Richtung auf See.
*Gilleleje	Seelands nördlichster Ort wurde vor über 500 Jahren von Heringsfischern gegründet. Heute ist der Hafen von morgens bis abends voller Leben (s. Abb. S. 133) und eine Heringsfabrik dient im Sommer sogar für Kunstausstellungen. Erwartungsgemäß liegt auch der Schwerpunkt des Museums an der Vesterbrogade 56 auf der Fischerei. Ein schmaler Spazierweg führt westlich der Stadt oberhalb der
Gilbjerg Hoved	Steilküste beim 33 m hohen Gilbjerg Hoved zu einem Gedenkstein für den Philosophen Søren Kierkegaard (▶ Berühmte Persönlichkeiten), der die schöne Aussicht oft genossen hat.

Herning   L 6

Halbinsel Jütland
Bezirk: Ringkøbing amt
Einwohnerzahl: 35 000

Lage und Allgemeines	Das Zentrum der dänischen Textilindustrie liegt etwas abseits in der jütländischen Heide zwischen ▶ Ringkøbing und ▶ Silkeborg. Ende des 17. Jh.s gab es hier nur ein paar Höfe. Erst die Industrialisierung brachte im 19. Jh. den Aufschwung zur "Hauptstadt der Wolle", die 1913 Stadtrecht erhielt. Vom Leben auf den Heidehöfen und in den Textilfabriken erzählen die Museen der modernen Industriestadt, die zudem ein Highlight der Moderne bietet: das Museum des COBRA-Künstlers Carl-Henning Pedersen.

Sehenswertes in Herning

*Herning Museum	Geschildert wird die Heidekultur durch nachgestellte Interieurs von Bauernhäusern. Die Strickstube erinnert an das mühevolle Stricken in Heimarbeit, das traditionelle Handwerk der "Uldjyder" (Wollejütländer) als Grundstein zur späteren Stoffproduktion. Eine Besonderheit ist "Das Jahr auf Jens Nielsens Bauernhof" von Inge Faurtoft: In 57 Puppenschachteln ist hier der Alltag vom Frühjahr bis zum Weihnachtsfest geschildert (Museumsgade 32; Öffnungszeiten: Di. – Fr. 10^{00} – 17^{00} Uhr, Sa., So. 11^{00} – 17^{00} Uhr).
Danmarks Fotomuseum	Vier Häuser weiter an der Museumsgade 28 ist die Geschichte der Fotografie von den ersten Aufnahmen 1839 bis zu heutigen 3D-Bildern dokumentiert.
Textilforum	Westlich vom Stadtzentrum an der Vestergade 20 informiert die Herning Klædefabrik, die 1876 als Wollspinnerei begann, mit Ausstellungen und Werkstattvorführungen über die Textilindustrie.

Herning (Fts.),
*Blichermuseet på Herningsholm

Als wichtiger Architekturbeitrag Mitteljütlands gilt nordöstlich vom Cityring der 1579 erbaute Herrensitz Herningsholm am Viborgvej 72. Seit der Restaurierung 1980 befindet sich hier ein Museum für den Heidedichter Steen Steensen Blicher (1782 – 1848), der volkstümliche Novellen über das Leben der Region schrieb (Öffnungszeiten: Juni – Sept. Di. – Do. 12^{00} – 16^{00}, Sa., So. 13^{00} – 17^{00} Uhr).

**Herning Kunstmuseum

Östlich vom Stadtzentrum am Birk Centerpark 3 liegt eine frühere Textilfabrik, die nach Plänen von Carl Theodor Sørensen und Christian Frederik Møller als kreisförmige Anlage errichtet wurde. Den Innenhof beherrscht der 220 m lange, 1968 fertiggestellte Keramikfries "Spiel der Phantasie um das Rad des Lebens" (Abb. S. 61), das Hauptwerk von Carl-Henning Pedersen. Zur Kunstsammlung gehören Arbeiten von Asger Jørn, Robert Jacobsen und Richard Mortensen, Piero Manzoni und Victor Vasarely (Öffnungszeiten: Di. bis So. 12^{00} – 17^{00} Uhr). Im zugehörigen Skulpturenpark findet man Werke von 1950 bis heute. Die Anlage wurde ebenso wie die benachbarten "geometrischen Gärten" von C. Th. Sørensen gestaltet.

Großflächige Keramikarbeiten spiegeln sich im Wassergraben des Pedersen & Alfelts Museums, das dem illustren Künstlerehepaar gewidmet ist.

**Pedersen & Alfelts Museum

Direkt gegenüber spiegelt sich in einem Wassergraben ein weiterer, 90 m langer Keramikfries von Pedersen: die Außenwand des Museums, das 1976 den rund 4000 Werken des Künstlerehepaars Carl-Henning Pedersen und Else Alfelt gewidmet wurde (Öffnungszeiten: Di. – So. 12^{00} – 17^{00} Uhr).

Umgebung von Herning

Søby Brunkulsmuseum

Etwa 10 km südlich der Stadt wird im Braunkohlemuseum am Brunkulsvej 29 in Søby über das Leben im Revier zwischen 1939 und 1967 berichtet, als in dieser Gegend bis zu 3000 Menschen in der Braunkohleförderung beschäftigt waren.

Jylllands Mini Zoo — Kinder können bei Havnstrup, 10 km westlich von Herning, im Minizoo Pony reiten und Tiger, Giraffen und Seelöwen beobachten.

Hillerød   M 26

Insel Seeland
Bezirk: Frederiksborg amt
Einwohnerzahl: 35 000

Lage und Bedeutung

Keine Viertelstunde von der königlichen Sommerresidenz Fredensborg entfernt liegt Hillerød, eine Stadt zum Einkaufen, deren mittelmäßige Architektur ansonsten kaum über das vorherrschende dänische Kleinstadtdesign hinausgeht. Macht auch nichts, da unmittelbar neben dem Zentrum das prachtvolle Frederiksborg Slot auf drei Inseln inmitten des Schlosssees erfreut. Noch ein Tipp für Shoppingfreunde: im preisgekrönten Einkaufscenter Slotssrkaderne, das direkt an die große Fußgängerzone anschließt, kann man auch bei schlechtem Wetter durch 50 nette Läden bummeln.

★★Frederiksborg Slot (Nationalhistorisk Museet)

Öffnungszeiten:
Nov. – März
tgl. 11⁰⁰ – 15⁰⁰,
April – Okt.
tgl. 10⁰⁰ – 17⁰⁰

Eigentlich beginnt die Geschichte von Schloss Frederiksborg (▶ Abb. S. 62/63) am 12. April 1577, als hier mit Christian IV. (▶ Berühmte Persönlichkeiten) der spätere große Bauherr unter den dänischen Königen geboren wurde. Er ließ an der Stelle einer Schlossanlage Frederiks II. zwischen 1602 und 1620 von Hans van Steenwinkel d. Ä. und seinem Sohn Dänemarks schönstes Renaissance-Schloss erbauen. Stilistisch erinnern die stark strukturierten Backsteingebäude an die niederländische Renaissance: helle Sandstein-

Hillerød, København

einfassungen, geschwungene Giebel und aufgesetzte Kupfertürme. Bis zum Bau von Fredensborg Slot (▶ Umgebung von Hillerød) lieferte Schloss Frederiksborg den dänischen Monarchen einen noblen Rahmen für ihre Krönungszeremonien. So traten alle Herrscher zwischen 1671 und 1840 ihre Regierung hier in der Schlosskirche an. Außerdem wurde in Schloss Frederiksborg der Elefantenorden neu geregelt, 1671 der Dannebrogorden eingeführt und 1693 erhob man die Schlosskapelle zur Ritterordenskapelle, eine Funktion, die sie noch heute innehat. Nach dem Zweiten Nordischen Krieg fand 1720 auf Frederiksborg die Unterzeichnung des Friedensvertrages zwischen Dänemark und Schweden statt, der die jahrhundertelange Feindschaft der beiden Länder beendete.

Frederiksborg Slot (Fortsetzung)

Nach Vollendung von Schloss Fredensborg bekam Frederiksborg im späteren 18. und 19. Jh. allmählich Museumscharakter, der Rittersaal wurde zur Gemäldegalerie umgestaltet und Frederik VI. ließ 1812 eine Porträtsammlung einrichten. Frederik VII. machte das Schloss erneut zu seiner Residenz, die er nach einem Brand im Dezember 1859 unter Leitung von Ferdinand Meldahl auch weitgehend wieder restaurieren ließ. Als nach seinem Tod weder Staat noch Königshaus ein größeres Interesse an dem Bau bekundeten, gründete J.C. Jakobsen, der Besitzer der Brauerei Carlsberg, eine Stiftung und ließ Schloss Frederiksborg am 5. April 1878 als "Nationalhistorisches Museum Dänemarks" eröffnen. Die Größe der Sammlung von kostbaren Möbeln und historisch bedeutsamen Gegenständen erklärt sich aus dem Umstand, dass es zu jener Zeit noch keine anderen Kunstgewerbemuseen in Dänemark gab und daher alles hier zusammengetragen wurde. Auch die bestehende Porträtsammlung Frederiks VI. wurde im Museum aufgenommen.

Ein Ausflugsdampfer fährt zwischen Mai und September vom Torvet in Hillerød über den Schlosssee zur Anlegebrücke dicht am Eingang der Renaissanceanlage, die sich über drei Inselchen verteilt. Den äußeren Schlosshof betritt man durch einen wuchtigen Torturm, den Hans van Steenwinkel d. J. in den Jahren 1618 – 1623 erbaute. Zwischen der Kanzlei und dem Haus des Schlossherrn steht im Vorhof der zweiten Insel seit 1888 die Nachbildung eines 1658 nach Schweden gebrachten Neptunbrunnens von Adrian de Vries aus dem Jahre 1623 – die originalen Bronzefiguren wurden bei der Belagerung Kopenhagens 1660 von den Schweden geraubt und befinden sich heute bei Stockholm im Park von Schloss Drøttningholm. Auf der dritten Insel erreicht man das eigentliche Schloss. Ältester Teil ist der nördliche Königsflügel, später entstanden der westliche Kirchenflügel mit dem Kirchturm und der östliche Prinzessinnenflügel. Den Abschluss zur mittleren Insel bildet ein niedrigeres Terrassengebäude. Als Verbindung zwischen Münzturm und Audienzhaus wurde 1613 aus grauem Backstein der "Lange Gang" angefügt.

Schlossanlage

Im westlichen Flügel befindet sich die beim Brand 1859 unversehrt gebliebene Schlosskirche. Das Kirchenschiff mit gotischem Sterngewölbe wird von vergoldeten Sandsteinpfeilern getragen. Marmoreinlegearbeiten, Alabasterfiguren, Intarsien aus Ebenholz und anderen seltenen Hölzern ergänzen die prächtige Ausstattung. Altar und Kanzel, gleichfalls aus Ebenholz, sind mit Silberreliefs biblischer Szenen von dem Hamburger Jakob Mores verziert. Der silber-

**Slotskirke

In der prächtigsten Schlosskirche Dänemarks auf Frederiksborg Slot gab Prinz Joachim 1995 Prinzessin Alexandra das Jawort.

Frederiksborg Slot, Slotskirke (Fortsetzung)

ne Taufstein wurde 1920 nach einer Zeichnung von Mores aus dem 16. Jh. angefertigt. Am Ende der Kirche erblickt man die Schilder des Elefantenordens – u.a. das Schild des Atomphysikers Niels Bohr (▶ Berühmte Persönlichkeiten), an den Seiten hängen die Schilder der Großkreuzritter des Dannebrogordens.

**Compenius-Orgel

Alle Welt konnte 1995 den Tönen der berühmten Orgel lauschen, als Prinz Joachim und Prinzessin Alexandra hier in Anwesenheit des europäischen Hochadels getraut wurden. Das klanggewaltige Instrument mit 1000 Pfeifen wurde 1617 von dem Braunschweiger Orgelbauer Esaias Compenius geschaffen – Vorführung jeden Donnerstag von 13^{30} – 14^{00} Uhr. Auskünfte über Kirchenkonzerte erteilt die Touristeninformation in Hillerød.

*Riddersalen

Den über der Schlosskirche gelegenen, 50 m langen und nach dem Brand von 1859 rekonstruierten Rittersaal nannte man zur Zeit Christians IV. treffenderweise den "Tanzsaal". Der König hatte ihn mit prachtvollen Ornamenten und Silberfiguren ausschmücken lassen, die Kassettendecke erhielt kostbare Holzschnitzereien, darunter das Königliche Wappen mit dem Wahlspruch der Monarchen "Regna firmat pietas" (Gottesfurcht stärkt die Reiche). Die Wände zieren Wandteppiche mit Szenen aus dem Kalmarkrieg und dem Krönungszug 1596 sowie Porträts von Christian IX. und seinen regierenden Nachkommen.

Weitere Räume

Das Deckengemälde im Engelsaal ist die verkleinerte Ausgabe einer Decke im Dogenpalast von Venedig. Ihr von Franz Schwartz 1883 gefertigtes Bildwerk zeigt Frederik III., umgeben von den vier

Reichsständen sowie "Krieg" und "Frieden". Die 1879 – 1883 ausgeführten großen Wandgemälde handeln vom Schwedenkrieg und der Einführung des Absolutismus. Ein eindrucksvolles Beispiel für die pompöse Prachtentfaltung der absolutistischen Monarchen liefern die Möbel in Raum 42. Seine Mitte beherrscht ein großes, aus Eichenholz geschnitztes Paradebett, das für die Hochzeit des Grafen Danneskiold-Samsøe mit Christine Catharine von Holstein 1724 in Paris angefertigt wurde. Der Beginn des 19. Jh.s brachte eine Blütezeit für Dänemarks Literatur, Kunst und Wissenschaft. Bekannte Größen dieser Zeit unter Frederik VI. sind auf den Gemälden in Raum 55 zu sehen, darunter der Bildhauer Bertel Thorvaldsen (▶ Berühmte Persönlichkeiten), der Dichter Adam Oehlenschläger, der Physiker H. C. Ørsted, Entdecker des Elektromagnetismus, und der Volkshochschulgründer Nicolai Frederik Severin Grundtvig (▶ Berühmte Persönlichkeiten). Das Gemälde von der Eröffnungssitzung der verfassunggebenden Reichsversammlung am 23. Oktober 1848 füllt in Raum 61 eine ganze Wand – mit dieser Versammlung hatte der König die absolute Macht abgegeben. Raum 62 ist Mynster, Søren Kierkegaard und Nicolai F. S. Grundtvig (beide ▶ Berühmte Persönlichkeiten) gewidmet, den drei Männern, die das kirchliche Leben Dänemarks im 19. Jh. entscheidend geprägt haben.

Frederiksborg Slot (Fortsetzung)

Etwa 100 Jahre nach dem Bau des Schlosses ließ Frederik IV. von seinem königlichen Architekten Johan Cornelius Krieger bis 1725 den Barockgarten anlegen, der heute zu den schönsten Gärten seiner Art in Nordeuropa zählt. Wie es die Mode der damaligen Zeit verlangte, gruppierte sich die Anlage am Ufer des Slotssø streng

**Schlosspark

Streng symmetrische Alleen, Boskette und das Parterre mit den königlichen Monogrammen schmücken den Barockgarten des Schlosses.

Frederiksborg Slot (Fortsetzung)

symmetrisch um eine zentrale Längsachse, die Haus, Garten und Landschaft miteinander verband. Um die zentrale Kaskade mit Wasserkanälen, Fontänen und Springbrunnen entstanden Alleen, Boskette und das Parterre mit den königlichen Monogrammen. Gut 40 Jahre später begann der Verfall, da der Garten als nicht mehr zeitgemäß empfunden wurde und Unsummen für die Wartung verschlang. Erst 1993 – 1996 gelang es, den Schlosspark zu rekonstruieren. Unweit westlich ließ Frederik VII. in der zweiten Hälfte des 19. Jh.s das Lustschlösschen Badstueslottet mit einem romantischen Landschaftsgarten umgeben, wo noch heute verschlungene Wege, idyllische Teiche und kleine Kanäle verzaubern.

Umgebung von Hillerød

Æbelholt Klostermuseum

Ein kleines Museum in den Ruinen des 1175 gegründeten Augustinerklosters, 6 km westlich der Stadt, belegt durch seine Skelettfunde aus dem Mittelalter die umfangreichen Heilmethoden der Mönche zu jener Zeit.

Alsønderup Enge

Nur wenige Schritte nördlich der Klosterruine brüten über 100 verschiedene Vogelarten in den Flussauen Alsønderup Enge.

Gribskov

Joggen, Radfahren und Reiten kann man auf den herrlichen Wander- und Radwegen, die den gut 50 km² größten Laubwald Seelands nördlich von Hillerød erschließen.

Nach mehreren Umbauten präsentiert sich die königliche Residenz Fredensborg Slot heute im klassizistischen Kleid.

**Fredensborg Slot

Im Osten grenzt der Gribskov an den großen Esrumsø, den man im Sommer mit kleinen Ausflugsbooten erkunden kann. Dazu gehört natürlich auch Schloss Fredensborg, wo Königin Margrethe II. und Prinz Hendrik einen Großteil des Jahres verbringen – ist die Königin anwesend, so findet jeden Mittag um 12:00 Uhr die Wachablösung statt; die Innenräume sind nur im Juli zu besichtigen (Führungen tgl. 13⁰⁰ – 17⁰⁰ Uhr). Fredensborg heißt deshalb Friedensburg, weil es nur zwei Jahre nach Ende des zweiten Nordischen Krieges (1700 – 1720) fertiggestellt wurde. Dass sich das schmucke Ensemble irgendwie nicht recht zwischen Barock, Rokoko und Klassizismus entscheiden kann, ist den königlichen Bauherren Frederik IV., Christian VI. und Frederik V. zuzuschreiben, die im 18. und 19. Jh. immer wieder an- und umbauen ließen. Ende des 19. Jh.s. gingen hier neben der russischen Zarenfamilie die englischen, griechischen und norwegischen Herrscher ein und aus, da der damalige König Christian IX. dank seiner familiären Bande "Europas Schwiegervater" war – Zar Alexander III., der mit Christians Tochter Dagmar verheiratet war, besaß sogar eine eigene Villa am Schlosspark. Die herrliche Grünanlage am Seeufer mit Orangerie und Kräutergarten kann das ganze Jahr über besichtigt werden. Ein Geschenk der Dänen zur Silberhochzeit von Königin Margrete II. war 1992 die nach alten Plänen restaurierte Schlossstraße. Das faszinierende Zusammenspiel von Falkner und Greifvogel kann man im Falkonergaard des Schlosses erleben.

Hillerød, Umgebung, Fredensborg Slot (Fortsetzung)

Himmerland

F / G 8 – 14

Halbinsel Jütland
Bezirk: Nordjyllands amt

Südlich von ▶ Aalborg erstreckt sich zwischen den sanften Badestränden am Kattegat, dem Mariager Fjord und dem ▶ Limfjord das Himmerland. Knapp 30 km trennen Aalborg und die Heidelandschaft mit den anmutigen Hügeln von Rebild. Nach Amerika ausgewanderte Dänen kauften 1919 das Gebiet und ließen es zum Nationalpark erklären, den Naturfreunde heute auf herrlichen Wegen zu Fuß oder per Fahrrad erkunden können. Jedes Jahr am 4. Juli treffen sich hier Dänen und Amerikaner dänischer Herkunft, um den Unabhängigkeitstag der USA festlich zu begehen (Abb. S. 142). Auf dänische Traditionen verweist das Spielmannsmuseum (Spillemands- og Hjemstavnsmuseum) am Eingang. Das Lincolnblockhaus im Park wurde nach dem Vorbild von Lincolns Geburtshaus erbaut. Hier informiert ein Museum über europäische Siedler in Nordamerika und natürlich über Abraham Lincoln (1809 bis 1865), der während des Sezessionskrieges (1861 – 1865) Präsident der Vereinigten Staaten war. Nordöstlich auf einem Hügel thront der "Cimbrersten", ein Steinblock mit dem Relief eines Stiers und der Inschrift "Von dieser Gegend zogen die Zimbern aus". Vermutlich stammte der germanische Stamm der Zimbern, die um 120 v. Chr. auf der Suche nach Ackerland mehrere erfolgreiche Feldzüge gegen die Römer unternahmen, aus dem Himmerland.

**Rebild Bakker Nationalpark

Kunstfreunde finden unweit westlich vom Ort Rebild in den großen unterirdischen Gewölben der Kalkmine Tinbæk ein Museum mit Skulpturen der dänischen Bildhauer Bundgård und Bonnesen.

Kalkmine Tinbæk

Südlich von Rebild erstreckt sich eines der größten Waldgebiete Dänemarks, der fast 6400 ha große Rold Skov, der vorwiegend aus Nadelbäumen besteht. Naturfreunden empfiehlt sich ein Spaziergang

*Rold Skov

Rold Skov (Fortsetzung)	durch den "jütischen Waldgarten" (Den jydske Skovhave), der über die Flora der Region informiert. Die Große Blauquelle (Store Blåkilde) im Rold Skov ist übrigens die ergiebigste Quelle des Landes mit über 110 000 Hektolitern am Tag.
Rold	In der Ortschaft Rold wurde in der früheren Reithalle der Zirkusfamilie Miehe ein Zirkusmuseum eingerichtet. Artistenrequisiten, Bilder und Dokumente erinnern an die große Zeit des fahrenden Volkes in der ersten Hälfte des 20. Jahrhunderts.

Im Nationalpark Rebild Bakker wird alljährlich am 4. Juli Amerikas Unabhängigkeitstag gefeiert, reist Topprominenz aus dem In- und Ausland an.

Hobro	Inmitten von Wäldern und hügeligem Heideland markiert das Städtchen Hobro das Westende des Mariagerfjords. Die Lagegunst an einer Fjordbrücke ist bereits im Stadtwappen von 1584 zu erkennen. Die Stadtkirche wurde 1852 nach Plänen des Architekten Gottlieb Bindesbøll, dem Erbauer des Thorvaldsenmuseums in ▶ Kopenhagen, aus roten und gelben Backsteinen im neugotischen Stil errichtet. Das Christusmosaik an der Altarwand stammt von Joakim Skovgaard. Bekannter als Hobro selbst sind die frühgeschichtlichen Funde aus der nahen Wikingerstätte Fyrkat, die zum Teil im kulturhistorischen Hobro Museum in der Vestergade 21 ausgestellt sind. Am Hafen informiert seit 1998 das neue Gasmuseum am Gasværksvej 2 über die Geschichte und Bedeutung von Gas für Haushalte und Industrie. Einen Besuch lohnt ferner die private Ibsenkunstsammlung am Sdr. Kajgade 18a mit über 700 Werken der Moderne, darunter Gemälde von Sven Dalsgaard, Hans Henrik Lerfeldt und Poul Pedersen.
Danske Bo-Miljøer	Wer sich für zukunftsorientierte Wohnideen interessiert, sollte im experimentierfreudigen Danske Bo-Miljøer an der Ågade 52 im nahen Rørbæk vorbeischauen.

Aus der Wikingerzeit (▶ Baedeker Special, S. 40) sind in Dänemark vier kreisförmige Lager bekannt, die vermutlich von König Harald Blauzahn errichtet wurden. Fyrkat, 3 km südwestlich von Hobro, ist das kleinste davon. Der kreisförmige Lagerplatz hatte einen Durchmesser von 120 m und wurde von einem 4 m hohen und 8 m breiten Erdwall gesichert, der außen mit Planken, Palisaden und Brustwehr verkleidet war. Der Wall besaß vier überbaute Toröffnungen, verbunden durch zwei holzbelegte Hauptstraßen. Das Wikingerzentrum umfasst den unter Denkmalschutz stehenden Wall sowie die Rekonstruktionen einer Ringburg und eines Wikingerhofes bestehend aus neun größeren und kleineren Häusern. Vier davon sind bereits fertig, an den anderen wird noch gearbeitet. Das auf die Zeit um 980 datierte Fyrkat diente dem Wikingerheer vermutlich als Übungslager und Winterquartier. Archäologische Ausgrabungen wiesen nach, dass innerhalb der Ringwälle auch Frauen und Kinder lebten (Öffnungszeiten: März – Okt. tgl. 10⁰⁰ – 17⁰⁰ Uhr).

**Vikingecenter Fyrkat

Rekonstruiertes Wikingerhaus vom Lager Fyrkat

Mitte des 15. Jh.s entstand am Südufer des Mariagerfjords um ein Birgittenkloster die Kleinstadt "Marias Acker" – heute eine Dorfidylle mit Kopfsteinpflaster und stockrosenumrankten Fachwerkhäusern des 18. Jh.s. Die jüngst restaurierte gotische Kreuzkirche am Birgittenkloster birgt zwei spätgotische Christusfiguren, die einst bei Passionsspielen Verwendung fanden. Das Museum von Mariager, das in einem alten Kaufmannshof aus dem 18. Jh. in der Kirkegade 2–6 untergebracht ist, erzählt über Lokalgeschichte und Grabungsfunde. Im traumhaft am Fjord gelegenen neuen Salzcenter der Stadt wird die Salzhistorie erläutert und seine Gewinnung und Produktion spannend demonstriert. Jeden Sonntag verkehrt von Mariager aus ein Oldtimerzug (Veteranenbanen) zum knapp 20 km entfernten Handest – die Lokomotiven und Waggons stammen aus der ersten Hälfte des 20. Jh.s. Den besten Blick auf Mariager hat man vom Grabhügel Hohøj am Südrand des Ortes.

*Mariager

Per Kirkeby zeichnete für den Entwurf des 1999 eröffneten Museumscenter an der Søndergade 44 verantwortlich, in dem die Kulturgeschichte des Himmerlandes anschaulich dargestellt ist.

Års

Hjørring

C 12 / 13

Halbinsel Jütland
Bezirk: Nordjyllands amt
Einwohnerzahl: 35 000

Auf dem Hügel, der noch immer Herzstück von Hjørring ist, fand vom Mittelalter bis ins 16. Jh. das Thing von Vendsyssel statt. Auch heute ist Hjørring, das bereits 1243 Stadtrechte erhielt, Mittel-

Hauptstadt von Vendsyssel

| Allgemeines (Fortsetzung) | punkt für das Kulturleben dieses Landesteils. Bürger und Politiker haben viel für den Erhalt der Altstadt getan, wo zudem über 150 Skulpturen skandinavischer Bildhauer dem Einkaufsbummel etwas Besonderes verleihen. Als beliebtester Treffpunkt gilt das 1989 von Bjørn Nørgård gestaltete Wasserspiel am P. Nørskjærs Plads, dessen Hauptbrunnen die nordische Sagenwelt zum Thema hat. |

Sehenswertes in Hjørring

Sct. Catharinæ	Von den drei sorgsam restaurierten mittelalterlichen Kirchen in Gammel Hjørring verdient die um 1250 geweihte St.-Katharinen-Kirche in der Kirkestræde besondere Beachtung. Die ursprünglichen Giebel wurden im 18. Jh. durch geschwungene, nordjütländische Barockhauben ersetzt. Die geschnitzte Altartafel im Stil des so genannten Knorpelbarocks ist auf 1651 datiert.
Vendsyssels Historiske Museum	Im Provestegården an der Museumsgade 3, der alten Probstei aus dem Jahre 1770, informiert das Historische Museum über vorgeschichtliche Funde und das Kunsthandwerk der Region.
*Kunstmuseum	Was die moderne Kunst in Nordjütland hervorgebracht hat, zeigt das Kunstmuseum in der Brinck Seidelingsgade 10. Zu sehen sind u. a. Werke von Poul Winther, Agnete Bjerre und Poul Ekelund sowie Arbeiten der Bildweberin Berit Hjelholt, der Keramikerin Tove Anderberg und des Goldschmieds Bent Exner (Öffnungszeiten: Juni – Sept. tgl. 10^{00} – 17^{00}, sonst Di. – So. 11^{00} – 16^{00} Uhr).

Umgebung von Hjørring

| *Lønstrup | Eindrucksvolle Klippen, schöne Sandstrände und eine entspannte Atmosphäre machten das alte Fischerdorf in den hohen Dünen westlich von Hjørring schon im 19. Jh. zu einem bevorzugten Badeort von Malern, Schauspielern und Schriftstellern. Heute kann man hier Töpfern, Glasbläsern und Goldschmieden bei der Arbeit zusehen und ein Mitbringsel direkt ab Werkstatt erstehen. Am Südrand des Dorfes thront die kleine romanische Mårup-Kirche aus dem 12. Jh. – seit Jahren ist das Gotteshaus an der |

Baedeker TIPP: Keramoda

Am Strandvejen 56 im ehemaligen Gehöft des Strandvogtes von Lønstrup, verkauft Mogens Falkenberg handgedrehte Schalen, Lampen und Geschirre, die mit ihren klaren Linien, Farbe und Struktur an Meer, Sand und Dünen erinnern (Öffnungszeiten: tgl. 10^{00} – 17^{00} Uhr).

| Mårup Kirke | Steilküste wegen Absturzgefahr geräumt. Beim Westgiebel kann man den großen Anker der 1808 gestrandeten englischen Fregatte "The Crescent" bewundern. Eine Gedenktafel erinnert an die mehr als 200 Seeleute, die bei dem Unglück ums Leben kamen. |
| *Rubjerg Knude | In Sichtweite der Kirche versinkt ein Leuchtturm in den Sandmassen, die vom stetig wehenden Westwind aufgetürmt werden. Seit 1900 diente Rubjerg Fyr als unverzichtbarer Wegweiser für Schiffe in der Jammerbucht. Doch die Treibsanddüne wuchs immer höher bis der Leuchtturm 1968 den Betrieb einstellen mußte. Nun wird er in absehbarer Zeit samt seiner Nebengebäude verschüttet sein. |

Die Riesendüne Rubjerg Knude hat bereits den Leuchtturm eingeholt und wird auch bald das Museum unter seinen Sandmassen begraben.

Noch ist dort ein Museum eingerichtet, das sich mit dem Flugsand und seiner Urgewalt befasst (Öffnungszeiten: tgl. 10^{00} – 18^{00} Uhr). Ein Muss ist der Weg hinauf auf die riesige Wanderdüne, die fast 80 m in die Tiefe zum Strand abfällt.

Rubjerg Knude (Fortsetzung)

Hochbetrieb herrscht im Sommer an den weißen Stränden der Jammerbucht zwischen Løkken und Blokhus. Unzählige Ferienhäuser, Campingplätze, Kneipen, Restaurants und Diskotheken wetteifern hier um die Gunst des jungen Publikums. Charmant reihen sich die weißgetünchten Strandhäuser von Løkken vor den Dünen auf, während das örtliche Museum über das mühsame Geschäft der Strandfischerei informiert – die Kutter werden mit Stahlseilen ins Meer bzw. auf Land gehievt.

*Løkken, Blokhus

In Dänemarks größtem Aquapark bei Saltrum kommen Wasserratten voll auf ihre Kosten – das Spaßbad hat gigantische Rutschbahnen (Öffnungszeiten: Mai – Aug. tgl. 10^{00} – 18^{00} bzw. 20^{00} Uhr).

*Fårup Sommerland

Etwa 6 km landeinwärts ragen die weißen Gebäude des ehemaligen Prämonstratenserklosters Børglum auf, das bis ins 12. Jh. Königshof war. Mitte des 18. Jh.s wurde es von Laurids de Thura zum Barockschloss umgebaut. Zu besichtigen sind der Burghof und die frühgotische Klosterkirche mit Rokokoinventar.

Børglum Kloster

Nördlich am Skagerrak verkehren von Hirtshals aus die Fährschiffe nach Norwegen (Kristiansand). Der 1930 eingeweihte Hafen der Stadt zählt bis heute zu den wichtigsten Fischereihäfen des Landes.

Hirtshals

Fähr- und Fischereihafen sind für Hirtshals von zentraler Bedeutung.

Hjørring, Umgebung (Fts.), ****Nordsømuseet**

Vom harten Alltag der Fischer im 19. Jh. erzählt das Hirtshals Museum in der S. Thomsensgade 6. Die großen Heringsschwärme, Robben und heimische Haiarten sind Thema des spannenden Nordseemuseums am Willemoesvej. Neben einzigartigen Biotopaquarien informiert eine Ausstellung über moderne Arbeitsgeräte, Fangquoten und heutige Ressourcen der Nordsee (Öffnungszeiten: Juni bis Aug. tgl. 10^{00} – 22^{00} Uhr, Sept. – Mai tgl. 10^{00} – 17^{00} Uhr).

Holstebro   J 4

Halbinsel Jütland
Bezirk: Ringkøbing amt
Einwohnerzahl: 39 000

Stadt der *Straßenkunst

"Warum die Kunst in Museen verstecken, wo nur Leute in feiner Sonntagskleidung Freude daran haben?" überlegte der langjährige Bürgermeister Kaj K. Nielsen und wies Holstebro Ende der 1960er-Jahre den Weg zur populären Straßenkunst. Fast an jeder Ecke, auf Brücken und Plätzen bietet das Handelszentrum Westjütlands heute außergewöhnliche Skulpturen. Ganz kostenlos kann man Alberto Giacomettis 1966 aufgestellte "Frau auf dem Karren" vor dem alten Rathaus bewundern oder den 1993 realisierten "Traum des Tabakarbeiters" der Künstlergruppe Krukako beim Musiktheater bestaunen, und Kinder können beim Foerchhaus den bizarren "Zauberfelsen" sogar besteigen. Ein besonderer Spaß für Junioren ist auch das Malehuset am Lystanlægget 3 mit schönem Malatelier und großem Spielplatz. Im Sommer trägt das Flüsschen Storåen

zum reizvollen Eindruck Holstebros bei, wo man sich gemütlich ans Ufer setzen, Kanu fahren oder Lachs, Forelle und Zander angeln kann. Außerdem sind in der Stadt das renommierte Peter-Schaufussballett und das experimentelle Odintheater beheimatet.

Allgemeines (Fortsetzung)

Sehenswertes in Holstebro

Bereits im Mittelalter gehörte der Viehmarkt Holstebros zu den größten in Jütland, im 19. Jh. übernahm der Schlachthof eine führende Rolle beim Bacon-Export nach England. Auch Rasmus Fœrchs Tabakfabrik sicherte der Stadt noch bis 1960 landesweit einen der ersten Plätze in dieser Branche. Sieben Jahre später wurde am Museumsvej 2 in der Gründerzeitvilla des Tabakbarons Søren Fœrch das Kunstmuseum eröffnet, ein neuer Anbau 1981 fertiggestellt. Schwerpunkte der Sammlung dänischer Kunst seit den 1930er-Jahren bis heute sind die Arbeiten von Henry Herrup, Ejler Bille, Erik Tommesen und Astrid Noack. Aber auch Keramik aus Peru, afrikanische Arbeiten und europäische Grafik des 20. Jh.s sind hier ausgestellt. Im selben Komplex bezog 1991 auch das Holstebroer Museum neue Gebäude. Neben Stadtgeschichte finden Besucher dort Marius Larsenes Spezialsammlung von nahezu 1000 Pfeifen aus aller Welt (Öffnungszeiten beider Museen: Sept. – Juni Di. – Fr. 12⁰⁰ bis 16⁰⁰ Uhr, Sa., So. 11⁰⁰ – 17⁰⁰ Uhr, Juli, Aug. Di. – So. 11⁰⁰ – 17⁰⁰ Uhr).

*****Kunstmuseum, Holstebro Museum**

Allein das Museumsgebäude in der nahen Sønderlandsgade 46 lohnt den Besuch. Das mit nur 32 m² kleinste Haus Holstebros, wo einst am Grenzdeich der Stadt Mautgebühren erhoben wurden, enthält heute Miniaturkunst (Öffnungszeiten: Sept. – Juni Di. – Fr. 12⁰⁰ – 16⁰⁰, Sa., So. 11⁰⁰ – 17⁰⁰ Uhr, Juli, Aug. Di. – So. 11⁰⁰ – 17⁰⁰ Uhr).

*****Bornhuset**

Das 1998 erheblich erweiterte Museum an der Nørrebrogade 1 nordwestlich der City ist den beiden Malern Jens Nielsen und Olivia Holm-Møller gewidmet. Außerdem sind hier Arbeiten der Malerin Kirsten Lundsgaardvig und des Bildhauers Niels Helledie zu sehen.

Nielsen og Holm-Møller Museet

Beim Vandkraftsøen am östlichen Stadtrand erstrahlt bei Einbruch der Dunkelheit am Sendemast des regionalen Fernsehsenders Midt-Vest die Laserskulptur "Kaos Tempel" von Frithioff Johansen.

Laser Lys

Umgebung von Holstebro

Knapp 20 km südwestlich liegt der 1550 befestigte Herrensitz Nørre Vosborg mit Rittersaal und strohgedeckten Wirtschaftsgebäuden von 1785. Gartenfreunde finden im Wallgrabengarten eine wahre Rhododendrenpracht. Im Tagebuch von H.C. Andersen (▶ Baedeker Special, S. 226) liest man die eingehende Beschreibung eines Besuchs beim Staatsrat Evald Meinert Tang, dessen Familie noch heute das Anwesen bewohnt. Burg- und Kutscherstube sind liebevoll als Restaurant eingerichtet worden, in den ehemaligen Arbeiterwohnungen kann übernachtet werden (☎ 97 48 17 40).

*****Nørre Vosborg**

Den flachen Nissum Fjord trennt der Bøvling Klit, ein 14 km langer schmaler Dünenstreifen, von der Nordsee. Im Sommer können

*****Bøvling Klit, Torsminde**

Holstebro, Umgebung (Fortsetzung) auch Urlauber an einigen Samstagen auf der Fischauktion von Torsminde fangfrische Fische ersteigern. Das Strandingsmuseet St. Georg nördlich des Hafens erzählt von der Schiffskatastrophe der britischen Schiffe "St. George" und "Defence", die an Weihnachten 1811 bei einem Orkan auf den vorgelagerten Sandbänken aufliefen – fast 1400 Seeleute kamen damals ums Leben.

Bovbjerg Klint Gewaltige Buhnen sichern seit 1909 den 45 m hohen Dünenstreifen bei Ferring, nachdem sich das Meer im 19. Jh. fast 160 m Land einverleibt hatte. An der höchsten Stelle thront seit 1877 der rote Leuchtturm Bovbjerg Fyr. Nahe dem Klippenrand erinnert ein Museum an Jens Søndergaard (1895 – 1957), der die raue Nordseeküste sehr eindrucksvoll in seinen Bildern festgehalten hat.

Glaubt man dem Mittelalterfestival in Horsens, so war jene Epoche, in der Ritter um die Gunst edler Burgfrauen fochten und Gaukler derb und lautstark das Volk amüsierten, eine Zeit allgemeinen Vergnügens.

Horsens M / N 11 / 12

Halbinsel Jütland
Bezirk: Vejle amt
Einwohnerzahl: 55 000

Lage und Allgemeines Die lebendige Kleinstadt südlich von ▶ Århus besitzt schöne alte Kaufmannshöfe und Barockbauten. Kulturfreunde finden im Industriemuseet zeittypische Einrichtungen dänischer Arbeiterfamilien und im Kunstmuseum hochkarätige Sammlungen der 1980er- und 1990er-Jahre. Nicht zu vergessen: Europas größtes Mittelalterfestival, das die Stadt alljährlich im August um 500 Jahre zurückversetzt. Nur einen Kilometer von der modernen Fußgängerzone entfernt umgibt den Nørrestrandsee ein Wildreservat mit reichem Vogelleben, während am westlichen Stadtrand der Wald Åbjergskoven, der Bygholm See und der Bygholm Park ein herrliches Ziel für die tägliche Fitnesstour bieten, sei es zu Fuß oder mit dem Fahrrad.

Allgemeines (Fortsetzung)

Prähistorische Hünengräber in der Gegend von Horsens belegen eine frühe Besiedlung des Raumes. Zeugen des Mittelalters sind die Erlöserkirche und Überreste von König Erik Menveds Burganlage im Bygholm Park. Das architektonische Erbe aus dem 18. Jh. belegt die Blütezeit des Handels, als überall schmucke Fachwerkhöfe entstanden und die Klosterkirche, die Grabkirche der Kaufleute, ihr reiches Inventar erhielt. Anno 1830 wurde in Horsens die erste Eisengießerei Jütlands errichtet, bald folgten Textilbetriebe, Tabak- und Seifenfabriken, 1868 nahm ein neuer Hafen den Betrieb auf.

Geschichte

Berühmtester Sohn der Stadt ist der Entdeckungsreisende Vitus Jonassen Bering (1681 – 1741). Zu Beginn des 18. Jh.s ernannte ihn der russische Zar zum Leiter der zwei größten wissenschaftlichen Expeditionen jener Zeit. Bering entdeckte dabei die nach ihm benannte Meerenge zwischen Alaska und Sibirien. 1957 überreichte der sowjetische Staat der Stadt zwei Kanonen von Berings Schiff "Skt. Peter", die nun neben einer Gedenktafel im Vitus-Bering-Park stehen, der zu Ehren des großen Seefahrers benannt wurde. Details seiner Lebensgeschichte erfährt man im Museum Flensburgs Enkebolig.

Vitus Bering

Sehenswertes in Horsens

Mittwoch und Samstag ist Wochenmarkt vor der Erlöserkirche, die Ende des 12. Jh.s errichtet und 1936 restauriert wurde. Den Altar krönt ein Christus von Einar Utzon-Frank aus dem Jahre 1950.

Vor Frelsers Kirke

In der Søndergade, deren Bild einst große Handelshöfe prägten, gibt es noch einige bemerkenswerte Gebäude, darunter ein 1744 von Staatsrat Gerhard de Lichtenberg erworbener Barockbau (Nr. 17 bis 19). Der deutsche Baumeister Nicolaus Hinrich Riemann versah das Anwesen mit einer stattlichen steinernen Fassade – Vorbilder dafür finden sich in Schleswig. Eine breite Freitreppe führt zum Portal hinauf; im Inneren sind kunstvolle Stuckdecken erhalten. Zwischen 1810 und 1829 bewohnte Königin Charlotte Friederike, Mutter Frederiks VII., das Haus. Heute bietet hier das Jørgensens Hotel ausgesuchte Kost und Logis (☎ 75 62 16 00, FAX 75 62 85 85).

*Lichtenbergske Palæ

Die Klosterkirche weiter östlich in der Borgergade ist der einzige Überrest eines Franziskanerklosters aus dem 13. Jahrhundert. Bei der Restaurierung 1892 versuchte man, die spätgotische Form des Gebäudes wiederherzustellen. Der geschnitzte Altar stammt aus der Zeit um 1500, ebenso das Chorgestühl und das Triumphkreuz.

Klosterkirken

Am Sundvej 1A im Park Caroline Amalie Lunden dokumentiert das Horsens Museum die historische Entwicklung der Region; besondere Erwähnung verdienen die prähistorischen Funde aus dem Ganggrab Grønhøj und die jütländische Silbersammlung. Die angeschlossene Abteilung Flensburgs Enkebolig in der Nørregade 31 erzählt vom 18. Jh., als das Gebäude von Bürgermeister Andreas Flens-

Horsens Museum

Horsens Museum (Fts.) burg für verarmte Bürgerwitwen eingerichtet wurde. Außerdem ist das Museum dem Entdecker Vitus Bering gewidmet (s. S. 149).

***Kunstmuseet** Eine beachtliche Sammlung zeitgenössischer Kunst erwartet den Besucher im Kunstmuseum am Carolinelundsvej 2, darunter eine umfassende Zielersammlung, Arbeiten des dänischen Malers Michael Kvium sowie Werke des Goldenen Zeitalters um 1850 (Öffnungszeiten: Sept. – Juni Di. – Fr. 11^{00} – 16^{00} Uhr, Sa., So. 11^{00} – 17^{00} Uhr, Juli, Aug. tgl. 10^{00} – 16^{00} bzw. 17^{00} Uhr).

*Industriemuseet In zeittypischen Wohnungen von 1880 bis 2000 werden am Gasvej 17 – 19 beim Hafen die Lebensbedingungen dänischer Arbeiterfamilien aufgezeigt. So erfährt man, wie früher eine Druckerei und die Telefonzentrale funktionierten, wie Holzschuhe hergestellt und Tabakwaren verarbeitet wurden, wie es beim Metzger oder beim Frisör aussah. Im 1998 eröffneten Wagenmuseum dreht sich alles um Pferd und Wagen, darunter auch ein Gideon-Feuerwehrauto, das 1916 in Horsens gebaut wurde. Neueste Attraktion ist das ehemalige Gaswerkgelände mit Ausstellungen über Strom-, Gas- und Wasserversorgung (Öffnungszeiten: Sept. – Juni Di. – So. 11^{00} – 16^{00}, Juli, Aug. tgl. 10^{00} – 16^{00} Uhr).

Im Industriemuseum sind alte Feuerwagen von Horsens ausgestellt.

Tobaksgården Nordwestlich vom Rathausplatz steht eine ehemalige Tabaksfabrik, wo auch die Stadtbibliothek zuhause ist. Hier sollte man sich die Ausstellungen über modernes, dänisches Industriedesign ansehen.

Skolemuseet Nur Sonntag Nachmittag kann man im Schulmuseum an der Allégade 4 einen Eindruck vom Unterricht der 1930er-Jahre bekommen.

Bygholm Slot Am Schüttesvej 6 liegt in einem schönen Park Schloss Bygholm, das Anfang des 14. Jh.s errichtet und 1775 zu einem Herrensitz umgestaltet wurde. Heute empfängt hier das Scandic Hotel seine Gäste im noblen Rahmen (☎ 75 62 23 33, FAX 75 61 31 05).

Baedeker TIPP · Nach Gutsherrenart

Durch Stil und Atmosphäre bezaubert der privat geführte Serridslevgård, 1777 im klassizistischen Stil erbaut und inmitten eines englischen Gartens gelegen. Nur 6 km östlich von Horsens kann man bei Dorthe Nissen für rund 500 DKK in neun liebevoll eingerichteten Herrenhauszimmern übernachten – die ausgezeichnete Küche verwöhnt mit Gerichten der Saison (nur mit Voranmeldung, ☎ 75 66 73 75, FAX 75 66 72 57).

Umgebung von Horsens

Grønne Lagune
Naturfreunde zieht es in die sanfte Hügellandschaft der Grünen Lagune, der naturschönen Halbinsel südöstlich der Stadt mit dem Fährhafen Snaptun an der Einfahrt zum Horsensfjord – Fähren nach Hjarnø und Endelave.

*Glud Museum
Den ganzen Sommer kann man in Jensgårds Schmiede dem Schmied bei der Arbeit über die Schulter schauen. Auf dem Bauernhof "Badensminde" von 1811 wird die Zeit vor der Mechanisierung der Landwirtschaft geschildert, in anderen Stuben wird gesponnen, geklöppelt und gewebt, werden Holzschuhe geschnitzt und zierliche Buddelschiffe angefertigt. Zehn Häuser, die mit Originalinventar ausgestattet sind, veranschaulichen am Museumsvej 44 in Glud die Wohn- und Lebensverhältnisse des 18. und 19. Jh.s. Museumsgründer war 1912 der eigenwillige Maler Søren Knudsen, der ab 1906 die "Villa Hildesheim" bewohnte, die heute zum Museum gehört (Öffnungszeiten: Mitte Juni – Ende Aug. tgl. 10⁰⁰ – 17⁰⁰ Uhr, Sept., Okt., April – Mitte Juni Di. – So. 10⁰⁰ – 17⁰⁰ Uhr).

Palsgård
Auf der Weiterfahrt passiert die Küstenstraße das Gut Palsgård mit seinem herrlichen Park, der jedes Jahr im August als Freilichtbühne für die vergnügliche Operette "Landsmansliv" dient.

Juelsminde
Schließlich erreicht man den gemütlichen Ferienort Juelsminde mit kleinen Cafés und Kunsthandwerksläden, kinderfreundlichem Badestrand, modernem Jachthafen und 18-Loch-Golfplatz. Von hier besteht eine Fährverbindung nach ▶ Kalundborg auf Seeland.

Endelave
Die vier kleinen Inseln der Grünen Lagune – Endelave, Hjarnø, Vorsø und das durch einen Damm mit dem Festland verbundene Alrø – bieten eine herrliche Natur. Größte Attraktion von Endelave (von Horsens wie von Snaptun mit der Fähre erreichbar) sind das Inselmuseum in einem der alten Höfe und der Heilpflanzengarten mit über 300 verschiedenen Kräutern. Auf Hjarnø, in sieben Minuten **Hjarnø** von Snaptun mit der Fähre zu erreichen, sind Schiffsgräber der Wikingerzeit erhalten. Das unter Naturschutz stehende Vorsø besitzt **Vorsø** eine der größten Kormorankolonien des Landes.

Tørring, *Play Land
Spurtschnelle Gokarts, abenteuerliche Kletterwände, Indianerdorf und Megasandkästen bietet der Actionpark rund 20 km westlich von Horsens am Egholmvej 2 (Öffnungszeiten: Mitte Juni – Anfang Aug. tgl. 10⁰⁰ – 18⁰⁰ Uhr).

Jylland · Jütland

A – T 1 – 18

Bezirke: Sønderjyllands amt, Ribe amt, Vejle amt, Viborg amt, Nordjyllands amt

Das dänische Festland

Überraschend vielfältig sind Landschaft und Kultur der knapp 30 000 km² großen Halbinsel Jütland, die im Süden an Schleswig-Holstein grenzt. Weite Felder und flaches Marschland gehören zum Südteil mit bezaubernden Kleinstädten wie ▶ Ribe und ▶ Tønder und dem weltberühmten ▶ LEGOLAND, wo die Kleinsten allemal die Größten sind. An der Nordseeküste mit endlos langen Sandstränden und atemberaubenden Steilküsten kann man optimal Energie tanken und im Rhythmus der Gezeiten den hektischen Alltag vergessen. Nicht nur Insider kennen den Ringkøbing Fjord als hervorragendes Surfrevier. Die herrlichen Fjorde sind wie geschaffen für einen Segeltörn, passionierte Sportangler tummeln sich an Küste, Auen und Forellenseen. Naturfreunde finden ausgeschilderte Wanderwege und Fahradtouren durch lila Heidekraut und schneeweiße Margaritenfelder. Dazu kommen museale Highlights vom Bernsteinmuseum in ▶ Esbjerg über das Pedersen-Museum in ▶ Herning bis zum Kunstmuseum in ▶ Skagen, der Stadt an zwei Meeren, die zu Beginn des 20. Jh.s künstlerischer Kontrapunkt zur dänischen Hauptstadt war. Auf dem "dänischen Festland" liegen dichte Wälder, geheimnisvolle Moore und weite Heideflächen ganz nah beieinander. Den Besucher erwarten sagenumwobene Burgen und Märchenschlösser wie Nørre Wosborg, Rosenholm Slot und die königlichen Residenzen Gråsten und Schakkenborg Slot. Durch das

"Spiel der Fantasie um das Rad des Lebens" heißt C.-H. Pedersens gewaltiger Keramikfries im Innenhof des Kunstmuseums von Herning.

Landesinnere schlängelt sich der reizvolle ▶ Limfjord von Küste zu Küste. An seinem Ufer erreicht man ▶ Aalborg, Dänemarks drittgrößte Stadt, mit einem der schönsten Renaissancebauten Skandinaviens. Wer ausgiebig bummeln will, findet beste Voraussetzungen in ▶ Århus, dessen Freilichtmuseum "Den Gamle By" die Entwicklung dänischer Kleinstädte in den letzten 400 Jahren veranschaulicht. Im Gegensatz zur rauhen Nordsee laufen an den kinderfreundlichen Stränden der Ostsee die Wellen sanft und flach aus. Eine ganze Flut von Erlebnissen versprechen in Ostjütland das Kattegatcenter, Djurs Sommerland und der Rebild Bakker Nationalpark. Sensationell sind die Moorleichen in ▶ Silkeborg und Moesgård, als absolutes Muss gelten Harald Blauzahns Wikingerburg Fyrkat und das Bilderbuchstädtchen Ebeltoft mit seiner Fregatte "Jylland", einem der größten Holzschiffe der Welt.

Das von der Landwirtschaft geprägte Jütland ist mit seinen 2 Mio. Einwohnern wesentlich schwächer besiedelt als die meisten anderen Landesteile. Die Entfernung von ▶ Skagen im Norden bis zur deutschdänischen Grenze bei ▶ Tønder im Süden beträgt 310 km, die Ost-West-Ausdehnung erreicht auf der Höhe von Grenaa 170 km.

Jylland · Jütland
(Fortsetzung)

Die Heerwege (Hærvejen), einst Marschroute für Kriegstruppen, führen entlang des jütischen Höhenrückens nach Schleswig-Holstein, wobei sich der Ursprung dieser alten Handelsrouten in grauer Vorzeit verliert. Schöne Wanderungen bietet heute der alte, von ▶ Viborg nach Norddeutschland führende Heerweg im Gebiet um Nørre Snede und ▶ Haderslev. Seit dem ausgehenden Mittelalter wurden die besagten Strecken zur Hauptverkehrsader für den Viehtransport, brachte man von Jütland aus Ochsen, Schafe und Schweine bis nach Hamburg und Lübeck. So werden die historischen Handelsstraßen in gewissen Teilen auch als Ochsenwege (Oksevejen) bezeichnet. Der östliche Ochsenweg führte von Hobro über ▶ Vejle nach ▶ Haderslev, der mittlere begann am ▶ Limfjord in Skive und verlief, anfangs einem alten Heerweg folgend, über Pårup nach ▶ Tønder. Dort mündete er in den westlichen Ochsenweg, der von ▶ Holstebro über Varde und Tønder nach Husum führte. Erst später kam ein Triftweg nach Itzehoe hinzu. Im 15. und 16. Jh. entstanden die ersten als "Krug" (Kro) bezeichneten Gasthöfe zur Versorgung der Viehtreiber und ihrer Herden. Mit dem Aufkommen der Eisenbahn im 19. Jh. verlagerte sich der Viehtransport dann auf die Schiene. Der moderne Straßenbau folgte wieder einigen Trassen der alten Wege, die bis heute in verschiedenen Abschnitten erhalten blieben, einige davon sind sogar unter Landschaftsschutz gestellt.

Historische
Heer- und
Ochsenwege

Kalundborg   N 19

Insel Seeland
Bezirk: Vestsjællands amt
Einwohnerzahl: 19 300

Wichtigster Lebensnerv der Stadt ist seit mehr als 1000 Jahren der gleichnamige Fjord an der Westküste ▶ Seelands. Im Hafen sammelten schon die Wikinger ihre Flotte vor Kriegszügen, bezogen berüchtigte Seeräuber Quartier, bevor Esbern Snare um 1168 das be-

Lage und
Allgemeines

Allgemeines
(Fortsetzung)

festigte Kalundborg errichten ließ, heute ein Knotenpunkt für den Verkehr zwischen ▶ Seeland und ▶ Jütland (Juelsminde, Århus). Auch nach ▶ Samsø setzen mehrmals täglich Fähren über.

Sehenswertes in Kalundborg

*Vor Frue Kirke

Wahrzeichen und prägendes Element der Stadtsilhouette ist die fünftürmige Liebfrauenkirche in der Adelgade, die um 1170 im Auftrag Esbern Snares als Burgkirche entstand. Ein griechisches Kreuz mit vier gleich langen Armen bildet den Grundriss der Anlage, die in Dänemark einzigartig ist. Die Wandpfeiler im Inneren mit versenkten Halbsäulen wie auch die Ausführung der Bögen über den Fenstern am Außenbau lassen auf einen Baumeister aus der Lombardei schließen. Lorents Jørgensen schuf um das Jahr 1650 die barocke Altartafel, der Granit-Taufstein stammt aus der Bauzeit der Kirche.

Baedeker TIP) Wie die alten Rittersleut

Einen amüsanten Abend wie vor 700 Jahren bietet die "Middelalder-Taffel", die jeden Mittwoch vom 7. Juli bis 4. August mit einer historischen Wanderung durch die Oberstadt von Kalundborg beginnt. Danach wird im mittelalterlichen Stenhuset Met ausgeschenkt und im Stadtratskeller zünftig getafelt mit Heringen, Wildschweinkeule, Blaubeertorte und hausgebackenem Steinofenbrot. Eintrittskarten gibt es beim Touristenbüro am Volden 12 (☎ 09 51 22 15).

Bispegården

Im Viertel um die Liebfrauenkirche, vor allem zwischen Vor Frue Kirke und dem Marktplatz, findet man schöne Fachwerkbauten aus dem späten Mittelalter. Der über 600 Jahre alte "Bischofshof" an der breiten Adelgade, der 1539 – 1854 Rathaus war und noch heute den Sitzungssaal beherbergt, dient nun für Kunstausstellungen.

Geburtshaus von Sigrid Undset

Am 20. Mai 1882 wurde im benachbarten Gyths Gård am Torvet die norwegische Schriftstellerin Sigrid Undset (1882 – 1949) geboren, die 1928 den Literaturnobelpreis erhielt.

*Kalundborg og Omegns Museum

Der sechsflügelige Fachwerkhof Lindegården an der Adelgade 23 stellt archäologische Funde vom Großen Belt aus sowie Trachten, Handwerkszeug und Bauernstuben des 18. und 19. Jahrhunderts. Zur Wanderung durch den neuangelegten Garten gehören ein Stadtmodell von Kalundborg anno 1660, mittelalterliche Pflanzen und eine Traumsicht über die Förde (Öffnungszeiten: Mai – Aug. Di. – So. 11⁰⁰. – 16⁰⁰ Uhr, Sept. – April Sa., So. 11⁰⁰. – 16⁰⁰ Uhr).

Folen

Überreste der Burg aus dem 12. Jh. findet man an der Skolegade: der gewaltige Turm "Folen" blieb erhalten, als die Schweden anno 1659 Schloss Kalundborg zerstörten.

Umgebung von Kalundborg

Ulstrup Mølle

Unweit nördlich auf der Landzunge Rosnæs thront auf einem Hügel beim Dorf Ulstrup eine holländische Galeriemühle, d.h. dass die Haube von der Galerie aus gedreht wurde. Die Mühle, die bis in die 1950er-Jahre in Betrieb war, kann von Mai bis August samstags besichtigt werden; Korn wird nur noch gelegentlich gemahlen.

Wahrzeichen von Kalundborg ist die fünftürmige Liebfrauenkirche.

Eines der besterhaltenen Barockensemble Dänemarks liegt 5 km südlich der Stadt auf der Halbinsel Asnæs. Den Auftrag für das dreiflügelige Schloss mit majestätischen Lindenalleen und herrlichem Barockgarten – umwerfend allein die über 20 000 Rosen – gab 1745 der wohlhabende General Christian Lerche. Im stuckverzierten Rittersaal werden alljährlich zwischen Juni und August Kunstausstellungen arrangiert (Öffnungszeiten: tgl. 11:00 – 17:00 Uhr).

*Lerchenborg Slot

Wenige Kilometer weiter südlich kann Gørlev in seiner Dorfkirche mit zwei gut erhaltenen Runensteinen und Kalkmalereien aus dem 13. Jh. aufwarten. Im Landwirtschaftsmuseum Fløjgården am Dalbyvej 66 werden im Sommer noch Arbeitspferde vor die alten Geräte gespannt und beim traditionellen Weihnachtsmarkt backt man die Krapfen über offener Feuerstelle. Das Comicmuseum am Kirkevangen 22 schenkt den dänischen Serien besondere Beachtung.

Gørlev

Von der Zeit vor Auflösung der Erbuntertänigkeit 1788 erzählen die alten Fachwerkgehöfte und ein Museum in Reersø, wo übrigens auch die berühmten schwanzlosen Katzen vorkommen, die man sonst nur auf der englischen Isle of Man kennt.

Reersø

Echte Gutshofidylle inmitten eines Sees zeigt knapp 30 km landeinwärts der im Mittelalter erbaute Herrenhof Torbenfeldt bei Mørkov.

Mørkov, Torbenfeldt

Kalundborg, Umgebung (Fortsetzung)

Das Gut selbst ist nicht zugänglich, in der angeschlossenen Schmiede auf der anderen Straßenseite kann man jedoch erfahrenen Schmieden bei der Arbeit zusehen und die Wechselausstellung von Schmiedearbeiten aus verschiedenen Epochen bewundern.

København

▶ Kopenhagen

Køge   P 25 / 26

Insel Seeland
Bezirk: Roskilde amt
Einwohnerzahl: 38 000

Lage und
**Stadtbild

Besitzer der "Copenhagen Card" fahren kostenlos mit der S-Bahn die 38 km von der Hauptstadt nach Køge, eine der besterhaltenen Mittelalterstädte Dänemarks. Gegründet wurde sie auf königlichen Befehl in Küstennähe wohl wegen der ergiebigen Heringszüge im Øresund. 1288 erhielt der Ort die ersten Privilegien und wurde mit Wall, Graben und großen Stadttoren befestigt. Während bis zum Ende des 16. Jh.s vorwiegend mit den norddeutschen Städten Handel getrieben wurde, traten nun die Holländer an die erste Stelle. Bildschnitzer, Goldschmiede, Handschuhmacher und Bier aus Køge waren berühmt. Durch die Kriege des 17. Jh.s erlitt die Stadt einen massiven wirtschaftlichen Rückschlag, der eigentlich erst mit der Industrialisierung in der zweiten Hälfte des 19. Jh.s überwunden wurde. Heute floriert die schmucke Hafenstadt, besitzt sie dank weitsichtiger Bürger eine der schönsten Altstädte des Landes.

Sehenswertes in Køge

Sct. Nikolai

Dem Schutzheiligen der Seefahrer ist das 1324 begonnene Gotteshaus in der Kirkestræde geweiht, das seit gotischer Zeit auch als Seemarke fungierte. Vom Erker des Turms aus verfolgte Christian V. anno 1677 die Seeschlacht in der Køgebucht, in der Niels Juel die Schweden besiegte. Beachtung verdienen die Altartafel von Lorents Jørgensen und die Grabsteine betuchter Kaufleute aus Køge.

**Fachwerkhäuser

Wer Fachwerk liebt, dürfte beim Bummel um den weitläufigen Torvet, wo mittwochs und samstags Wochenmarkt ist, seine Freude haben. Brogade 1, 16 und 23 wurden in der ersten Hälfte des 17. Jh.s erbaut. Oluf Jensens Gård in der Brogade 7 vermittelt mit seinen beiden Speichern einen guten Eindruck von den Kaufmannshöfen früherer Zeiten; im nördlichen Speicher von 1855 zeigt die Køger Galerie Wechselausstellungen. Die Gerberei in der Vestergade 7 entstand um 1580, im Richters Gård an der Vestergade 16, hat man auch im Innern die Atmosphäre um 1600 erhalten. Oluf Sandersen und die Jahreszahl 1638 stehen über dem Tor der Kirkestræde 3, fünf Häuser weiter konnte das Fachwerk ans Ende des 16. Jh.s datiert werden. 1527 ist schließlich am Türbalken der Kirkestræde 20 zu lesen, dem ältesten genau datierten Fachwerkhaus des Landes.

Schmuckstück aus der Renaissance ist der Kaufmannshof in der Nørregade 1, seit 1909 das kulturgeschichtliche Museum der Region. Besonders interessant sind die Textiliensammlung und zwei Silberschätze aus dem 17. Jh. sowie das Grab von Strøby Egede mit sieben steinzeitlichen Skeletten (Öffnungszeiten: Juni – Aug. tgl. 11^{00} bis 17^{00}, Sept. – Mai Mo. – Fr., So. 13^{00} – 17^{00} Uhr, Sa. 11^{00} – 15^{00} Uhr).

*Køge Museum

Køge Museum: Wohlhabende Bauerntöchter erhielten im 19. Jh. als Mitgift eine Extrabettausstattung mit kostbaren Stickereien, die in der Heide zwischen Køge und Roskilde hergestellt wurden.

Das Museum in der Nørregade 29 hat sich auf Zeichnungen, Skulpturen und Modelle dänischer Künstler des 20. Jh.s spezialisiert (Öffnungszeiten: Di. – So. 11^{00} – 17^{00} Uhr).

*Kunstmuseet Køge Skitsesamling

Womit Kinder zwischen 1850 und 1950 gern gespielt haben, vermittelt das liebevoll zusammengestellte Privatmuseum im Hinterhaus der Vestergade 29.

Legetøjsmuseum

Am Hafen erinnert ein 9 m hoher Granitobelisk an die Seehelden Niels Juel und Ivar Huitfeldt. Niels Juel verhalf 1677 der dänischen Flotte zum entscheidenden Sieg über die Schweden. Ivar Huitfeldt befehligte 1710 das Schiff "Dannebrog".

Monument "Slaget i Køge Bugt"

Umgebung von Køge

Auf Schloss Vallø, rund 7 km südlich der Stadt, verbringt man mühelos ein paar Stunden im wunderschönen Schlosspark, der ebenso wie die Stallungen mit dem Vallømuseum für die Öffentlichkeit zu-

Vallø Slot

Køge, Umgebung (Fortsetzung) gänglich ist. Mit Blick auf die Køgebucht thront mitten im Park das 1586 errichtete Renaissanceschloss, das seit 1738 von Edelfräulein bewohnt wird und daher nicht zu besichtigen ist.

Store Heddinge Die Wellen der Ostsee umspülen südöstlich die Halbinsel Stevns, das "Land des Elfenkönigs". Er soll in der um 1200 erbauten St.-Katharina-Kirche von Store Heddinge und in einer Höhle südlich der alten Højerup Kirche wohnen, stets bereit, das Steilufer gegen Feinde von auswärts zu verteidigen. Store Heddinge ist eine gemütliche Kleinstadt mit guten Einkaufsmöglichkeiten in und um die Algade.

Nur die Natur kann solche Highlights setzen wie die Kreideklippen von Stevns Klint, die zur selben Zeit entstanden wie jene auf Møn.

**Stevns Klint Auf 15 km Breite endet die flache Halbinsel Stevns abrupt an den bis zu 41 m hohen Kreideklippen des Stevns Klint. Geologisch ist das Steilufer weltberühmt, da im Abhang die sog. Fischlehmschicht sichtbar ist, die vor rund 65 Mio. Jahren während einer Klimakatastrophe abgelagert wurde – bis heute ist nicht genau geklärt, warum das Klima sich damals innerhalb von gut 5000 Jahren von tropisch auf fast polar änderte, wodurch fast 60 % aller Pflanzen und nahezu drei Viertel aller Tiere ausstarben, unter ihnen die Dinosaurier. Der Fischlehm tritt als eine 3 – 12 cm dicke Schicht zwischen der weißen Schreibkreide und dem grauen Byozokalkstein auf. Bei der alten Kirche von Højerup, wo der Fischlehm an der Mitte des Abhangs zu sehen ist, zeigt sich das knapp 30 m hohe Steilufer besonders eindrucksvoll. Laut Legende bewegt sich die 1357 erbaute Kirche in jeder Neujahrsnacht um einen Hahnenschritt weiter landeinwärts. Trotzdem verlor sie ihren Chor, als 1928 ein Teil des Steilufers ins Meer stürzte – der Rest ragt stolz am Gipfel empor.

Leichter Wellenschlag und der Duft von Teer und Fisch gehören zum idyllischen Hafen von Rødvig, wo man im Schiffsmotormuseum am Havnevej 7 nostalgische Bootsmotoren, Gebläselampen und Blöcke aus Segelschiffen bestaunen kann.

Køge, Umgebung (Fortsetzung), Rødvig

Kolding

O / P 9 / 10

Halbinsel Jütland
Bezirk: Vejle amt
Einwohnerzahl: 59 000

Von der über 700-jährigen Geschichte der ehemaligen Grenzfestung ist im Stadtbild nur wenig erhalten, abgesehen von einigen Häusern aus der Blütezeit des Ochsenhandels im 16. Jh. und natürlich Schloss Koldinghus. Bis zum Wiener Frieden 1864 spielte die kleine Kolding-Å am Südrand der Hafenstadt die Rolle des Grenzflusses zwischen dem Königreich Dänemark und dem Herzogtum Schleswig – Zollstation war die Brücke Sønderbro. Hauptattraktion sind heute außer dem Schloss die Kunstsammlungen im Trapholtmuseum, das Klassiker des dänischen Möbeldesigns vorstellt. Die Seen, Wasserläufe und Fjorde der Umgebung bieten gute Möglichkeiten, die Angelschnur auszuwerfen, zu segeln und zu baden. Ein Tipp für Regentage: Im Storcenter am Stadtrand kann man immer trockenen Fußes in mehr als 60 kleinen Läden bummeln gehen.

Lage und Allgemeines

Sehenswertes in Kolding

Auf einem Hügel über dem Schlosssee erhebt sich die 1268 von Erik IV. errichtete Burg, seit dem 16. Jh. eine bevorzugte Residenz der dänischen Könige. Um 1600 kam der sog. Heroenturm dazu, der einen großartigen Rundblick gewährt. Als 1808 spanische Hilfstruppen Napoleons einquartiert waren, wurde das Schloss durch einen verheerenden Brand zerstört. Erst 1890 konnte der Wiederaufbau beginnen. Heute beherbergen die alten Gemäuer eine beachtliche kulturhistorische Sammlung vom 16. Jh. bis zur Gegenwart mit Möbeln, Porzellan, Fayencen, Silber und Klöppelarbeiten aus ganz Dänemark. Eine Sehenswürdigkeit für sich sind die vor kurzem restaurierten Gebäudeflügel (Öffnungszeiten: tgl. 10^{00}–17^{00} Uhr).

*Koldinghus Slot

Lin Utzon übernahm 1995 die Neugestaltung der sog. Spanischen Treppe, die vom Schloss in die autofreie Innenstadt hinunterführt. Feine Skulpturen zieren hier die Hauptfassade der St.-Nikolai-Kirche, einem im 13. Jh. geweihten Backsteinbau.

Sct. Nicolai

Freunde von Farben und Düften sollten sich den Geografischen Garten am Christian IV. Vej am südlichen Stadtrand nicht entgehen lassen. Auf 12 ha sind über 2000 Pflanzen aus aller Welt zu bewundern, die nach ihrer geografischen Heimat angeordnet sind.

Geografisk Have

Inmitten eines schönen Parks am Æblehaven 23 dicht am Nordufer des Koldingfjords thront die 1988 eröffnete und 1996 erweiterte Kunstsammlung Trapholt. Zu sehen sind hier Porträts von Anna Anchers, Skizzen von Franziska Clausen sowie abstrakte Kunst von Ri-

**Trapholt Museet

Kolding
(Fortsetzung)

chard Mortensen und Egill Jacobsen. Die jüngere Generation ist u. a. mit Per Kirkeby, Lars Ravn und Peter Bonde vertreten. Zur Ausstellung über dänisches Kunsthandwerk gehört die größte Keramiksammlung des Landes, während im unterirdischen Möbelmuseum deutlich wird, warum dänisches Design weltweit zum Begriff geworden ist (Öffnungszeiten: tgl. 10⁰⁰–17⁰⁰ Uhr).

Umgebung von Kolding

Skamlingsbanken

Nationales Symbol und guter Aussichtspunkt ist südöstlich der Skamlingsbanken, mit 113 m die höchste Erhebung Südjütlands. Um 1850 wurden hier Volksversammlungen zur Förderung des dänischen Nationalbewußtseins abgehalten – ein Obelisk erinnert an die Vorkämpfer für ein geeintes Dänemark. Im Glockenturm wird der Widerstandskämpfer des Zweiten Weltkriegs gedacht.

*Vejen

Etwa 23 km westlich von Kolding passiert man eine alte Station am jütlandischen Heerweg (vgl. S. 153): den Ort Vejen. Sein Kunstmuseum in der Østergade 4 ist vor allem dem Bildhauer und Maler Niels Hansen Jacobsen (1861 – 1941) gewidmet, dem bedeutendsten dänischen Symbolisten der Jahrhundertwende. Auf dem Grün vor dem Museum steht eine seiner illustren Bronzeskulpturen mit dem Titel "Troll, der Christenblut wittert" (Öffnungszeiten: Di. – So. 10⁰⁰ bis 17⁰⁰ Uhr, im Winter nur 14⁰⁰ – 17⁰⁰ Uhr).

Kopenhagen · København   N / O 27 / 28

Insel Seeland
Bezirk: Københavns amt
Einwohnerzahl: 610 300, mit Vororten: 1,5 Mio.

Hinweis

Die Beschreibung Kopenhagens musste im Rahmen dieses Bandes kurz gehalten werden. In der Reihe "Baedekers Allianz Reiseführer" liegt ein ausführlicher Stadtband "Kopenhagen" vor.

**Dänemarks Hauptstadt und Kulturmetropole

Weltoffen, liebenswürdig, lebhaft, aber ohne Hektik, so präsentiert sich die Hauptstadt der ältesten Monarchie Europas, eine moderne Metropole mit Charme, die beweist, das Weltstadtflair nichts mit der Größe einer Stadt zu tun hat. Kopenhagen liegt an der Ostküste ▶ Seelands und auf der Insel Amager, wo seit Juli 2000 die gigantische Øresundbrücke die Verbindung zum Nachbarn Schweden herstellt (▶ Baedeker Special, S. 30). Zukunftsplaner sehen hier eine Supermetropole zu beiden Seiten des Meerenge entstehen, die rund 3 Mio. Einwohner haben wird. Schon heute lebt mehr als ein Viertel aller Dänen in der Hauptstadt oder ihrer unmittelbaren Umgebung. Hier haben Parlament, Regierung und Oberster Gerichtshof ihren Sitz, residiert seit 1417 die königliche Familie. Keine andere Stadt des Landes ermöglicht einen vergleichbaren Zugang zum dänischen Kulturleben. Kopenhagen bietet berühmte Museen, Bilderbuchschlösser und märchenhafte Vergnügen bei Tivoli und Co., Viertel wie Kreuzberg, trendige Bars, Szenekneipen und erstklassigen Jazz, stimmungsvolle Sommertage in den grünen Oasen der Parks, am hyggeligen Nyhavn und in den vielen Restaurants, in denen übrigens zunehmend Gourmetsterne Einzug halten. Und natürlich ein Schlaraffenland in puncto Shopping auf und um Europas erste und längste Fußgängerzone, "Strøget".

Kulturmetropole (Fortsetzung)

Allein in der Innenstadt informieren rund 50 größere und kleinere Museen über Weltklassekunst und altes Spielzeug, Erotik und ungebrochene Rekorde, die Kronjuwelen und vieles mehr. Zu Recht war Kopenhagen 1996 "Kulturhauptstadt Europas". Zu diesem Anlass wurde die Ny Carlsberg Glyptothek erweitert und das Kunstmuseums ARKEN gebaut, 1998 folgte der Umbau am Statens Museum for Kunst, 2000 wurden das Dänische Design Center und das neue Kongresszentrum im Bella Center eröffnet.

Eldorado für Museumsfreunde

Internationalen Ruf genießt das Königliche Theater mit seinem Schauspiel, Opern und Ballettaufführungen. Illustre Namen gefeierter Choreographen wie August Bournonville, der alles dominierende Ballettmeister des 19. Jh.s, John Cranko, Neumeier, Lærkesen und Lander sind dem Königlichen Dänischen Ballett verbunden. Ein Augenschmaus ist das Bournonvilleballett "Et Folkesagn" – heute mit dem Bühnenbild von Margrethe II. Absolute Höhepunkte im Jahresreigen sind der Karneval zu Pfingsten im Fælled Parken mit Sambarhythmen, Afrosound und Techno, das Sommerfestival mit buntem Veranstaltungsprogramm und zahllosen Openairaktivitäten sowie das Jazzfestival, das alljährlich zehn Tage im Juli Jam Sessions von internationalem Karat präsentiert.

Ballettlegenden und heißer Jazz

> **Baedeker TIPP) Royal Shopping**
>
> In Kopenhagen wird ein Einkaufsbummel zum entspannenden Vergnügen. Alles was das Herz begehrt, lässt sich zu Fuß erreichen. Avantgarde in der Larsbjørnstræde, Designeroutfit in der Grønnegade, Bücher in der Fiolstræde, Kaufhäuser und exklusive Geschäfte auf der 1,8 km langen Flaniermeile Strøget. Und natürlich Nyhavn, Farvergade, Kompagnistræde und Ravnsborggade, unbestritten das dänische Mekka, wenn es um Antiquitäten aller Preisklassen geht.

Nicht nur politisch und kulturell, auch wirtschaftlich laufen in Kopenhagen die Fäden zusammen. Die meisten großen Banken und Versicherungen werden von der dänischen Hauptstadt aus verwaltet. Hier erscheinen fast alle Zeitungen von nationalem Rang, sind die größten Radio- und Fernsehsender zu Hause, haben alle wichtigen Wirtschaftsorganisationen ihren Sitz. Zukunftsweisend wird in den kommenden Jahren der neue Stadtteil Ørestad auf der Insel Amager sein, wo Wirtschaftsexperten Skandinaviens Finanz- und Hightechzentrum von morgen sehen (s. S. 188). Auch zwei der bekanntesten dänischen Aushängeschilder gehören zu Kopenhagen: die Brauereien Tuborg und Carlsberg, die weltweit exportieren. Funktionales Dansk Design ist längst international ein Markenzeichen. Dies gilt ebenso für Arbeiten der Königlichen Porzellanmanufaktur wie für TripTrap-Möbel oder Hi-fi-Geräte der Luxusklasse aus dem Hause Bang & Olufsen (▶ Baedeker Special, S. 56).

Wirtschaft

Seit 1998 können Autofahrer von Flensburg bis nach Kopenhagen durchfahren und den Großen Belt zwischen Fünen und Seeland auf einer Brücke mit vierspuriger Autobahn (Mautgebühr) überqueren. Züge können durch die neue Brücken-Tunnel-Verbindung eine Stunde schneller als früher die Fähren zwischen Fünen und See-

Anreise

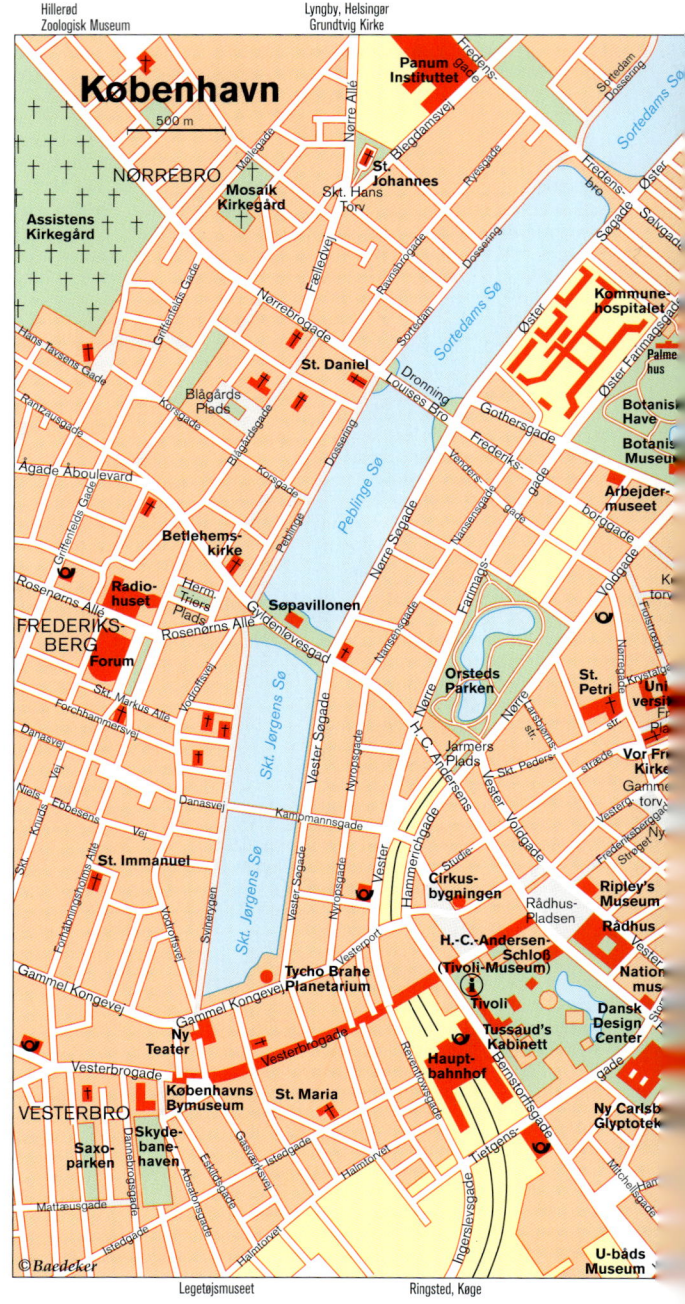

Anreise (Fortsetzung)

land verkehren. Die Autofähre von Puttgarden/Fehmarn nach Rødbyhavn/Lolland braucht eine Stunde – von dort sind es noch ca. 150 km Autobahn (E 45) bis nach Kopenhagen. Züge werden bei Anreise über die Vogelfluglinie in knapp einer Stunde mit dem Fährschiff über den Fehmarnbelt befördert. Von Rostock nach Gedser/Falster brauchen die Fähren zwei Stunden, Schnellfähren 70 Minuten; Weiterfahrt über die E 55 nach Kopenhagen. Der moderne Flughafen Kastrup, 10 km südöstlich der City, wird täglich von allen größeren Städten Europas angeflogen. Die Flugzeit von Hamburg aus beträgt ca. 40 Minuten, von Wien und Zürich knapp 2 Stunden.

Frederik V. wacht über die königliche Residenz Amalienborg.

Stadtgeschichte

Strategisch günstig gelegen, war København, wie der dänische Name lautet, schon zu Zeiten der Hanse eine Drehscheibe im Ostseehandel. Urkundlich wird der "Kaufmannshafen" erstmals 1043 erwähnt, als Gründungsjahr gilt aber 1167: zum Dank für die Unterstützung im Kampf um die Königskrone erhielt Bischof Absalon (1128 – 1201) in diesem Jahr die Fischersiedlung von Waldemar I. als Geschenk. Zum Schutz gegen wendische Seeräuber ließ Absalon rund zehn Jahre später die Festung Slotsholmen errichten, deren Überreste noch in den Gewölben von Schloss Christiansborg zu sehen sind. Schon 1254 bekam Kopenhagen Stadtrechte, 1416 wurde es unter Erich von Pommern zur Hauptstadt ernannt. Seit dem 15. Jh. residierten alle dänischen Monarchen in Kopenhagen, das Anfang des 17. Jh.s unter Christian IV. (▶ Berühmte Persönlichkeiten) vor allem nach Norden erweitert und mit stattlichen Renaissancebauten versehen wurde. Im Zeitalter des Absolutismus hielt der barocke Baustil Einzug, wurden Christiansborg und der Nyhavn angelegt, während das Rokokoschloss Amalienborg und der Stadtteil Frederiksstad in der zweiten Hälfte des 18. Jh.s unter Frederik V. entstanden. Zwei große Stadtbrände 1728 und 1795 richteten verheerende Schäden an. Als dann noch die britische Flotte Kopenhagen 1806 unter Beschuss nahm, nachdem Dänemark Napoleons Kontinentalsperre gegen England unterstützte, waren erhebliche wirtschaftliche Einbußen die Folge. Ein halbes Jahrhundert später wütete die Cholera in den engen Gassen der dichtbevölkerten Stadt. Daraufhin wurden die alten Wälle und Bastionen endgültig geschleift, um neuen Wohnraum zu schaffen. Die sog. Brückenviertel Vesterbro, Nørrebro und Østerbro sollten vor allem Platz für das zuziehende Proletariat der frühen Industrialisierung liefern. So entwickelte sich die heutige Metropole aus einem Konglomerat mehrerer Kleinstädte, zu dem ebenso København K, das feine Zentrum, gehört, wie København V, das volkstümliche Vesterbro. Entscheidende Impulse brachten 1894 der Freihafen und 1924 die Eröffnung des Großflughafens Kastrup, der mehrfach ausgebaut wurde. Die Hochachtung der Dänen für ihr Königshaus hängt nicht zuletzt mit der sperrigen Haltung zusammen, die Christian X. gegenüber der Besetzung des neutralen Dänemark durch deutsche Truppen im April 1940 zeigte – 1943 wurde die Regierung abgesetzt und der König auf Schloss Amalienborg unter Hausarrest gestellt. In den 1960er-Jahren fand das neue Lebensgefühl der jungen Generation im swingenden "Wonderful Copenhagen" eine Heimat. 1971 gründeten Aussteiger und Alternative auf einem ehemaligen Militärgelände den Freistaat Christiania, der 1991 legalisiert wurde. Wichtige Daten der jüngsten Zeit sind 1996 die Ernennung zur "Kulturhauptstadt Europas" und die beiden Brückenanbindungen Seelands 1998 über den Großen Belt und im Sommer 2000 über den Øresund (▶ Baedeker Special, S. 30).

Stadtgeschichte (Fortsetzung)

Sehenswertes im Zentrum von Kopenhagen

Das Auto kann man in Kopenhagen getrost stehen lassen. Zum einen ist die Innenstadt bequem zu Fuß zu erkunden, zum anderen sind die öffentlichen Verkehrsmittel gut ausgebaut, so dass auch jeder Punkt außerhalb des Zentrums schnell erreichbar ist. Und bei den kurzen Entfernungen kostet selbst ein Taxi kein Vermögen.

Tipps für die Stadtbesichtigung

Wer nur ein oder zwei Tage in Kopenhagen sein kann, sollte dem märchenhaften Tivoli, der pulsierenden Strøget und der königlichen Residenz Amalienborg Slot Priorität einräumen. Wichtige Stationen wie der Rathausplatz, Schloss Christiansborg, der bezaubernde Nyhavn und eine Schifffahrt zur Kleinen Meerjungfrau liegen bei dieser "Basistour" sozusagen auf dem Weg. Mit etwas mehr Zeit kann man den Rundgang durch die Fußgängerzone Købmagergade, Schloss Rosenborg und das Viertel Christianshavn mit dem Freistaat Christiania ergänzen. Gesehen haben sollte man von den zahlreichen Museen auf jeden Fall die Ny Carlsberg Glyptotek, das Nationalmuseet und das Statens Museum for Kunst sowie das Museum für Moderne Kunst Louisiana unweit nördlich in Humlebæk.

Baedeker TIPP) Kostenlose Citybikes

Von April bis Oktober stehen an mehr als 150 Plätzen im Citybereich rund 2500 Fahrräder kostenlos zur Verfügung. Alles, was man tun muss, ist ähnlich wie beim Einkaufswagen die Fahrräder mit einem 20-Kronen-Stück aus dem Ständer zu lösen und loszuradeln. Bei Abgabe an einem der Parkplätze erhält man entsprechend das Geld zurück.

Eintrittsgelder sparen kann man mit der "Copenhagen Card", die an 1, 2 oder 3 Tagen zu über 60 Museen der Hauptstadt und Umge-

Copenhagen Card

Spitzname "Klein-Amsterdam" – das Viertel Christianshavn erinnert mit seinen vielen kleinen Kanälen an holländische Grachten.

Tipps für die Stadtbesichtigung (Fortsetzung)

bung freien Eintritt gewährt. Außerdem kann man mit der Karte in ganz Nordseeland unbegrenzt Bus und Bahn fahren und bekommt bis zu 50 % Ermäßigung auf Überfahrten nach Südschweden. Erhältlich ist die Karte in Hotels und Reisebüros, bei der Touristeninformation und am Hauptbahnhof.

**Strøget – vom Rathausplatz zum Kongens Nytorv

*Rådhuspladsen

Für die meisten ist der stets belebte, weite Rathausplatz Startpunkt einer ersten Stadterkundung. Sechsspurig umtost der Autoverkehr den Rådhuspladsen, der 1996 zum Kulturjahr ein neues Outfit und den umstrittenen schwarzen Terminal der Touristeninformation erhielt. Anno 1905 wurde der gewaltige Klinkerbau des Rathauses seiner Bestimmung übergeben, das Anleihen an italienische Renissancepaläste zeigt. Über dem Hauptportal wacht die vergoldete Statue von Stadtgründer Bischof Absalon (um 1128 – 21. 3. 1201), ein Schwert in der rechten, den Bischofsstab in der linken Hand. Der Rathausturm ist mit 106 m Dänemarks höchster Turm, der einen herrlichen Rundblick verspricht. Einen Blick lohnt im Innern Jens Olsens Verdensur. Fast 27 Jahre baute der geniale Mechaniker an seinem astronomischen Wunderwerk mit Angabe von Weltzeiten und Sternenlauf. In der großen Festhalle erinnern Büsten an den Erbauer Martin Nyrop (†1921), an Märchenpapst H. C. Andersen (s. S. 226), den begnadeten Bildhauer Bertel Thorvaldsen und den Physiker Niels Bohr (beide ▶ Berühmte Persönlichkeiten). Der Drachenspringbrunnen (1923) auf dem Rathausplatz stammt von Joakim Skovgaard, wenige Schritte weiter blickt die Bronzefigur von H. C.

Andersen (Abb. S. 227) zum Tivoli. Auf der anderen Rathausseite vor dem Palacehotel richten zwei Lurenbläser ihre bronzezeitlichen Hörner gen Himmel.

Rådhuspladsen (Fortsetzung)

Um die Ecke in der Rådhusstræde 13 bietet das Kulturzentrum Huset mehrere Bühnen, Kino, Internetcafé, Restaurant und eine spezielle Touristeninformation für junge Leute (☎ 33 73 06 20).

Huset

Berühmteste Shoppingmeile Dänemarks und längste Fußgängerzone Europas ist der 1,8 km "Strich", eigentlich fünf Straßenzüge – Frederiksberggade, Nygade, Vimmelskaftet, Amagertorv und Østergade –, die den Rathausplatz mit dem Königlichen Neumarkt verbinden. Zur Strøget gehören ebenso elegante Modeboutiquen und Juweliere wie bunte Souvenirläden und Delikatessengeschäfte, die großen Kaufhäuser Illum und Magasin du Nord und die noblen Verkaufsräume der Königlichen Porzellanfabrik, der Holmegaard Glaswerke und von Georg Jensens Silberschmiede. Hier ist die Straße des Sehens und Gesehenwerdens, der Treffpunkt für Einheimische und Gäste aus aller Welt, die Bühne für Straßenmusiker und Jongleure. Erwartungsgemäß findet man hier auch zahlreiche Restaurants und Cafés mit Blick auf den ewigen Strom der Flanierenden.

**Strøget

Attraktiver Endpunkt der Frederiksberggade ist der "Alte Markt" mit ehrwürdigen Patrizierhäusern und dem verspielten Caritasbrunnen aus der Zeit der Renaissance.

Gammeltorv

Ein Abstecher führt nördlich in das alte Universitätsviertel, wo sich in und um Skindergade, Fiolstræde und Peder Hvitfeldsstræde trendige Modeboutiquen, Antiquariate, Secondhandläden und witzige Szenecafés etabliert haben.

*Latinerkvarter

Die 1829 geweihte Liebfrauenkirche im neoklassizistischen Stil gilt als Hauptwerk von Christian Frederik Hansen. Kopenhagens Domkirche ist die sechste an gleicher Stelle. Ein gewaltiges weißgekalktes Tonnengewölbe überspannt den Innenraum, in dem mehrere Arbeiten von Bertel Thorvaldsen (▶ Berühmte Persönlichkeiten) zu bewundern sind wie der segnende Christus hinter dem Altar und das von einem knieenden Engel gehaltene Taufbecken. Der angrenzende Kirchplatz wird im Sommer häufig für Theater und Konzerte unter freiem Himmel genutzt.

*Vor Frue Kirke

Baedeker TIPP Sømods Bolcher

Naschkatzen können in der 1891 eröffneten Bonbonfabrik an der Nørregade 24 & 36 bei der Herstellung der Süßigkeiten zusehen, für die der königliche Hoflieferant nur natürliche Aromastoffe verwendet. Zum Schluss muss man natürlich auch eine Riesentüte eigens ausgewählter Bonbons mit nach Hause nehmen (Öffnungszeiten: Mo. - Fr. 9^{15} - 16^{00} Uhr).

Drei Tage im August summt der Frue Plads vor Leben, wenn Kunsthandwerker aus ganz Dänemark ihre Produktion vorstellen und verkaufen. Etablierte Werkstätten stellen hier Seite an Seite mit jungen Kunsthandwerkern aus, die zum ersten Mal dabei sind.

*Kunsthåndværkermarked

Den Einfluss englischer Universitätsbauten lässt hinter dem Bispetorv die 1479 von Christian I. gestiftete Universität erkennen, deren Hauptgebäude zu Beginn des 19. Jh.s von Peter Malling errichtet

Universitet

Universitet (Fortsetzung) wurde. Davor erinnert eine Reihe von Büsten an bedeutende Absolventen der Hochschule, darunter der Physiker und Nobelpreisträger Niels Bohr (▶ Berühmte Persönlichkeiten). Die meisten Institute sind jedoch in das neue Unicenter auf Amager umgezogen.

Skt. Petri Kirke Jenseits der Nørregade steht die älteste Kirche der Stadt, deren Anfänge auf das Jahr 1304 zurückgehen. Nach der Reformation diente der gotische Bau als Kanonengießerei, bis er 1585 der deutschen Gemeinde überlassen wurde, die ihn heute noch nutzt.

*****Grabrødretorv** Auf dem Rückweg zum Strøget liegt einer der charmantesten und lebendigsten Plätze der Stadt, umringt von liebevoll renovierten Bürgerhäusern des 18. und 19. Jh.s. mit kleinen Straßencafés und gefragten Musikkneipen. Hier bauten die Franziskaner, wegen ihrer Kutten "Graue Brüder" genannt, im 13. Jh. ihr erstes Kloster, dem der Platz seinen Namen verdankt. Zwischen Mai und September nimmt hier um 21⁰⁰ Uhr der Nachtwächter von Kopenhagen Besucher mit auf seine Runde; die kostenlose Tour ist donnerstags und samstags in Englisch, freitags in deutsch.

Der Strom der Flanierenden teilt sich den weiten Amagertorv mit Straßenmusikern, Pantomimen und Jongleuren aus aller Welt.

******Amagertorv** Etwa die Hälfte der Flaniermeile markiert der langgestreckte Amagertorv, wo man sich im "Norden" oder "Europa" auf einen Kaffee verabreden kann, nachdem man die unwiderstehlichen Auslagen bei Royal Copenhagen und Illums bewundert und wohl mindestens ein Mitbringsel erworben hat. Die Erzeugnisse der Königlichen Porzellanmanufaktur werden im schmucken Mathias Hansens Gaard (Nr. 6) verkauft, einem der ältesten Stadthäuser im niederländischen Barock von 1616 mit schönem Stufengiebel – und im Café Royal Copenhagen wird der Kuchen sogar auf königlichem Porzellan serviert. Über 400 Jahre Tabakgeschichte nebst exquisiter Rauchwaren und einem Pfeifenmuseum bietet W. Ø. Larsens in einem schönen Patrizierhaus des 19. Jh.s (Nr. 9). Wahrzeichen des populären Platzes ist indes der Storchenbrunnen, auf dem allerdings Reiher statt Störche ihre Flügel ausbreiten.

Amagertorv (Fortsetzung)

Eine weitere lebendige Fußgängerzone ist die nach Norden abzweigende Købmagergade mit jungen Boutiquen wie Carli Gry und dem ungekrönten "Käsekönig" Ole Jensen APS (Nr. 32). Auch das 1998 eröffnete Post- und Telemuseum (Nr. 37) und das bezaubernde Dukketeatermuseet mit historischen Puppentheatern aus aller Welt (Nr. 52) sind hier zu Hause. Im Erotica Museum (Nr. 24) findet man alles zum Thema Sexualität von der Antike bis heute.

*Købmagergade

Renaissancekönig Christian IV. (▶ Berühmte Persönlichkeiten) ließ 1637 – 1643 den 35 m hohen Runden Turm der Studentenkirche Trinitatis als Observatorium errichten. Ein gut 200 m langer Wendelgang, der den Transport der schweren astronomischen Geräte erleichtern sollte, führt zur Turmspitze, die einen weiten Rundblick über die Altstadt gewährt.

Rundetårn

Am Südende des Amagertorv stellt der offene Hochbrückenplatz die Verbindung zum Schlosskanal her. Axtbewehrt und hoch zu Ross zeigt hier ein Standbild den Stadtgründer Bischof Absalon.

Højbroplads

Die feinsten Shoppingadressen sind im letzten Teil des Strøget angesiedelt, der zum Kongens Nytorv führt. Holmegaard Glas, Hi-fi-Gigant Bang & Olufsen, die Kaufhauslegende Illum oder Edelboutiquen von Sand, Gucci und Birger Christensen, sie alle sind hier vertreten. Wer im Guinessbuch der Rekorde steht, erfährt man im Museum an der Østergade 16, Top-Modedesigner wie Maria Sander und Stresenee haben sich an der benachbarten Ny Østergade und Ny Adelgade etabliert. Unwiderstehliches Gebäck verkauft die Konditorei Kransekagehuset an der Ny Østergade 9.

*Østergade

Guiness World of Records

Ein Dutzend Straßen münden in Kopenhagens größten Platz, den Königlichen Neuen Markt. Markante Fassaden liefern hier das Magasin du Nord, Dänemarks größtes Kaufhaus, und das Hotel d'Angleterre, eine der berühmtesten Nobelherbergen Europas (s. S. 310). Angelegt wurde der Platz um 1680 unter Christian V., dessen Reiterstandbild die Platzmitte ziert. Die Südostseite beherrscht das Königliche Renaissancetheater, Heimstatt hehrer Sprachkunst und illustrer Ballettinszenierungen (Kartenvorbestellung: ☎ 33 69 69 69). Die Bronzedenkmäler am Eingang erinnern an Ludwig Holberg (▶ Berühmte Persönlichkeiten) und den Tragödiendichter Adam Oehlenschläger (1779 – 1850). Das benachbarte Barockschloss Charlottenburg beherbergt seit 1754 die dänische Kunstakademie, die ausgezeichnete Wechselausstellungen zeigt. Wer sich für Bernstein interessiert, sollte im Museum des Ravhuset (Nr. 2) vorbeischauen, wo man das "Gold des Nordens" (▶ Baedeker Special, S. 104) auch

*Kongens Nytorv
*Hotel d'Angleterre

Kongelige Teater

Charlottenborg Slot

Ravhuset

Kongens Nytorv kaufen kann. Vor dem Thotts Palais (Nr. 4) aus dem 17. Jh. steht un-
(Fortsetzung) übersehbar ein riesiger Windmühlenrotor für einen 600 KW-Generator. 44 m Durchmesser hat die Fiberglaskonstruktion – an einer windreichen Stelle können solche Rotoren bis zu 1,7 Mio. KWh im Jahr erzeugen, was dem Verbrauch von ca. 400 dänischen Haushalten entspricht.

Schon H.C. Andersen, Dänemarks berühmtester Märchenerzähler, wusste die charmante Atmosphäre am Nyhavn zu schätzen – bis heute einer der beliebtesten Treffpunkte im Herzen der dänischen Hauptstadt.

**Nyhavn Ein absolutes Muss für alle Besucher ist der "hyggelige" Nyhavn, den Christian V. zwischen 1671 und 1673 als Verbindung zwischen Hafen und Kongens Nytorv anlegen ließ. Die Nordseite des Stichkanals, wo H.C. Andersen (s. S. 226) einst die Häuser Nr. 18., 20 und 67 bewohnte, galt früher als Gegenstück zur Hamburger Reeperbahn. Die sündige Meile ist jedoch längst bürgerlich geworden, und in den hell gestrichenen alten Giebelhäusern reiht sich heute ein schickes Restaurant an das andere. Erwartungsgemäß dominiert Fisch die Speisekarten, aber man findet auch das traditionelle "Kolde Bord" und ausländische Spezialitäten. An lauen Sommerabenden treffen sich die Kopenhagener am Nyhavn auch gerne nur auf ein Glas Bier, mit dem man sich ganz ungezwungen ans Kaiufer setzen kann, um den romantischen Anblick der betagten Segelschiffe und Oldtimer des Nationalmuseet zu genießen, die hier vor Anker liegen. Zwischen 10^{00} und 17^{00} Uhr starten am Nyhavn auch alle halbe Stunde die Boote der Hafen- und Kanalrundfahrten.

**Tivoli

Rummelplatz und Kulturzentrum in einem, das war und ist der Tivoli seit seiner ersten Saison. Wenn er wie jedes Jahr nach der Winterpause im April endlich wieder seine Tore öffnet, ist es ein Festtag für Kinder aller Altersstufen. Riesenrad, Achterbahn, Spiegelkabinett und der fliegende Koffer aus Andersens Märchenwelt sind noch da, und die Oldtimerautos ziehen wieder ihre Runden mit von Fahrerstolz erfüllten Knirpsen am Steuer. Internationale Stars sind wieder im Konzertsaal zu Gast und gestalten die Unterhaltung auf der großen Freilichtbühne Plænen, die 50 000 Zuschauern Platz bietet. Der erste Besuch sollte beginnen, wenn der Abend kommt und über 110 000 Glühbirnen den Tivoli in einen Lichtertraum verwandeln. Seinen Namen verdankt der Park übrigens der italienischen Stadt in der Nähe von Rom, bekannt für ihre wunderschönen Wasserspiele. Höhepunkt ist das gigantische Feuer-

Öffnungszeiten:
14.4. – 24.9.
Mo. – Do., So.
11^{00} – 24^{00},
Fr., Sa. 11^{00} – 1^{00}

© Baedeker

VERGNÜGUNGSSTÄTTEN

1 Fliegender Teppich
2 Karavanen
3 Kinderriesenrad
4 Drachenkarussell
5 Goldener Turm
6 Paris-Dakar
7 Drachenboote
8 Tempelturm
9 Achterbahn Pandaen
10 Schlangen
11 Oldtimer-Autos
12 Fliegender Koffer
13 Straßenbahn Linie 8
14 Fahrschule
15 Autoskooter
16 Tür Nr. 13
17 Spielhalle Regenbogen
18 Kleiner Flieger
19 Odin-Expressbahn
20 Kreisel
21 Galeere
22 Bottichbahn
23 Ballonschaukel
24 Walhalla
25 Rutschbahn
26 Fegefeuer

Tivoli (Fortsetzung)	werk – laut Ankündigung: wenn nicht der Welt, dann zumindest Europas bestes –, das mittwochs, samstags sowie an Feiertagen um 23.45 Uhr stattfindet.
Georg Carstensen	Neben der Konzerthalle grüßt die Bronzefigur eines Weltenbummlers mit Stock und Zylinder: der Gründer des Tivoli. Schon in jungen Jahren hatte sich der 1812 in Algier geborene Diplomatensohn als Zeitungsverleger ein kleines Vermögen erwirtschaftet. Um seine Abonnenten bei Laune zu halten, gab Carstensen rauschende Feste im Kongens Have. Und da diese begeisterten Anklang fanden, bat er Seine Majestät schließlich um die Erlaubnis für einen ständigen Tummelplatz. Mit dem Argument "Wenn sich das Volk amüsiert, dann politisiert es nicht" soll König Christian VIII. anno 1843 zum Bau der Anlage überredet worden sein. Ob Legende oder nicht, Carstensen erhielt für 472 Reichstaler und drei Mark Jahresmiete das 8 ha große Grundstück auf dem Kopenhagener Glacis. Schon zur Eröffnung 1843 zählte das Tivoli über 16 000 Besucher. Und in Kürze entwickelte sich der Vergnügungspark, in dem sich – für die damalige Zeit eher ungewöhnlich – alle Gesellschaftsklassen vermischen konnten, zu einer Weltattraktion. Carstensen war indes Künstler, kein Geschäftsmann. Und schon bald zerstritt sich der Tivoligründer mit seinem Aufsichtsrat, der seine immer wilderen Pläne nicht billigen wollte. Enttäuscht ging Carstensen nach Westindien und New York. Der spätere Versuch, mit einem zweiten Lustgarten namens Alhambra die eigene Schöpfung zu übertrumpfen, scheiterte. Verbittert und bankrott starb Carstensen 1857 in Kopenhagen, nur 45 Jahre alt. Das Tivoli aber lebt, blieb Garten des Volkes und Märchenzauber für Kinderträume bis zum heutigen Tag.
Pantomimentheater	Da im Dänemark des 19. Jh.s das politische Sprechtheater untersagt war, gab Carstensen der Pantomime eine eigene Heimstatt. Im chinesisch anmutenden Pantomimentheater wird – einzigartig auf der Welt – jeden Abend die originale italienische Commedia-dell'Arte-Vorstellung gegeben, in welcher der naive Clown Pierrot zusammen mit Kolumbine und Harlekin auftritt.
*Tivoligarde	Wahrzeichen des Gartens ist die 1844 gegründete Tivoligarde. Sie besteht aus 110 Jungen im Alter zwischen 9 und 16 Jahren, die wie die königliche Leibgarde uniformiert sind. Sie verfügen über ein eigenes Musikkorps, Fahnenwache, Marineartillerie und eine goldene Kutsche mit dem Prinzenpaar. Samstag, Sonntag und an Feiertagen marschiert die Tivoligarde um 17.30 und 19.30 Uhr durch den Park – außer vom 7. – 25. Juli, wenn die Garde Urlaub macht.
Louis Tussaud's Wax Museum **Tivoli Museum**	Ein Urenkel der legendären Madame Marie Tussaud brachte die Kunst des Wachsporträts nach Kopenhagen. Das Museum im Eingangsgebäude am H. C. Andersens Boulevard enthält fast 300 Nachbildungen prominenter Persönlichkeiten von König Gorm, Greta Garbo und Niels Bohr bis zu Albert Einstein und Bill Clinton. Im H.-C.-A.-Schloss beleuchtet außerdem das Tivoli-Museum in amüsanter Weise die Geschichte des weltberühmten Vergnügungsparks (Öffnungszeiten: Ende April – Mitte Sept. tgl. $10^{00} - 22^{00}$ Uhr, Mitte Sept. bis Ende April tgl. $10^{00} - 18^{00}$ Uhr).

Kulinarische Hochburg im Zauberlicht des Tivoli: Restaurant Nimb ▶

Südliche City – vom Tivoli zur Schlossinsel

Dansk Design Centre

Schräg gegenüber vom Tivoli wurde Anfang 2000 am Andersens Boulevard 27 das von Henning Larsen entworfene dänische Designzentrum eröffnet. Gezeigt werden alljährlich drei bis fünf wechselnde Ausstellungen über innovative Ideen heimischer und internationaler Künstler. (Öffnungszeiten: tgl. 10⁰⁰ – 16⁰⁰ bzw. 17⁰⁰ Uhr).

**Ny Carlsberg Glyptothek

Öffnungszeiten: tgl. 10⁰⁰ – 16⁰⁰

Eine der bedeutendsten Sammlungen antiker Skulpturen nördlich der Alpen sowie eine der besten Sammlungen französischer Meister des 19. Jh.s von David bis Paul Gauguin bietet die Ny-Carlsberg-Glyptothek am Dantes Plads 7. Initiatoren waren Carl Jacobsen aus der Bierbrauerdynastie Carlsberg und seine Frau Ottilia, die 1888 beschlossen, ihre Kunstschätze der Öffentlichkeit zugänglich zu machen. Nach Entwürfen von Vilhelm Dahlerup wurde bis 1897 der älteste Trakt errichtet, 1906 schuf Hack Kampmann einen Erweiterungsbau. Für den 1996 eröffneten Glasflügel, in dem die französischen Impressionisten ausgestellt sind, zeichnete Stararchitekt Henning Larsen verantwortlich.

Herzstück des Museums ist ein wunderschöner Wintergarten mit mediterranem Klima. Die Mitte ziert eine anmutige Brunnengruppe des Dänen Kai Nielsen: die "Wassermutter", umringt von ihren Kindern. Ältestes Ausstellungsstück der Ägyptischen Sammlung ist das auf 3000 v. Chr. datierte "Nilpferd", zur Antikensammlung des Vorderen Orients gehört u. a. die sitzende Figur eines Sumerers aus der Zeit um 2500 v. Chr., Höhepunkt der Sammlung griechischer Kunst ist der "Rayetkopf" aus dem 6. vorchristlichen Jahrhundert. Im Festsaal sind neben stattlichen Porträtstatuen auch Sarkophage aus der römischen Kaiserzeit zu bewundern. Das "Goldene Zeitalter" Dänemarks zwischen 1800 und 1850 zitieren Gemälde von Christoffer WilhelmEckersberg, Jens Juel, Købke, Lundbye und Skovgaard. Die Glyptothek ist auch Hauptmuseum für dänische Skulptur nach Bertel Thorvaldsen (▶ Berühmte Persönlichkeiten), dessen klassizistische Linie von seinen Schülern H. W. Bissen und J. A. Jerichau fortgesetzt wurde. Stärker naturalistisch zeigt sich die nächste Künstlergeneration mit Såbye, Stein und V. Bissen, während Kai Nielsen und Gerhard Henning den Aufbruch ins 20. Jh. markieren. In ihrer Vollständigkeit nur in Paris selbst wiederzufinden ist die Sammlung mit Werken des Bildhauers Auguste Rodin.

Degas' Bronzeballerina

Das Erdgeschoss im Neubau ist den Vorläufern der Impressionisten gewidmet wie Géricault und Delacroix, vor allem aber den "Barbizonmalern" Corot, Courbet und Manet, die sich vom französischen Klassizismus losgesagt hatten. Im ersten Stock sind alle führenden Impressionisten vertreten: Monet, Sisley, Pissarro, Renoir und Degas. Dank einer großzügigen Schenkung des Gründersohns Helge Jacobsen besitzt das Museum auch 35 Arbeiten von Paul Gauguin, darunter das 1891 entstandene Bild "Mädchen aus Tahiti", sowie 12 Keramikarbeiten Gauguins, letztere eine Schenkung des Ny Carlsbergfonds zur Neueröffnung 1996. Zu den ausgestellten Postimpressionisten zählen auch Van Gogh, Cézanne, Toulouse-Lautrec und Maillol. Zudem sind hier alle Bronzen von Degas ausgestellt, darunter die bezaubernde Figur der kleinen Tänzerin im echten Tüllkostüm.

Ny Carlsberg Glyptotek

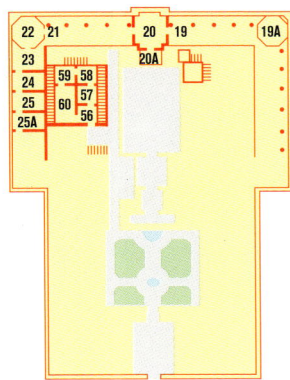

© Baedeker

Schwerpunkte des Museums sind Skulpturen der vergangenen 3500 Jahre, französische Malerei des 19.Jh.s und Gegenwartskunst.

Saal 19-21: Etruskische Sammlung
Die meisten Gegenstände stammen aus dem Bereich der Grabkunst, u.a. Urnen, Sarkophage, Vasen und Bronzen.

Saal 22 und 23: Süditalien, Sizilien

Saal 24 und 25: Kunst aus Palmyra/Syr.

Saal 25 A: Zypriotische Sammlung

Saal 56-60: Französische Malerei
Vorläufer der Impressionisten, u.a. Courbet, Corot und Manet.

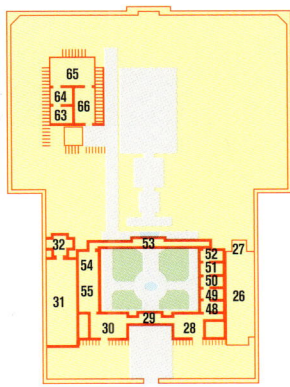

Saal 26-28: Dänische Malerei
Insbesondere Werke des 19. Jh.s, des 'Goldenen Zeitalters' (1800 bis 1850): Eckersberg, Lundbye, Købke u.a.

Saal 29 und 30, 48 und 49, 52 und 53: Dänische Skulptur
Die Glyptothek ist das Hauptmuseum für dänische Skulptur nach Thorvaldson; vertreten sind Såbye, Stein, V. Bissen, Kai Nielsen und Gerhard Henning.

Saal 54: 'Das offene Magazin'
Gemälde und Skulpturen dänischer und ausländischer Künstler des 19. und 20. Jahrhunderts.

Saal 63-66: Französische Malerei
Die Postimpressionisten; 35 Werke von Paul Gauguin, ferner Arbeiten von Van Gogh, Toulouse-Lautrec, Signac und Bonnard.

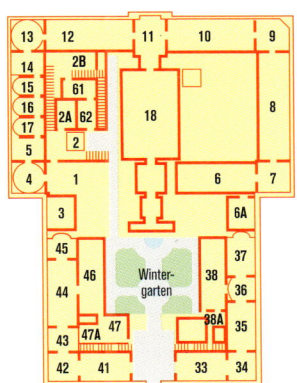

Saal 1-4: Ägyptische Kunst
Grabkunst: Götter, Tiere, Menschen.

Saal 5: Altorientalische Kunst
Assyrische, persische Skulptur u.a.

Saal 6-10: Griechische Kunst
Vasen, Bronzen, Skulpturen.

Saal 11-18: Porträts
Griechisch-römische Porträtkunst.

Saal 33-38, 43-45 und 47: Französische und dänische Skulptur
Ein Teil der französischen Skulptur ist im alten Gebäude ausgestellt, u.a. die Rodin-Sammlung.

Saal 38 A: Ikonen

Saal 61 und 62: Französische Malerei
Impressionisten; Monet, Degas u.a.

Kopenhagen

Wohnkultur im Nationalmuseum: Aalborger Stube aus dem 17. Jahrhundert

**Nationalmuseet

Öffnungszeiten:
Di. – So.
10⁰⁰ – 17⁰⁰,
Mi. bis 21⁰⁰

Zwischen Ny Vestergade und Frederiksholms Kanal liegt Dänemarks wichtigstes Museum für Kulturgeschichte, dessen umfangreiche Sammlungen das Leben Dänemarks von der Steinzeit bis heute nachvollziehen. Kern des 1807 eröffneten Museums ist das historische Kronprinzenpalais, das 1743 – 1744 von Nicolai Eigtved im Rokokostil erbaut wurde, wobei sich der Hofbaumeister an Pariser Vorbildern orientierte. Später folgten mehrere Erweiterungen bis zum letzten Neubau von 1992, in dessen Zuge die Sammlungen vollständig neu gestaltet wurden.

Schmuckstücke der Abteilung für Vor- und Frühgeschichte sind Runeninschriften der Wikinger und der auf ca. 1200 v. Chr. datierte bronzezeitliche Sonnenwagen von Trundholm (Abb. S. 53) mit einer Sonnenscheibe aus Gold. Die zweite Abteilung stellt Dänemark im Mittelalter und in der Renaissance vor. Zu sehen sind u.a. der Goldaltar von Lisbjerg und sieben Wandteppiche, die um 1582 für die Ausschmückung des Rittersaales auf Kronborg Slot entworfen wurden. Zur Epoche von 1660 bis 1830 gehören eine Ålborger Bürgerstube aus der Mitte des 17. Jh.s und Räume, die direkt für das Prinzenpalais geschaffen wurden. Die Antikensammlung präsentiert Exponate des klassischen Altertums aus Griechenland, Italien und dem Nahen Osten, während sich die Königliche Münz- und Medaillensammlung neben griechischen und römischen Münzen vor allem auf Arbeiten aus Dänemark und Skandinavien konzentriert. Hervorzuheben ist auch die Sammlung, die über die Lebensformen der Inuit auf Grönland informiert. Im Kindermuseum können die Junioren sich nach Herzenslust verkleiden, eine dänische Schulklasse der Jahrhundertwende erleben, Wikingerschiffe erkunden oder den Tuaregs in die Sahara folgen.

Hochherrschaftlich ist die Einrichtung im viktorianischen Haus des wohlhabenden Kaufmanns Rudolph Christensen aus der Zeit um 1890 (Öffnungszeiten: Mitte Juni – Mitte Sept. Do. – So. 12⁰⁰ bis 15⁰⁰ Uhr, Mitte Sept. – Mitte Juni Sa., So. 12⁰⁰ – 15⁰⁰ Uhr).

Klunkehjemmet

Gegenüber auf der Insel Slotsholmen tagt seit 1918 das Dänische Parlament auf Schloss Christiansborg. Außerdem sind dort das Außenministerium und der Oberste Gerichtshof untergebracht. Ferner befinden sich im Schloss die königlichen Audienzräume, die ebenso wie das Parlament nur im Rahmen von Führungen besichtigt werden können.

**Christiansborg Slot

Im Frühjahr 1167 ließ Bischof Absalon an dieser Stelle mit dem Bau einer ersten Burg beginnen und schuf so die Voraussetzung für das Entstehen einer städtischen Siedlung. Ruinen der Bischofsburg, die 1249 durch die Wenden und 1369 durch die Lübecker zerstört wurde, und der spätmittelalterlichen Burg, die unter Erich von Pommern an die Krone überging, konnten beim Bau des jetzigen Schlosses freigelegt werden und sind heute zu besichtigen (Öffnungszeiten: Mai – Sept. tgl. 9³⁰ – 15³⁰ Uhr, Okt. – April Di., Do., Sa., So. 9³⁰ – 15³⁰ Uhr).

Den Anforderungen barocker Prachtentfaltung genügte die Burganlage im 18. Jh. nicht mehr: nachdem Frederik IV. noch 1720 den Auftrag erteilt hatte, alle Flügel des Schlosses auf die gleiche Höhe aufzustocken, legte Christian IV. (▶ Berühmte Persönlichkeiten) im April 1733 den Grundstein zum Neubau eines dreistöckigen Prunkschlosses. Im November 1740 zog die königliche Familie ein, wenngleich der prachtvolle Rittersaal erst 1766 seiner Vollendung entgegensah. Die gesamte Königsetage wurde mit französischem Spiegel-

Kopenhagen

Schmuckstücke Kopenhagens: die alte Börse und Schloss Christiansborg

Christiansborg Slot (Fortsetzung)

glas versehen, und auch die anderen 348 Räume erhielten eine pompöse Ausstattung. Für den Rittersaal lieferte Nicolai Abildgaard 22 Gemälde zur dänischen Königsgeschichte. Das noch unvollendete Schloss brannte 1794 ab. Erhalten blieb von dem Vierflügelbau im Stil des Wiener Barock nur die Reitbahnanlage. In den ersten Jahren des 19. Jh.s entstand nach Entwürfen des klassizistischen Meisters C. F. Hansen die zweite, nun nüchterner konzipierte Ausführung des Schlosses, dessen Rittersaal korinthische Säulen und eine kunstvolle Kassettendecke zierten. Anno 1849 zog der neue Reichstag ein. Doch auch dieser Bau fiel 1884 einem Brand zum Opfer. Zu den erhaltenen Teilen zählt die 1846 geweihte Schlosskirche, deren Kuppel Engelfiguren von Bertel Thorvaldsen (▶ Berühmte Persönlichkeiten) schmücken. Den Entwurf für das dritte, 1928 vollendete Christiansborg lieferte Thorvald Jørgensen. Das große vierflügelige Schloss prägen heute sein 90 m hoher Turm und die massive Verkleidung aus Bornholmer Granit.

Reiterstandbild Frederiks VII.

Zur Erinnerung an das erste Grundgesetz von 1849 wurde auf dem Schlossplatz ein Reiterstandbild Frederiks VII. aufgestellt, das der Thorvaldsenschüler H. V. Bissen schuf.

Folketing

In der Wandelhalle des Folketing sollte man den silbernen Schrein beachten, in dem die Verfassungsurkunde aufbewahrt wird. Von der Mitteloge aus hat man einen guten Überblick über den Raum, dessen Dimensionen denen des britischen Unterhauses – der Mutter der Parlamente – entsprechen. Im Gegensatz zum Londoner Unterhaus, dessen Mitglieder auf Bankreihen in Längsrichtung des Saals sitzen, gruppieren sich die 179 Folketingabgeordneten hufeisenförmig um den Mitteltisch und den Sitz des Vorsitzenden.

Kongelige Stalde og Kareter

In den Königlichen Stallungen sind alte Kutschen und schmucke Livreen aus der Zeit ab 1778 zu bewundern (Öffnungszeiten: Okt. bis April: Sa., So. 14^{00} – 16^{00} Uhr, Mai – Sept. Fr. – So. 14^{00} – 16^{00} Uhr).

Teatermuseet

Über den Reitställen im Südflügel richtete N. H. Jardin 1766 das Königliche Hoftheater ein. Hier wurde Graf von Struensee (▶ Berühmte Persönlichkeiten), mächtigster Minister und Liebhaber der Königin, anlässlich eines Maskenballs am 16. Januar 1772 verhaftet. 1842 modernisierte Jørgen Hansen Koch den Theatersaal, dessen Zuschauerraum unverändert erhalten blieb. Seit 1922 erzählt hier ein Museum die Geschichte der dänischen Bühnen von den Zeiten Ludvig Holbergs (▶ Berühmte Persönlichkeiten) bis heute (Öffnungszeiten: Mi. 14^{00} – 16^{00} Uhr, Sa., So. 12^{00} – 16^{00} Uhr).

Tøjhusmuseet

Südlich an der Tøjhusgade 3 sind im 1604 erbauten Königlichen Zeughaus Waffen, Rüstungen und Uniformen ausgestellt.

Kongelige Bibliotek

Für ihre umfangreichen Bestände mit weit mehr als 4 Mio. Büchern hat Skandinaviens größte Bibliothek 1997 – 1999 einen modernen Erweiterungsbau an der Christians Brygge erhalten. Die zur Zeit des belesenen Frederik III. erbaute Nationalbibliothek ist auch Buchmuseum mit einem wunderschönen alten Lesesaal.

*Thorvaldsen Museum

Der begnadete Bildhauer Bertel Thorvaldsen (▶ Berühmte Persönlichkeiten) begründete 1837 selbst das ihm gewidmete Museum, das allerdings erst nach seinem Tod 1848 an der Nordseite der Schlossinsel eröffnet werden konnte. Zum Architekten des Museums bestimmte man Gottlieb Bindesbøll, der den Bau im historisierenden Stil errichtete. Der bunte Bilderfries an der Kanalseite stellt Thorvaldsens triumphale Heimkehr 1838 aus Rom dar. Das Museum enthält neben Thorvaldsens zahlreichen Skulpturen auch seine private Kunstsammlung (Öffnungszeiten: tgl. 10⁰⁰ – 17⁰⁰ Uhr).

Thorvaldsen Museum (Fortsetzung)

Die steinerne "Fiskerkone" erinnert auf der gegenüberliegenden Kanalseite daran, dass dort einst lange Reihen von Fischersfrauen den Fang der letzten Nacht anboten. Heute legen hier die Boote der Hafen- und Kanalrundfahrten zur Kleinen Meerjungfrau und nach Christianshavn ab, kann man am Kanalufer in Krogs Fiskerestaurant erstklassig speisen. Antiquitätenfreunde sollten samstags über den Flohmarkt am Gammel Strand bummeln.

Gammel Strand

Unbestritten eines der schönsten Wahrzeichen der Stadt ist der 1640 vollendete Renaissancebau an der Ostseite der Schlossinsel. Auf Wunsch König Christians IV. versah man die ehemalige Börse mit dekorativen Quergiebeln und einem 54 m hohen Turm, den vier ineinandergeschlungene Drachenschwänze krönen. Heute hat die Handelskammer hier ihren Sitz.

Børsen

Und wieder war es Christian IV., der 1619 den Bauauftrag erteilte, diesmal für den Umbau einer Ankerschmiede zum Gotteshaus. Das schmucke Hauptportal aus dem 17. Jh. stammte ursprünglich vom Dom in ▶ Roskilde. Die Kirche der Seeleute ist auch Kirche des Königshauses. 1967 gaben sich hier Margrethe II. und Prinz Hendrik das Jawort. Ein Meisterwerk sind der Barockaltar und die bis zur Decke reichende Eichenkanzel von Abel Schrøder d. J., beide von ca. 1660. Zu den Grabmälern prominenter Künstler und Marinestrategen zählt auch das des Seehelden Niels Juel († 1697).

* Holmens Kirke

Christianshavn

Über die Knippelsbro, eine Klappbrücke von 1937, fahren die Autos hinüber nach Christianshavn auf der Insel Amager. Das erst Anfang des 17. Jh.s unter Christian IV. entstandene Stadtviertel erinnert mit seinen liebevoll restaurierten Häuserzeilen entlang der Kanäle an die Grachten von Amsterdam (s. Abb. S. 166).
B & W Museum, Christianskirche, Gammel Dok:
An der Strandgade wird im B & W Museum über die große Traditionswerft Burmeister & Wain berichtet, daneben steht Kopenhagens einzige Rokokokirche: die 1759 geweihte Christianskirke, bis 1886 das Gotteshaus der deutschen lutherischen Gemeinde. In einem ehemaligen Speicher am Nordende der Strandgade zeigt das Architektur- und Designzentrum Gammel Dok beachtliche Wechselausstellungen, direkt daneben erhebt sich der Neubau des Hauses der Architektur.

*Vor Frelsers Kirke:
Die beste Sicht auf Christianshavn gewährt der barocke Spiralturm der 1696 vollendeten, jüngst renovierten Erlöserkirche. Der obere Turmteil mit der außenliegenden Wendeltreppe und einer vergoldeten Christusfigur auf einem Globus an der Spitze kam erst 1752 hinzu. Zwei stattliche Stuckelefanten tragen die Kirchenempore mit der klangvollen, 1698 von Christian Neger ausgeführten Orgel neben dem prachtvollen barocken Hochaltar.

Erlöserkirche

Fristaden Christiania

Woran selbst die, die damals den "Freistaat" verkündeten, nie geglaubt hätten: 2001 feierte Christiana sein 30jähriges Jubiläum. Da von Christianshavn aus ursprünglich die Flotte des Königs geschützt werden sollte, entstanden hier zunächst militärische Einrichtungen. 1971 wurde das 34 ha große Kasernengelände geräumt, und da die Stadt keine Sanierungspläne vorsah, setzte der Verfall von Baracken und Hallen ein. Bald zogen die ersten "Slumstormer" ein, wie man die Hausbesetzer damals nannte, und gründeten hier am 13. November 1971 den illegalen "Freistaat Christiania", eine unabhängige Gesellschaft, die nach eigenen Vorstellungen leben wollte.

Alternatives Kindertheater in Christiana

Alle Räumungsversuche, die von der dänischen Öffentlichkeit mit Leidenschaft verfolgt wurden, misslangen. So wurde das soziale Experiment vom Anderssein 1991 schließlich legalisiert. Die Abgesandten der basisdemokratischen Vollversammlung Christianias unterschrieben ein lange umstrittenes Abkommen, in dem sich die Bewohner der Freistadt verpflichten, erstmals regelmäßig für Miete und Wohnnebenkosten aufzukommen und rund 150 erhaltenswerte Gebäude sowie die ausgedehnten Grünanlagen instand zu halten. Als Gegenleistung garantieren die Kopenhagener Behörden das Nutzungsrecht.

Für bürgerliche Politiker ist Christiania nach wie vor Reizthema, vor allem der freie Verkauf von Haschisch und Marihuana. Befürworter sehen in der knapp 800 Einwohner zählenden Aussteigerrepublik derweil einen beispiellosen Ansatz einer neuen "Großgesellschaft" und verweisen auf die positiven Erfolge: Seit 1979 sind durch die freiwillig aufgestellte Junkblockade harte Drogen wie Heroin und Kokain tabu. Zum Schutz der Umwelt hat man im autofreien Christiania Kompostierung, Müllsortierung und Recycling in der alternativen Energiewerkstatt eingeführt und experimentiert mit Sonnen- und Windenergie. Die Kinderbetreuung erfolgt gemeinsam in Kinderhort und Jugendklub, die, wie auch andere soziale Einrichtungen, bis dato durch Gewinne der Kneipen und Restaurants finanziert werden. Auch wenn sicher viele Träume der Gründungsväter inzwischen den Realitäten des Alltags gewichen sind, ist die Anarchistenrepublik bis heute ein Leitbild für viele alternative Projekte in Nord- und Mitteleuropa.

Orlogsmuseet

Historische Schiffsmodelle, nautische Instrumente und Marineuniformen sind an der Overgaden oven Vandet 58A zu besichtigen.

Von Schloss Amalienborg zur Kleinen Seejungfrau

Mit den Prachtbauten im Viertel nördlich vom Nyhavn hat sich König Frederik V. selbst ein Denkmal gesetzt. Federführend für die Rokokofassaden, Schloss Amalienborg und die Marmorkirche war der damalige Hofarchitekt und Stadtbaumeister Nicolai Egtved (1701 – 1754). Sein Hauptwerk sind zweifelsohne die vier fast baugleichen Rokokopalais von Schloss Amalienborg, seit 1794 königliche Residenz. Königin Margrethe II. wohnt im Palais Schack, ihre Mutter Ingrid im Palais Brockhoff und Kronprinz Frederik im Palais Levetzau, auch Palais Christians VIII. genannt. In letzterem sind auch Privatgemächer und Kunstschätze der Königlichen Familie zu bewundern – 1999 wurde als neueste Erweiterung das Arbeitszimmer von Frederik IX. in die bestehende Sammlung integriert (Öffnungszeiten: Mai – Okt. tgl. 10^{00} – 16^{00} Uhr, Nov. – April Di. – So. 11^{00} – 16^{00} Uhr). Das Palais Moltke dient als Gästehaus. Ist Margrethe II. zu Hause, wird die dänische Flagge des Dannebrog über ihrem Domizil gehisst. Ihr zu Ehren findet dann jeden Tag um 12^{00} Uhr auf dem Schlossplatz die große Wachablösung statt – ist die Königin abwesend, gibt es nur das kleine Zeremoniell. In jedem Fall startet die neue Wache um 11^{30} Uhr bei der Rosenborgkaserne und marschiert dann durch die Innenstadt zum Schloss. Hoch zu Ross grüßt in der Mitte des Platzes die Bronzestatue von Frederik V., ein Geschenk der Ostindischen Kompanie zum Dank für die Unterstützung ihrer kolonialen Eroberungen durch die Krone.

Frederiksstaden

**Amalienborg Slot

**Wachablösung

Ist die Königin zu Hause, findet um 12 Uhr mittags vor Schloss Amalienborg der große Wachwechsel der königlichen Leibgarde statt.

*Marmorkirken (Frederikskirken)

Eigentlich sollte die von den Kopenhagenern immer nur "Marmorkirche" genannte Frederikskirken sogar den Petersdom in Rom überragen. Doch das Geld für den 1740 begonnenen Kuppelbau reichte nicht aus und das Gotteshaus verfiel zur Bauruine. Erst durch Unterstützung des Großindustriellen C. F. Tietgen gelang 1894 die Fertigstellung mit dänischem Kalkstein statt mit teurem norwegischem Marmor. Auch wenn die Kirchenkuppel im Stil des römischen Barock nun wesentlich kleiner ausfiel als geplant, gehört sie mit 46 m Deckenhöhe und einem Durchmesser von 33 m zu den größten in Europa. Beachtung verdienen das Elfenbeinkruzifix im Chor, Grundtvigs siebenarmiger Goldleuchter und ein von Niels Skovgård gefertigtes Relief, das an C. F. Tietgen und seine Frau erinnert. Statuen berühmter Männer der dänischen Kirchengeschichte umgeben die Kirche, darunter der Hl. Ansgar, der Apostel des Nordens, Søren Kierkegaard und Nikolai Frederik Severin Grundtvig (letztere beide ▶ Berühmte Persönlichkeiten).

Alexander Newski Kirke

Drei vergoldete Zwiebeltürme schmücken daneben die 1883 geweihte russisch-orthodoxe Kirche, die den Moskauer Architekturstil des 17. Jh.s widerspiegelt.

*Kunstindustrimuseet

Im ehemaligen Frederikshospital, einem Rokokobau an der Bredgade 68, wurde 1890 von der Ny-Carlsberg-Stiftung das Kunstgewerbemuseum ins Leben gerufen. Es zeigt europäisches und fernöstliches Kunsthandwerk vom Mittelalter bis zur Neuzeit. Ein Schwerpunkt liegt bei modernen Wohnideen wie Trip-Trap-Kinderstühle, Gläsernes von Holmegaard und Highend Unterhaltungselektronik aus dem Hause Bang & Olufsen (Öffnungszeiten: Di. – Fr. 10⁰⁰ – 16⁰⁰ Uhr, Sa., So. 12⁰⁰ – 16⁰⁰ Uhr). Ein Ohrenschmaus: die Sommerkonzerte im Grønnegården, dem lauschigen Innenhof des Museums.

Nyboder

Die ersten Nyboderreihenhäuser für Matrosen der königlichen Flotte waren 1632 bezugsfertig. Im 18. Jh. wurden die Wohnungen aufgestockt, bis 1787 kamen neue Reihen hinzu. Die ältesten Häuser aus der Zeit Christians IV. stehen in der Skt. Paulsgade 20 – 40.

Frihedsmuseet

*Gefion Springvandet

Bei den Esplanaden liegt der Eingang zum Churchillparken und zum Frihedsmuseet, das dem dänischen Widerstand während der deutschen Besatzungszeit im Zweiten Weltkrieg gewidmet ist. Gegenüber fällt der Blick auf die anglikanische Skt. Albans Kirke neben dem 1908 enthüllten gewaltigen Gefionsbrunnen. Der Sage nach versprach Schwedenkönig Gylfe der Göttin Gefion so viel Land, wie sie an einem Tage pflügen könne. Daraufhin verwandelte sie ihre vier Söhne in Stiere und pflügte in der vereinbarten Zeit die Insel Seeland aus dem schwedischen Boden heraus – zurück blieb der Binnensee Mälaren.

Den Kongelige Afstøbningssamling

An der Hafenpromenade wacht eine Bronzekopie von Michelangelos David vor dem Westindischen Packhaus, in dem heute über 2000 Gipsabgüsse die Meisterwerke vom alten Ägypten bis zur Renaissance vorstellen.

*Kastellet

Im Zuge des Kulturjahres 1996 wurde die ehemaligen Zitadelle Frederikshavn, deren älteste Teile von 1625 stammen, grundlegend restauriert. Die barocke Festung mit fünf Bastionen stellt die Verbin-

Baedeker SPECIAL

Sehnsucht in Bronze und Stein

Auf einem vom Meer umspülten Stein am Hafenufer von Langelinie blickt die zierliche Bronzefigur einer kleinen Meerjungfrau sehnsuchtsvoll hinaus auf den Øresund – die sicherlich bekannteste Dänin der Welt.

Vielleicht wird der eine oder andere Betrachter trotz des steten Besucherstroms hier in stille Märchenstunden seiner eigenen Kindheit zurückversetzt, als er der rührenden Geschichte von der jüngsten und schönsten Tochter des Meereskönigs lauschte, die sich vergeblich für ihren geliebten Menschenprinzen opferte. Die überraschend kleine Skulptur von "Den Lille Havfrue" entstand 1913 nach dem gleichnamigen, 1837 erschienenen Märchen von Hans Christian Andersen.

Vorhang auf!

Den Ausschlag gab 1909 die Premiere des Andersenballetts von der kleinen Nixe, die einst aus den Tiefen des Meeres stieg, weil sie sich in einen schiffbrüchigen Prinzen verliebt hatte, und die, wie der dänische Dichter erzählte, die Welt der Menschen wieder verlassen musste, weil der Prinz ihre Liebe nicht erwiderte.

Während der Vorstellung im Königlichen Theater kam dem kunstinteressierten Brauereibesitzer Carl Jakobsen die Idee, Kopenhagen eine Statue des lieblichen Fabelwesens zu schenken. Vorbild sollte die gefeierte Primaballerina Ellen Price werden, die die Titelrolle tanzte. Da sie freilich wenig gewillt war, dem Bildhauer Edward Eriksen nackt Modell zu sitzen, schuf dieser nur das Gesicht der Bronzeskulptur nach Ellen Price, den Körper aber formte er nach dem seiner schönen Ehefrau. Kunstmäzen Jacobsen wollte die Nixe mit einem Fischschwanz versehen lassen, Eriksen aber hatte Andersens Märchen genau gelesen und wusste, dass die kleine Meerjungfrau der alten Seehexe ihr goldenes Haar und ihre süße Stimme gegeben hatte, um wie die Menschen zwei Beine zu erhalten und ihren Liebsten wiederzusehen. Als Kompromiss entwarf Eriksen daraufhin einen schleierähnlichen Schwanz, der die Beine gut erkennen lässt.

Am Langeliniekai hält die Kleine Meerjungfrau sehnsuchtsvoll Ausschau nach ihrem Prinzen.

Medienstar

Dass die zuerst wenig beachtete Skulptur der Kleinen Meerjungfrau sich zum meistbesuchten Wahrzeichen der Stadt entwickelte, nachdem eine amerikanische Zeitung einen gelungenen Schnappschuss von der verträumten Nixe abgedruckt hatte, gehört wohl zu den Märchen unserer Tage. Am 9. Januar 1998 verlor die Seejungfrau zum dritten Mal durch einen Sägeanschlag ihren Kopf. Doch auch diese Geschichte hat ein Happy End: Der Kopf ist mittlerweile wieder angeschweißt.

183

Langelinie Kaj, dung zum Langelinie Kaj her, wo die riesigen Kreuzfahrtschiffe vor
**Den Lille Anker gehen. Nur wenige Meter weiter trifft man auf die bekann-
Havfrue teste Dänin, die Kleine Meerjungfrau (▶ Baedeker Special, S. 183).

Von Rosenborg Slot zum Staatlichen Kunstmuseum

**Rosenborg Wie ein Bilderbuchschloss aus Andersens Märchenwelt erscheint
Slot das verspielte Renaissanceschloss Rosenborg (Öffnungszeiten: Mai
bis Sept. tgl. 10^{00} – 16^{00} Uhr, Okt. tgl. 11^{00} – 15^{00} Uhr, Nov. – April tgl.
11^{00} – 14^{00} Uhr) inmitten seiner herrlichen Parkanlage, die von Besu-
chern auch gern zum Sonnenbad genutzt wird. Erbaut wurde das
Lustschlösschen zwischen 1606 und 1634 unter Christian IV. (▶ Berühmte Persönlichkeiten), bis Mitte des 18. Jh.s diente es als königliche Frühjahrs- und Herbstresidenz. Heute werden hier die Kronjuwelen und Schätze aus vier Jahrhunderten gezeigt, erinnern Ge-
denkräume an alle Regenten vom Bauherrn bis zu Frederik VII.
Kunstvolle Paneele und Deckengemälde schmücken die Schreibstu-
be Christians IV., das Königsgemach zieren niederländische Wandteppiche von M. Wauters und die Paradeporträts von König Christian V. und Königin Charlotte Amalie. Das Spiegelkabinett für Frederik IV. wurde um 1700 nach dem Vorbild von Versailles eingerichtet. Seit 1999 hängen auch die berühmten Rosenborgtapeten
wieder an ihrem ursprünglichen Ort im Rittersaal. In der Schatzkammer sind die Reichsinsignien zu bewundern und die von Poul
Kurtz in Kopenhagen gefertigte Goldkrone der dänischen Herrscher. 170 Jahre lang schmückte sie die Königshäupter und wird bis
heute jedem aufgebahrten Monarchen auf den Sarg gelegt. Belieb-

Bilderbuchschloss Rosenborg inmitten herrlicher Parkanlagen

ter Pausenplatz im Kopenhagner Zentrum sind die herrlichen Grünanlagen des Kongens Have, der 1606 unter Christian IV. angelegt wurde. Kurz vor 11:30 Uhr rückt von hier die neue Wache zur Wachablösung nach Amalienborg Slot aus.

Kongens Have

Skandinaviens größte Kunstsammlung der islamischen Länder findet man in dem Patrizierhaus an der östlich angrenzenden Kronprinzessegade 30, wo auch europäisches Kunstgewerbe des 18. und 19. Jh.s präsentiert wird (Öffnungszeiten: Di. – So. 13:00 – 16:00 Uhr).

*Davids Samling

Westlich von Schloss Rosenborg erstreckt sich zwischen Sølvgade und Gothersgade der 1871 – 1874 von H.A. Flindt angelegte Botanische Garten mit einer Blütenpracht aus alten Rosensorten, üppigen Rhododendren, seltenen Orchideen und einem großen tropischen Palmenhaus. Vorbild für die Gewächshäuser aus Glas und Gusseisen war vermutlich der Londoner Kew Garden (Öffnungszeiten: Mai – Sept. tgl. 8:30 – 18:00 Uhr, Okt.– April tgl. 8:30 – 16:00 Uhr). Schwerpunkt im Botanischen Museum an der Gothersgade 130 ist die Pflanzenwelt von Dänemark, den Färöern und Grönland.

Botanisk Have

> **Baedeker TIPP** **Lene Stevns Jensen**
>
> heißt die Keramikerin und Elfenbeinschneiderin, deren Geschäft schräg gegenüber vom Botanischen Garten in der Rørholmsgade 13 liegt. Inspiriert von Aufenthalten in Grönland und Alaska verarbeitet die Künstlerin Mammut- und Narwalzähne zu Schmuckstücken und kleinen Skulpturen oder kombiniert sie mit formschönem Steingut (Öffnungszeiten: Di. – Fr. 12:00 – 17:30 Uhr, jeden ersten So. im Monat 13:00 – 16:00 Uhr).

Im benachbarten Arbeitermuseum an der Rømersgade 22 erzählen vier Dauerausstellungen vom Alltagsleben der letzten 100 Jahre.

Arbejdermuseet

Dänemarks größtes Kunstmuseum, das 1896 eröffnet und 1998 durch einen modernen Anbau erheblich erweitert wurde, zeigt nordische und europäische Meister vom 14. Jh. bis zur Gegenwart. Hier findet man herausragende dänische Künstler des 18. Jh.s wie Nicolai A. Abildgaard und Jens Juel, Prominente des Goldenen Zeitalters um 1850 wie Eckersberg und seine Schüler Købke und Hansen, den Fünenmaler Peter Hansen und die Skagenmaler Michael und Anna Ancher. Als Wegbereiter der Moderne gelten Harald Giersing und Kai Nielsen, zeitgenössische Strömungen zeigen u.a. die Arbeiten von Egill Jacobsen, Richard Mortensen und Gerhard Henning. Weitere Schwerpunkte bilden die niederländische Malerei des 17. Jh.s mit Gemälden von Rubens, Bruegel d. Ä., Frans Hals und Rembrandt sowie eine beachtliche Matissesammlung. Italien ist in erster Linie durch Tizian, Tintoretto und Tiepolo vertreten, die deutsche Sammlung besticht durch ihre Gemälde von Lucas Cranach d. Ä., die umfangreichste Werksammlung außerhalb Deutschlands. Die neun Gemälde von Emil Nolde vermachte der Künstler selbst dem Museum. Das 1835 aus der Königlichen Bibliothek ausgegliederte Kupferstichkabinett der Nationalgalerie umfasst rund 300 000 europäische Zeichnungen und grafische Arbeiten von der Mitte des 16. Jh.s bis heute, darunter ebenso Radierungen und Stiche von A. Dürer wie Arbeiten von Piranesi, Degas, Toulouse-Lautrec, Picasso und Giacometti. Mit Sonderausstellungen, Kino und Workshops will das Kindermuseum im Neubau den Jüngsten unterschiedliche Materialien und Techniken verständlich machen.

Statens Museum for Kunst

Öffnungszeiten: Di., Do. – So. 10:00 – 17:00, Mi. 10:00 – 20:00 (Mi. Eintritt frei)

*Hirsch-
sprungske
Samling

Dänische Maler und Bildhauer des 19. Jh.s sind auch an der Stockholmsgade 20 ausgestellt. Schwerpunkte bilden das Goldene Zeitalter, die Skagenmaler und die 1890er-Jahre mit Bildern von Eckersberg, Købke, Lundbye, Ancher und Krøyer (Öffnungszeiten: März – Dez. Mi. 11:00 – 21:00, Do. – Mo. 11:00 – 16:00 Uhr).

Vesterbro und Frederiksberg

Multikulturelles
Viertel
Vesterbro

Auf der Rückseite des Hauptbahnhofs beginnt das muntere Viertel Vesterbro, die ehemalige Fleischerstadt, wo vom 16. bis 20. Jh. die Schlachthöfe zu Hause waren. Wie vor hundert Jahren, als das zukünftige Fabrikproletariat vom Land hier bezahlbaren Wohnraum fand, haben heute viele grönlandische, arabische und asiatische Einwanderer hier erschwingliche Wohnungen bezogen, Geschäfte und Restaurants eröffnet und eine eigene Art von Kultur gegründet. An Paris erinnern die alten Straßenlaternen und gusseisernen Jugendstilverzierungen in der Absalonsgade. Seit den 1970er-Jahren entwickelte sich Vesterbro zu einer Mischung aus Kiez und Kreuzberg mit allen Etablissements des Lustkommerz, Straßenstrich und Drogenproblemen. Zwar liegen hier immer noch die Sexshops, doch haben längst auch Besserverdienende das Viertel dicht beim Zentrum für sich entdeckt und beginnen zunehmend Altbauten in schicke Wohnungen umzuwandeln. Noch sind die kleinen persönlichen Geschäfte und Kneipen nicht verdrängt, doch schon mehren sich die Szenetreffs, Nobellokale und Diskotheken. Auch das Kulturleben profitiert von der Dynamik des Viertels. Junge Musikbands und experimentierende Theatergruppen, Videokünstler und Alternativgalerien haben sich um die Istedgade etabliert, und in den 1910 erbauten Øksnehallen, dem über 5000 m² großen ehemaligen Viehmarkt am Halmtorvet, werden heute Konzerte, Ausstellungen und Messen veranstaltet. Ausdruck des multikulturellen Lebens sind auch farbenfrohe Fassadenbilder wie Manuel Garcia Moias "Dorf aus Nicaragua" (1987) in der Dannebrogsgade, "Der Verführer" (1995) von Jørgen Nash an der Vesterbrogade und die exotischen "Tiger aus Tansania" (1991)" von H.B. Mruta in der Sankelmarksgade.

> **Baedeker TIPP** **Designer Zoo**
>
> An der Vesterbrogade 137 finden Besucher Vasen, Schmuck und experimentelle Möbel der Glas- und Metallkünstlerinnen Bettina Schori und Mette Saabye sowie ein sorgfältig ausgewähltes Sortiment anderer dänischer Kunsthandwerker (Öffnungszeiten: Mo. – Fr. 10:00 – 17:30 Uhr, Sa. 10:00 – 15:00 Uhr).

Øksnehallen

*Københavns
Bymuseum

Das bis 1998 neugestaltete Stadtmuseum an der Vesterbrogade 59 spannt den Bogen über 800 Jahre Geschichte vom mittelalterlichen Kopenhagen bis zur modernen Metropole. Eine Sonderausstellung ist Leben und Werk des Philosophen Søren Kierkegaard (▶ Berühmte Persönlichkeiten) gewidmet. In den Sommermonaten kann man vor dem Museum ein Modell der Stadt zur Zeit der Reformation bewundern (Öffnungszeiten: Mai – Sept. Mo., Mi. – So. 10:00 bis 16:00 Uhr, Okt. – April Mo., Mi. – So. 13:00 – 16:00 Uhr).

*Tycho Brahe
Planetarium

Seinen Namen verdankt das zylinderförmige Planetarium nordöstlich am Gl. Kongevej 10 dem großen dänischen Astronom Tycho

Brahe (▶ Berühmte Persönlichkeiten). Entspannt zurückgelehnt kann der Besucher hier den faszinierenden Nachthimmel mit seinen Planeten, Galaxien und Kometen bestaunen (Öffnungszeiten: Di. – Do. 9⁴⁵ – 21⁰⁰ Uhr, Fr. – Mo. 10³⁰ – 21⁰⁰ Uhr.)

Tycho Brahe Planetarium (Fortsetzung)

Westlich vom Planetarium erreicht man die eigenständige Gemeinde Frederiksberg. Beliebtes Ausflugsziel sind die Wasserläufe und Gartenlokale in den weitläufigen Grünanlagen des Frederiksberg Have. Sein barockes Lustschloss auf dem Valbyhügel dient heute als Militärakademie. Der 1859 ins Leben gerufene Zoo Kopenhagens ist einer der ältesten und größten zoologischen Gärten Europas. Wetterunabhängig kann man in Tropenhaus exotische Tierarten bestaunen, im Affendschungel Gorillas und Schimpansen beobachten oder Schneeleoparden, Nilkrokodile, Tiger, Eisbären, Giraffen, Elefanten und Pandabären erleben. Ein Muss für Kinder ist der Streichelzoo (Öffnungszeiten tgl. 9⁰⁰ – 16⁰⁰, 17⁰⁰ oder 18⁰⁰ Uhr).

*Frederiksberg Have

*Zoologisk Have

Dem Kopenhagener Original Robert Storm Petersen (1882 – 1949), der durch seine humoristischen Zeichnungen bekannt geworden ist, widmet sich das Museum am Frederiksberg Runddel.

Storm P. Museet

Schon wieder auf Kopenhagener Gebiet liegt an der Valby Langgade die traditionsreiche Carlsbergbrauerei, heute eine der größten Brauereien weltweit, die in mehr als 130 Länder exportiert. Im November 1847 ließ J. C. Jacobsen (1811 bis 1887) hier das erste Bier in Dänemark nach bayerischem Rezept herstellen. Die Brauerei benannte er nach seinem Sohn Carl, der die Produktionsanlagen später erheblich erweiterte. Aufgrund der wachsenden Konkurrenz auf internationaler Ebene fusionierte Carlsberg 1970 mit der Tuborgbrauerei. Die erste Anlage von 1847, einschließlich Biermuseum und Kostprobe, ist von Montag bis Freitag zwischen 10⁰⁰ und 16⁰⁰ Uhr zu besichtigen. Schon der von vier indischen Granitelefanten bewachte Eingang signalisiert ein Gespür der Carlsbergdynastie für schöne Dinge. Seit langem unterstützt die Brauerei aus ihren Gewinnen das dänische Kulturleben, steht auf den Lieferwagen zu Recht das Motto: "Ein Prost der Kunst!". Brauereigründer J. C. Jacobsen rief bereits 1876 eine Stiftung für Forschungszwecke ins Leben, zu deren Aufgaben auch die Unterhaltung des Nationalhistorischen Museums von Frederiksborg Slot gehörte. Sein Sohn Carl teilte das Interesse für die Kunst und ließ u.a. die Turmspitze der Nikolaikirche und den schmalen Kampanile der Jesuskirche errichten, zudem erweiterte er die Stiftung und gründete die berühmte Ny Carlsberg Glyptotek. Heute unterstützt der Ny Carlsbergfond auch die Erhaltung von Kronborg Slot und das Kunstmuseum Louisiana, nicht zu vergessen die Finanzierung des neuen Flügels der Ny Carlsberg Glyptotek.

*Carlsberg Besøgscenter

Indische Granitelefanten am Carlsbergtor

Nørrebro und Bispebjerg

***Assistens Kirkegård**

Kopenhagens größter Friedhof wurde 1757 nach einer Pestepidemie als "Hilfsfriedhof" angelegt und später mehrfach erweitert. Heute ist er zugleich Parkanlage, in der man – in Deutschland kaum vorstellbar – auf den Rasenflächen zwischen den Gräbern immer wieder Leute antreffen kann, die sich bei einem Picknick entspannen oder einfach nur ein Sonnenbad nehmen. Auf dem Friedhof haben viele Prominente ihre letzte Ruhe gefunden wie Hans Christian Andersen (▶ Special, S. 226), Søren Kierkegaard, Niels Bohr und Martin Andersen Nexø (alle drei ▶ Berühmte Persönlichkeiten).

***Zoologisk Museum**

Wer mit Kindern unterwegs ist, sollte unbedingt einen Besuch im Zoologischen Museum am Universitetsparken 15 einplanen, das mit Filmen und Dioramen sehr spannend die Wunder der Tierwelt erläutert. Ein Höhepunkt ist das 14 m lange Skelett eines Grönlandwals – allein die Barthaare sind fast 4 m lang (Öffnungszeiten: Di. bis So. 11^{00}–17^{00} Uhr).

***Grundtvig Kirke**

Etwa 5 km nördlich vom Assistens Kirkegård steht im Stadtteil Bispebjerg die 1921–1940 von Peter Wilhelm Jensen Klint erbaute Grundtvigkirche, die den Gründer der Volkshochschulbewegung ehrt (▶ Berühmte Persönlichkeiten). Vom Stil mittelalterlicher dänischer Landkirchen inspiriert, entwarf der Architekt ein monumentales Gotteshaus aus gelbem Backstein, das 1800 Personen Platz bietet. Die klanggewaltige Marcussenorgel erklingt bei zahlreichen Kirchenkonzerten im Jahr.

Südliche Umgebung von Kopenhagen

Amager

Eine große Hebebrücke verbindet die City Kopenhagens mit der östlich vorgelagerten Insel Amager. Durch Eröffnung der 16 km langen Øresundverbindung von hier nach Südschweden (▶ Special, S. 30) braucht man über die vierspurige Autobahn oder mit dem Intercityzug von Kopenhagen nach Malmö nur noch knapp 30 Minuten. Auch der internationale Flughafen Kastrup profitiert von der gigantischen Brücke, durch die er direkten Anschluss an die Bahnnetze von Dänemark und Schweden erhalten hat. Am Strandpark 9 im Jachthafen von Kastrup informiert die Øresund Udstilling über den Brückenbau und die geplante Entwicklung der Øresundregion.

*Øresundbrücke

Zukunftsvision Ørestad

Zukunftsweisend ist die neue Verkehrsader für die geplante Satellitenstadt "Ørestad", ein 310 ha großes Gelände, das sich südlich der neuen Hochschule für Informationstechnik und dem neuen Rundfunk- und Fernsehzentrum quer über die Insel Amager erstrecken wird. Mehr als 50 000 Arbeitsplätze und 20 000 Einwohner soll es in 20 Jahren im neuen Finanz- und Hightechzentrum Dänemarks geben, dazu jede Menge kulturelle Angebote, die auch die übrigen Kopenhagener in einen blühenden Stadtkern locken sollen – das neue Kongresszentrum beim Bella Center wurde bereits im September 2000 eröffnet. Die Fehler der 1960er-Jahre, als man an Kopenhagens Stadtrand Betonsiedlungen hochgezogen hat, die trotz architektonischer Raffinessen heute zu Gettos verkommen, will man hier unbedingt vermeiden. Sozialer Wohnungsbau und privat finanzierte Eigenheime sind nebeneinander geplant, dazu viel

Bella Center

Grün, nahes Wasser und beste Verkehrsanbindung. Wie weit sich Lebensqualität auf dem Reißbrett entwerfen läßt, bleibt abzuwarten. In jedem Fall wird der neue Lebensnerv im Osten der Hauptstadt, der durch groß angelegte Bauprojekte im südschwedischen Malmö sein Pendant findet, ein neuer wirtschaftlicher Schwerpunkt im bisher eher nordlastigen Skandinavien werden.

Amager, Ørestad (Fortsetzung)

An der Ostseite von Amager präsentiert Dragør den Charme alter Fischerdörfer des 18. Jh.s – ein Großteil der Häuser steht heute unter Denkmalschutz. Durch die Heringsfischerei im Sund war Dragør im Mittelalter ein wirtschaftlich wichtiger Standort, dem 1370 Handelsprivilegien und das Recht zum Einsalzen der Heringe verliehen wurden. Nach dem Niedergang der Heringsfischerei versprach ab Mitte des 16. Jh.s der Lotsendienst im Sund eine neue Einnahmequelle. Das 19. Jh. brachte eine Blütezeit für die Schiffsflotte von Dragør, die nicht nur Kopenhagen und die dänischen Provinzen, sondern auch englische Häfen ansteuerte. Im Dragør Museet, dem ältesten, auf 1682 datierten Fischerhaus am Havnepladsen, ist die Entwicklung der einheimischen Seefahrt dokumentiert (Öffnungszeiten: Mai – Sept. Di. – So. 12⁰⁰ – 16⁰⁰ Uhr).

*Dragør

Wie im Märchen: Stockrosen setzen bunte Farbtupfer vor die reetgedeckten Fischerhäuschen in den verwinkelten Gassen von Dragør.

Nur 10 km südlich von Dragør illustrieren im Dorf Store Magleby am Hovedgaden 4 und 12 zwei typische Fachwerkhöfe des 18. Jh.s die bäuerlichen Traditionen der holländischen Einwanderer, die sich im frühen 16. Jh. hier ansiedelten, die Insel trockenlegten und kultivierten (Öffnungszeiten: Mai – Sept. Di. – So. 12⁰⁰ – 16⁰⁰ Uhr, Okt. – April Di., So. 12⁰⁰ – 16⁰⁰ Uhr).

*Amagermuseet

***ARKEN – Museet for Moderne Kunst**

Das 1996 eröffnete Museum für zeitgenössische Kunst am Skovvej 100 in der Betonvorstadt Ishøj zählt zu den Erfolgen des Kopenhagener Kulturjahres. Die Entwürfe lieferte der Architekturstudent Søren Robert Lund, dessen Konzept durch den gelungenen Wechsel von Enge und Weite überrascht. Wie ein riesiger präfuturistischer Schiffsrumpf recken sich weißgetünchte Mauern und drei Flugdächer dramatisch gen Himmel, eine bemerkenswerte Collage aus Beton und Stahl, Dünenlandschaft und Meer. Vom 150 m langen Hauptschiff betritt der Besucher separate Kunstkabinette und lichte Außengehege, raumgreifende Hallen für tragende Installationen und Galerien für beschauliche Grafik. Das Museum besitzt auch einen großen Saal für Konzerte, Theater und Ballettworkshops, ein Kino und ein Café mit Meerblick (Öffnungszeiten: Di. – So. 10^{00} bis 17^{00} Uhr, Mi. bis 21^{00} Uhr)

Nördliche Umgebung von Kopenhagen

Lyngby, Sorgenfri Slotshave

Direkt vor den Toren des lebhaften Handelszentrums Lyngby wurde im 18. Jh. Schloss Sorgenfri erbaut, das seit 1789 im Besitz des Königshauses ist. Frei zugänglich ist der romantische Schlosspark im englischen Stil. Am Ufer des Mühlbachs kommt man zur Königinnenquelle, der Kanincheninsel und zum Schweizerhaus. Im Norwegerwald traf sich das romantische Bürgertum auf dem Tanzberg, die Norwegerhütte war Atelier von Nicolai Abildgaard.

*Frilandsmuseet

Das dem Kopenhagener Nationalmuseet angeschlossene Freilichtmuseum am Kongevejen 100 umfasst rund 35 ha, die der Besucher

Zu den Gebäuden im Freilichtmuseum von Lyngby gehört ein reetgedecktes Landarbeiterhaus des 19. Jh.s, das aus Eglerup auf Seeland stammt.

auf einem knapp 3 km langen Rundweg erkunden kann. Die ländlichen Gebäude aus der Zeit des 17.–19. Jh.s sind von ihren ursprünglichen Standorten in Dänemark und den früheren dänischen Provinzen in Südschweden und Südschleswig hierher gebracht worden. Das Innere der großen Vierkanthöfe und kleinen Bauernkaten, Seemannshäuser, Mühlen, Schmieden usw. hat man mit dem entsprechenden alten Mobiliar, Gebrauchsgegenständen und Arbeitsgerät ausgestattet. Um die Häuser wachsen heimische Wildpflanzen, die Gärten zieren Blumen und Gemüsebeete wie anno dazumal, auf einigen Höfen sieht man noch traditionelle Haustierrassen. Im Sommer werden auch häufig Volkstänze, Handwerksvorführungen und Rundfahrten im Pferdewagen veranstaltet (Öffnungszeiten: Mitte April – Sept. Di. bis So. 10⁰⁰ – 17⁰⁰ Uhr, 1. – 22. Okt. Di. – So. 10⁰⁰ – 16⁰⁰ Uhr).

Frikandsmuseet (Fortsetzung)

> **Baedeker TIPP** **Damhuset**
>
> Eine Gründerzeitvilla am alten Mühlenteich in der Lyngby Hovedgade 1c bildet den stilvollen Rahmen für eine vielseitige Auswahl an Glas, Keramik, Textilien, Schmuck und anderem Kunsthandwerk aus mehr als 50 dänischen Werkstätten (Öffnungszeiten: Mo. – Fr. 10⁰⁰ – 17³⁰, Sa. 10⁰⁰ – 14⁰⁰ Uhr).

Unweit nördlich bietet die ehemalige Textilfabrik am Modewegsvej von Brede eine spannende Ausstellung über Mode und Textilindustrie vom 18. Jh. bis heute (Öffnungszeiten: Mitte April – Sept. Di. bis So. 10⁰⁰ – 17⁰⁰, Okt. – Dez. Di. – So. 10⁰⁰ – 16⁰⁰ Uhr). Die Werkskantine ist jetzt das Nobelrestaurant "Brede Spisehus" (☎ 33 13 44 11).

*Bredemuseet

Die alte Abfüllhalle der Tuborgbrauerei am Tuborg Havnevej 7 wurde 1991 in ein Zentrum für moderne Technologien umgewandelt. Das Museum bietet die Möglichkeit, in Workshops und Versuchsaufbauten selber zu forschen. Rund 300 Experimente sollen Prozesse und Gesetzmäßigkeiten von Energiequellen, Anatomie und Umwelt, Aerodynamik und Astronomie spielerisch begreifbar machen (Öffnungszeiten: Jan. – Mitte Juni, Aug. – Dez. Mi. – Mo. 9⁰⁰ bis 17⁰⁰ , Di. 9⁰⁰ – 21⁰⁰ Uhr, Mitte Juni – Juli tgl. 10⁰⁰ – 17⁰⁰ Uhr).

*Experimentarium

Eines der größten und schönsten Aquarien Europas besitzt weiter nördlich Charlottenlund. Exotische Fische und andere Meeresbewohner aus aller Welt, Landschaftsaquarien mit Piratenfischen und Meeresschildkröten, Wassertiere der Mangrovensümpfe und Leuchtfische in Nachtaquarien gibt es am Kavalergården 1 zu bestaunen (Öffnungszeiten: Mitte Feb. – Mitte Okt. tgl. 10⁰⁰ – 18⁰⁰ Uhr, Mitte Okt. – Mitte Feb. Mo. – Fr. 10⁰⁰ – 16⁰⁰, Sa., So. 10⁰⁰ – 17⁰⁰ Uhr).

*Danmarks Aquarium

Im dem Naturpark Dyrehaven, knapp 10 nördlich von Kopenhagen, leben hunderte von Rehen, Kron- und Sikawild – Jagdrecht besitzt allein die Königin. Christian V. ließ in dem herrlichen Buchenwald 1736 das Rokokoschlößchen Eremitage erbauen, das nur bei Anwesenheit der königlichen Familie aus seinem Dornröschenschlaf erwacht. Vom Südrand des Parks bis zum Øresund erstreckt sich der älteste Vergnügungspark der Welt: der (Dyrehavs)Bakken. Wo zunächst fahrende Händler und Gaukler ihre Buden aufbauten, wurde 1746 die volkstümliche Variante des Tivoli zur festen Einrichtung, locken heute mehr als 100 Attraktionen wie Kasperltheater und Pierrot, Riesenachterbahn, Bierhallen und Tanzrestaurants (Öffnungszeiten: April – Aug. tgl. 12⁰⁰ – 24⁰⁰ Uhr).

*Dyrehavsbakken

Baedeker SPECIAL

Geschichten aus Rungstedlund

Karen Blixen, die wohl bekannteste Erzählerin Dänemarks, wurde 1885 auf dem Landsitz Rungstedlund vor den Toren Kopenhagens geboren. Hier wuchs sie auf, hierhin kehrte sie nach einem bewegten Lebensabschnitt zurück, um sich schließlich nur noch der Schriftstellerei zu widmen.

Als 1954 die Verleihung des Nobelpreises anstand, erfuhr Karen Blixen aus mehreren Quellen, sie werde den Preis erhalten. Doch der wurde dem amerikanischen Erzähler Ernest Hemingway zuerteilt. Dessen sofortige Erklärung, er hätte eigentlich zugunsten der dänischen Autorin auf die ihm verliehene Auszeichnung verzichten müssen, fand Karen Blixen "erfreulicher, als den Preis selbst zu bekommen".

Bürgerliche Enge

Als glücklich empfand Karen Dinesen, wie ihr Mädchenname lautete, ihren ersten Lebensabschnitt auf Rungstedlund nicht. Zwar konnte ihr die vermögende Familie materielle Geborgenheit bieten, doch führte ihre Mutter zusammen mit Großmutter und Tante ein strenges Regiment, das Karen (Kosename Tania) und ihren vier Geschwistern nahezu alle sinnlichen Freuden des Lebens untersagte. Verstanden fühlte sich das temperamentvolle und rebellische Mädchen nur von ihrem Vater Wilhelm Dinesen, einem Aufsteiger im dänischen Parlament und politischen Außenseiter, mit dem sie auf gemeinsamen Spaziergängen zumindest zeitweise dem häuslich-bürgerlichen Reglement entfliehen konnte. Für die zehnjährige Karen war es daher ein schwerer Schlag, als sich ihr Vater, vermutlich wegen einer Syphiliserkrankung, 1895 das Leben nahm.

Hier bin ich, wo ich sein sollte ...

Erst mit 28 Jahren gelang es der jungen Frau, der Enge des Elternhauses endgültig zu entfliehen. Mit ihrem adligen Vetter, dem Baron Bror Blixen-Finecke, mit dessen Zwillingsbruder sie eine Liebesaffäre gehabt hatte, wanderte sie 1914 in den Teil von Britisch-Ostafrika aus, der später zur Kronkolonie Kenia werden sollte, und erwarb dort eine Kaffeeplantage. Karen Blixen liebte Afrika und sie liebte vor allem Kenia, seine Natur, seine Bewohner, die Ngongberge, an deren Fuß sie nun mit ihrem Mann lebte. "Im Hochland erwacht man in der Frühe und weiß, hier bin ich, wo ich sein sollte", wie in ihrem späteren autobiografischen Roman zu lesen ist. Mit ihrem Einsatz für die menschenwürdige Behandlung der Urbevölkerung und ihrer Bewunderung der afrikanischen Kulturen stieß sie bei anderen Kolonialisten jedoch auf wenig Verständnis.

Die Zweckehe mit dem Baron – Karen wollte seinen Adelstitel, er ihr Vermögen – hielt nicht lange. Von ihrem Ehemann unentwegt betrogen und bereits im ersten Ehejahr mit Syphilis angesteckt, reichte sie 1925 die Scheidung ein. Nach der Trennung begann sie ein leidenschaftliches Verhältnis mit ihrer wahren Liebe, Denys Finch-Hatton, einem adligen Dandy und Sportflieger, den sie 1918 kennen gelernt hatte. Er war es, der sie ermutigte, sich Geschichten auszudenken – Geschichten, die sie erst nach ihrem Afrikaaufenthalt niederschreiben würde und mit denen sie weltberühmt werden sollte. Doch bald fand das Glück auf dem Schwarzen Kontinent ein abruptes Ende. Im Dezember 1930 musste sie ihre Kaffeefarm wegen Unrentabilität verkaufen; vier Monate später kam ihr Geliebter (nachdem er mit ihr gebrochen hatte) bei einem Flugzeugabsturz in Kenia ums Leben. Schweren Herzens kehrte Karen Blixen, die nun alles verloren hatte, was sie liebte, im Juli 1931 nach Rungstedlund zurück. Afrika sollte sie nie wieder sehen.

Neubeginn auf Rungstedlund

Auf Rungstedlund drohte ihr nun erneut ein beengtes bürgerliches Dasein. Doch geschickt wich sie einem solchen, für sie unvorstellbaren Leben aus. "Ich versprach dem Teufel meine Seele, und als Gegenleistung versprach er mir, dass alles, was ich erlebte, in Geschichten verwandelt würde." Sie hatte "nur den einen Ehrgeiz: Geschichten zu erfinden, sehr schöne Geschichten". Unter verschiedenen Pseudonymen (u.a. Tania Blixen, Isaac Dinesen, Pierre Andrézel) schrieb sie mehrere Sammlungen fantastischer, oft komplizierter, bewusst unmoderner Erzählungen, die sich von der überwiegend sozialrealistisch und psychoanalytisch geprägten Literatur der 1930er-Jahre distanzierten. Nach dem Erfolg der "Sieben fantastischen Geschichten"(1935) erschien 1937 ihr stark autobiografischer Roman "Afrika, dunkel lockende Welt", der 1985 von Sydney Pollack im oscargekrönten

Hollywoodstreifen "Jenseits von Afrika" mit Meryl Streep und Robert Redford in den Hauptrollen verfilmt wurde. Einen Höhepunkt erreichte Karen Blixens Erzählkunst 1942 in den "Wintergeschichten". Nach dem Tod ihres Geliebten Denys in Kenia hatte sie nie mehr eine Liebesaffäre mit einem Mann. Die Syphilis, die sie sich 1915 von ihrem Ehemann geholt hatte, wurde zwar schon kurz darauf eingekapselt, so dass keine Ansteckungsgefahr mehr bestand, doch nach Denys wollte sie kein physisches Verhältnis mehr eingehen. Am 1. September 1962 starb sie im Alter von 77 Jahren im Giebelzimmer ihres Hauses auf Rungstedlund. Auf dem Sterbebett erkannte sie, wie sie ihrer Freundin und Schwägerin Jonna anvertraute, dass der Weltruhm, zu dem sie als Autorin gelangt war, weniger Glück beschere als ein normales Frauenleben, auf das sie verzichtet hatte.

Blick auf den Øresund

Noch immer weist das 1991 zu einem Museum umfunktionierte niedrige Haus von Karen Blixen, die in ihrem Heimatland zeitlebens als Baronesse angesprochen werden wollte, einen leicht aristokratischen Charme auf (Öffnungszeiten: Mai bis Sept. tgl. 10⁰⁰ – 17⁰⁰ Uhr, Okt. – April Mi. – Fr. 13⁰⁰ – 16⁰⁰ Uhr, Sa., So. 11⁰⁰ – 16⁰⁰ Uhr). Am Pult ihres Vaters in der Ewald-Stube, von der man weit auf den Øresund blickt, verfasste die Autorin die meisten ihrer Werke. Ausgestattet sind die Räume mit Erinnerungsstücken ihrer Familie auf Rungstedlund, mit Ölbildern und Zeichnungen der auch malerisch begabten zierlichen Literatin sowie mit Fotografien und Waffen ostafrikanischer Völker, die an Karen Blixens Zeit in Kenia erinnern. Im angrenzenden Park liegt die Schriftstellerin unter einer riesigen Buche begraben.

Korsør

P / Q 19

Insel Seeland
Bezirk: Vestsjællands amt
Einwohnerzahl: 20 000

Seelands Brückenkopf nach Westen

Schon von weitem sieht man das neue Wahrzeichen der Stadt: die gigantischen Pylone der Brücke über den Großen Belt, durch die Autofahrer seit 1998 von Flensburg bis nach ▶ Seeland durchfahren können (▶ Baedeker Special, S. 30). Korsør heißt eigentlich nur die Altstadt südlich der Mündung des Korsør Nor in den Großen Belt, der jüngere Stadtteil nördlich des alten Hafens mit Bahnhof, einem 400 m langen Kai für Kreuzfahrtschiffe und der Zufahrt zur Storebæltsbroen dagegen Halskov. Seit der Wikingerzeit wuchs die 1241 erstmals urkundlich erwähnte Handelsstadt mit der Seefahrt und mehr als 125 Jahre mit dem Fährbetrieb. Mit der Brücke hat für Korsør eine neue Zeit begonnen, verschwanden die Fähren, sind neue Arbeitsplätze entstanden – Ende 1999 fuhr bereits Auto Nr. 10 Mio. über den Großen Belt.

Sehenswertes in Korsør

Søbatteri Fæstning

Von der mittelalterlichen Festung am Hafen zeugen nur noch der 23 m hohe Burgturm aus dem 13. Jh. und ein Magazin des 17. Jh.s, in dem die Geschichte des Hafenstadt erzählt wird, darunter der noble Speisesalon einer alten Fähre, die früher den Großen Belt befuhr. Der Mittelaltermarkt Anfang Juli verspricht unterhaltsame Tage auf der Festung.

Kleinstadtcharme: ein liebevoll restaurierter Kaufmannshof in der Algade

Vornehmstes Bürgerhaus der Stadt ist zweifelsohne der Königshof an der Algade 25, den der wohlhabende Reeder Rasmus Langeland anno 1761 im Rokokostil ausführen ließ. Hier logierten auch die gekrönten Häupter Dänemarks, wenn sie wegen Flaute oder Sturm den Belt nicht überqueren konnten. Seit 1992 ist der Gebäudekomplex ein Zentrum für Kunst und Musik mit beachtlichen Wechselausstellungen. Die Sandsteinfiguren zu beiden Seiten des Hauptportals symbolisieren die vier Jahreszeiten.

*Kongegården

Gepflegte Fassaden alter Kaufmannshöfe, in denen früher reger Handel betrieben wurde, begleiten den Spaziergang die Algade hinab, wo man auf Erker, Giebel und romantische Höfe achten sollte. Die Fußgängerzone führt zum Torvet, auf dem im Sommer jeden Samstag Markt ist, häufig mit Musik und Straßenkunst.

Algade

Beim Havnepladsen erinnert ein Denkmal an den berühmtesten Sohn der Stadt, Jens Baggesen (1764 – 1826), der sich mit seinem Reisetagebuch "Labyrinthen" für mehr Weltoffenheit einsetzte und ab 1811 an der Universität in Kiel lehrte. In der Hand hält er ein Stiefmütterchen, Symbol dafür, wie er in Dänemark behandelt wurde.

Jens Baggesen

Neuer Treffpunkt und gute Einkaufsadresse sind die 2000 eröffneten Hafenarkaden – an der Hafenpromenade sieht man mitunter sogar alte Schoner und Galeassen vor Anker gehen.

Havnearkaderne

Wie eines der größten Brückenbauprojekte der Welt von den ersten Grabungsarbeiten 1988 bis zur Einweihung der Autobahn 1998 durchgeführt wurde (▶ Baedeker Special, S. 30), kann man kurz vor der Auffahrt im "Ausstellungszentrum Großer Belt" am Storebæltsvej 88 in Halskov nachvollziehen.

Storebælt Udstillingscenter

Umgebung von Korsør

Einer der Orte mit den meisten Sonnenscheinstunden im Land ist die gemütliche Kleinstadt südöstlich am Skælskørfjord. Die Sonnentage kann man am Kobæk Strand verbringen oder bei einem Bummel durch die Gammelgade, wo das alte Hospital von 1530 zu den schönsten Fachwerkbauten zählt.

Skælskør

Nur 2 km weiter südlich liegt eines der besterhaltenen Renaissanceschlösser, dessen Burghof und Park für die Öffentlichkeit zugänglich sind. Das Wasserschloss wurde um 1550 für Johan Friis, den Reichskanzler Christians III., erbaut – rund 20 Jahre zuvor hatte er bereits bei ▶ Svendborg den eigenwilligen Hessellagergård errichten lassen. Im 17. Jh. kam das Anwesen in den Besitz der Familie Daae, deren tragische Geschichte den häufigen Gast H. C. Andersen (▶ Baedeker Special, S. 226) zu einer Erzählung inspirierte: "Der Wind berichtet von Valdemar Daae und seinen Töchtern".

Borreby Slot

Die Grabkirche der Grafen von Holsteinborg in Ørslev besitzt mittelalterliche Kalkmalereien, darunter die Darstellung eines Reigentanzes, den es heute nur noch auf den Faröerinseln gibt. Erbaut wurde das vierflügelige Renaissanceschloss am Ufer des Holsteinborg Nor zwischen 1598 und 1640 von der Familie Trolle. Erst 1707 kam das Anwesen in den Besitz der Grafen von Holstein. H. C. An-

Ørslev Kirke, Holsteinborg Slot

Korsør, Umgebung (Fortsetzung)

dersen (▶ Baedeker Special, S. 226) liebte den Herrensitz, wo immer ein Zimmer für ihn bereit stand, das original erhalten ist. Besichtigt werden kann allerdings nur der 16 ha große Schlosspark.

Læsø   D 18 – 20

Bezirk: Nordjyllands amt
Inselfläche: 116 km²
Bewohnerzahl: 2400

Lage und Allgemeines

Nach 90 Minuten Fahrt übers Kattegat legt die Autofähre von ▶ Frederikshavn im Zielhafen Vesterø auf Læsø an. Nahe der Mole erzählt das Fiskeri- og Søfartsmuseet in der Havnegade 5 vom maritimen Leben der Insulaner. Auch während der Hochsaison bleibt die größte der Inseln im Kattegat eine überschaubare Welt mit kleinem Inselflughafen, Golfplatz und einigen Hotels, deren Küche fantastische Hummerkrabben serviert, Jomfruhummer, wie die Dänen sagen. Von der Fischfabrik in Østerby Havn, dem größten Betrieb vor Ort, werden die begehrten Kaisergarnelen in alle Welt exportiert. Flache Sandstrände laden an West- und Nordküste zum Baden ein. Den populärsten Badestrand findet man auf der lang gestreckten Dünenhalbinsel Stokken, die man über einen schmalen Sund erreichen kann. Nicht weit davon entfernt steht einsam die Vesterø Søndre Kirke mit beachtlichen spätgotischen Kalkmalereien.

*Landschaftsbild

Zwei Drittel der Insel entfallen auf unbebautes, unter Naturschutz stehendes Moor- und Heidegelände sowie den seit 1929 angepflanzten Staatsforst. Im Norden befindet sich das Dünengebiet Højsande, das bis 30 m Höhe erreicht. Den Süden der Insel bedecken im Gebiet Rønnerne tiefliegende Strandwiesen, von Mai bis Juli Rastplatz für tausende Watt- und Seevögel. Die großartigste Uferlandschaft bietet die Ostspitze mit der Düne Danzigmand. Nur wenige Ferienhäuser ducken sich in den Sand hinter der gewaltigen Dünenkette. Oben auf den Sandhügeln kann man bei klarem Wetter die Schärenküste Schwedens erkennen und Schiffe, die in gehörigem Abstand zu den gefährlichen Sandbänken vorbeifahren. Anno 1741 lief dort der Schoner "Danzig" auf Grund und brachte den Insulanern unverhofft Bauholz. So kam die Bucht zu ihrem Namen.

Die Salzinsel

Die Geschichte der Insel ist untrennbar mit Salz verbunden, das seit dem 14. Jh. hier abgebaut wurde. Salz hat Læsø reich gemacht, verursachte dort fast eine Katastrophe und ist der Grund dafür, dass viele Häuser mit Tang bedeckt sind. Im Mittelalter profitierten hauptsächlich die Bischöfe ▶ Viborgs vom weißen Gold, Mitte des 17. Jh.s gab es mehr als 1000 Salzsiedereien. Als deren Feuer ohne Rücksicht den Baumbestand der Insel aufgebraucht hatten, begann man den Torf der Moore zu verbrennen, bis die Salzsiederei 1652 endlich verboten wurde. Da war die ökologische Katastrophe längst eingetreten, drohte Sandflug die kahle Insel zu veröden. Die Wiederaufforstung wurde zum zähen Kampf. In dieser Zeit entstanden die Tanghäuser, auf deren Dächern eine dicke Schicht getrockneter Seetang die Holzschindeln ersetzte. Nur eine Handvoll dieser Häuser ist übriggeblieben, darunter im zentralen Hauptort Byrum am Museumsvej 3 ein vierflügeliges Fachwerkgehöft, heute der heimatkundliche "Museumsgården". Inzwischen arbeitet wieder eine Salzsiederei, die sogar Gewinn abwirft – mit dem besonders würzigen Salz wird selbst der königliche Hof in Kopenhagen beliefert.

Læsø (Fortsetzung)

Langeland

R – T 16 – 18

Bezirk: Fyns amt
Inselfläche: 185 km²
Bewohnerzahl: 16 000

Wie der Name es schon sagt: die bevölkerungsreichste Insel vor Südfünen ist lang und schmal. Von der Nordspitze Frankeklint bis Dovnsklint im Süden sind es 50 km, in der Breite erreicht das lange Land maximal 9 km. Die Küstenstrecke lädt fast überall mit flachen Sandstränden zum Baden oder Surfen ein. Dazwischen ragen immer wieder steile Klippen auf, vor allem im Süden und bei der 20 m hohen Steilwand Ristinge Klint im Südwesten der Insel, wo man am Horizont ▶ Ærø erahnen kann, das von Rudkøbing aus per Fähre nach Marstal zu erreichen ist. Von Spodsbjerg fahren stündlich Fähren innerhalb von 45 Minuten hinüber nach Tårs/Lolland. Wer von Kiel aus anreist, braucht etwa 2 ½ Stunden für die Überfahrt nach Bagenkop an der Südspitze Langelands. Seit der vollständigen Brückenanbindung via Tåsinge und Fünen kann man heute bis Jütland durchfahren.

Lage und Anreise

Jedes Jahr Ende Juli wird beim Strand von Rudkøbing das größte Gartenfest des Landes gefeiert, zu dem sich bis zu 20 000 Gäste einfinden, nicht wenige davon Familien mit Kindern. Vier Bühnen präsentieren Musik für jeden Geschmack von Mike Oldfield bis Kim Larsen. Zum Megaspaß für Kids gehören Theater, Zirkus, Wasserland und jede Menge Workshops im 10 000 m² großen Kinderland (Info: ☎ 39 68 00 87, Internet: www.langelandsfestival.dk).

*Havefest

Sehenswerte Stätten auf Langeland

Wenige, aber stattliche Kaufmannshöfe und reizvolle kleine Stadthäuser entlang der Brogade und in den winkligen Gassen um den Marktplatz prägen den größten Inselort und Hauptverkehrsknotenpunkt. Die meisten Geschäfte befinden sich in der Østergade, die quer durch Rudkøbing verläuft. Neues altes Wahrzeichen ist die 1999 restaurierte Stadtmühle von 1820, die hoch über der Stadt thront. Am Fuße des Mühlenberges kam ein berühmter Physiker zur Welt: Im alten Apothekerhaus an der Brogade 15, in dem heute das Museum "Det gamle Apotek" über Medikamente des 19. Jh.s informiert, wurde 1777 Hans Christian Ørsted geboren, der die Lehre vom Elektromagnetismus begründete – auf dem Gåsetorv grüßt auch eine Statue von Ørsted, die

*Rudkøbing

> **Baedeker TIPP** Keramik & Væv
>
> Keine 50 m trennen die lebhafte Fußgängerzone Rudkøbings von der verträumten Sidsel Bagersgade 10, wo Lizzi und Leif ihren kleinen Laden neben der Werkstatt eingerichtet haben. Hier findet man einmalig schönes Kaffee- und Teegeschirr nebst wunderschönen Decken und anderen handgewebten Sachen (☎ 62 51 41 53).

Rudkøbing (Fortsetzung)	H. Vilhelm Bissen schuf. Feuersteinäxte, Bernsteinschmuck und Grabbeigaben der Wikingerzeit sind im Langelandmuseum am Jens Winthersvej 12 zu bewundern; jeden Mittwoch im Juli wird zudem zwischen 13⁰⁰ und 16⁰⁰ Uhr an der Østergade 25 altes Handwerk vorgeführt. Ein paar Schritte weiter lohnt allein der Blick in den 300 Jahre alten Kaufmannshof "Tingstedet" (Nr. 16) mit einer großen Auswahl an Antiquitäten. Immer ein Erlebnis ist der Hafen, wo die Fähren nach ▶ Ærø und Strynø auslaufen und nicht selten schmucke Dreimaster vor Anker gehen – schließlich liegt hier die renommierte Oldtimerwerft "Rudkøbing Bådebyggeri og Riggerværksted".
Strynø	Eine halbe Stunde braucht die Fähre hinüber zum Inselchen Strynø. In seinem kleinen Jollenmuseum, dem Øhavets Smakkecebter am Brovej 12, kann man die inseltypischen "Schmacken"-Jollen mit Spreizsegeltakelage sehen; wer Lust hat, kann auch selbst in einem der nachgebauten Segelboote zu einem schönen Inseltörn ablegen (☎ 62 51 55 99).

Unübersehbar bildet das rote Schloss von Graf Preben Ahlefeldt-Laurvig in Tranekær den Mittelpunkt der kleinen Gemeinde.

Skrøbelev *Aquarium	Am Spodsbjergvej 193 in Skrøbelev sind über 250 verschiedene Zierfischarten aus Süß- und Salzwasser zu bestaunen, im Tropenhaus tummeln sich Seidenäffchen, Kakadus und exotische Reptilien (Öffnungszeiten: tgl. 10⁰⁰ – 18⁰⁰ Uhr).
Sønderskovgaard	Beim Melken zuschauen oder es gar selbst versuchen, Hasen, Schafe oder einen Esel streicheln, der Bauernhof am Sønderskovvej 7 bei Spodsbjerg ist genau das Richtige für Kinder.

Tobaksladen

Als es während des Zweiten Weltkriegs Probleme mit dem Import von Virginia- und anderen Tabakwaren gab, konnten die dänischen Tabakpflanzer letzte Erfolge verzeichnen, 1947 beendete man den Anbau endgültig. Aus dieser Zeit stammt die 1990 restaurierte Tabakscheune am Stengadevej 24 nördlich von Spodsbjerg.

*Tranekær Slot

Im 13. Jh. begann man auf einer Anhöhe 12 km nördlich von Rudkøbing mit dem Bau einer Festung, die im 14. Jh. ihr 3 m dickes Mauerwerk erhielt. Seit fast 350 Jahren gehört Schloss Tranekær der Familie Ahlefeldt-Laurvig – die spannende Geschichte des dänischen Hochadels wird im Schlossmuseum an der Slotsgade 95 erzählt (Öffnungszeiten: tgl. 12:00 bzw. 13:00 – 17:00 Uhr). Schon die Umstände, unter denen die Grafschaft in den Besitz der Familie gelangte, waren abenteuerlich: Der spätere Großkanzler Frederik Ahlefeldt verliebte sich seinerzeit unsterblich in die 15-jährige Besitzerin Margrethe Rantzau, deren Vater jedoch wenig Verständnis dafür zeigte. So entführte Frederik das Mädchen kurzerhand und heiratete seine Angebetete in Holstein.

*TICKON

Um 1850 entstand der Schlosspark im englischen Stil. Fast 60 ha der Grünanlagen stehen seit 1990 dem gebürtigen Sizilianer Alfio Bonanno für seine Idee von Kunst mit und in der Natur zur Verfügung. Dank weltweiter Kontakte konnte der Wahldäne hochkarätige Vertreter der Land-Art seine Freiluft-Ausstellung TICKON (Tranæker International Center for Kunst og Natur) gewinnen. Auf der freien Wiese, im Wald und am Feldrand fügen sich die Kunstwerke in die Natur ein, Wind und Wetter ganz bewusst schutzlos ausgesetzt. So kann manches nur für kurze Zeit überleben, andere Beiträge werden vermutlich noch kommende Generationen bewundern wie das 1993 aus einem Baumstamm gedrechselte "Einhorn" von Jørn Rønnau, der 1996 aus Natursteinen geschichtete "Kontemplationshügel" von Herman Prigan und die 1998 aufgestellte "Tranekær Varde" des Neuseeländers Chris Booth (Öffnungszeiten des Parks: tgl. 10:00 – 18:00 Uhr).

Slotsmølle

Langeland wird auch als Mühleninsel bezeichnet. Eines der zehn alten Windräder ist die 1845 erbaute Schlossmühle am Lejbøllevej 3, in der ein Museum über alte wie moderne Windmühlen unterrichtet, darunter originelle Grafitti, die Müllerburschen an die Wände gekritzelt haben. Bei genügend Wind wird auch gemahlen.

Lohals
*Safarimuseum

Fischkutter und Segeljachten liegen im Hafen von Lohals dicht an dicht. Wenn das Wetter nicht gerade zum Strand lockt, sollte man sich Tom Knudsens Safarimuseum am Houvej 49 ansehen mit einer der größten Jagdtrophäensammlungen Europas (geöffnet: Pfingsten – 1. Juli Sa., So. 15:00 – 17:00 Uhr, Juli – Aug. Di., Do., Sa., So. 15:00 bis 17:00 Uhr, So. auch 10:00 – 12:00 Uhr).

Tara, Sofienlyst

Und noch ein Paradies für Kinder: Blumenwiesen, verwunschene Gärten mit Tischen und Bänken für das mitgebrachte Picknick und einen herrlichen Blick über den Belt bietet südlich von Rudkøbing die grüne Oase am Vindebyvej 28 bei Lindelse. Pferdeliebhaber sollten noch dem Gestüt Sofienlyst am Gillesbjergvej 16 weiterfahren, wo auf die Jüngsten kleine Ponys warten.

*Skovsgaard

Der Ökohof des Dänischen Naturschutzbundes an der Südostküste der Insel besitzt ein stattliches Herrenhaus aus dem späten 19. Jh.,

Langeland

Langeland, Skovsgaard (Fortsetzung)	in dem die Atmosphäre alter dänischer Adelsgüter lebendig erscheint. Im Pferdestall und Gartenhaus sind ein Kutschenmuseum und eine Ausstellung über die Forstwirtschaft eingerichtet.
Kong Humbles Grav, Hulbjergjættestuen	Langeland ist reich an Zeugnissen aus vorgeschichtlicher Zeit. Von den fast 30 Fundstätten verdienen zwei im Süden der Insel besondere Beachtung: Spekulation bleibt, ob es sich bei dem eindrucksvolles Ganggrab am Rand von Humble um das Grab von König Humble handelt, den der Historiker Saxo im Mittelalter beschreibt. Ein weiteres, etwa 5000 Jahre altes Ganggrab, Hulbjergjættestuen, liegt südwestlich von Bagenkop bei Søgård.
Museum Langelandsfort	Während des Kalten Krieges war Fort Langeland am Vognsbjergvej kurz vor Bagenkop Nato-Stützpunkt für die Überwachung des Ostseegebietes – im Kriegsfall sollte der Belt sofort vermint werden. Wo früher Normalsterblichen der Zutritt verboten war, kann man heute 150-mm-Kanonen, Haubitzen, Flakstellungen und Waffenkammern besichtigen – die Mannschaftsräume mit ihren harten Eisenpritschen erinnern allerdings eher an Verliese als an verklärte Vorstellungen von einer Elitetruppe.

LEGOLAND N 7

Halbinsel Jütland
Bezirk: Ribe amt

Billund	Die kleine Stadt Billund, 30 km westlich von ▶ Vejle, steht für Dänemarks bekannteste Familienattraktion. Welches Kind hat heute nicht schon irgendwann einmal einen LEGO-Stein in der Hand gehabt? Der illustre Spielwarenkonzern hat das kleine Dorf Billund längst zur Stadt gemacht, wo heute Hunderte von Erwachsenen spielend ihr Geld verdienen.

**LEGOLAND

Öffnungszeiten: April – Mitte Juni, Sept., Okt.: tgl. 10⁰⁰ – 20⁰⁰, Mitte Juni – Aug. tgl. 10⁰⁰ – 21⁰⁰	Unter der Ägide von Godtfred Kirk Christiansen wurde am 7. Juni 1968 bei Billund das erste LEGOLAND eröffnet, heute ein weltberühmter Vergnügungspark mit jährlichen Besucherzahlen von über 1,4 Millionen. Für das leibliche Wohl sorgen überall im Park kleine Cafés und Restaurants, Brasserien und Grill House. Und wer ein Mitbringsel sucht, kann abgesehen vom ganzen LEGO-Sortiment in zahlreichen Spezialgeschäften alles vom Piratensäbel bis zur Ritterlanze erstehen. Direkt neben dem Parkgelände befindet sich das Hotel LEGOLAND mit einem ausgezeichneten Restaurant (☎ 75 33 12 44, FAX 75 35 38 10).
Miniland	Herzstück der Anlage ist die geschäftige Liliputwelt von Miniland, wo man berühmte dänische und ausländische Bauwerke im Maßstab 1 : 20 bestaunen kann. Dazu gehören natürlich Schloss Amalienborg – aus über 900 000 LEGO-Steinen erbaut – und der idyllische Nyhavn von Kopenhagen, aber auch die Akropolis, das schottische Fischerdorf Crail und die New Yorker Freiheitsstatue. Einen schönen Blick auf die große Welt im Miniformat bietet der Pano-

Hier kann man wahrhaft Bauklötze staunen: Schlösser und Straßenzüge aus Kopenhagen, asiatische Tempel, New Yorks Freiheitsstatue und vieles mehr stehen im Maßstab 1 : 20 verkleinert in LEGOs Liliputland.

ramalift, der bis in 36 m Höhe fährt, während der LEGO-Zug gemütlich durch Großteile des Parks tuckert. Selbstgesteuerte Miniboote erlauben eine Weltumseglung oder man geht mit dem Jeep auf Safari zwischen großen LEGO-Tieren in der afrikanischen Savanne.

<small>Miniland (Fortsetzung)</small>

Im Wilden Westen tummeln sich Revolverhelden und legendäre Rothäute wie Sitting Bull, der aus 1,4 Mio. LEGO-Steinen entstand. Wer Lust hat, kann in der Präriesiedlung als Hilfssheriff anheuern. Im Indianerlager weiht Häuptling Spielender Adler neue Krieger, in der LEGOLD-Mine können Goldgräber ihr Glück versuchen.

<small>LEGOREDO Town</small>

"Alle Mann an Deck!", heißt es im Piratenland, wo Captain Roger und seine wilde Seeräuberhorde hausen. Auch Landratten sollten sich mit dem Boot in die geheime Grotte vorwagen. Hier sind die erbeuteten Schätze der berüchtigten Halunken versteckt.

<small>Piratenland</small>

In der mittelalterlichen Festung residiert der Burgherr mit seinen Rittern, Prinzessinnen und Zauberern. Klettern und Erforschen können die etwas größeren Kinder im Adlerhorst, ein Aktiv-Spielplatz mit gut behütetem Geheimnis: nur wer die Losung kennt, darf einen Blick auf die Goldeier der Adler werfen.

<small>Burgland</small>

Ab 3 Jahren kann man hier selbst am Steuerknüppel der Flugzeuge sitzen oder stolz in den elektrischen Autos und der Minibahn herumkutschieren. In den lustigen Häuschen sind Kaufladen, Puppenmöbel und ein Riesen-Bauplatz zum Spielen.

<small>DUPLO Land</small>

Hier wird am PC die Computertechnologie mit LEGO-Bausystemen verbunden, können die größeren Kids mit RCX arbeiten – das sind programmierbare LEGO-Steine – und eigene Roboter bauen.

<small>LEGO Mindstorms</small>

Baedeker SPECIAL

SPIEL GUT

Der kleine dänische Spielzeughersteller LEGO avancierte in nur wenigen Jahren mit seinem Konstruktionsspielzeug zu einem Weltkonzern. Tendenz: immer noch steigend.

Wer kennt ihn nicht, den berühmtesten Baustein der Welt mit den unverkennbaren acht Noppen und den Maßen 9,6 x 32 x 16, gemessen in Millimetern, versteht sich. Wer hat nicht schon alles in seiner Kindheit mit diesen äußerlich recht unauffälligen, 4,9152 cm³ großen Achtnoppenquadern gespielt, mit denen man sich, je nach Anzahl, lange beschäftigen kann: zwei Achtknopfsteine lassen sich 24-mal auf unterschiedliche Art zusammensetzen, drei Steinchen dieser Größe erlauben 1 060 verschiedene Kombinationen, bei sechs Achtnoppenquadern gibt es sogar 102 981 500 Möglichkeiten.

Mit Holz fing alles an

Der LEGO-Stein ist schon ein Stück Kulturgeschichte, dabei hat er erst vor einem halben Jahrhundert das Licht der Welt erblickt, und zwar in Billund, einem verschlafenen Bauerndorf mitten auf der Halbinsel Jütland. Hier lebte der Tischler Ole Kirk Christiansen, der sich mit dem Verkauf von Trittleitern und Bügelbrettern, die er in seiner kleinen Werkstatt herstellte, gerade noch über Wasser halten konnte. Ab 1932 begann er, Holzspielzeug zu fabrizieren – Autos, Enten, Sparschweinchen. Zwei Jahre später gab er seiner Firma den Namen "LEGO", eine Kombination aus den beiden dänischen Wörtern Leg Godt (= spiel gut). Erst einige Zeit darauf wurde ihm klar, dass "LEGO" im Lateinischen "ich lese" oder "ich setze zusammen" bedeutet. 1947 erwarb die mittlerweile einigermaßen florierende "Spielzeugfabrik LEGO Billund A/S" eine moderne Kunststoff-Spritzgussmaschine zur Herstellung von Spielzeug. Unter den unzähligen Kunststoffartikeln, die der Firmengründer an der Maschine erfand, waren Plastikgoldfische, die sich als Flop erwiesen, und "Automatic Binding Bricks", Kunststoffbausteine zum Zusammenstecken, eine Art Vorläufer des LEGO-Mauersteins, die bereits Noppen hatten, aber noch keine Innenrohre. 1954 wurde der Name LEGO als Warenzeichen eingetragen, ab 1956 versuchte die Firma auch im Ausland Fuß zu fassen und etablierte im holsteinischen Hohenwestedt die erste ausländische Vertriebsgesellschaft. Generalbevollmächtigter für das südliche Nachbarland wurde der Besitzer des dortigen Bahnhofshotels. Um den Markt in der Bundesrepublik Deutschland zu erschließen, ließ das dänische Unternehmen einen zweiminütigen Werbefilm fürs Kino anfertigen: "Alle bauen, groß und klein, bauen mit dem Legostein". Der Film kostete Christiansen die letzten finanziellen Reserven. Für Kopien war schließlich kein Geld mehr da, in Deutschland lief der Werbefilm nur in einem einzigen Kino. 1958 wurde das von Godtfred Kirk Christiansen, dem Sohn des Firmengründers, entwickelte bahnbrechende Stecksystem (ein Stein mit einer gut haftenden Druckbindung aus Noppen und Röhren) patentiert, das dem Unternehmen zum Durchbruch verhalf. Als 1960 das Holzspielwarenlager durch einen Brand zerstört wurde, stellte man die Produktion von Holzspielzeug ein und konzentrierte sich nun ausschließlich auf Kunststoff. Binnen kurzer Zeit stieg die einst kleine dänische Firma zu einem Weltkonzern auf. Produziert wird das Kunststoffspielzeug nicht nur in Dänemark, sondern auch in Deutschland, der Schweiz, den USA sowie in Brasilien und Südkorea; in 130 Ländern geht es über den Ladentisch. Zur LEGO-Gruppe gehören 50 Gesellschaften in 30 Ländern mit fast 10 000 Mitarbeitern, von denen knapp die Hälfte in Dänemark beschäftigt ist. Nach wie vor wird das Unternehmen LEGO von der Familie Christiansen geleitet; seit 1979 steht Kjeld Kirk Kristiansen, der Enkel des Firmengründers, an der Spitze von LEGO A/S.

Gefragt sind Ideen

Über 2 000 unterschiedliche Elemente bzw. mehr als 600 Sets hat die Firma im Sortiment – Konstruktionsspielzeug von den LEGO Primo Kästen für die Jüngsten bis hin zu den LEGO TECHNIC Profi Sets für fortgeschrittene LEGO-Konstrukteure. Bei diesen Sets handelt es sich u. a. um vorgefertigte Abenteuer wie "Der Schatz des Pharaonentempels" oder "Star Wars", die nach Anleitung zusammenmontierbar sind. Da sich mit diesen Baukästen in der Regel nur die vorgegebenen Modelle fertigen lassen, wird – anders als bei den legendären Noppen-Bausteinchen, die es nur noch in einem Sortiment namens LEGO BASIC gibt – die Kreativität der Kinder ziemlich eingeschränkt. Deshalb auch kehrte LEGO vor kurzem zu seinen Kreativität fördernden Ursprüngen zurück: mit LEGO MINDSTORMS, einem sog. "Roboter-Erfinder-System". Kern dieses Systems ist der "RCX", ein 9,5 x 6,3 x 4,0 cm großer Mikrocomputer, der vom PC aus programmiert wird. Eingebaut in ein LEGO-Modell, führt dieser Mikrocomputer die vom Kind am PC eingegebenen Befehle dann im Zusammenspiel mit Sensoren und Motor aus. So erfanden Kinder in einem Test einen lichtempfindlichen Einbrecheralarm, der über der Tür plaziert wird und ungebetene Gäste mit Tischtennisbällen überschüttet.

Der Idee mit Formen, Farben und viel Spaß Gestalt geben

Bald Nummer eins?

Im Jahr 1990 rückte die LEGO-Gruppe als einziger europäischer Vertreter in die internationalen Top Ten der Spielwarenhersteller auf; doch der Konzern hat noch größere Pläne: Bis zum Jahr 2005 soll das Warenzeichen LEGO bei Familien mit Kindern zur stärksten Marke der Welt werden. Nichts wird dabei dem Zufall überlassen. Rund zehn Neuheiten, entworfen von der LEGO-Futura-Denkfabrik im Stammsitz Billund, bringt der Konzern monatlich auf den Weltmarkt. LEGO entwirft auch Materialien für Kindergärten und für den Unterricht in der Schule und entwickelt in Zusammenarbeit mit Anbietern anderer Qualitätsprodukte für Kinder und Familien sog. Lifestyle-Produkte wie Kinderkleidung, Uhren und Handtücher. Auch die Zahl der LEGOLAND-Parks nimmt zu. Seit 1968 ist LEGOLAND Billund in Betrieb, LEGOLAND Windsor seit 1996, LEGOLAND California wurde 1999 im südkalifornischen Carlsbad eingeweiht, im Jahr 2003 soll in der schwäbischen Kleinstadt Günzburg ein viertes LEGOLAND eröffnet werden.

LEGOLAND Billund:
Auskunft:
☎ 75 33 13 33
FAX 75 35 31 79
www.lego.com
Öffnungszeiten: April bis Mitte Juni, Sept., Okt. tgl. 10⁰⁰ – 20⁰⁰,
Mitte Juni – Aug. tgl. 10⁰⁰ – 21⁰⁰ Uhr

Legoland
(Fortsetzung)

Allen Kindern zwischen 8 und 13 Jahren steht es offen, einen halbstündigen Kurs in Verkehrssicherheit zu absolvieren. Wer die Fahrprüfung im Elektro-Auto besteht, erhält einen LEGO-Führerschein.

Innenausstellungen

Im Ausstellungsgebäude an der Südseite des Parks wird die Geschichte des Spielzeugs erzählt. Zur Sammlung gehören mehr als 400 antike Puppen aus der Zeit von 1580 bis 1900 und über 1400 mechanische Spielzeuge vom Anfang des 20. Jh.s. Wirklich märchenhaft wird es im Miniaturpalast TITANIA'S PALACE, 1907 – 1922 im Auftrag von Sir Nevile Wilkinson für seine Tochter Gwendolyn in Irland handgefertigt. Das Mädchen glaubte, im Garten Elfen gesehen zu haben und es tat ihr leid, dass die anmutigen Wesen dort in dunklen Höhlen leben mussten. So erstand der Palast für die Elfenkönigin Titania, den Gemahl Oberon und ihre Kinder. Die 18 Räume sind mit kostbaren Mahagonimöbeln ausgestattet – und mit etwas Glück und Fantasie kann man bei Einbruch der Dämmerung selbst einen Elfentanz im Palastgarten beobachten.

Limfjorden   G 2 – F 14

Halbinsel Jütland
Bezirke: Viborg amt und Nordjyllands amt

Maritimes Binnenland mit einem ✻✻Paradies für Wassersportler

Genau genommen ist der 180 km lange Limfjord gar kein Fjord, sondern ein Sund. So ist es seit 1825, als eine große Sturmflut die schmale Landzunge bei Agger Tange durchbrach, die bis dahin den Fjord von der Nordsee trennte. Damit entstand eine durchgehende Wasserstraße von der Nord- zur Ostsee, wurde Nordjütland endgültig zur Insel. Zwischen Hals und Løgster schneidet sich der Limfjord als schmaler Strom durch das Land, während der Westteil durch offene Wasserflächen gekennzeichnet ist, die durch enge Sunde verbunden werden. Trennlinie sind die Sandbänke von Løgster Grunde, die früher nicht selten die Schifffahrt blockierten. An den Ufern des idyllischen Limfjords liegen zwischen grünen Wiesen beschauliche Dörfer und kleine Bauernhöfe. Im Sommer und Herbst kann man überall entlang der Küste Wurfreusen für den Aalfang sehen. Der Limfjord ist ein Paradies für Naturfreunde und Wassersportler, hier gibt es ebenso kinderfreundliche Strände wie ideale Surf- und Segelreviere in einem traumhaften Labyrinth aus

Maritime Welt am Skagerrak: der kleine Klitmøller Strand ist Skandinaviens Surferhochburg.

Land und Wasser. Viele Jahre war der Limfjord weithin für die Austernfischerei bekannt, aber die ist längst Geschichte. Heute werden stattdessen Miesmuscheln gefangen, mehr als 100 000 t pro Jahr.

Allgemeines (Fortsetzung)

Zwischen den Ufern verkehren acht "Limfjordbusse", wie die kleinen Fähren auch genannt werden. Die kürzeste Überfahrt zwischen ▶ Aalborg und Egholm dauert zwei Minuten, für die längste Überfahrt zwischen Ronbjerg und Livø braucht man 20 Minuten. Am Westende des Limfjords pendelt eine Fähre zwischen Thyborøn und Agger, am Ostende verbindet eine Fähre Hals und Egense. Weitere Fährverbindungen bestehen zwischen Hvalpsund und Sundsøre, von Nederby/Fur nach Branden und von Mors über den Feggesund nach Tofthuse sowie über den Neessund nach Hurup.

Fähren

Rund um den Limfjord

Erst in der zweiten Hälfte des 19. Jh.s wurde der Kanal bei Thyborøn für die Schifffahrt vertieft und mit Molen und Buhnen gesichert – die gewaltigste ragt gegenüber bei Agger Tange 800 m weit ins Meer. Mit dem Bau des Hafens um 1915 entwickelte sich der Fischerort Thyborøn, dessen ehemalige Auktionshalle in der Havnsgade 5 jetzt ein Museum über Fischerei und Seenotrettung beherbergt. Wer gerne Fisch isst, sollte die Speisekarte des benachbarten Restaurants "Fischhalle" studieren. Aus dem unerschöpflichen Fundus der Nordsee zauberte der Fischer Alfred Pedersen für seine Frau am Klitvej 9 das kleine Märchenschloss Sneglehus (Abb. S. 8). 25 Jahre verzierte der besessene Sammler Mauern, Türmchen und Wände über und über mit Muscheln und Schnecken – als Blickfang grüßt über dem Portal eine Meerjungfrau. Im Dünensand zeugen mehr als 50 Bunker vom Zweiten Weltkrieg, als Thyborøn zu einer Festung des Atlantikwalls ausgebaut wurde.

*Thyborøn

Auf der gegenüberliegenden Fjordseite erinnert in Agger eine Granitskulptur in Form einer Welle an die große Sturmflut von 1893, bei der 48 Fischer ihr Leben auf See ließen.

Agger

Das Dorf Vestervig war im 11. Jh. Bischofssitz für Vendsyssel, den nördlichsten Teil Jütlands. Mit dem Niedergang der Region durch die Versandung der Nordseemündung kam der Wechsel des Bischofssitzes nach Børglum. Geblieben ist die 60 m lange dreischiffige Basilika des Ortes, Nordeuropas größte Dorfkirche.

Vestervig

Die Region Thy lädt mit ihren breiten weißen Sandstränden zu Sonnenbad und Wassersport jeder Art ein. Hinter den Dünen schließen sich schützende Strandforste und Heideflächen an.

Thy

Wie in Nørre Vorupør noch die traditionelle Strandfischerei betrieben wird, erzählt das örtliche Fiskeri- og Redningsmuseet in der ehemaligen Rettungsstation. Das Nordsø Akvariet ist derweil ganz den Bewohnern der Nordsee gewidmet.

Nørre Vorupør

"Europas Hawaii" wird der Strand bei Klitmøller auch genannt, im Sommer der Treffpunkt von High-Speed-Fans der Surferszene.

*Klitmøller

Herrliche Dünenlandschaften, Heide und flache Strandseen gehören zu Dänemarks größtem Vogelschutzgebiet und Wildreservat. Hier gelten strenge Zugangsbestimmungen.

*Hanstholm Vildreservat

*Hanstholm	Hanstholm ist Heimathafen einer großen Fischereiflotte und Anlaufstelle der Fähren aus Bergen/Norwegen. Ein Muss für Hochseeangler sind die Kutterfahrten im Sommer zum Gelben Riff. Überall in den Dünen um Hanstholm zeugen Bunker und Geschützstellungen vom Atlantikwall des Zweiten Weltkriegs. Ein Teil der Anlagen am Tårn- und Molevej gehören zum Museumscenter Hanstholm, darunter auch eine Munitionsbahn, mit der man das Gelände erkunden kann. Stadtgeschichte ist Thema der Ausstellung beim 30 m hohen Leuchtturm, der 1843 am Hafen errichtet wurde.
Bulbjerg	Den besten Blick auf die Vigsøbucht gewährt 25 km weiter östlich der 47 m hohe Bulbjerg, dessen Steilklippe zur Nordsee als Naturschutzgebiet ausgewiesen ist.
Thisted	Für einen Einkaufsbummel eignet sich das Verwaltungszentrum Thisted. Bekanntester Sohn der Stadt ist der jung verstorbene Jens Peter Jacobsen (1847 – 1885), dessen psychologische Romane "Marie Grubbe" und "Niels Lyhne" auch in Deutschland großen Anklang fanden. Im Heimatmuseum an der Jernbangade 4 ist ein Gedenkraum für den Schriftsteller eingerichtet. Eine Büste auf dem Lilletorv erinnert an Pfarrer Hans Christian Sonne, der im 19. Jh. die erste Einkaufsgenossenschaft Dänemarks gründete.

Limfjorden

*Mors	Größte Insel im Limfjord ist mit 363 km² die Insel Mors bzw. Morsø. Neben den Fähren (s. S. 205) sorgt im Süden eine 1,7 km lange Brücke über den Salling Sund für schnelle Erreichbarkeit, im Norden eine 400 m lange Brücke über den Vilsund. Mors ist ein Naturjuwel mit sanft geschwungenen Moränenhügeln, steilen Anhöhen, Heide, Fichten- und Buchenwäldern. Die 25 m hohen Klippen Feggeklit im Norden bestehen aus Molererde, weißem Kieselgur, für den Mors berühmt ist. Wer mehr über diese geologische Besonderheit erfahren will, sollte im Molermuseet in Hesselbjerg vorbeischauen. Hier sind auch zahlreiche Fossilien der Molererde ausgestellt, die vor rund 55 Mio. Jahren im Alttertiär durch Ablagerungen kleinster Algen auf dem Grund eines Urmeeres entstand. Am deutlichsten wird die Schichtung durch feine Ascheeinlagen urzeitlicher Vulkanausbrüche im Bereich des heutigen Skagerrak an der 60 m hohen Klippe Hanklit, die fast senkrecht zur Küste abfällt.
Nykøbing Mors	Informationen über die Geschichte und Kultur der Insel liefert das Morsland Historiske Museum im ehemaligen Johanniterkloster Dueholm aus dem 14. Jh. im Hauptort Nykøbing Mors am Salling Sund. Über die Blütezeit der Eisenindustrie im 19. Jh. erzählt das Støberimuseet, ein Gießereimuseum.
**Jesperhus Blomsterpark	Im Parkgelände am Ludingvej blühen Millionen Blumen. Man kann exotische Vögel und Schmetterlinge bestaunen, im Pirantenland auf Schatzsuche gehen oder sich stundenlang im Spaßbad amüsieren (Öffnungszeiten: Mitte Mai – Mitte Sept. tgl. 10:00 – 17:00, im Juli bis 20:00 Uhr).
Højriis Slot	Die Anfänge des Bilderbuchschlösschens im neugotischen Stil reichen bis ins Mittelalter zurück, die jetzigen drei Flügel sind Umbauten vom Ende des 19. Jh.s. Teile des Schlosses bilden den Rahmen für eine eigenwillige Inszenierung des Märchens von Dornröschen, im ehemaligen Schweinestall werden Arbeiten der Fotografin Sissle Honoré ausgestellt.
*Fur	Nur fünf Minuten dauert die Überfahrt von Branden zur 22 km² großen Insel Fur östlich von Mors. Die spektakuläre Steilküste im

Norden verspricht fantastische Aussichten über den Fjord. Bei der Knudeklinterne hat das Wasser auf mehreren Hundert Metern die gefalteten Molerschichten freigelegt, die sich mit fast 200 Schichten vulkanischer Ascheablagerungen am Strand auftürmen. Vom Leben vor über 50 Mio. Jahren zeugen die versteinerten Insekten, Fische und Pflanzen aus dem "Mo-Lehm", die im Fur Museum von Nederby zu bewundern sind (Öffnungszeiten: tgl. 10^{00} – 17^{00} Uhr).

Fur (Fortsetzung)

Steinerne Zeitzeugen: die Molerschichten an der Steilküste von Fur

Wahrzeichen von Lemvig am Südufer des Haffes Nissum Bredning ist der zwiebelförmige Kupferturm seiner um 1200 geweihten Kirche. Im Stadtmuseum an der Vestergade 44 wird über Seenotrettung und den Dichter Thøger Larsen (1875 – 1928) informiert. Hauptattraktion ist jedoch der Planetstien, eine Wanderung durch unser Sonnensystem im Maßstab 1 : 1 Milliarde. Die Sonne steht am Vesterbjerg, 58 m weiter der Merkur, nach 228 m stößt man bis zum Mars, nach 800 m bis zum Jupiter vor; bis zum Pluto sind es allerdings fast 12 km Wegstrecke.

Lemvig

*Planetstien

Den größten Jachthafen des Limfjords besitzt Struer, in dem eines der weltweit führenden Hi-Fi-Unternehmen besichtigt werden kann: Bang & Olufsen. 1925 gründeten Peter Bang (1900 – 1957) und Svend Olufsen (1897 – 1949) hier eine Radiofabrik, vier Jahre später wurde mit dem "Fünflamper" das erste Gerät produziert, das neben herausragender Technik auch auf Formschönheit setzte.

Struer, Bang & Olufsen

Hauptstadt der Halbinsel Salling ist Skive, dessen kulturhistorisches Museum am Havnevej 4 den größten Bernsteinfund der Jungsteinzeit sein Eigen nennt, der aus mehr als 13 000 Perlen besteht.

*Skive

Skive (Fortsetzung)	Im selben Gebäude präsentiert das Kunstmuseum viel Landschaftsmalerei. Oberhalb des Hafens thront der um 1560 begonnene Herrensitz Krabbesholm, heute ein Zentrum für Erwachsenenbildung.
***Spøttrup Slot**	Rund 16 km nordwestlich liefert Spøttrup eines der besten Beispiele für mittelalterliche Burgenbaukunst in Dänemark. Der rote Backsteinbau am Spøttrupsee, einem Vogelparadies, wurde für die Viborger Bischöfe erbaut und mit doppeltem Wassergraben umgeben. Nach der Reformation wurde das Anwesen königliches Lehen und später als Herrensitz verkauft. Über eine Holzbrücke gelangt man in die lange Zeit uneinnehmbare Festung mit gotischen Gewölben, die heute für Konzerte und Ausstellungen genutzt werden. Einen Blick lohnen auch der Kräuter- und Rosengarten (Öffnungszeiten: April Di., Mi., So. 11^{00} – 17^{00}, Mai – Aug. tgl. 10^{00} – 18^{00} Uhr, Sept., Okt. tgl. 10^{00} – 16^{00} bzw. 17^{00} Uhr, Nov. Mi. 11^{00} – 15^{00} Uhr).
***Hjerl Hede Frilandsmuseum**	Eines der größten Freilichtmuseen des Landes liegt 10 km südwestlich am Flyndersee im Naturschutzgebiet Hjerl Hede, benannt nach Hjerl Hansen, der das Land inmitten ausgedehnter Heideflächen Anfang des 20. Jh.s erworben hatte. Im Sommer lassen hier fast 100 Mitarbeiter in zeittypischer Kleidung und mit dem entsprechenden Werkzeug den dörflichen Alltag der Steinzeit und des 19. Jh.s wiederauferstehen. Schmiede, Spritzenhaus, Mühle, Kaufmannsladen und Steinzeitdorf sind originalgetreu rekonstruiert und bewirtschaftet. Besonders stimmungsvoll sind die Adventswochen, wenn in den kleinen Häuschen die Weihnachtsbäume nach alter Tradition geschmückt werden. (Öffnungszeiten: tgl. 9^{00} – 17^{00}Uhr).
Sahl Kirke	Um 1220 wurde der romanische, mit Bergkristall verzierte Goldaltar in der Sahlkirche bei Vinderup angefertigt.
Ålestrup	Knapp 45 km nordöstlich von Skive stellt in Ålestrup das Cykelmuseet anhand von 100 Fahrrädern die Entwicklung des Zweirads vor.
Stenaldercenter Ertebølle	Nächster Halt am Limfjord ist ein rekonstruierter steinzeitlicher Siedlungsplatz der sog. Ertebøllekultur (5000 – 4000 v. Chr.) am Gl. Møllevej 8 in Ertebølle. In der Nähe entdeckte man den bekannten Muschelhaufen "Kökkenmödding", der einer Periode der späten Steinzeit ihren Namen verlieh.
Vitskøl Kloster	Das ursprüngliche Kloster bei Ranum wurde von Zisterziensern gegründet, die das Land 1157 von Valdemar dem Großen als Geschenk erhielten. Von der Kirche existieren nur noch Ruinen. Das jetzige Kloster stammt aus dem Mittelalter. Das mehrfach umgebaute dreiflügelige Anwesen ist heute Konferenzzentrum.
Løgstør	Das alte Handelsstädtchen Løgstør schmiegt sich an das Südufer des Aggersund, den seit 1942 eine Brücke überspannt. Am Hafen beginnt der 1861 eingeweihte, 4 km lange Frederik-VII.-Kanal nach Lendrup. Die 1996 renovierte Windebrücke führt hinüber zum Limfjordmuseet, dem ehemaligen Wohnsitz des Kanalvogts, in dem über die Fjordfischer und ihre Boote berichtet wird.
Aggersborg	Genau dort, wo alle Schiffe den schmalen Aggersund passieren mussten, wurde um 980 auf Geheiß von Harald Blauzahn am nörd-

lichen Fjordufer die größte Wikingerburg des Landes errichtet, die aus 48 Langhäusern bestand und rund 5000 Menschen Platz bot. Erhalten ist der kreisrunde Wallgraben von 240 m Durchmesser (s. hierzu auch ▶ Baedeker Special, S. 40).

Limfjorden (Fortsetzung)

In Richtung Limfjord entstand um 1860 der Aggersborggård, ein schöner dreiflügeliger Fachwerkbau, der liebevoll restauriert worden ist. Wechselaustellungen beschäftigen sich mit Lokalgeschichte und Kunst; in einem kleinen Laden kann man ausgezeichnetes Lammfleisch, Käse und Wollsachen einkaufen.

Aggersborggård

Eine alte Landbrauerei in der Østergade von Fjerritslev erzählt die spannende Geschichte der traditionsreichen Bierbrauer.

Alte Bierfässer, Brau- und Gärbottiche zeigt das Bryggerimuseum in der Østergade 1. Es handelt sich um P. Kjeldgårds ehemalige Landbrauerei, die 1897 – 1968 in Betrieb war – hübsches Mitbringsel: die Biergläser der Brauerei. Im Gebäude ist auch das Heimatmuseum untergebracht (Öffnungszeiten: Mo. – Fr. 10⁰⁰ – 16³⁰ Uhr). In der nostalgischen Bonbonkocherei Pedersbæk am Udklitvej 31 können Naschkatzen zwischen 20 Sorten wählen und anschließend die Keramikwerkstatt und die Kerzengießerei aufsuchen.

*Fjerritslev

▶ dort

Aalborg

Lolland

S / T 18 – 23

Bezirk: Storstrøms amt
Inselfläche: 1241 km²
Bewohnerzahl: 85 000

Wie die Nachbarinsel ▶ Falster ist auch Dänemarks drittgrößte Insel Lolland überall flach, nur wenige Stellen erreichen eine Höhe von mehr als 30 m. Auf einer Länge von fast 70 km schützen Meerdeiche das Land vor Sturmfluten, die das größte eingedämmte Ge-

Lage und Allgemeines

Allgemeines (Fortsetzung)

biet Dänemarks im 19. Jh. immer wieder bedrohten. Markenzeichen sind heute fruchtbares Bauernland mit Schwerpunkt Zuckerrüben, Nordeuropas größter Ferienpark Lalandia, edle Karossen im Oldtimermuseum von Schloss Ålholm und der vergnügliche Safaripark Knuthenborg. Zum Surfen fahren die meisten nach Nysted und in die Bucht von Langø. Auch die schönsten Strände liegen im Süden zwischen Maglehoj und Hyllekrog. Beim Fahrradrennen "Lolland Rundt" Ende Juli über 300 und 160 km kann jeder mitmachen (E-Mail: lolland.rundt@image.dk).

Mit dem Auto durchquert man im Knuthenborg Safaripark ein Stück Afrika und Asien, begegnet man Giraffen, Nashörnern und Elefanten.

Verkehr

Eine Stunde braucht die Fähre von Puttgarden über den Fehmarnbelt nach Rødbyhavn, dem dänischen Fährhafen der Vogelfluglinie. Knapp zwei Stunden später kann man auf der fast durchgehend als Autobahn ausgebauten E 47 in Kopenhagen sein. Eine weitere Fährlinie von Tårs nach Spodsbjerg verbindet Lolland mit ▶ Langeland und ▶ Fünen. Drei Brücken über den Guldborgsund stellen die direkte Verbindung nach ▶ Falster her.

Inselrundfahrt

Rødbyhavn, *Lalandia

Westlich des Fährhafens garantiert das tropische Badeparadies Lalandia ganzjährig ungetrübte Badefreuden (s. S. 314).

Polakkasernen

Vom harten Los der polnischen Arbeiterinnen, die zu Beginn des 20. Jh.s auf den Zuckerrübenfeldern von Lolland gearbeitet haben, wird nordöstlich in den alten Mietskasernen von Tågerup erzählt.

Geschützt im hinteren Teil des gleichnamigen Fjords liegt der alte Werftstandort Nakskov mit der größten Zuckerfabrik des Landes. Vom Hafen fahren unter der Woche Postschiffe zu den Miniinseln im Fjord. Lollands größte Stadt, die 1266 Stadtrecht erhielt, besitzt einige alte Fachwerkhäuser wie die Gammel Apoteket am Axeltorv. Hauptattraktion aber ist das sowjetische U-Boot U-359 im Hafen am Skibsværftsvej. Über Schiffsbau und Seefahrt unterrichtet zudem das Museum an der Havnegade 2. Im Sommer trifft man sich am besten am Hestehovedet beim Badestrand und Jachthafen.

Nakskov

Die Margeritenroute führt nordöstlich bei Svindsbjerg zum längsten steinzeitlichen Kammergrab des Landes. Auf dem klassizistischen Herrensitz Pederstrup erinnert ein Museum an den Kanzler Frederiks VI., Graf Christian Ditlev Reventlow, der 1788 die Aufhebung der Leibeigenschaft bewirkte.

Kong Svends Høj, Reventlow Museum

Von Kragenæs setzen Fähren zur Obstinsel Fejø über mit Töpferwerkstatt, Kerzenfabrik und einer 250 Jahre alten Dorfschmiede. Anfang August lohnt das Femø Jazzfestival auf der Nachbarinsel, die danach wieder in einen Dornröschenschlaf versinkt.

Fejø, Femø

Bandholm, wo die Fähren zur Insel Askø ablegen, ist der Hafen von Maribo. Im Sommer fährt ein Oldtimerzug von Maribo hierher und zum Safaripark. Das 660 ha große Gut Knuthenborg wurde Anfang des 19. Jh.s im englischen Stil angelegt und 1970 zum Wildgehege umgewandelt. Mit dem Auto fährt man nun durch ein Stück Afrika und Asien, begegnet man Zebras, Giraffen und Nashörnern, Elefanten, Affen und bengalischen Königstigern (Öffnungszeiten: Mai bis Sept. tgl. 9⁰⁰ – 17⁰⁰ Uhr, Okt. Sa., So. 9⁰⁰ – 17⁰⁰ Uhr).

Bandholm

*Knuthenborg Safaripark

Inmitten einer Seenlandschaft im Herzen Lollands am Sønder Sø entstand im 15. Jh. ein Doppelkloster des Birgittinenordens, das Königin Margrethe 1408 gestiftet hatte. Geblieben sind nur Ruinen und die Klosterkirche, seit 1924 der Dom von Maribo, der zwischen 1413 und 1470 errichtet wurde. Das Mittelschiff der fast 60 m langen Hallenkirche ziert ein spätgotisches Sterngewölbe. Rechts neben dem Chor ist Leonora Christina Ulfeldt, die Lieblingstochter Christians IV., beigesetzt. Die Treue zu ihrem Gatten Corfitz Ulfeldt, dem späteren Statthalter von Kopenhagen, der wegen Hochverrats gegen Frederik III. zum Tode verurteilt wurde, bezahlte sie mit 22 Jahren Haft auf Schloss Christiansborg und Verbannung nach Maribo, wo sie ihre letzten Lebensjahre verbrachte. Ihr Grab trägt die Inschrift: "Herr, wäre dein Wort nicht mein Trost gewesen, wäre ich in meinem Elend vergangen." Das traurige Schicksal Christinas war wiederholt Thema der Gemälde von Kristian Zahrtman (1843 – 1917), der zu den dänischen Malern und Bildhauern gehört, die im Storstrøms Kunstmuseum am Banegårdspladsen ausgestellt sind. Im Stiftsmuseum am Jernbaneplads wird über die Vergangenheit von Lolland und ▶ Falster informiert. Das Frilandsmuseet am Meinckes Vej 5 vermittelt mit alten Gehöften, Schule und Werkstätten eine Vorstellung von der bäuerlichen Kultur um 1800.

Maribo

Entlang der verzweigten Seen um Maribo kann man herrliche Spaziergänge unternehmen, an der Nordseite beispielsweise bis zum klassizistischen Herrenhof Engestofte, im Süden bis zum Anwesen Søholt mit einem Garten im französischen Stil.

Engestofte, Søholt

Lolland (Fortsetzung), Sakskøbing	Wahrzeichen der Provinzstadt, 12 km nordöstlich, ist das lächelnde Gesicht ihres Wasserturms, Blickfang auf dem Marktplatz sind die "Rübenmädchen" von Gottfried Eickhoff. Die polnischen Saisonarbeiterinnnen wurden seit Ende des 19. Jhs. in großer Zahl zur Zuckerrübenernte angeworben – nicht wenige fanden hier eine neue Heimat, was die Familiennamen mitunter erkennen lassen. Nette
Orebygård	Ausflugsziele sind 4 km nördlich das Renaissanceschloss Berritsgård, das 1586 für Lisbet Friis, die Witwe Jacob Huitfeldts, errichtet wurde und am Sakskøbingfjord Schloss Orebygård, ein Herrenhof des 16. Jh.s, der im Stil der Spätrenaissance umgestaltet wurde.
Nysted, *Ålholm Automobilmuseum	Wie wäre es mit einer Spazierfahrt in einem englischen Morgan? Besucher der kleinen Hafenstadt an der Südostecke Lollands kommen in erster Linie wegen des Automobilmuseums von Schloss Ålholm, dessen Anfänge bis 1300 zurückreichen. Ende des 19. Jh.s wurde das Anwesen im Stil einer Ritterburg umgebaut, 1996 ging es in Privatbesitz über und ist daher nicht mehr zugänglich. Den Schlosspark kann man indes mit der Dampflok von 1850 erkunden und natürlich die rund 200 blankpolierten Oldtimer aus der Zeit von 1896 bis 1936 bestaunen, die allesamt fahrtüchtig sind (Öffnungszeiten: Juni – Aug., 14. – 22. Okt. tgl. 10^{00} – 17^{00} Uhr, April, Mai, Sept. Sa., So. 10^{00} – 16^{00} Uhr).

Louisiana, Museum for Moderne Kunst

▶ Helsingør, Umgebung

Middelfart   O / P 11

Insel Fünen
Bezirk: Fyns amt
Einwohnerzahl: 18 000

Brückenkopf am Kleinen Belt	Zwei Brücken führen von ▶ Kolding auf dem dänischen Festland hinüber nach Middelfart, das im äußersten Nordwesten der Insel ▶ Fünen an der "mittleren Furt" über den Kleinen Belt liegt. Im Jahre 1935 wurde die erste Lillebeltbro eingeweiht, eine Stahlbrücke mit Eisenbahnlinie und Straße, 1970 nahm die Hängebrücke mit der Autobahn den Betrieb auf.

Sehenswertes in Middelfahrt

Skt. Nikolai Kirke	Die Anfänge der Nikolaikirche am Hafen reichen bis in das 13. Jh. zurück. Den Barockaltar schmückt ein Gemälde, das Christoffer Wilhelm Eckersberg um 1840 geschaffen hat.
*Middelfahrt Museum	Hüte, Seefahrt und Brücken sind Thema des Stadtmuseums. Im Henner Friisers Hus an der Brogade 8, einem wunderschönen Fachwerkgiebelhaus von 1575, sind 125 Damenhüte zu bewundern. Die meisten stammen von Emilie Schmidt, die zwischen 1870 und 1920 in Middelfahrt die Mode diktierte. Daneben wird über den Walfang im großen Stil berichtet. Ein Stadtmodell zeigt im Maßstab 1 : 250,

wie Straßen und Plätze Anfang des 19. Jh.s aussahen. Über die 1935 eröffnete Kleine-Belt-Brücke unterrichtet die Ausstellung an der Algade 4 (Öffnungszeiten: Juni – Aug. tgl. 11⁰⁰ – 17⁰⁰ Uhr).

Middelfahrt Museum (Fortsetzung)

Damenhüte und Walfang im großen Stil sind Themen des Stadtmuseums.

Was technisches Können und Einfallsreichtum auf dem Gebiet der Keramik hervorbringen können, wird in der Villa Grimmerhus am Kongebrovej 42 deutlich, wo rund 100 europäische Künstler der Moderne vertreten sind (Öffnungszeiten: Di. – So. 11⁰⁰ – 17⁰⁰ Uhr).

*Keramikmuseet

Den Hauch der Geschichte spürt man westlich vom Zentrum auf Schloss Hindsgavl (Abb. S. 214), das bereits 1295 Erwähnung fand, als Dänemarks König Menved hier mit dem Norweger Erik Magnusson einen Waffenstillstand aushandelte. Die Burg zu Füßen des Parks wurde 1658 aufgegeben, das heutige Hindsgavl ließ Rittmeister Christian Holger Adeler 1784 erbauen. Am 16. April 1814 unterzeichnete König Frederik VI. dort das Friedensabkommen, welches Dänemark von Norwegen trennte. Schloss und Park strahlen klassizistische Ruhe aus. Seit 1994 wurde das Anwesen behutsam instandgesetzt. Heute kann man hier stilvoll seine Ferien verbringen oder auch nur einen Abend genussvoll speisen (☎ 64 41 88 00).

*Hindsgavl Slot

Umgebung von Middelfart

Im Zentrum der hübschen Kleinstadt an der Nordwestküste Fünens sind viele alte Fachwerkhäuser bewahrt worden, vor allem um den Torvet und in der Øster- und Adelgade, wo sich kleine Boutiquen und Kunsthandwerksläden in den alten Bürgerhäusern etabliert

*Bogense

Auf Schloss Hindsgavl unterzeichnete König Frederik VI. am 16. April 1814 das Friedensabkommen, welches Dänemark von Norwegen trennte.

Bogense (Fortsetzung)	haben. Im Nordfyns Museum an der Vestergade 16 sind regionale Möbel und Trachten ausgestellt. Wie sein Brüsseler Bruder hat der "Mannekin Pis" eine besondere Geschichte. Es handelt sich um ein Dankgeschenk von Konsul Willum Fønns, einem Findelkind, der von dem Bogenser Metzger Levinsohn adoptiert worden war.
Gyldensteen	Durch die erfolgreiche Landgewinnung des 18. Jh.s konnte sich auch das Gut Gyldensteen, 4 km östlich, vergrößern. Das elegante Renaissancegebäude aus rotem Backstein wurde 1640 errichtet.
Harritslevgård	An der Stelle einer 1231 im Grundbuch König Valdemars genannten Wikingerburg ließ Breide Rantzau 1606 das Renaissanceschloss Harritslevgård mit Giebeln, Sandsteinkronen und Erkern erbauen.
Glavendrup Skibssætning	Einen Abstecher lohnt Glavendrup, 18 km südöstlich von Bogense, wo eine Schiffssetzung für den Wikingerhäuptling "Alle der Bleiche" entdeckt wurde. Sein 7 t schwerer Runenstein aus dem 10. Jh. besitzt mit 210 Zeichen die längste Inschrift des Landes.
*Fyns Sommerland, Fyns Aquarium, Vissenbjerg Terrarium Frydenlund Fuglepark	Fünens größter Freizeitpark an der Landstraße 161 bei Aarup bietet von Juni bis August Aktivitäten für die ganze Familie wie Ponyreiten, Karussells und ein großes Erlebnisbad im Freien. In den Aquarien von Vissenberg tummeln sich Süß- und Salzwasserfische aus aller Welt, darunter Haie und Piranhas, im Vissenbjerg Terrarium kann man blaue Giftfrösche und Seidenäffchen bestaunen. Tierfreunde sollten sich auch den bezaubernden Vogelpark mit Streichelzoo und Grillplatz im nahen Tommerup nicht entgehen lassen.

Hunderte von Segeljachten finden Platz in der großen Marina der hübschen Hafenstadt am Kleinen Belt, knapp 40 km südlich von Middelfart. Berühmtester Sohn der Stadt ist der Seeheld Peter Willemoes, der sich 1801 in der Seeschlacht gegen England vor dem Hafen Kopenhagens auszeichnete. Er kam 1783 in dem schmucken Fachwerkhaus Nr. 36 an der Østergade zur Welt, wo heute das Stadtmuseum seine Taten würdigt und über die Seefahrt berichtet. Nur wenige Schritte weiter bewohnte der Silberwarenhersteller Ernst das aristokratische Stadthaus Nr. 57. Seiner Leidenschaft für Antiquitäten verdankt das Museum die wunderschöne Sammlung.

*Assens

Ein Muss für Gartenliebhaber liegt rund 8 km südöstlich: sieben Kulturgärten vermitteln einen Eindruck von den schönsten Eigenarten sieben europäischer Länder (Öffnungszeiten: Gründonnerstag bis Okt. tgl 10⁰⁰ – 17⁰⁰ Uhr).

*De syv Haver

In einem Wirtschaftsgebäude des neoklassizistischen Schlosses, knapp 18 km östlich von Assens, zeigt ein arbeitendes Flachswebereimuseum eine einzigartige Sammlung von Jacquard-Webstühlen. Wer will, kann nach alten Mustern gewebte Tischtücher einkaufen (Öffnungszeiten: Juni – Aug. tgl., Mai und Sept. nur Sa., So. 13⁰⁰ bis 17⁰⁰ Uhr).

*Krengerup

Møn

R / S 25 – 28

Bezirk: Storstrøms amt
Inselfläche: 217 km²
Bewohnerzahl: 11 000

Møn schmiegt sich eng an die Nachbarinseln ▶ Seeland und ▶ Falster, mit denen sie durch eine Brücke von Kalvehave und die Farøbrücke verbunden ist. *"Wenn ich nach Møn fahre, ist das Ziel meiner Reise stets dasselbe"*, schrieb 1852 der Klippenbesucher H.C. Andersen (▶ Baedeker Special S. 226) in seinen Reiseaufzeichnungen, *"und jedes Mal finde ich eine Kulisse vor, als sei ich noch nie hier gewesen."* Was der dänische Märchenpoet bemerkte, stimmt noch heute. Denn langsam, aber stetig nagt die Brandung an den fast 130 m hohen Kreidefelsen, die fortwährend ihr Gesicht verändern. Zu Andersens Zeiten war beispielsweise das Wahrzeichen der Insel noch die Sommerspiret. Die "Sommerspitze" ist längst eingestürzt und der Dronningestohlen steht heute auf Platz Eins unter den weißen Riesen. Dank seiner Kathedralen aus Kreide gehört Møn zu den populärsten Reisezielen Dänemarks. Aber auch die mittelalterlichen Fresken des Meisters von Elmelunde sind ein Nationalschatz. Nicht zu vergessen der feinsandige Traumstrand Ulvhale. Der kalkige Boden Møns ist auch ein idealer Nährstofflieferant. Mehr als 20 Orchideenarten wachsen hier, und im Frühjahr explodiert die Insel geradezu, wenn überall Leberblümchen, Aronstab und Schlüsselblumen blühen.

**Die Insel der weißen Riesen

> **Baedeker TIPP) Fletværk**
>
> Wunderschöne Körbe und Skulpturen aus Weidengeflecht findet man am Südende der Insel im Grønjægervej 4 von Hårbølle bei Klaus Titze. Der gelernte Korbflechter mit eigener Weidenplantage experimentiert mit Design, verschiedenen Techniken und Farbkombinationen (Öffnungszeiten: Mo. – Sa. 11⁰⁰ – 15⁰⁰ Uhr).

Fahrt durch Møn

Kong Askers Høj, Klekkende Høj

Von Seeland führt die Dronning Alexandrines Bro über den Ulvsund nach Møn. Der Westteil der Insel ist sanft gewelltes Hügelland mit kleinen Weilern und Einzelgehöften. Nur eine Straße durchquert der Länge nach die Insel. Nach 2 km zweigt rechts eine Nebenstraße nach Sprove ab. Hier begegnet man den ersten Zeugnissen der Jungsteinzeit: Kong Askers Høj hat eine 10 m lange Grabkammer, Klekkende Høj, weiter südlich Richtung Tostenæs ist ein Doppelkammergrab von 9 m Länge, die Kammern sind 4,5 m tief. Insgesamt gibt es auf Møn rund 200 Hünengräber.

**Fanefjord Kirke

An der Südspitze erreicht man eine der drei Kirchen auf Møn mit Kalkmalereien des berühmten Elmelundemeisters aus dem 15. Jahrhundert. Die Motive der kunstvollen Bilderbibel vermischen sich mit Alltagsszenen wie der Tratsch zweier Frauen, eifrig vom Teufel protokolliert. Die hochgotischen Fresken am Chorbogen aus der Zeit um 1350 zeigen Christophorus, den hl. Martin und Medaillons mit den Symbolen der vier Apostel – als aufstrebender Handelsplatz der Heringsflotte konnte sich Fanefjord damals solch eine reiche Ausstattung leisten.

Bogø

Über einen Damm gelangt man zur Nachbarinsel Bogø mit dänischer Dorfidylle und einer holländischen Windmühle von 1852. Krönung eines Besuchs im Schokoladenmuseum am Grønsundvej 699 in Farø ist natürlich die abschließende Kostprobe.

*Grønjægers Høj

Dänemarks größtes Dolmengrab mit 145 wuchtigen Randsteinen ist der ca. 5500 Jahre alte "Hügel des grünen Jägers", der hier mit seiner Frau Fane begraben sein soll. Drei Kammern hat das auch Grønsalen genannte Grab von 100 m Länge und 10 m Breite.

Stege

Der Hauptort Møns an der Stegebucht entwickelte sich um eine nicht mehr erhaltene Burg, die Valdemar I. anno 1175 errichten ließ. Nur der alte Mølleporten, das Mühlentor, erinnert noch an die mittelalterliche Burgmauer. Schöne Fresken schmücken den dreischiffigen Chor und das Langhaus der um 1250 begonnenen St.-Hans-Kirche. Im Mønsmuseum an der Storegade 75 sind archäologische Funde und Volkskunst ausgestellt. Um Stege erstrecken sich weite Wiesen – ideales Terrain für Møns 18-Loch-Golfplatz.

**Ulvshale, *Nyord

Der schönste Strand der Insel wartet nordwestlich auf der Halbinsel "Wolfsschwanz". In unmittelbarer Nähe des kinderfreundlichen Sandstrands, der so breit und flach ins Meer abfällt, als sei er extra für den Familienurlaub gemacht, liegt ein ursprüngliches Naturschutzgebiet. Eine Brücke führt hinüber zur Insel Nyord, wo man das ganze Jahr hindurch seltene Vogelarten beobachten kann wie Rotschenkel, Kampfläufer, Austernfischer und Löffelenten.

Ægholm

Ornithologisch interessant ist auch das vorgelagerte Inselchen Ægholm mit einer Kolonie von rund 3000 Kormoranen, die die ausgezeichneten Fischgründe zu schätzen wissen.

*Keldby Kirke

Nächster Halt östlich von Stege ist die kleine Keldbykirche, die um 1250 erbaut wurde. Auch sie trägt die Handschrift des Elmelundemeisters (s. unten). Seine Malereien des 15. Jh.s. enthalten häufig weltliche Motive wie etwa bei der Darstellung des Heiligen Abends, wo Josef für das Jesuskind Grütze kocht. Die Fresken im Chor stammen aus dem 13. Jahrhundert.

Keldby Kirke (Fortsetzung)

Als Seezeichen weithin sichtbar ist die Dorfkirche von Elmelunde. Das älteste Gotteshaus der Insel ist über und über mit bunten Fresken ausgemalt. Ein unbekannter Künstler hat die mitunter schaurigen Bibelszenen im 15. Jh. in der sehr haltbaren "Al-Fresco-Technik" auf den noch feuchten Putz der Kirchenwand gebracht, und da seine Ziegelrot-, Gelb-, Grün- und Grautöne so strahlen, als hätte er sie gerade erst aufgetragen, erhielt der Maler den Titel "Meister von Elmelunde". Er muss ein viel beschäftigter Mann gewesen sein, denn auch mehr als ein Dutzend Kirchen auf ▶ Lolland, ▶ Fünen und ▶ Seeland wurden von ihm ausgeschmückt. Da die Mehrzahl der damaligen Kirchgänger weder lesen noch schreiben konnte, waren die Fresken eine Art Bibelersatz und damit Mahnung und Vorbild. Altar und Kanzel im Stil der Renaissance wurden von Corfitz Ulfeldt, der eine Zeitlang als Lehnsherr auf Møn lebte, und seiner Gemahlin, Leonora Christina (▶ Maribo), gestiftet.

**Elmelunde

Erbe des Mittelalters in der Kirche von Elmelunde: die Kalkmalereien wurden auf dem noch feuchten Putz ausgeführt.

An der rauhen Südküste träumt Klintholm Have vor sich hin, ein idyllisches Fischerdorf mit farbenfrohem dänischen Fachwerk und einer Räucherei, die frische Delikatessen anbietet.

Klintholm Have

"Wir sind Sommer für Sommer Touristen,
legen den Kopf in den Nacken
und sehen hoch zu den Kuppen der Kreidefelsen,
die Klinten heißen und dänische Namen tragen."
So heißt es in einem Gedicht von Nobelpreisträger Günter Grass, der ein regelmäßiger Sommergast auf Møn ist. Knapp 130 m hoch ragen die wahren Stars der Ostseeinsel in den Himmel. Über 12 km ziehen sich die Kreidefelsen vom Leuchtturm Møns Fyr im Süden bis Brunhoved an der Nordküste hin. Nicht nur Fotofans sollten früh aufstehen, um das grandiose Naturschauspiel zu erleben: die ersten Sonnenstrahlen tauchen nur die höchsten Spitzen der Kreideklippen in warme Rottöne, dann wandert das Licht schnell die Felswände hinab und lässt dabei jede Unebenheit plastisch hervortreten, bis die Kreidefelsen in einem blendend grellen Weiß er-

**Møns Klint

strahlen. Hier und dort rieselt es geräuschlos den Abhang hinab, windschiefe Buchen balancieren mit freigelegten Wurzeln am Rande des Abgrunds, bis die natürliche Abrissbirne auch sie erfasst. Und tief unten lauert die Brandung.
Gebildet wurde die Tafelkreide vor 75 Millionen Jahren aus den Überresten von Pflanzen und Tieren am Grund eines Urmeeres. Mächtige Gletschermassen schoben die Kreideschichten während der letzten Eiszeit an die Oberfläche und verpassten ihr einen gigantischen Schliff. Zuletzt übernahm die Ostsee die Gestaltung zur Steilküste. Stück für Stück gibt sie heute ihre Geschichte preis, bröseln Teile ab, die Versteinerungen von Seeigeln, Muscheln und Tintenfischen enthalten – eine Fundgrube für Fossiliensammler. Dass die Erosion mitunter recht dramatisch verlaufen kann zeigte sich 1988, als das langjährige Wahrzeichen "Sommerspiret" abstürzte, 1998 wurde der Aussichtspunkt "Freuchens Pynt" aus über 100 m in die Tiefe gerissen – aktuelle Warnungen also unbedingt beachten! Nicht weit vom Hotel Store Klint gilt dem 128 m hohen Dronningestolen heute die größte Aufmerksamkeit. Der "Königinnenstuhl" hat übrigens sein Pendant auf Rügen, den Königsstuhl – an klaren Tagen kann man am Horizont die 60 km entfernte Insel erahnen.

Møn (Fortsetzung)

In der "Schweizerhütte" im Park des reetgedeckten Schlösschens Liselund fand H. C. Andersen Inspiration zu seinem Märchen "Das Feuerzeug". Der französische Kammerherr und Vogt der Insel Antoine Bosc de la Calmette ließ das Bilderbuchschloss 1795 für seine Frau Lise errichten, der Namensgeberin. Im Schlosspark gibt es außerdem einen chinesischen Teepavillon, ein Norwegerhaus, verwunschene Teiche und jede Menge seltener Pflanzen.
Die ehemalige Herrschaftsvilla Liselund Ny Slot von 1887 ist heute ein bezauberndes Romantikhotel mit ausgezeichneter dänischer Küche (Langebjergvej 6, Borre; ☎ 55 81 20 81, FAX 55 81 21 91).

*Liselund Slot

Liselund Ny Slot

Næstved

Q 23

Insel Seeland
Bezirk: Storstrøms amt
Einwohnerzahl: 45 000

Königliche Gardehusaren, das älteste Rathaus und das letzte mittelalterliche Gildehaus Dänemarks sind Markenzeichen der Hauptstadt Südseelands. Eine Schwadron des Husarenregiments, das royalen Anlässen in ▶ Kopenhagen eine besondere Note verleiht, reitet jeden Mittwoch gegen 13⁰⁰ Uhr in Paradeuniform durchs Zentrum von Næstved. Wer gerne bummelt, findet hier gemütliche Gassen mit einladenden Geschäften – in den vielen Antiquitätenläden lässt sich nicht selten ein Schnäppchen machen. Hafenstadt wurde das offiziell 1135 gegründete Næstved übrigens erst 1938 nach Eröffnung des Kanals zum Karrebæksminde Fjord, wo an den schönen Sandstränden die "Blaue Flagge" beste Wasserqualität und ungetrübten Badespaß signalisiert. Und noch ein Tipp für erlebnisreiche Urlaubstage: eine Kanufahrt auf der weitgehend im Urzustand belassenen Suså, Seelands längstem Wasserlauf.

Hauptstadt Südseelands

◀ **Naturschauspiel Møns Klint – weiße Riesen aus Tafelkreide**

Sehenswertes in Næstved

Sct. Peders Kirke — Der gotische Ziegelsteinbau aus dem 13. Jh. wurde 1883 – 1885 grundlegend restauriert. Dabei fand man im Chor Wandmalereien aus der Zeit um 1375, darunter eine Darstellung von König Waldemar Atterdag und seiner Gemahlin Hedwig.

Apostelhuset — Seinen Namen verdankt das schmucke Fachwerkhaus in der Riddergade den um 1510 geschnitzten Fassadenfiguren, die Jesus und seine 12 Jünger darstellen.

*Sct. Mortens Kirke — Aus den Quadern einer romanischen Vorgängerkirche wurde im 13. Jh. die spätromanische St-Mortens-Kirche erbaut, deren Chorbogen-Kruzifix auf 1510 datiert ist. Die geschnitzte Renaissancekanzel schuf Abel Schrøder d.Ä., sein Sohn schuf das wunderschöne Altarbild aus dem frühen Barock.

Det Gamle Rådhus — Das einzige in Dänemark erhaltene Rathaus aus dem Mittelalter steht am Sct. Peders Kirkeplads. Begonnen wurde der Bau Anfang des 15. Jh.s, bis 1856 trat hier der Stadtrat zusammen.

*Stenboderne — In den benachbarten mittelalterlichen "Steinbuden" mit gemauerten Bogenfenstern zeigt das Næstved Museum Arbeiten der 1839 gegründeten Keramikwerkstatt Kähler (s. unten) und der Holmegårdglashütte (s. Umgebung). Die im 15. Jh. erbauten Backsteinhäuser werden auch gern als erste Reihensiedlung Dänemarks bezeichnet (Öffnungszeiten: Di. – So. 10:00 – 16:00 Uhr).

Axeltorv, Løve Apoteket — Fachwerk und Kopfsteinpflaster zieren den idyllischen Innenhof der Löwenapotheke, die seit 1640 am Axeltorv zu finden ist – heute der beliebteste Treffpunkt der Stadt mit fast südländischer Atmosphäre. Die jetzige Apotheke im Stil der holländischen Renaissance stammt aus dem Jahre 1853, das Wohngebäude wurde 1696 erbaut.

Kompagnihuset — Leider nur von außen zu bewundern ist das 1493 errichtete Gildehaus an der Kompagnistræde. Seit 1621 war es Sitz der spanischen Handelskompanie, die König Christian IV. ins Leben gerufen hatte.

Næstved Museum — Urkundlich erwähnt wird das Heiliggeisthaus (Helligåndshuset) weiter nördlich in der Ringstedgade 4 erstmals 1398. Das ehemalige Hospital und Armenhaus ist heute Stadtmuseum.

Munkebakken — Von der Teatergade führt ein schöner Spazierweg auf den "Mönchshügel". Mit Schnitzeisen hat der Gärtner Jens Andersen hier aus einer Ulmenallee sieben fromme Mönche erstehen lassen.

*Kählers Keramik — Dänemarks älteste Keramikwerkstatt am Kählersbakken 5 befindet sich in einer Phase der Erneuerung. Junge, experimentierfreudige Keramiker zeigen das Allerneueste an Services, Vasen und Schalen. Im Museum sind Werke großer Künstler ausgestellt, die hier im Laufe der Zeit gewirkt haben (Öffnungszeiten: Mo. – Do. 9:30 – 17:30 Uhr, Fr. 9:30 – 19:00 Uhr, Sa. 9:30 – 14:00 Uhr).

Einen eindrucksvollen Anblick bietet am nördlichen Stadtrand das um 1135 gegründete ehemalige Benediktinerkloster. 1565 eröffneten Admiral Herluf Trolle und seine Frau Brigitte Gøye hier eine Schule, das heutige Internat. In der spätmittelalterlichen Klosterkirche, wo die Schulgründer beigesetzt sind, hängt ein gotisches Kruzifix aus einem grönländischen Walrosszahn.

Herlufsholm

Umgebung von Næstved

Zwischen Mai und September fährt das Schiff "Friheden" von Næstved Hafen zu der kleinen Insel mit Schloss Gavnø und weiter nach Karrebæksminde. Der um 1755 von Otto Thott zu einem Rokokoschloss ausgebaute Herrensitz nennt eine der größten privaten Gemäldesammlungen Dänemarks sein Eigen sowie kostbare Möbel und eine stattliche Bibliothek. Altar und Kanzel der um 1400 erbauten Kirche im Südflügel wurden von Abel Schrøder d.Ä. geschnitzt. Im Mai verwandeln Hunderttausende von Tulpen den Park in ein Blütenmeer, im Sommer folgen duftende Rosen. Im angrenzenden Sommerfugleland kann man exotische Schmetterlinge und seltene Tropenpflanzen bestaunen (Öffnungszeiten: Mai – Aug. tgl. 10⁰⁰ – 17⁰⁰ Uhr).

*****Gavnø Slot**

> ### Baedeker TIPP Natur pur
>
> Vom Bahnhof in Næstved ist eine 23 km lange Wander- und Fahrradroute entlang der Lagunenküste über Karrebæksminde nach Bisserup ausgeschildert. Vorzeitliche Eismassen und die Kraft des Meeres haben hier ein herrliches Küstengebiet mit kleinen Inseln, Wäldchen und Landzungen entstehen lassen, genau das Richtige für einen erholsamen Sommertag in freier Natur.

▶ Korsør, Umgebung

Holsteinborg

Gleich außerhalb in Holme-Olstrup findet man über 70 lustige, verrückte und atemberaubende Attraktionen für die ganze Familie wie Karussells, Hüpfkissen und Tarzanpfade, eine freche Seelöwenshow, Zirkusakrobatik, Kindertheater und die größte Raftingbahn des Landes (Öffnungszeiten: Mitte Okt. – April tgl. 9³⁰ – 17⁰⁰ Uhr, 6.5. – 14.5. und 9.9. – 15.10 Sa., So. 9³⁰ – 17⁰⁰ Uhr, Mitte Mai – Mitte Juni und Mitte Aug. – Anfang Sept. Mo. – Fr. 9³⁰ – 17⁰⁰ Uhr, Sa., So. 9³⁰ – 20⁰⁰ Uhr, Mitte Juni – Mitte Aug. tgl. 9³⁰ – 20⁰⁰ Uhr).

*****BonBon-Land**

Seit über 175 Jahren hat die Glashütte am Glasværksvej in Fensmark ganze Familien von Glasdesignern hervorgebracht, die die weltberühmten mundgeblasenen Glaswaren herstellten. Nach einer Führung durch die Glashütte kann man sich nach echten Mitbringseln umsehen oder im "Gläsernen Krug" eine Frokostpause einlegen (Öffnungszeiten: Mo. – Do. 9³⁰ – 13³⁰ Uhr, Fr. 9³⁰ – 12⁰⁰ Uhr, Mitte April – Mitte Okt. auch Sa., So. 11⁰⁰ – 15⁰⁰ Uhr).

**Holmegård Glasværk

Begonnen wurde mit dem Bau des Herrensitzes für Jens Sparre im frühen 17. Jahrhundert. Heute gehört zu dem Anwesen, knapp 14 km östlich von Næstved, ein sehenswertes Kutschenmuseum.

Sparresholm

Auch wenn die 1547 von Peder Oxe erbaute Renaissanceburg, 15 km nordöstlich von Næstved, nicht zu besichtigen ist, allein der 1870

*****Gisselfeld Slot**

Næstved, Umg. (Fortsetzung)	angelegte Park im englischen Stil lohnt den Besuch mit einem See, verwunschener Grotte und Roseninsel (tgl. 10⁰⁰ – 16⁰⁰ Uhr).
Bregentved Slot	Nur 4 km weiter nordöstlich steht das größte Gut Seelands, seit 1746 im Besitz des Grafengeschlechtes Moltke. Zwar wurde das Schloss erst Ende des 19. Jh.s erbaut, doch zeigt es den Stil des Rokoko, da man ältere Pläne des Erbauers von Amalienborg, N. Eigtved, berücksichtigte. Der riesige Park ist teilweise zugänglich.
Fakse	Zwei Dinge stehen für die Kleinstadt 25 km östlich von Næstved: Kalk und Bier. Seit dem Mittelalter wurde hier Kalk abgebaut, Fakse Kalkbrud, 2 km außerhalb, ist heute der größte Tagebau Dänemarks. Versteinerte Zeitzeugen wie Seeigel und Schnecken, die im Korallenriff der Kreidezeit gefunden wurden, sind im Fakse Museum an der Torvegade 29 zu bewundern. Das zweite Markenzeichen, Faxe Fad-Pilsner, wird in der Brauerei an der Torregade 35 hergestellt. Wie der Name schon sagt, wurde südöstlich in Fakse
Fakse Ladeplads	Ladeplads der Kalk verladen und verschifft. Bekannter ist der Badeort indes längst für seine kilometerlangen Sandstrände.
Vemmetofte Kloster	Etwa 8 km östlich entstand zwischen dem 16. und 18. Jh. das adlige Frauenstift Vemmetofte Kloster mit idyllischem Klostergarten.
Præstø, Nysø, Broskov Oldtidsvej	Am nördlichen Stadtrand von Præstø trafen sich Anfang des 19. Jh.s auf dem Herrensitz Nysø illustre Größen aus Kunst und Kultur, ließ Baronin Stampfe für Bertel Thorvaldsen (▶ Berühmte Persönlichkeiten) im Garten ein Atelier bauen. Ein kleines Museum zeigt Werke des Bildhauers. Knapp 4 km nördlich bei Broskov wurde eine gepflasterte Straße aus dem 5. Jh. freigelegt.

Nyborg   Q 17

Insel Fünen
Bezirk: Fyns amt
Einwohnerzahl: 18 000

Lage und Allgemeines	Mit Eröffnung der Brücke über den Großen Belt zwischen ▶ Fünen und ▶ Seeland (▶ Baedeker Special, S. 30) endete 1998 die Epoche der Fährschifffahrt, die Nyborg nachhaltig geprägt hat. Die Storebæltsbroen ist gebührenpflichtig, bezahlt wird an der Mautstation auf Seeland. Atmosphäre von anno dazumal kann man zwischen Mai und September noch täglich auf der Museumsfähre "M/F Kong Frederik IX." nacherleben, wo zum Rundgang ebenso der Privatsalon des Königs gehört wie ein Abstieg in den Maschinenraum.

Sehenswertes in Nyborg

***Nyborg Slot** (Danehofslottet)	König Valdemar ließ um 1170 eine erste Burg als Glied einer Festungskette zur Überwachung des Großen Belts bauen, die Schutz vor wendischen Piraten bieten sollte. Der Königsfamilie diente das Schloss bis ins 16. Jh. als Wohnsitz. 1282 unterzeichnete König Erik Klipping hier die erste Verfassung Dänemarks, 1282 bis 1413 traten im Danehofsaal der König und die Großen des Reiches zusammen,

Auf Schloss Nyborg unterzeichnete König Erik Klipping 1282 die erste Verfassung Dänemarks, traten bis 1413 die Großen des Reiches zusammen.

um Gesetze zu beschließen. Der Krieg gegen Schweden brachte im 17. Jh. starke Zerstörungen, 1869 wurde die Festung geschleift. Erst 1917 begann die Restaurierung des Westflügels. Das jetzige "neue" Schloss ist der alte Königsflügel, der zwischen 1200 und 1549 entstand. Im Rittersaal und den Königsgemächern kann man erahnen, wie hier dänische Geschichte geschrieben wurde.

Nyborg Slot (Fortsetzung)

In der zweiten Hälfte des 17. Jh.s ließ Frederik III. die Festung verstärken und die Wallanlagen ausbauen. Bis 1871 blieb das 40 m lange Festungstor Landporten der einzige Zugang von der Landseite her. Auf den alten Festungswällen veranstaltet das Freilichttheater "Nyborg Voldspil" alljährlich Ende Juli ein buntes Spektakel.

Landporten

Zweifellos der schönste Fachwerkbau ist der 1601 von Bürgermeister Mads Lerche errichtete Kaufmannshof an der Slotsgade 11. Heute zeigt hier das Nyborg og Omegns Museum Exponate zur Stadtgeschichte (Öffnungszeiten: Mai, Juni, Sept., Okt. Di – So. 10⁰⁰ bis 15⁰⁰ Uhr, Juli, Aug. tgl. 10⁰⁰ – 16⁰⁰ Uhr, April So. 13⁰⁰ – 16⁰⁰ Uhr).

*Mads Lerches Gård

Der Grundstein zur "Liebfrauenkirche" an der Adelgade wurde 1388 von Margrethe I. gelegt, der 67 m hohe Turm stammt aus dem Jahr 1581. Nur wenige Schritte südlich steht der Kreuzbrüderhof, ein 1396 erbautes Steinhaus mit einem Renaissancegiebel von 1614.

Nyborg Kirke

Korsbrødregård

Umgebung von Nyborg

Holckenhavn Slot

Etwa 2 km südlich vom Stadtzentrum liegt das zwischen 1584 und 1631 erbaute Renaissanceschloss Holckenhavn. Wenngleich das Schloss selbst leider nicht zu besichtigen ist, lohnt ein Spaziergang durch den herrlichen Park, der im Sommer täglich 14^{00} – 15^{30} Uhr zugänglich ist.

*Kerteminde

Eine gemütliche Atmosphäre, wie sie der Maler Johannes Larsen in seinen Bildern festgehalten hat, herrscht noch heute rund 40 km nördlich von Nyborg in den schmalen Gassen von Kerteminde mit kleinen bunten Häuschen und alten Kaufmannsläden. Fünens wichtigster Fischereiort beiderseits des Kerteminde Fjords besitzt schöne Fachwerkbauten wie den Farvergården von 1630 in der Langegade 8, heute das Stadt- und Heimatmuseum. Am Møllebakken schuf sich der Landschaftsmaler Johannes Larsen (1867 – 1961) ein idyllisches Plätzchen, wo ihm heute ein Museum gewidmet ist.

> **Baedeker TIPP) Meereswelt**
>
> Den Gang durch die Unterwasserwelt des Fjord- & Bæltcentret am Margrethes Plads 1 beim Hafen von Kerteminde begleiten die Gesänge von Blauwalen. Im 50 m langen Tunnel unter dem Fjord kann man in aller Ruhe Quallen, Seesterne, Schollen und Krebse beobachten. Blickfang der Cafeteria ist das 2 t schwere Skelett eines 1996 gestrandeten, 13 m langen Pottwales (Öffnungszeiten: tgl. 10^{00} – 18^{00}, im Juli 9^{00} – 19^{00} Uhr).

*Ladbyskibet

Südwestlich am Kertemindefjord stößt man bei Ladby auf Dänemarks einziges Grabschiff der Wikingerzeit (▶ Baedeker Special, S. 40). Erhalten sind der Erdabdruck, Anker und Planken des 22 m langen Bootes für 32 Ruderer Besatzung. Der Vordersteven hatte die Form eines Drachenkopfes, der Hecksteven die eines Drachenschwanzes. Ein Museum informiert über die 1935 begonnenen Ausgrabungen, eine getreue Nachbildung des Wikingerschiffes ist geplant (Öffnungszeiten: März – Okt. Di. – So. 10^{00} – 16^{00} Uhr, Juni bis Aug. bis 17^{00} Uhr, Nov. bis Feb. 11^{00} – 15^{00} Uhr).

Hindsholm

Die Spitze Fünens auf der Halbinsel Hindsholm kennzeichnen große Getreidehöfe und schöne Strände, mit Måle und Viby gibt es zwei wahre Dorfidyllen, und nicht zu vergessen das gewaltige Hünengrab Mårhoj bei Snave.

Odense   P 14/15

Insel Fünen
Bezirk: Fyns amt
Einwohnerzahl: 185 000

**Heimat des Märchendichters Hans Christian Andersen

Auf Schritt und Tritt begegnet man in Odense den Erinnerungen an Dänemarks weltberühmten Märchendichter H. C. Andersen (▶ Baedeker Special, S. 226): In Bronze gegossen steht er im Stadtpark, der nach ihm benannt ist, sein Geburtshaus ist samt umliegender Gebäude durch den Namen Andersen geadelt worden, im Museum wird sein Lebensweg beschrieben, und im Kulturhaus "Das Feuerzeug" an der Hans Jensens Stræde 21 können Kinder seine Fantasiewelt durch Erzählung, Musik und Theater erleben. Doch die Märchenstadt hat noch weit mehr zu bieten. Schon allein die Fachwerkbauten im Møntergården sind eine Augenweide, im Kunstmuseum werden die wichtigsten Strömungen der dänischen Kunst seit 1750 präsentiert, und Brandts Klædefabrik ist nicht nur Heimstatt von vier erstklassigen Museen, sondern auch von Programmkino, Trendcafés und Designerboutiquen. Mitten durch die Stadt schlängelt sich das Flüsschen Odense Å. An warmen Sommertagen nimmt man am besten das Schiff, um zum Zoo hinauszuschippern, oder man radelt am Ufer entlang zum "Fünischen Dorf". Mit dem zwei Tage gültigen "Märchenpass" hat man Zutritt zu 14 Museen, Rathaus, Hallen- und Freibad und fährt kostenlos mit Bus und Bahn.

Allgemeines (Fortsetzung)

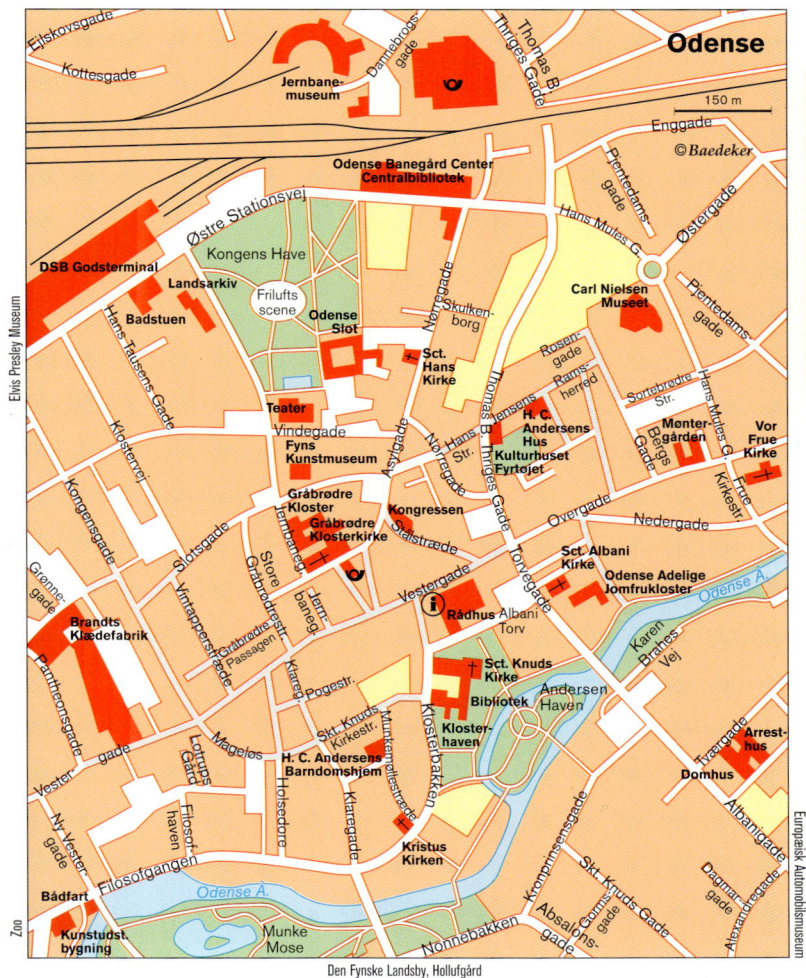

Baedeker SPECIAL

Fast wie ein Märchen

Hans Christian Andersen

Neben den Gebrüdern Grimm ist Hans Christian Andersen wohl der berühmteste Märchenerzähler der Welt. Aber nicht nur auf diesem Gebiet zeigte er großes Talent. Als geachteter Mann war er an Königs- und Fürstenhöfen ein gern gesehener Gast, sein Leben bezeichnete er selbst als "ein schönes Märchen, so reich und glücklich". Doch hatte er mit diesem Leben auch seine Probleme.

Hans Christian Andersen (1805 – 1875) ist zweifelsohne Dänemarks größter literarischer "Exportschlager". Selbst im hintersten Teil der Welt werden seine Märchen gelesen, beglücken Erzählungen wie die vom marschierenden standhaften Zinnsoldaten oder vom hässlichen, jungen Entlein, das sich in einen stolzen Schwan verwandelt, nicht nur Kinderherzen.

Geschichten für Kinder

Seine Märchen sind mehr als nur blühende Fantasie und ein Spiel mit dem Unwirklichen. In seinen Geschichten greift Andersen auf die Tradition der dänischen Volksmärchen zurück, verarbeitet er Motive aus Märchensammlungen anderer Völker, aber auch eigene Dichtungen mit autobiografischen Zügen. So gedachte er seiner armen Mutter in "Das kleine Mädchen mit den Schwefelhölzern", erinnert das Märchen von der chinesischen Nachtigall an seine unglückliche Liebe zur Sängerin Jenny Lind. Andersen schreibt über das Leben und Dinge des Alltags, spottet er über menschliche Schwächen und prangert soziales Unrecht an. Mitunter verzichtete er auf einen versöhnlichen Ausgang, was nicht immer Anklang fand. Das Ende von "Kleinen Mädchen mit den Schwefelhölzern" empfand man in vielen Ländern als zu traurig, um es Kindern zu erzählen, weshalb das Mädchen schließlich von einem wohlhabenden Ehepaar aufgenommen wird – im Original erfriert das junge Ding. "Ich habe jetzt einige Märchen für Kinder erzählt", notiert Andersen in seinen Lebenserinnerungen, "ich habe sie ganz so niedergeschrieben, wie ich sie einem Kinde erzählen würde... " Tatsächlich sind seine Märchen vom Aufbau und Stil her Geschichten zum Vorlesen. Die Nähe von Kindern allerdings konnte der große Märchendichter, wie seinen Tagebüchern zu entnehmen ist, nicht ertragen. Dem Entwurf einer ihn darstellenden Bronzeplastik inmitten junger Zuhörer stimmte er nicht zu. Die Plastik im Park von Schloss Rosenborg in Kopenhagen zeigt ihn daher zwar mit einem Buch auf den Knien, aber allein.

Der Vielgereiste

"*Reisen heisst leben. Das Reiseleben ist mir die beste Schule der Bildung geworden*", schrieb Andersen in seinem Tagebuch. Seinem Vorsatz "*ich muss mich in der Welt herumtreiben*" konnte er gar nicht genug nachkommen. Im Laufe seines Lebens unternahm er 30 ausgedehnte Europareisen. Besonders oft reiste er nach Deutschland, wo er viele Freunde und Wohltäter hatte. In Berlin traf er Adalbert von Chamisso. Dieser "*war der Erste, der mich übersetzte, der Erste, der mich in Deutschland einführte*". Die Erfahrungen auf seinen Reisen verarbeitete er in vielen seiner Bücher und in seinen drei Autobiografien. Auch wenn Andersens Name heute in erster Linie mit Märchen in Verbindung gebracht wird – zwischen 1835 und 1872 schrieb er rund 190 Märchen und Geschichten –, so war doch seine literarische Produktion weitaus vielfältiger. Er verfasste auch Romane, Reisebücher und Gedichte sowie Libretti für Opern und Singspiele. Sein immenses Werk verhalf ihm schon zu Lebzeiten zu großem Ansehen. In vielen Königs- und Fürstenhäusern, vor allem in Dänemark und Deutschland, war er ein willkommener Gast. Nur einer mochte ihn nicht: der Philosoph Søren Kierkegaard, den Andersens Biederkeit anwiderte und der nicht vor einer beißenden Kritik über den Emporkömmling zurückschreckte.

Ein Dornenweg zu Ruhm und Ehre

Andersen war ein Emporkömmling, und hinter ihm lag *"ein wahrer Dornenweg zu Ruhm und Ehre"*. Er stammte aus einer armen Odenser Schusterfamilie. Als er 11 Jahre alt war, starb sein Vater, seine Mutter verfiel dem Alkohol. So ging er mit 14 Jahren auf eigene Faust nach Kopenhagen, *"um dort berühmt zu werden"*, was ihm ein *"unerklärliches Verlangen"* war. Am Königlichen Theater wollte er Schauspieler oder Sänger werden. Erfolgreich war er jedoch nur als Troll in einer Statistenrolle. Doch hatte der aufgeweckte Junge, der sich bald schon an schriftstellerischen Aufgaben versuchte, großes Glück: Die Familie Collins, eine der vornehmsten Beamtenfamilien des Landes, wurde auf ihn aufmerksam und ermöglichte ihm eine nachträgliche Schulbildung, ein Studium und Auslandsreisen. Recht schnell avancierte er zum gefeierten Star, wurden seine Werke in alle Welt übersetzt. Als Andersen vier Monate vor seinem Tod seinen 70. Geburtstag beging, feierte halb Dänemark auf den Straßen mit.

Wie einsam bin ich doch ...

"Mein Leben ist ein schönes Märchen, so reich und glücklich!" So beginnt Andersens Autobiografie *"Das Märchen meines Lebens"*. Richtig glücklich aber war der große Dichter nicht. Er schämte sich seiner Herkunft, und er litt an seiner langen Nase und der schlacksigen, hochaufgeschossenen Gestalt. Heinrich Heine beschrieb ihn auch nicht gerade sehr schmeichelhaft: *"Andersen kam mir vor wie ein Schneider; er sieht auch wirklich ganz so aus. Er ist ein hagerer Mann mit einem hohlen, eingefallenen Gesichte und verrät in seinem äußeren Anstande ein ängstliches devotes Benehmen, so wie die Fürsten es gern haben. Daher hat Andersen auch bei allen Fürsten eine so glänzende Aufnahme gefunden."* Andersen erwies sich zudem auch als "Hypochonder und sozialer Neurotiker" (Bernd Henningsen). Krank zu sein war eine fixe Idee von ihm, und zu seinem Reisegepäck gehörte immer ein Seil, um sich im Falle eines Feuers damit retten zu können. Wirkliche Probleme hatte er mit Frauen – *"wie einsam bin ich doch"*. Insgesamt verliebte er sich dreimal, doch nicht eine der Angebeteten erwiderte seine Zuneigung. Sein ganzes Leben lang hatte er keinen sexuellen Kontakt. *"Erfahrene Leute werden wohl über meine Unschuld lachen, aber Unschuld ist es gar nicht, es ist ein Widerwillen gegen diese Sache, die mir nun einmal gegen das Gefühl geht."* Trotz seiner Probleme mangelte es Andersen, der sich gern mit dem "hässlichen Entlein" verglich, aber nicht an Selbstbewusstsein: *"Es schadet nichts, in einem Entenhof geboren zu sein, wenn man nur in einem Schwanenei gelegen hat!"*

Geschichte und Wirtschaft	*"Die dänischen Inseln haben herrliche Buchenwälder, Korn- und Kleegefilde; sie sehen aus wie die Gärten im großen Stil. Auf einer dieser grünen Inseln, Fünen, erhebt sich mein Geburtsort Odense, nach dem heidnischen Gotte Odin benannt, der, wie die Sage berichtet, hier lebte."*, schrieb H.C. Andersen in seiner Autobiografie "Das Märchen meines Lebens", die übrigens 1845 zuerst in Deutschland erschien. Vermutlich war Odense, was übersetzt "Odins Heiligtum" bedeutet, eine eisenzeitliche Kultstätte für den nordischen Kriegsgott Odin bzw. Wotan. Urkundlich wird die Stadt erstmals 988 erwähnt in einem Schutzbrief des deutschen Kaisers Otto III., der u.a. den Kirchen Steuerfreiheit gewährte. 1020 wird Odense Bischofssitz, 1335 folgen die Stadtrechte. Die Ermordnung des später heiliggesprochenen Königs Knud 1086 auf den Stufen der St.-Albani-Kirche machte Odense im Mittelalter zu einem bedeutenden Wallfahrtsort. Wirtschaftlichen Aufschwung brachte Anfang des 18. Jh.s der Bau eines Hafens, der 1804 durch einen Kanal direkten Zugang zur Ostsee erhielt. Heute ist Fünens größte Stadt das Verwaltungszentrum der grünen Insel mit einer Universität und Sitz des dänischen Fernsehkanals TV2.

Südliche Stadt

Rådhus	Der Rundgang beginnt am Flakhavn mit Blick auf Wiig Hansens Skulptur "Oceania". Wer gerne bummeln möchte, findet in den Fußgängerzonen rund um den Dom und in der Vestergade attraktive Geschäfte und gemütliche Restaurants. An derselben Stelle am Flakhavn, wo das alte Rathaus lag, in dem H.C. Andersen 1867 zum Ehrenbürger der Stadt ernannt wurde, steht auch der Westflügel des heutigen Rathauses. Er wurde 1883 im Stil norditalienischer Gotik ausgeführt, 1955 kam der Erweiterungsbau aus Stahlbeton hinzu. Zur Rathausführung gehören der Trausaal mit seinem dekorativen Wandschmuck "Junges Glück" (Ung lykke) und die Gedenkwand für berühmte Söhne Fünens vom Mittelalter bis zur Neuzeit. (Führungen: Juni – Aug. Mo. – Do. 14⁰⁰ Uhr). Auf dem angrenzenden Albani Torv grüßt die Statue des hl. Knud von Einar Utzon-Frank.
*Sct. Knuds Kirke	Begonnen wurde der hochgotische Dom im 11. Jh. von König Knud dem Heiligen, dessen sterbliche Überreste in der Krypta beigesetzt sind, wo auch sein Bruder Benedikt und andere gekrönte Häupter Dänemarks ihre letzte Ruhe gefunden haben. Die Kirche brannte im 12. Jh. nieder und wurde im 13. – 15. Jh. durch eine dreischiffige Backsteinkirche ersetzt. Herrliche Schnitzereien zieren den großen Flügelaltar, den Claus Berg zwischen 1515 und 1534 im Auftrag von Königin Christina geschaffen hat.
Sct. Albani	Den Schauplatz der Ermordung König Knuds markiert wenige Schritte entfernt ein Denkmal, da die historische St.-Albani-Kirche nicht mit der heutigen, 1908 geweihten Pfarrkirche identisch ist.
H.C. Andersens Barndomshjem	Südwestlich in der Munkemøllestræde 3 – 5 bewohnte die Familie Andersen 1807 – 1819 eine Wohnung des einstöckigen Häuschens, in dem heute eine Ausstellung des H.C.-Andersen-Museums der Kindheit des Dichters gewidmet ist.

Wie Odense im Mittelalter aussah, zeigt der Møntergården. ▶

Östliche Stadt

H.C. Andersens Hus

Das bescheidene Fachwerkhaus Ecke Hans Jensens Stræde / Bangs Boder gilt als Geburtshaus des dänischen Märchenkönigs. Mitten im Armenviertel lag damals die Werkstätte des jungen Schuhmachers Andersen und seiner Frau, die am 2. April 1805 einen Sohn gebar: Hans Christian. Das Kleine-Leute-Viertel ist längst sorgsam restauriert worden und bildet heute einen romantischen Rahmen für das seit 1930 mehrfach erweiterte Museum. Mit Bildern, Manuskripten, Briefen und Büchern illustriert die Sammlung chronologisch Andersens Leben und Werk. Den Kuppelsaal schmücken acht Fresken von Niels Larsen Stevns zur Autobiografie "Das Märchen meines Lebens" (Öffnungszeiten: Mitte Juni bis Aug. tgl. 9⁰⁰ – 19⁰⁰, Sept. – Mitte Juni Di. – So. 10⁰⁰ – 16⁰⁰ Uhr).

> **Baedeker TIPP) Den Marineblå**
>
> Gleich neben dem Geburtshaus von H.C. Andersen hat man in der Overstræde 8 eine reiche Auswahl an dänischem Kunsthandwerk: Krüge und Schalen aus Steinzeug, mundgeblasene Gläser, Porzellan mit leuchtenden Glasuren, formschöne Goldschmiedearbeiten und ein ausgewähltes Sortiment dänischer Modedesigner (Öffnungszeiten: Mo. – Fr. 10⁰⁰ – 17⁰⁰ Uhr, Sa. 9⁰⁰ – 13⁰⁰ Uhr).

Carl Nielsens Museum

Zweiter illustrer Sohn der Stadt ist Carl Nielsen (1865 – 1931), dessen Opern, Sinfonien und Streichquartette bis heute nicht nur auf dänischen Bühnen zu hören sind. Begleitet von seiner Musik kann man sich im lichten Museumsbau an der Claus Bergs Gade 11 über das Werk des begnadeten Komponisten informieren. Ausgestellt sind ferner Arbeiten seiner Frau, der Bildhauerin Anna Marie Carl-Nielsen (Öffnungszeiten: April, Mai, Sept., Okt. Do. – So. 12⁰⁰ – 16⁰⁰ Uhr, Juni – Aug. Di. – So. 12⁰⁰ – 16⁰⁰ Uhr, Nov. – März Do., Fr. 16⁰⁰ bis 20⁰⁰ Uhr, Sa., So. 12⁰⁰ – 16⁰⁰ Uhr). Auch Nielsens Geburtshaus in Nørre Lyndelse, rund 12 km südlich der Stadt, ist jetzt als Museum eingerichtet (s. S. 233).

Møntergården

Unbedingt ansehen sollte man sich außerdem den alten Münzhof südöstlich an der Overgade 48 – 50 (Abb. S. 229). Zu dem 1999 restaurierten Gebäudekomplex des Stadtmuseums gehören weitere Häuser vom 16. Jh. bis heute. Die Ausstellungen erzählen vom Odense der Wikingerzeit, im Mittelalter und Barock, zeittypische Interieurs vermitteln ein Stück Alltag vom 17. Jh. bis zur Gegenwart (Öffnungszeiten: Di. bis So. 10⁰⁰ – 16⁰⁰ Uhr).

Nördliche Stadt

Fyns Kunstmuseum

Das Museum an der Jernbanegade 13 zeigt dänische Kunst ab etwa 1750. Schwerpunkte sind die Fünenmaler wie Peter Hansen, Johannes Larsen und Jens Birkholm sowie die konkrete und konstruktivistische Kunst der Moderne, darunter Arbeiten von Asger Jorn, Richard Mortensen und Carl-Henning Pedersen (Öffnungszeiten: Juli, Aug. tgl. 10⁰⁰ – 16⁰⁰ Uhr, Sept. – Juni Di. – So. 10⁰⁰ – 16⁰⁰ Uhr).

Kongens Have

Hinter dem Theater liegen der Kongens Have und das Schloss, das Frederik VII. um 1841 in klassizistischem Stil umgestalten ließ. Die Gebäude sind nicht für die Öffentlichkeit zugänglich.

Durch einen Bogengang kommt man rechter Hand zur St.-Johannis-Kirche, deren älteste Teile aus dem 13. Jh. stammen. Hier wurde H.C. Andersen am Ostermontag 1805 getauft. Die mittelalterliche Kanzel an der Südwestwand ist Dänemarks einzige Außenkanzel.

Sct. Hans Kirke

Ein Riesenspaß nicht nur für Kinder ist das Eisenbahnmuseum nördlich vom Bahnhof an der Dannebrogsgade 24. Hier kann man den Führerstand einer Lok einsehen, die königlichen Privatwaggons bestaunen oder die harten Holzpritschen im 3.-Klasse-Abteil antesten (Öffnungszeiten: tgl. 10⁰⁰ – 16⁰⁰ Uhr).

*Danmarks Jernbanemuseum

Westliche Stadt

Zweiter Besuchermagnet von Odense ist die ehemalige Textilfabrik an der Brandts Passage 37 – 43. Wo über 100 Jahre Spinn- und Webmaschinen ratterten, trifft sich heute die Kunst- und Kulturszene der Stadt, pulsiert das Leben in Restaurants und Cafés, im Konzertsaal Magasinet und auf der Freilichtbühne Amphiscenen bis spät in die Nacht. In vier großen Räumen der ersten und zweiten Etage veranstaltet die Kunsthalle Wechselausstellungen und Performances moderner Kunst, Architektur, Design und Videokunst. Das 1987 gegründete Museum für Fotokunst zeigt in der ersten Etage eine Sammlung nationaler und internationaler Fotografen, während die Räume im zweiten Stock wechselnden Ausstellungen über Fotografie vorbehalten sind. Die Druckkunst der dänischen Presse von 1660 bis heute ist Thema des Danmarks Grafiske Museum in der dritten Etage mit Werkstätten für Papierherstellung, Druck und Buchbinderei. Im Obergeschoss logiert die Fünische Kunstakade-

**Brandts Klædefabrik

Kunsthalle

Museet for Fotokunst

Danmarks Grafiske Museum

Tidens Samling

In Brandts Klædefabrik trifft sich die Kunst- und Kulturszene der Stadt.

Brandts Klædefabrik (Fortsetzung)

mie. Lebendigen Zeitbildern und Modetrends von Kleidung bis Mobiliar zwischen 1900 und 1970 ist die Tidens Samling gewidmet (Öffnungszeiten aller vier Museen; Di. – So. 10^{00} – 17^{00} Uhr).

Filosofgangen

Südlich neben der Bootsanlegestelle für Flussfahrten auf der Odense Å vermitteln die Sonderausstellungen am Filosofgangen 30 innovative Ideen junger Künstler und Designer.

*Zoo

Wie auf dem Schwarzen Kontinent fühlt man sich im Odenser Zoo am Sdr. Boulevard 306, wo im Okavangogehege und im Afrikahaus Löwen, Zebras und Strauße zu beobachten sind. 1999 konnte die neue Anlage für Schimpansen eröffnet werden. Immer wieder ein Erlebnis bleibt die Fütterung der Seelöwen, Robben und Pinguine (Öffnungszeiten: tgl. 9^{00}–16^{00}, 17^{00} oder 18^{00} Uhr).

Elvis Presley Museum

Mehr als 1500 Exponate porträtieren am Grønløkken 3 die Traumkarriere von Elvis Presley (Öffnungszeiten: So. – Fr. 10^{00} – 18^{00} Uhr, Sa. 14^{00} – 18^{00} Uhr).

Umgebung von Odense

*Den Fynske Landsby

Etwa 4 km südlich vom Stadtzentrum am Sejerskovvej 20 liegt "Das Fünische Dorf", ein Freilichtmuseum mit 20 rekonstruierten ländlichen Gebäuden aus allen Teilen Fünens, die nach traditionellen Methoden bewirtschaftet werden. Außer den Höfen selbst gehören eine Wassermühle, Pfarrhof, Schule, Schmiede und Armenhaus dazu. Im Sommer kann man in den Werkstätten weben und töpfern. Wer mit Kindern unterwegs ist, sollte sich im Juli die Andersenmärchen auf der Freilichtbühne ansehen, auch wenn sie auf Dänisch inszeniert sind (Öffnungszeiten: April – Mitte Juni, Mitte Aug. bis Okt. Di. – So. 10^{00} – 17^{00} Uhr, Mitte Juni – Mitte Aug. tgl. 9^{30} – 19^{00} Uhr, Nov. – März So. 11^{00} – 15^{00} Uhr).

*Hollufgård

Von der Autobahn kommend, benutzt man am besten die Ausfahrt Odense C (Nr. 50), um das Museums- und Kulturzentrum Hollufgård, 8 km südöstlich der City am Hestehaven 201 anzusteuern. Die Geschichte des Herrensitzes reicht bis 1577 zurück, als Reichsrat Jørgen Marsvin das Hauptgebäude errichten ließ. In den 30er-Jahren des 19. Jh.s kamen der weißgekalkte Ost- und Nordflügel hinzu. Der Südflügel beherbergt heute das humanistische Forschungszentrum "Mensch und Natur", während der ehemalige Stall, die Scheune und eine Wassermühle aus dem 19. Jh. für wechselnde Sonderausstellungen zur Vor- und Frühgeschichte Fünens genutzt werden. Wie Land und Häuser in der Steinzeit, der Bronzezeit und bei den Wikingern aussahen, soll das prähistorische Szenario westlich der Wirtschaftsgebäude vermitteln. Zum Bau des Broholmhauses, das 1990 nach Hollufgård kam, wurden originale Feuersteinäxte verwandt. Steinmetzwerkstatt, Schmiede, Bronzegießerei und Modellierwerkstatt sind vom Gästeatelier, das dänischen und ausländischen Bildhauern offensteht – im Park werden jeden Sommer die fertigen Arbeiten vorgestellt. Früher diente der 1760 aufgeschüttete "Schneckenhügel" als Weinkeller, heute hat man hier die beste Aussicht. Als elektrische Kühlschränke noch ein Fremdwort waren, schützte das tief heruntergezogene Strohdach vom "Eishaus" vor der Sonne, so dass die Eisblöcke, die man im Winter aus dem Mühlenteich holte, bis in den Sommer ihre Kühlwirkung behielten (Öffnungszeiten: April – Okt. Di. – So. 10⁰⁰ – 16⁰⁰ Uhr, Nov. – März So., Fei. 10⁰⁰ – 16⁰⁰ Uhr). Freunde der weißen Kugel finden übrigens genau gegenüber den herrlichen 18-Loch-Platz des Golfklubs Odense.

Odense, Umgebung (Fortsetzung)

Wie die Menschen in der Steinzeit und wie die Wikinger lebten, wie Steinmetzwerkstatt, Bronzegießerei und Schmiede funktionierten, das und mehr erfährt man auf dem Herrensitz Hollufgård.

Der Bus 960 oder 961 / 962 fährt nach Nørre Lyndelse, 12 km südlich von Odense, wo der Komponist Carl Nielsen (1865–1931) am Odensevej 2A einige Jahre seiner Kindheit verbrachte und seine Eltern bis 1891 wohnten. So ist das Museum vor allem der Jugend des Musikers gewidmet (s. auch Nielsen Museum, S. 230).

Carl Nielsens Barndomshjem

Autofans müssen sich das Europäische Automobilmuseum am Fraugde Kærbyvej 203, knapp 7 km östlich von Odense, ansehen. Mehr als 100 Oldtimer verkörpern hier die große Zeit des Automobils in den 1950er-Jahren (Öffnungszeiten: Anfang Juli – Ende Aug. tgl. 10⁰⁰ – 17⁰⁰ Uhr, Ende April – Ende Sept. So. 10⁰⁰ – 17⁰⁰ Uhr).

***Europæisk Automobilmuseum**

Randers — J 12 / 13

Halbinsel Jütland
Bezirk: Århus amt
Einwohnerzahl: 62 000

Funde belegen, dass sich in Randers schon 1080 eine königliche Münzstätte befand. Seit 1302 ist die Stadt der Marktplatz von Kronjütland, ein wichtiger Verkehrsknotenpunkt an der Mündung der Gudenå in den Randersfjord, wo sich nicht weniger als 13 Landstraßen treffen. Hauptattraktion sind heute das Handwerksmuseum und Randers Mini-Regenwald. In Kronjütland lässt es sich wunderbar wandern und radeln. Mit der Oldtimerbahn kann man nach

Lage und Allgemeines

Allgemeines (Fortsetzung)
Mariager oder Allingåbro tuckern, der Ausflugsdampfer "Das hässliche Entlein" bringt Besucher ab Tørvebryggen auf der Gudenå, dem längsten Fluss Dänemarks, nach Fladbro.

Sehenswertes in Randers

Helligåndshus
Von den Altstadthäusern in der Nähe der St. Mortens Kirke, einem Backsteinbau des 15. Jh.s, verdient das um 1500 erbaute Heiliggeisthaus besondere Beachtung. Sein Erdgeschoss weist noch Wanddekorationen aus dem 15. Jh. auf. Vermutlich gehörte das Gebäude zu einem 1550 aufgehobenen Kloster.

Rådhus
Durch die Torvegade kommt man zum barocken Rathaus, das 1778 nach Plänen von Christian Mørup entstand. Davor wacht die Figur von Niels Ebbesen – er erschlug 1340 einen holsteinischen Grafen, der über Dänemark herrschen wollte. Schräg gegenüber ziert ein Treppengiebel das 1468 vollendete, älteste Steinhaus der Stadt, den Påskesønnernes Gård. Wer einkaufen möchte, kann nun dem Houmeden folgen oder durch die Brødgade bummeln, in der mehrere Fachwerkhäuser aus dem 16. und 17. Jh. erhalten sind.

> **Baedeker TIPP) Das Runde Eck**
>
> Anerkannte Namen und neue Talente des dänischen Kunsthandwerks wie die Keramiker Karina Skibby und Aase Kvorning oder die Glasbläser Pernille Bülow, Peter Svarrer und Skak Snitker findet man im Det Runde Hjørne an der Rådhusstræde 15 (Öffnungszeiten: Mo. – Fr. 10 ^{00} bis 17 ^{30} Uhr, Sa. 10 ^{00} – 13 ^{00} Uhr).

*Kulturhuset
Im Kulturhaus an der Stemannsgade 2 sind außer Bibliothek, lokalgeschichtlichem Archiv und einem Café zwei Museen eingerichtet: Zum Kulturhistorischen Museum gehören eine holzvertäfelte Stube aus dem frühen 19. Jh. und das Wohnzimmer von Rechtsanwalt Buhl, ausgeschmückt mit Gemälden von Rembrandt und Ostade. Das Kunstmuseum stellt dänische Maler des 20. Jh.s vor, unter ihnen die COBRA-Mitglieder Ejler Bille und Asger Jorn (Öffnungszeiten: Di. – So. 10 ^{00} – 17 ^{00} Uhr).

*Randers Regnskov
Tropisches Klima, exotische Pflanzen, Tukane und Krokodile geben dem Besucher am Tørvebryggen das Gefühl, plötzlich im Regenwald zu sein – Höhepunkt: die 1999 eingeweihte Schlangenhalle (Öffnungszeiten: Mitte Juni – Mitte Aug. tgl. 10 ^{00} – 18 ^{00} Uhr, Mitte Aug. – Mitte Juni Mo – Fr. 10 ^{00} – 16 ^{00} Uhr, Sa., So. 10 ^{00} – 17 ^{00} Uhr).

*Håndwerksmuseet Kejsergården
Was macht eigentlich ein Gerber, ein Böttcher oder ein Stukkateur? In den 25 komplett eingerichteten Werkstätten des Museums kann man den Handwerkern bei der Arbeit zusehen (Lille Rosengård 16; Öffnungszeiten: Mitte Juni – Mitte Aug. tgl. 10 ^{00} – 18 ^{00} Uhr, Mitte Aug. – Mitte Juni Mo – Fr. 10 ^{00} – 16 ^{00} Uhr, Sa., So. 10 ^{00} – 17 ^{00} Uhr).

Umgebung von Randers

Krakamarken
Südlich der Stadt am Brusgårdsvej 25 haben Künstler aus aller Welt in einem 27 ha großen Skulpturenpark aus Erde, Holz und Stein bizarre Kunstwerke geschaffen.

Auf Schloss Gammel Estrup wird mit stilechten Ausstattungen sowohl der Bauernalltag wie das Leben auf herrschaftlichen Gütern nachgezeichnet.

Kurz vor Auning, 21 km östlich, taucht inmitten von Wald und Wiesen das Bilderbuchschloss Gammel Estrup auf, dessen Westflügel noch aus dem 15. Jh. stammt. Um 1600 kamen Südflügel und Treppenturm im Renaissancestil dazu. Der Nordflügel erhielt erst Mitte des 19. Jh.s seine heutige Form. Die Geschichte des Herrensitzes wurde vor allem von den Adelsgeschlechtern Brok und Skeel geschrieben, die lange Zeit Ratgeber und Vertraute des dänischen Königshauses waren. Nach dem Tod des letzten Grafen Scheel im Jahre 1926 ging das Anwesen in den Besitz seines Schwiegersohns Waldemar Uttental über, der das Schloss stilvoll restaurieren ließ.

Schon 1889 wurde in den Wirtschaftsgebäuden von Gammel Estrup das Dänische Landwirtschaftsmuseum (Dansk Landbrugsmuseum) eingerichtet, das heute mit rund 25 000 Geräten, nachgebauten Arbeitsszenen und stilechten Innenaustattungen einen lebendigen Eindruck vom Bauernalltag damals und heute vermittelt. Von April bis Oktober demonstriert die Schmiedeinnung von Gammel Estrup ihr Handwerk in einer alten Schmiede von 1761. Im Schloss gründete Graf Uttental 1930 das Jütische Herrensitzmuseum (Jyllands Herregårdsmuseum), das mit Möbeln aus verschiedenen Epochen ein Bild vergangener Generationen nachzeichnet, wie im Rittersaal, dem Renaissancesaal und der roten Stube (Öffnungszeiten: April bis Okt. tgl. 10⁰⁰ – 17⁰⁰ Uhr, Nov. – März Di. – So. 10⁰⁰ – 16⁰⁰ Uhr).

Gartenliebhaber sollten sich die sechs verschiedenen Gärten von Schloss Clausholm, 13 km südöstlich, nicht entgehen lassen, darunter ein Wassergarten, ein Kräuterhain und ein Skulpturengarten. Die fünfflügelige Barockanlage wurde zwischen 1699 und 1723 für

**Gammel Estrup

**Clausholm Slot

Randers, Umgebung (Fortsetzung)	den Großkanzler Conrad Reventlow erbaut, dessen Büste über dem Hauptportal zu sehen ist. 1712 verliebte sich König Frederik IV. in Anne Sophie, die jüngste Reventlowtochter, die er kurzerhand entführte. Erst neun Jahre später folgte die offizielle Hochzeit und Krönung von Anne Sophie, die nach dem Tod des Königs hier ihre Witwenjahre verlebte. Wesentliche Teile des Anwesens sind unverändert erhalten, darunter die Stuckdecken im Speisesaal und die Schlosskapelle mit einer der ältesten Orgeln des Landes. Im Sommer werden Konzerte und "märchenhafte Nächte" veranstaltet – wer will, kann auch ein Galadiner buchen (☎ 86 49 12 00; Öffnungszeiten: Juni, Aug. Sa., So. und Juli tgl. 11⁰⁰–16⁰⁰ Uhr).
Hadsten	Europas längste computergesteuerte Modelleisenbahn lässt sich knapp 20 km südlich in Hadsten in der Østergade 9 bewundern.
Ulstrup Slot	Auch Ulstrup, 20 km südwestlich, kann mit einem Herrensitz aus dem 17. Jh. aufwarten. Die dreiflügelige Anlage mit schmuckem Sandsteinportal wurde für Christen Skeel errichtet und von seinem Sohn Jørgen erweitert.
Tange Sø, *Elmuseet	Die Gudenå wurde 1921 etwa 35 km südwestlich von Randers zum Tange Sø aufgestaut. Heute läuft hier in Bjerringbro das größte Wasserkraftwerk des Landes auf vollen Touren, die Gudenåcentralen. Im alten Kraftwerksbau aus den frühen 1920er-Jahren können Neugierige sich darüber informieren, wie die Elektrizität die moderne Welt verändert hat und sogar selbst experimentieren (Öffnungszeiten: April – Okt. tgl. 10⁰⁰–17⁰⁰ Uhr).
Råsted Kirke	Die Landkirche in Råsted, 8 km nordwestlich, liefert mit ihren auf 1175 datierten, großangelegten Fresken ein ausgezeichnetes Beispiel für die jütische Kirchendekoration in romanischer Zeit.

Ribe   P/Q 5

Halbinsel Jütland
Bezirk: Ribe amt
Einwohnerzahl: 10 000

**Dänemarks älteste Stadt	Wohl keine andere Stadt Dänemarks hat ihr historisches Erbe so gut bewahrt wie Ribe in den Marschen unweit der Fanøbucht. Schon seit ihrer Gründung um das Jahr 700 ist die alte Handelsstadt ein Besuchermagnet. Damals kam man, um Geschäfte mit den Wikingern zu machen, heute, um das einzigartige Stadtmilieu zu erleben – über 100 Häuser stehen unter Denkmalschutz.
Geschichte	Anno 860 baute Erzbischof Ansgar hier eine der ersten Kirchen des Nordens, 948 wurde Ribe Bischofssitz – zur Blütezeit gab es neun Klöster und 13 Kirchen. Im 12. Jh. entstanden Wallgraben und Burg, die um 1200 zur königlichen Residenz erhoben wurde. Im Mittelalter trieb Ribe, das damals noch direkt an der Küste lag, regen Handel mit England und Deutschland. Der Niedergang kam im frühen 16. Jahrhundert: Der königliche Hof zog nach Kopenhagen, die Reformation sanktionierte die Aktivitäten der katholischen Kirche, die Versandung des Flusses Ribe Å brachte schwere Einbußen für

den Handel. Nach langem Dornröschenschlaf kam erst im 20. Jh. ein neuer Aufschwung, wurde Denkmalschutz nun zum Programm. Das stolze Ergebnis lässt sich sehen: winklige kopfsteingepflasterte Straßen mit den charakteristischen Fachwerkhäuschen aus dem 16. und 17. Jh. verleihen dem Stadtbild einmaligen Reiz.

Geschichte (Fortsetzung)

In den Sommermonaten kann man dem Nachtwächter allabendlich auf seiner traditionellen Runde folgen. Er singt dabei das Wächterlied des Psalmendichters Thomas Kingo, in dem die dramatische Geschichte der Stadt erzählt wird. Der Rundgang beginnt zwischen 1. Mai und 15. Sept. tgl. um 22^{00} Uhr auf dem Marktplatz, von Juni bis Aug. auch um 20^{00} Uhr.

Wächterrundgang

Sehenswertes in Ribe

Schon von weitem sieht man die ungleichen Türme des romanischen Doms aus dem flachen Marschland aufragen. Die um 1150 begonnene Kirche ist heute das einzige fünfschiffige Gotteshaus in Dänemark. Baumaterialien waren rheinischer Tuff, Wesersandstein und jütlandischer Granit. In der Weihnachtsnacht 1283 brach der Vorgängerbau des heutigen "Bürgerturms" zusammen und konnte erst 1333 durch den jetzigen 52 m hohen Backsteinturm ersetzt werden. Seine Plattform bietet die beste Aussicht über Ribes rote Dächer und die Marsch. Das wuchtige Bronzeportal am südlichen Querschiff ziert ein mittelalterlicher Löwenkopf – wer diese sog. Katzenkopftür erreichte, dem wurde Asyl gewährt. Über der Tür stellt eine romanische Granitskulptur die Kreuzesabnahme dar. Im Giebeldreieck darüber, eine Arbeit des 13. Jh.s, ist das Himmlische Jerusalem zu sehen. Seit 1999 betritt man den Dom durch eine neue Tür an der Südseite. Im lichten Innenraum befinden sich Grabdenkmäler und Epitaphien, darunter eines, das Waldemar der Sieger für seinen 1231 verstorbenen Sohn errichten ließ. Die farbenfrohen Mosaiken und Fresken der Apsis sowie der neue Altar wurden 1982 – 1987 von Carl-Henning Pedersen ausgeführt.

***Dom**

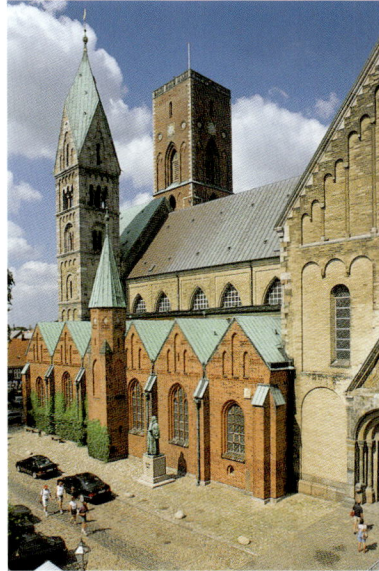

Der Dom von Ribe wurde um 1150 begonnen.

Am Domplatz erinnern zwei Statuen an Hans Adolph Brorson, der 1741 Bischof von Ribe wurde, und an Hans Tausen, den Protagonisten der dänischen Reformation und Bischof in Ribe ab 1541.

Neben dem Dom empfehlen sich zwei Fachwerkbauten des 16. Jh.s mit viel Atmosphäre zur Einkehr: das Hotel Dagmar mit zwei Feinschmeckerlokalen (s. S. 311) und das Restaurant Weis mit uralten Wirtsstuben. Einige der schönsten Fachwerkhäuser Ribes, die den verheerenden Stadtbrand von 1580 überstanden haben, findet man

****Fachwerkhäuser**

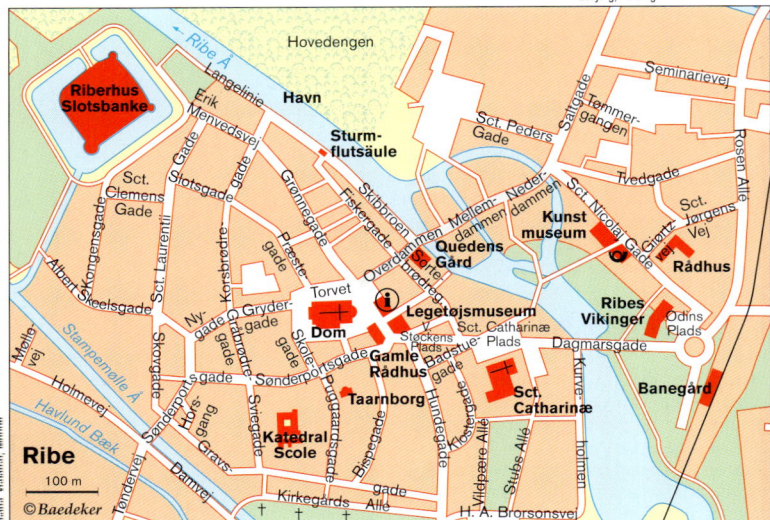

Fachwerkhäuser (Fortsetzung)	nördlich in der Skolegade und Grønnegade sowie südlich in der Sønderportsgade und Puggårdsgade. In der letztgenannten wurde um 1550 für den Adligen Oluf Munk die Tårnborg erbaut, der spätere Bischofssitz bis 1868. Gegenüber erhebt sich die 1145 gegründete Kathedralschule mit dem 1500 errichteten Steinhaus Puggård.
Hotel Den Gamle Arrest	Die Zellen im ehemaligen Stadtgefängnis am Torvet 11 sind heute als rustikale Gästezimmer eingerichtet. Zum Hotel gehört auch ein kleines Restaurant mit leckeren Fischgerichten (☎ 75 42 37 00).
Gamle Rådhus	In dem 1496 erbauten Bürgerhaus wurde 1619 Anders Bording geboren, der 1666 in Kopenhagen die erste dänische Zeitung herausgab, und zwar in Versform. Seit 1709 tagt hier der Stadtrat. Das frühere Schuldgefängnis ist als Museum eingerichtet.
Legetøjsmuseum	Kinderträume von anno dazumal vermittelt das Spielzeugmuseum am Von Støckens Plads 2 mit über 500 Puppen, alten Teddybären und Modellautos.
Sct. Catharinæ Kirke og Kloster	Nur wenige Gehminuten weiter östlich liegt die im 15. Jh. geweihte St.-Katharinen-Kirche. Sie ist Teil eines mittelalterlichen Klosters, das 1228 von Dominikanern gegründet wurde, die in Dänemark "Schwarze Brüder" heißen. Nach der Reformation diente das Kloster als Spital, seit 1864 ist es ein Stift für Alleinstehende.
*Ribes Vikinger	Im Museum am Odins Plads wird das Ribe der Wikingerzeit und des Mittelalters wieder lebendig, kann man an Bord eines Wikingerschiffes gehen oder Ribe an einem Septembertag des Jahres 1500 miterleben (Öffnungszeiten: tgl. 10⁰⁰ – 16⁰⁰ Uhr, Juli, Aug. bis 18⁰⁰ Uhr bzw. Mi. bis 21⁰⁰ Uhr, Nov. – März Mo. geschlossen).

Zur Sammlung in der Skt. Nicolajgade 10 gehören Meisterwerke des Goldenen Zeitalters und der Skagener Schule sowie eine Auswahl von Gemälden mit Ribemotiven (Öffnungszeiten: Mitte Juni – Aug. tgl. 11⁰⁰ – 17⁰⁰, Sept. – Mitte Juni Di. – So. 11⁰⁰ bzw. 13⁰⁰ – 16⁰⁰ Uhr).

*Kunstmuseum

Im vierflügeligen Kaufmannshof an der Ecke Overdammen und Sortebrødregade dokumentiert die "Antiquariske Samling" Handel und Handwerk der Stadt. Der älteste Fachwerkteil stammt von 1583, das gelbe Hauptgebäude wurde 1789 errichtet. Empfehlung: eine Pause im Museumscafé.

Quedens Gård

Am gemütlichen Skibbroen, einst der Hafen von Ribe, gehen heute nur noch Sportboote vor Anker. Vor dem Fischrestaurant Sælhunden hat der Ewer "Johanne Dan" festgemacht, ein spezieller Schiffstyp für das Wattenmeer. In den Sommermonaten findet immer mittwochs auf Skibbroen ein Markt statt.

*Skibbroen

Seit jeher wird das flache Marschland von Sturmfluten bedroht. Die schlimmsten Überschwemmungen sind an der Sturmflutsäule abzulesen, deren höchste Markierung, gut 6 m über dem normalen Wasserstand, die Sturmflut von 1634 anzeigt. Damals wurden zahlreiche Höfe vernichtet, kamen Tausende von Menschen ums Leben.

Sturmflutsäule

Den Rückweg ins Zentrum sollte man unbedingt durch die idyllische Fiskergade nehmen, gesäumt von farbenfrohen Fischerhäuschen, die nach dem großen Stadtbrand 1580 gebaut wurden.

*Fiskergade

Nordwestlich der Stadt thronen auf einem Hügel die Überreste des früheren Schlosses. Nur eine Burgruine mit Wassergraben zeugt

Riberhus Slotsbanke

Kunterbunte Fischerhäuschen aus dem 17. Jh. säumen die Fiskergade.

Ribe
(Fortsetzung)

noch von der im 12. Jh. erbauten königlichen Residenz. Ein Standbild erinnert an Königin Dagmar, die Gemahlin Waldemars des Siegers, der 1202 – 1241 über Dänemark regierte.

*Ribe Vikingecenter

Etwa 2 km südlich von Ribe sind verschiedene Anlagen aus der Wikingerzeit (▶ Baedeker Special, S. 40) rekonstruiert worden: auf dem Marktplatz anno 720 trifft man Schmied, Drechsler und Weber, der aus 160 Eichenstämmen errichtete Gutshof ist auf 980 datiert. Außerdem kann man Ribes Stadtambiente im Jahr 825 bestaunen. Am ersten Maiwochenende treffen sich Anhänger des Seefahrervolkes und spielen auf dem weitläufigen Gelände Mittelalter (Öffnungszeiten: tgl. 11^{00} – 16^{00} Uhr, Mai, Juni, Sept. Sa., So. geschl.).

Umgebung von Ribe

Vester Vedsted

Das 1998 beim Parkplatz des Mandøbusses eröffnete Vadehavscentret ist dem Wattenmeer und der Marsch gewidmet.

*Wattinsel Mandø

Von Mai bis September fährt mehrmals täglich von Vester Vedsted der Mandøbus den knappen Kilometer durch die Marsch und über den Deich zur 7,5 km^2 großen Insel Mandø, die nur bei Ebbe mit dem Traktorbus erreicht werden kann. Auf dem Weg kann man sehen, wie die Landgewinnung an besonders geeigneten Stellen vor sich geht. Unweit der Haltestelle im Ort Mandø wird in einem Kapitänshaus von 1831 die Geschichte der Insel erzählt, während das Mandø Centret über Meer und Watt informiert. Man kann zu Fuß oder per Fahrrad die herrliche Natur erkunden – sechs verschiedene Fahrradrouten sind farbig ausgeschildert. Auf der Insel brüten Tausende von Seeschwalben, Austernfischer, Strandläufer, Stelzvögel und Eiderenten. Auch Seehunde kann man mitunter von Mandø Schleuse aus bei Ebbe draußen auf den Sandbänken sehen. Im Sommer werden regelmäßig Treckerfahrten zum Hochsand Koresand südwestlich im Wattenmeer angeboten – Dauer ca. 3 Stunden. Dabei kommt man am Robbenschutzgebiet vorbei. Beim Ausflug ins Watt kann man Schlickwürmer graben, Muscheln suchen, Krabben fangen und mit etwas Glück sogar Bernstein finden.

Ringkøbing   L 2

Halbinsel Jütland
Bezirk: Ringkøbing amt
Einwohnerzahl: 9 000

Stimmungsvolle Hafenstadt mit **Surfrevier

Niedrige Backsteinhäuschen mit roten Ziegeldächern und kopfsteingepflasterte Gassen verleihen der Kreishauptstadt ein stimmungsvolles Ambiente. Rund um den Marktplatz findet man gemütliche Kneipen und Cafés, wo sich im Sommer die Jazzliebhaber treffen. Und wenn der Nachtwächter abends nach alter Sitte singend durch die Straßen ziehen, spürt man den Flügelschlag der Geschichte. Archäologische Funde datieren die Entstehung der alten Hauptstadt Westjütlands auf die Mitte des 13. Jh.s. Damals war der ▶ Limfjord gen Westen hin geschlossen und Ringkøbing der einzige schiffbare Nordseehafen nördlich des Wattenmeeres. Im 17. Jh.

begann die Einfahrt zum Fjord südwärts zu wandern und zu versanden. Erst mit der Eröffnung der Schleuse in Hvide Sande wurden die Probleme der Hafenstadt gelöst. Heute liegen Sportsegler und Fjordfischer im Hafen dicht an dicht. Die gesamte Küstenlinie des Ringkøbing Fjords ist ein durchgehender breiter Sandstrand, der Fjord selbst eines der besten Surfreviere Dänemarks. Während sich an der rauhen Nordsee die High-Speed-Fans tummeln, finden Anfänger hinter den Dünen ein ruhiges Binnengewässer – kein Wunder, dass hier eines der größten Surfzentren des Landes liegt.

Surfrevier (Fortsetzung)

Sehenswertes in Ringkøbing

Charakteristisch für das Stadtbild sind die dunkelroten Mauern, weißen Gesimse und Halbwalmdächer der Kaufmannshöfe vom Ende des 18. Jh.s, wie man sie noch in der Østergade 11, Nørregade 2 und Algade 4-6 findet – beim Turistbureau erhält man einen Prospekt mit Vorschlägen für einen Rundgang durch die historischen Gassen. Ältestes Gebäude ist das Hotel Ringkøbing am Marktplatz, dessen Grundstein um 1600 gelegt wurde. Die ersten Häuser an der lebhaften Vester Strandgade Richtung Hafen stammen aus dem frühen 19. Jh., am markantesten das Zollamt von 1843. Einen Schwerpunkt des Ringkøbing Museums am Østerport bilden grönländische Exponate, eine Schenkung des Polarforschers Ludwig Mylius-Erichsen (1872 – 1907).

*Ortsbild

> **Baedeker TIPP) Strandgaarden**
>
> Knapp 12 km nordwestlich am Ufer des Vest Stadil Fjord erzählt der unter Denkmalschutz gestellte Dünenhof am Husby Klitvej 5 vom Leben an der Westküste vor über 100 Jahren. Hier kann man sehen, wie einst gefischt wurde und welche Rettungsgeräte bei den Strandungen zum Einsatz kamen. Ein Duft nach frischgebackenem Kuchen kommt aus dem gemütlichen Café, im Laden gibt es hübsche Spielsachen und Kunstgewerbe (Öffnungszeiten: April – Okt. Di. – So. 11:00 – 18:00 Uhr).

Rund um den Ringkøbing Fjord

Am Hovervej 56 in Hee kann man zwischen 50 Attraktionen wählen, vom Badespaß über den Tierpark bis zum Autorennen (Öffnungszeiten: Mitte Mai – Anfang Sept. tgl. 10:00 – 17:00 bzw. 18:00 Uhr).

Sommerland West

Den Altar der Kirche von Ølstrup, 14 km nordöstlich von Ringkøbing, schmückt ein Gemälde aus dem Jahr 1904 von Emil Nolde (1867 – 1956), auf dem Christus in Emmaus dargestellt ist.

Ølstrup

Weiter südlich am Fjordufer bei Velling Mærsk begleitet den Besucher das leise Surren von Dänemarks größtem Windenergiepark – hier werden jährlich fast 30 Gigawattstunden Strom produziert. Schließlich trifft man in Lem ein, wo im "Haus der Schmiede" am Smedetorvet die Geschichte des alten Handwerks illustriert wird, ergänzt durch wechselnde Kunsthandwerksausstellungen.

Velling Mærsk, Lem

Am Flughafen von Stavning gibt es alte Doppeldecker, Starfighter und über 300 Modellflugzeuge zu bestaunen.

Dansk Veteranflysamling

Ringkøbing Fjord (Fortsetzung), Tipperne	Schon 1898 erließ der dänische Staat eine Bestimmung zum Schutz der Vogelfauna von Tipperne am Südrand des Ringkøbingfjords. Heute leben hier seltene Gänse-, Schwan- und Entensorten, Rotschenkel, Säbelschnäbler und Alpenstrandläufer.
Hvide Sande	Ausgedehnte Strandspaziergänge auf der Landenge Holmsland Klit, Strandreiten und natürlich Surfen gehören zum Urlaub in Hvide Sande, wo die Schiffe durch eine schmale Fahrrinne in die Nordsee gelangen können. Das Fiskeriets Hus an der Nørregade 2b ist ganz der Fischereiwirtschaft gewidmet. Tipp für Frühaufsteher: die Fischauktion am Hafen beginnt werktags um 7⁰⁰ Uhr.

Ringsted P 23

Insel Seeland
Bezirk: Vestsjællands amt
Einwohnerzahl: 23 000

Lage und Allgemeines	Dank seiner zentralen Lage im Herzen von ▶ Seeland war Ringsted seit dem frühen Mittelalter die Verwaltungshauptstadt der Insel. Hier traf bis 1805 der seeländische Landsting politische Entscheidungen, stand die Grabkirche der dänischen Könige, bevor der Dom in ▶ Roskilde Mitte des 14. Jh.s diese Funktion übernahm.

Sehenswertes in Ringsted

Tingstene	Drei große Thingsteine neben dem Rathaus erinnern an die ruhmreiche Vergangenheit, als hier die Thingstätte Seelands lag.
*Sct. Bendts Kirke	Durch eine schwere Eichentür betritt man den Kirchenraum der romanischen St.-Benedikt-Kirche, die Zeugnis gibt von den dramatischen Fehden, die sich einst zwischen Königen und Herzögen in Dänemark abspielten. Eine erste Klosterkirche wurde um 1080 aus Travertin erbaut. 51 Jahre später wurde Herzog Knud Lavard wenige Kilometer außerhalb im Wald von Haraldsted das Opfer einer Verschwörung. Verantwortlich für den Mord war sein Vetter Magnus, der Sohn des alternden Königs Niel. Der Bruder des Ermordeten, Erik Emune, konnte 1134 die Krone erobern, doch das politische Ränkespiel ging weiter. Am Ende konnte Valdemar I., der Sohn Knud Lavards, 1157 als Alleinherrscher die dänische Krone entgegennehmen. Er überzeugte auch Papst Alexander III., seinen Vater 1169 in Rom heilig zusprechen. Ein Jahr später wurde Valdemars neue Backsteinkirche mit großem Pomp eingeweiht, konnten die sterblichen Überreste seines Vaters am Hochaltar beigesetzt werden. Bis 1341 blieb die Kirche die bevorzugte Grablege der dänischen Könige. Nach einem Brand 1241 erhielt das Gotteshaus sein frühgotisches Gewölbe und den gotischen Turm über der Vierung. Rechts an der Wand neben dem Eingang gibt es eine Aufstellung der 27 gekrönten Häupter, die hier ab 1182 ihre letzte Ruhe fanden. Im Chor bezeichnet eine reich verzierte Messingplatte das Grab von König Erik Menved († 1319) und seiner Gemahlin Ingeborg. Bekannteste Persönlichkeit ist aber Königin Dagmar († 1212), die Gattin von Valdemar dem Sieger, in deren Grab man ein zart emaillier-

Die romanische St.-Benedikt-Kirche gibt Zeugnis von den dramatischen Fehden zwischen Königen und Herzögen in Dänemark.

tes byzantinisches Goldkreuz aus dem Jahre 1000 fand (Kopie in der Kirche) – das Dagmar-Kreuz ist heute ein beliebtes Brautgeschenk. Im Chor und im Gewölbe der Vierung sind Heiligenbilder des 13. Jh.s zu bewundern, darunter eine Huldigung an König Erik Plovpenning über der Stelle im Fußboden, wo sich ursprünglich sein Grab befand, das nun an der Nordwand des Chors liegt.

Sct. Bendts Kirke (Fortsetzung)

Stadtgeschichte und Müllerei sind die Schwerpunkte des Museums am Køgevej 41. In der 1804 erbauten Windmühle wird ganzjährig Mehl aus biologischem Getreide gewonnen.

Ringsted Museum, Vindmølle

Wo können sich Kinder so richtig austoben? Im Wichtelland am Eventyrvej, wo die "Nisser", wie man sie in Dänemark nennt, in verwunschenen Märchengärten zuhause sind. Das ganze Jahr über treiben die Zwerge Schabernack im größten Weihnachtsland Europas, am Zauberberg wohnen lustige Trollfamilien, im Cowboyland kann man auf Bisons und Pferden reiten. Die ersten mechanischen Puppen wurden um 1965 von dem Schaufensterdekorateur Hans Jørgen Hansen hergestellt, heute exportiert das erfolgreiche Familienunternehmen fast 90 % seiner drolligen Fabelwesen in alle Welt (Öffnungszeiten: tgl. 10^{00} – 17^{00} Uhr).

*Fantasy World

Umgebung von Ringsted

Schöne Aussichten verspricht 15 km nördlich der Gyldenløves Høj, mit 126 m ü.d.M. der höchste Punkt Seelands.

Gyldenløves Høj

Ringsted, Umgebung (Fortsetzung), Fjenneslev Kirche	Knapp 8 km westlich von Ringsted steht eine der ältesten Landkirchen Dänemarks. Die um 1125 geweihte doppeltürmige Kirche von Fjenneslev wurde im romanischen Stil aus Feld- und Kreidesteinen erbaut. Beachtung verdienen die zeittypischen Wandmalereien und ein Kruzifix von Claus Berg auf dem Altar.
Bjernede	Das benachbarte Bjernede besitzt mit seinem 1150–1175 erbauten Gotteshaus die einzige Rundkirche Seelands.
Sorø *Kirke	Schon 1161 hatten Zisterziensermönche westlich von Ringsted am Sorøsee unter der Schirmherrschaft von Bischof Absalon ein Kloster gegründet, von dem allerdings nur noch das Tor "Klosterporten" und die der Jungfrau Maria geweihte Kirche erhalten sind. In der romanisch begonnenen und gotisch vollendeten Marienkirche sind bedeutende Dänen beigesetzt: hinter dem Altar ruht ▶ Kopenhagens Gründer Bischof Absalon (†1201), daneben König Christoffer II. (†1332) und seine Gemahlin sowie König Valdemar IV. (†1375) und König Oluf III. (†1387). In der Querkapelle ist Dänemarks großer Komödiendichter Ludwig Holberg (▶ Berühmte Persönlichkeiten) beigesetzt, der auf dem nahen Gut Tersløsegård am Holbergsvej 101 seinen Lebensabend verbrachte, wo dem Meister ein kleines Museum gewidmet ist. Das spätgotische Triumphkreuz von 1530, das in der Vierung hängt, stammt aus der Werkstatt von Claus Berg.
Akademi	Unbestritten eine der besten Internatsschulen des Landes ist die Akademie von Sorø, die König Frederik II. anno 1586 als Ritterakademie für Adlige ins Leben rief. Nach der Schließung 1665 erlaubten erst das Vermögen und die Bibliothek Ludwig Holbergs einen Neuanfang. Ihm zu Ehren wurde im Akademiegarten, der bis an das Ufer des Sorøsees reicht, eine Bronzestatue aufgestellt.
Sørup Herregård	Etwa 8 km südlich bietet der Herrensitz aus dem 17. Jh. schöne Zimmer, Kaminstube und Tagungsräume; das Restaurant genießt einen ausgezeichneten Ruf (☎ 57 64 30 02, FAX 57 64 31 73).

Rømø Q/R 3/4

Bezirk: Sønderjyllands amt
Inselfläche: 99 km²
Bewohnerzahl: 850

**Badeinsel am Wattenmeer	Feinsandig und endlos lang sind die Badestrände der größten dänischen Nordseeinsel, die man bereits kurz hinter der deutschen Grenze erreicht. Ein Großteil der Traumstrände ist so breit, dass er mit Autos befahren werden kann, nur der Abschnitt südwestlich von Lakolk und der Südstrand sind weitgehend autofreie Zonen. Bei so viel Platz kommen sich Autos, Badegäste, Surfer und Strandsegler nicht ins Gehege. Nicht zu vergessen die gokartartigen Kitesegler, die mit den Beinen gelenkt werden und für die es auf der Insel extra ein mehrsprachiges Faltblatt mit Verkehrsregeln gibt. Allerdings bläst im Sommer auch nicht selten eine steife Brise, und ablandige Strömungen sind nicht zu unterschätzen (s. Ebbe und Flut, ▶ Fanø). Überhaupt hat der Wind auf Rømø das erste und das letzte Wort. Er hat die Insel nach der letzten Eiszeit aus Sand zusammengeblasen, er hält ihre Bewohner bis heute auf Trab. Ein Rie-

senspaß für alle Altersgruppen ist das internationale Drachenfestival Anfang September, bei dem sich der Himmel mit bunten Fantasievögeln schmückt. Hinter dem Strand finden Naturfreunde ausgedehnte Dünen und Strandsümpfe, gefolgt von Dünenwäldern und Heideflächen, im Osten kann man Marschland und Watt erkunden. Mit dem Festland ist die Insel seit 1948 durch den knapp 10 km langen Rømødamm verbunden, der während der Vogelflugzeiten im Frühling und Herbst auch ein guter Standort für Vogelbeobachtungen ist. Fähren verkehren regelmäßig von Havneby nach List an der Nordspitze von Sylt.

Allgemeines (Fortsetzung)

Anfang September wird es eng am Himmel über Rømø, wenn bunte Fantasievögel beim internationalen Drachenfestival aufsteigen.

Sehenswertes auf Rømø

Seine Blütezeit im 17. – 19. Jh. verdankte die Insel dem Walfang vor Grönland und Spitzbergen. Von dieser Zeit berichtet der 1748 erbaute, reetgedeckte "Kapitänshof" am Juvrevej 60 von Toftum im Norden der Insel. Hier kann man auch das Skelett eines Pottwals bestaunen, der 1996 mit 15 Artgenossen bei Rømø strandete. Decken und Türen des Friesenhofes sind mit biblischen Motiven bemalt, die Außenwände mit holländischen Kacheln verkleidet (Öffnungszeiten: Mai – Sept. tgl. 10^{00} – 18^{00}, April, Okt. tgl. 10^{00} – 15^{00} Uhr). Wie schert man ein Schaf per Hand oder Maschine, welche Rassen gibt es, und was lässt sich aus der Wolle herstellen? All das zeigt jedes Jahr im Juli der Schafsmarkt beim alten Walfängerhof, wo dann auch ganze Lämmer gegrillt werden und Leckeres aus Lammfleisch und Schafsmilch angeboten wird.

*Toftum Kommandørgården

Rømø (Fortsetzung), Kirkeby	Durch weite Heideflächen geht es nach Süden zur St.-Clemens-Kirche von Kirkeby, die dem Schutzpatron der Seeleute geweiht ist. Sie stammt aus dem 16. Jh. und besitzt fünf Votivschiffe, die zum Dank der Rettung aus Seenot von wohlhabenden Schiffsführern gestiftet wurden. In Wort und Bild erzählen die Grabsteine auf dem Friedhof vom Leben der Kapitäne.
Havneby Rømø Ny Sommerland Tønnisgård	Der moderne Fischereihafen im Süden der Insel ist Ausgangspunkt der Fähren nach Sylt. Etwas außerhalb am Borrebjergvej kann man im kleinen Freizeitpark Rømø Sommerland dörfliche Atmosphäre nebst Badespaß erleben. Und noch ein Tipp für Kinder: das nahe Danmarks Mekaniske Dukkemuseum am Havnebyvej 227 besitzt wunderschöne Puppen und mechanisches Spielzeug. Infos über das Wattenmeer und geführte Wattwanderungen gehören zum Programm des Naturzentrums Tønnisgård am Havnebyvej 30.

Roskilde   O 25

Insel Seeland
Bezirk: Roskilde amt
Einwohnerzahl: 51 000

**Stadt der Könige und Wikinger

Der Sage nach wurde Roskilde von König Ro gegründet, historisch belegt sind die Anfänge in der Wikingerzeit – 1998 feierte man 1000-jähriges Stadtjubiläum. Um 1020 wurde die Stadt Sitz der seeländischen Bischöfe und entwickelte sich rasch zu einem wichtigen Zentrum des Katholizismus und der königlichen Macht. Zeitweise war sie sogar Residenzstadt der dänischen Monarchen und nicht weniger als 38 gekrönte Häupter Dänemarks sind im Dom von Roskilde begraben. Mit bis zu 10 000 Einwohnern war Roskilde im Mittelalter eine der größten Städte Nordeuropas und besaß alle Chancen, Dänemarks Hauptstadt zu werden, bevor ▶ Kopenhagen aufgrund seines besseren Hafens den Zuschlag erhielt. Heute ist Roskilde Seelands größte Provinzstadt, Sitz einer Universität und maßgebendes Zentrum für Dänemarks Energie- und Umweltforschung. Ein Muss für alle Besucher sind der prächtige Dom und das berühmte Wikingerschiffsmuseum am Roskildefjord. Weltstars der rhythmischen Szene bilden den Höhepunkt des alljährlichen Rockfestivals (▶ Baedeker Special, S. 250), das allerdings primär junge Musikströmungen vorstellen will.

Verkehr

Copenhagen Airport Roskilde, 8 km südlich der Stadt, ist der Provinzflugplatz für Seeland und die Außenbezirke Kopenhagens. Regelmäßige Linienflüge bestehen zu den Inseln Ærø, Samsø, Læsø und Anholt. Roskilde verfügt über gute regionale Bus- und Bahnverbindungen – die erste Eisenbahnlinie Dänemarks wurde übrigens 1847 zwischen Kopenhagen und Roskilde eröffnet. Neben der Museumsinsel erhielt die Stadt 1997 einen neuen Jachthafen.

Sehenswertes in Roskilde

**Roskilde Domkirke

Leicht erhöht blickt die mächtige rote Backsteinkathedrale mit ihren schlanken Turmspitzen über den Fjord. Der St.-Lukas-Dom ge-

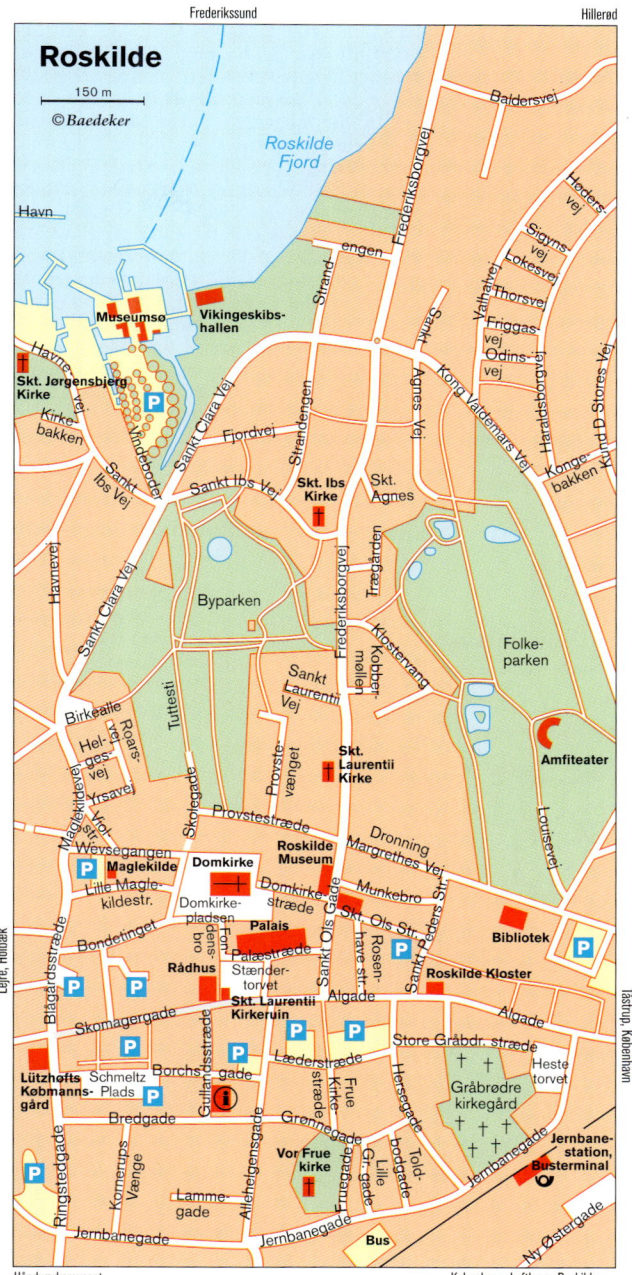

Domkirke
(Fortsetzung)

Öffnungszeiten:
April – Sept.:
Mo. – Fr.
9⁰⁰ – 16⁴⁵,
Sa. 9⁰⁰ – 12⁰⁰,
So. 12³⁰ – 16⁴⁵;
Okt. – März:
Di. – Fr.
10⁰⁰ – 15⁴⁵,
Sa. 11³⁰ – 15⁴⁵,
So. 12³⁰ – 15⁴⁵

hört zu den Nationaldenkmälern Dänemarks und steht auf der UNESCO-Liste des Weltkulturerbes. Schon 960 soll Harald Blauzahn, der Herrscher, der die Dänen taufen ließ, hier eine Holzkirche gestiftet haben. Sicher ist, dass man um 1030 begann, eine Steinkirche zu errichten. In den folgenden Jahrhunderten erlebte die Stadt ihre Blütezeit, war sie Zentrum der Geistlichkeit, die über große Macht und Reichtum verfügte, vor allem, als König Valdemar einen jungen Priester mit Pariser Schulung zum Bischof wählen ließ: Absalon aus dem Geschlecht der Hvide (1128 – 1201). 1168 schenkte Valdemar seinem Günstling die Stadt und Burg Havn. Absalon wurde damit zum eigentlichen Gründer ▶ Kopenhagens, denn die heutige Hauptstadt war damals ein völlig unbedeutendes Fischerdorf. Das Machtzentrum lag in Roskilde. Die Wende kam 1536 mit der Reformation, 11 Pfarrkirchen und alle Klöster von Roskilde wurden eingezogen. Noch einmal stand Roskilde 1658 im Brennpunkt, als im Dom der Friedensvertrag zwischen Dänemark und Schweden unterzeichnet wurde. Durch ihn verlor Dänemark seine Besitzungen jenseits von Kattegat und Øresund.

In seinen Grundzügen stammt der Sakralbau aus der Zeit Bischof Absalons. 1170 wurde mit dem Bau im romanischen Stil begonnen. Seitdem wurden Kapellen und Anbauten in den jeweils herrschen-

Roskilde Domkirke

A Eingang
B Kapelle Christians I. (Dreikönigskapelle)
C Kapelle Frederiks V.
D Kapitelhaus
E Oluf-Mortensen-Vorhalle
F Kapelle Christians IV.
G St.-Andreas-Kapelle
H St.-Birgitte-Kapelle
I Kapelle Christians IX.
J Nördliche Turmkapelle
K Südliche Turmkapelle
L Absalonsbogen

© Baedeker

1 Hauptportal
2 Königssäule
3 Grabmal für Christian III. und Königin Dorothea
4 Gräbe für Christian I. und Königin Dorothea
5 Grabmal für Frederik II. und Königin Sophie
6 Sarg für Caroline Amalie
7 Sarkophag für Sophie Magdalene
8 Sarg für Christian VIII.
9 Sarg für Marie Sophie Frederikke
10 Sarkophag für Königin Louise
11 Sarkophag für Frederik V.
12 Sarg für Juliane Marie
13 Sarg für Frederik III.
14 Sarg für Frederik VI.
15 Sarg für Louise Charlotte
16 Sarkophag für Christian VI.
17 Sarg für Frederik VII.
18 Helhestens Sten
19 Grabstein für Bischof Peder Jensen Lodehat
20 Grabmal für Herzog Christopher
21 Sarkophag für Frederik IV.
22 Pfeiler mit Gebeinen von Svend Estridsen
23 Sarkophag für Christian V.
24 Sarkophag für Charlotte Amalie
25 Pfeiler mit Gebeinen von Estrid (Schwester Knuds d. Gr.)
26 Sarkophag für Königin Louise
27 Sarkophag für Königin Margrethe
28 Hochaltar
29 Chorgestühl von 1420
30 Taufstein
31 Sarkophag für Frederik III.
32 Sarkophag für Sophie Amalie
33 Sarg für Anne Cathrine
34 Sarg für Christian IV.
35 Sarg für Prinz Christian
36 Sarkophag für Königin Alexandrine
37 Sarkophag für Christian X.
38 Doppelsarkophag für Christian IX. und Königin Louise
39 Doppelsarkophag für Frederik VIII. und Königin Louise
40 Sarkophag für Anne Sophie Reventlow
41 Kirsten Kimer, Per Døver und St. Jørgen
42 Rüstung von Vincentz Hahn
43 Königsempore
44 Orgel (1554-1655)
45 Kanzel (17.Jh.)
46 Grab für Frederik IX.

den Stilarten ergänzt, so dass der Dom heute ein einzigartiges architekturhistorisches Denkmal darstellt. Die beiden Westtürme wurden im 14. Jh. angefügt, ihre mit Kupfer verkleideten Helme stammen aus den Jahren 1635 und 1636. Das Königsportal zwischen den beiden Westtürmen wird nur bei fürstlichen Begräbnissen geöffnet, Besucher betreten die 85 m lange und im Innern 24 m hohe dreischiffige Basilika durch den Nebeneingang an der Südseite.

Domkirke (Fortsetzung)

Seit Anfang des 15. Jh.s diente der Dom als letzte Ruhestätte dänischer Monarchen. So sind die Alabaster- und Marmorgrabmäler von 38 dänischen Königinnen und Königen – von Margrethe I. († 1412) bis zur Königinmutter Ingrid († 2000) – Hauptanziehungspunkt der Kirche. Der Sarg Frederiks IX. († 1972), der auch zuerst in einer der Grabkapellen stand, erhielt 1985 eine eigene Grabstätte außerhalb des Doms – ein Oktogon aus Handstrichziegeln. Am 15. November 2000 wurde hier auch Königin Ingrid neben ihrem Ehemann beigesetzt. Als wertvollstes Stück der Königsgräber gilt die Liegefigur Margrethes I. hinter dem Hochaltar, eine gotische Alabasterarbeit des Lübeckers Johannes Junge von 1414. Die Grabkapelle Christians IV. schmücken Wandmalereien von Wilhelm Marstrand und eine Bronzestatue des Königs von Bertel Thorvaldsen. An der Südseite liegt die rein klassizistische Kapelle für Frederik V. mit Kuppel und hochsitzenden Fenstern, die dem Bau ein starkes Licht verleihen. Außerdem findet man auf dieser Seite die Dreikönigskapelle, deren Rippengewölbe auf einer Granitsäule ruht. Auf ihr ist die Größe verschiedener Könige abzulesen – als Größter hat sich Christian I. mit etwa 2,10 m eingetragen, sein Skelett misst allerdings nur knapp 1,90 m. Ursprünglich wollte Christian I., der hier mit seiner Gemahlin beigesetzt ist, die Kapelle zum Versammlungsraum eines von ihm gestifteten Ritterordens machen; so begann die Geschichte des Elefantenordens.

**Grabstätten der Könige

Liegefigur von Königin Margrethe I.

An der Nordwand sieht man die Königsempore und den reichverzierten Stuhl Christians IV. aus der Renaissance. Gegenüber fällt der Blick auf die berühmte Barockorgel aus dem 16. Jh., die 1988 bis 1991 umfassend restauriert wurde. Ein Ohrenschmaus der Sommermonate sind die kostenlosen Orgelkonzerte internationaler Solisten, die jeden Donnerstag um 20^{00} Uhr stattfinden.

*Barockorgel

Über dem wunderschön geschnitzten Chorgestühl aus der Mitte des 15. Jh.s erzählen Holzreliefs aus dem Alten und Neuen Testament. Der vergoldete Flügelaltar aus dem 16. Jh. ist eine Arbeit aus Antwerpen, die ursprünglich für die Schlosskirche von Frederiksborg Slot (▶ Hillerød) vorgesehen war. Ansehen sollte man sich auch das bronzene Taufbecken von 1602 und die 1609 aufgestellte Sandsteinkanzel mit Marmordekor. Das Dommuseum im Rittersaal berichtet über Einzelheiten zur Kirchengeschichte.

In dem 1733 von Laurids Thura entworfenen Barockpalast fanden 1835 – 1848 die Ständeversammlungen statt, die 1849 zur Verabschiedung des neuen dänischen Grundgesetzes führten. Seit 1923

Roskilde Palais

Baedeker SPECIAL

Rock in Roskilde

Seit über 30 Jahren bildet das Rockfestival von Roskilde einen festen Bestandteil im dänischen Kulturkalender. Bei dem grandiosen Open-Air-Konzert, zu dem Superstars und Newcomer der Musikszene gehören, stehen wirtschaftliche Interessen erfreulicherweise nicht im Vordergrund.

Im Jahr 1970, ein Jahr nach dem legendären Woodstock-Festival, ging in Roskilde zum ersten Mal ein Riesen-Open-Air-Konzert über die Bühne. Während das amerikanische Woodstock 1994, also ein Vierteljahrhundert später, nochmals einen eher lauwarmen Aufguss erlebte, etablierte sich das Rock-Event von Roskilde ab seinem Geburtsjahr zu einem festen Bestandteil der europäischen Musikszene, ja neben der ebenfalls jährlich stattfindenden Love Parade von Berlin zum bedeutendsten Open-Air-Festival Europas. Jahr für Jahr erscheinen am ersten Wochenende im Juli Abertausende von Musikfans aller Altersgruppen, um hier vier Tage lang Rock, Pop, Blues, Jazz, Folk und Techno voll zu genießen.

die Devise der Veranstalter, nach der alljährlich Bands und Solisten aller Stilrichtungen nach Roskilde eingeladen werden. Supergrößen der Rock- und Popszene sind hier schon aufgetreten wie Paul Simon, Simple Minds, Bob Marley, Sting, Eric Clapton und Mike Oldfield sowie deutsche Stars, darunter Herbert Grönemeyer, BAP und Nina Hagen. Hinzu kommen Musiker aus dem Gastland selbst und den umliegenden Nachbarstaaten wie Schweden, Norwegen, Finnland und Polen, die in ihrer Heimat bereits einen Namen haben oder versuchen, mit Hilfe des Festivals, auf sich aufmerksam zu machen. Auch Theaterensembles und Performancekünstler geben in der Zeltstadt ihr Bestes, sogar ein klassisches Philharmonieorchester ist schon aufgetreten.

Stars und Newcomer

"Viele Leute von heute und morgen und ein paar von gestern", lautet

Monumentale Aufmachung

Natürlich reicht für die pro Jahr inzwischen weit über 100 agierenden

Solisten und Gruppierungen – im Sommer 2000 waren es über 170 – nicht mehr, wie im Anfangsjahr 1971, als nur (!) 10 000 Fans anreisten, eine einzelne Bühne aus. Sieben Bühnen, verteilt auf einem Quadratkilometer Festivalgelände, bieten mittlerweile selbst bei gleichzeitigen Auftritten den Zuhörern absoluten Musikgenuss, deren Zahl bei den 1990er-Jahren bei bis zu 90 000 lag. Selbst im hintersten Winkel des Geländes erlebt man das Geschehen auf der Bühne dank Übertragung der Darbietungen auf Großbildleinwände live mit. Wahrzeichen des Festivals ist das an drei Masten aufgehängte orangefarbene Zelt, das die Hauptbühne überdacht und vor dem sich die Zuhörer im Freien tummeln müssen. Daneben gibt es noch andere unterschiedlich große Zeltbühnen, die den Fans auch Schutz vor Wind und Wetter bieten.

Freiwillige Helfer

Um die Organisation und Durchführung von Dänemarks größtem Rockfestival kümmern sich über 20 000 freiwillige Helfer, Mitglieder von Vereinen aller Art aus der Umgebung wie Umweltschutzgruppen, Frauenorganisationen oder multikulturelle Freundschaftsverbände. Sie gestalten Programm und Marketing, kontrollieren auch den Einlass der zahlenden Gäste, reinigen die Toiletten und Duschen, fegen nachts den Platz, verkaufen Getränke und Essen, versorgen Fans, die ohnmächtig geworden sind oder sich eine kleine Verletzung zugezogen haben. Nur für die Installation von Lautsprecher- und Lichtanlagen werden Profis hinzugezogen.

Die Besonderheit von Roskilde im Rockgeschäft besteht darin, dass die Veranstalter nicht von kommerziellen Interessen geleitet werden, dass also die freiwilligen Helfer und der Organisator "Roskildefonden" nicht in die eigene Tasche wirtschaften. Roskildefonden ist ein gemeinnütziger Verein, der nach dänischem Recht Gewinne nicht einbehalten darf, d. h. die erwirtschafteten Gelder, die sich inzwischen nach jedem Konzert auf zweistellige Millionenbeträge belaufen, kommen Jugendorganisationen, Kindergärten und anderen humanitären Einrichtungen zugute.

Im Schlamm erstickt

Von einem tragischen Unglück überschattet wurde das Roskilde-Festival 2000. Beim Megakonzert der US-Rockband "Pearl Jam" in der Nacht zum 30. Juni entstand vor der Bühne plötzlich ein furchtbares Gedränge, weil Tausende von Fans ihre Stars hautnah erleben wollten. Panik brach aus. Viele Fans stürzten im Schlamm, der nach Dauerregen entstanden war, zu Boden und wurden von den Nachfolgenden überrannt – neun junge Männer erstickten unter den Menschenmassen im Schlamm. Erschüttert brachen Samstag früh Tausende Besucher ihre Zelte ab, Toppgruppen wie "Oasis" und die "Petshop Boys" sagten aus "Respekt vor den Toten" ihre Auftritte ab. Das Festival jedoch ging weiter. Keine 24 Stunden später tanzten an der Unglücksstelle wieder Tausende zu den Rockklängen einer Band. Wie man solchen Tragödien aber künftig besser vorbeugen kann, soll der neu gegründete "Roskilde 2000 Tragedy Fund" erforschen.

Vorverkauf

Um die Qualität des Festivals zu verbessern, werden nur noch 70 000 Tickets im Verkauf angeboten. Vier-Tage-Tickets sind bei Vorverkaufsstellen in Deutschland erhältlich.
Kartenvorverkauf
in Deutschland:
☎ 01 80-5 57 00,
in Österreich:
☎ 06 62-87 07 07,
in der Schweiz:
☎ 01-2 25 60 60
Internet: www.cts.de und www.ticketservice.de
Auf der Homepage des Roskilde Festivals (s. unten) werden laufend Informationen über das jeweilige Festival veröffentlicht.

Roskilde Festival
Havsteensvej 11
DK-4000 Roskilde
☎ 00 45-46 36 66 13
FAX 46 32 14 99
www.roskilde-festival.dk

Roskilde Palais (Fortsetzung)	war das Palais bischöfliche Residenz. Heute präsentiert hier das Museet for Samtidskunst zeitgenössische Kunst sowie junge Filmarbeiten. In weiteren Räumen zeigt das Museum Palæsamlingerne wertvolle Interieurs des 18. und 19. Jh.s, die auf eine Schenkung der wohlhabenden Kaufmannsfamilien Kornerup, Brun und Borch zurückgehen. Der Verein Roskilde Kunstforening veranstaltet im Palaisflügel Wechselausstellungen, Konzerte und Vorträge.
Roskilde Museum	Mit umfangreichen archäologischen und ethnologischen Sammlungen dokumentiert das Roskildemuseum an der nahen Sct. Ols Gade 15 und 18 die Stadtgeschichte von der Steinzeit bis heute.
Rådhus, St. Laurentii	Nur der über 500 Jahre alte Turm des 1880 erbauten Rathauses zeugt noch von der mittelalterlichen Laurentiuskirche, die hier um 1125 am Stændertorvet errichtet wurde. Reste der im 16. Jh. abgerissenen Kirche sind in der 1998 unter dem Marktplatz ausgegrabenen Ruine zu besichtigen (Schlüssel im Rathausturm). Mittwochs und samstags findet auf dem Stændertorvet ein farbenfroher Wochenmarkt vor historischer Kulisse statt.
*****Lützhøfts Købmandsgård**	Weiter geht es durch die hübsch gepflasterte Skomagergade, Roskildes Fußgängerzone, mit zahlreichen Geschäften und Restaurants. Am Ende biegt man links in die Ringstedgade ein. Wie anno dazumal duftet es in dem gemütlichen Kaufmannsladen des Hauses Nr. 6 – 8, wo Salzheringe und Stockfisch, Würste nach Großmutters Rezept und köstliche Bonbontüten über den Tresen gereicht werden (Öffnungszeiten: Mo. – Fr. 11⁰⁰ – 17⁰⁰ Uhr, Sa. 10⁰⁰ – 14⁰⁰ Uhr).

Wie in den 1920er-Jahren gibt es in Lützhøfts Købmandsgård noch die Salzheringe in Fässern, werden die Waren noch in Spitztüten abgefüllt.

Von Zimmerleuten, Schreinern und Fassbindern berichtet südlich das kleine private Handwerksmuseum in der Ledreborg Holzhandlung an der Ringstedgade 68.

Håndværksmuseet

Aus dem späten 11. Jh. stammt die Liebfrauenkirche an der Fruegade im Süden der Altstadt. Sie wurde, so berichtet der dänische Geschichtsschreiber Saxo († 1220), um 1080 vom Bischof Sven Normand aus Quellkalkstein errichtet. Die Schnitzereien der Kirchenbänke sind ein Werk des Roskildemeisters Caspar Luebbeke.

Vor Frue Kirke

Byparken und Sct. Ibs Kirke:
Vom Byparken im Norden der Stadt hat man einen weiten Blick über die geschichtsträchtige Fjordlandschaft. Am Nordende des Parks führt der Sct. Ibs Vej zur gleichnamigen romanischen Kirche, in der Überreste mittelalterlicher Fresken erhalten sind.

> **Baedeker TIPP) Glasgalleriet**
>
> Im ehemaligen Gaswerk am Sct. Ibs Vej 12 kann man heute Glasbläsern bei der Arbeit zusehen und schöne Mitbringsel einkaufen (Öffnungszeiten: tgl. 10 00 bzw. 13 00 – 16 00 Uhr).

Die ältesten Teile des Sakralbaus oben auf dem aussichtsreichen Sct. Jørgensbjerg sind Chor und Schiff, beide wurden auf das 11. Jh. datiert. Durch die schlanken Rundstäbe in den Ecken und an den Längswänden im Hauptschiff wirkt das Gotteshaus wie eine versteinerte Stabkirche.

Sct. Jørgensbjerg Kirke

Neben dem Wikingerschiffsmuseum von Oslo vermittelt die Schiffshalle von Roskilde den besten Überblick über den Schiffbau der Wikinger (▶ Baedeker Special, S. 40). Die Anlage erstreckt sich direkt am Fjordufer mit herrlichem Ausblick über das Wasser. Das Museum ist seit 1969 im Aufbau, 1991 wurde die permanente Schiffsausstellung fertig, 1997 kam die neue Museumsinsel hinzu. Bei der Vertiefung des Hafenbeckens stieß man auf Wrackteile von sieben mittelalterlichen Fahrzeugen und zwei Wikingerbooten, die in den kommenden Jahren untersucht und konserviert werden.
In der Halle befinden sich fünf 1962 gehobene und anschließend restaurierte Wikingerschiffe aus der Zeit zwischen 1000 und 1050. Sie waren mit Steinen beschwert bei Skuldelev im Roskildefjord als Sperre der wichtigen Fahrrinne versenkt worden, um den Verkehr auf dem Fjord zu kontrollieren und Roskilde vor feindlichen Angriffen von See zu schützen. Jedes der fünf Schiffe erzählt auf andere Weise von ausgedehnten Handelsreisen, wilden Beutezügen und dem Leben der Fischer. Im einzelnen handelt es sich um ein knapp 18 m langes Kriegsschiff, das ca. 30 Mann Besatzung hatte, ein bis zu 100 Mann starkes Langschiff von 30 m Länge, das in zwei Teilen geborgen wurde, ein 14 m langes Handelsschiff mit einer Nutzlast von 4 t und fünf- bis sechsköpfiger Besatzung, ein 16,5 m langes Handelsschiff, das bis zu 20 t fassen konnte, und ein Fischerboot von 12 m Länge – im Øresund gab es damals große Heringsschwärme. Außerdem beschäftigt sich die Ausstellung mit der Wikingerzeit und informiert in einem Film über die Bergung der Schiffe sowie den Bau der Repliken "Helge Ask" und "Roar Ege".
Spannende Bauaktivität verspricht die Bootswerft, wo mit Werkzeug und Methoden wie zu Zeiten der Wikinger eine Replik des seetüchtigen Frachtschiffs "Skuldelev 1" gebaut worden ist, das im Sommer 2000 vom Stapel lief. In den gegenüberliegenden Werk-

**Vikingeskibshallen

Öffnungszeiten:
Mai – Sept.
tgl. 9 00 – 17 00;
Okt. – April
tgl. 10 00 – 16 00

Vikinge-
skibshallen
(Fortsetzung)

stätten kann man im Sommerhalbjahr selbst die Kunst der Seilerei und Segelmacherei erproben oder vom Dörrfisch aus der Provianttonne kosten. Wie die 1997 gehobenen Wrackteile auf Teer- und Farbspuren untersucht, beschrieben und datiert werden, können Besucher in der archäologischen Werkstatt sehen. Im neuen Hafen liegen die nachgebauten Wikingerschiffe "Helge Ask" und "Roar Ege" sowie der restaurierte Einmaster "Ruth" vor Anker. Ein unvergessliches Erlebnis sind die in den Sommermonaten täglich angebotenen, einstündigen Segeltörns auf einem der offenen Rahsegelboote (Auskunft: ☎ 46 30 02 00, FAX 46 32 21 15).

Die "Skuldelev 3" in der Wikingerschiffshalle war vermutlich ein Küstenfrachtschiff, um zu Thing- und Marktplätzen zu reisen. Der offene Lastraum des Eichenschiffes konnte bis zu 4 t Ladung aufnehmen.

Umgebung von Roskilde

*Schiffsfahrten
auf dem
Roskildefjord

Auf derselben Route, die einst die Wikinger nahmen, um den Handelsplatz im Innern des Fjords zu erreichen, verkehren heute das Fährschiff "Harald Blåtand" und der nostalgisch anmutende Dampfer "Sagafjord" zwischen Roskilde und ▶ Frederikssund – wer Lust hat, kann das Fahrrad mitnehmen und den Fjord entlang zurückradeln. Im Winter liegt die "Sagafjord" als schwimmendes Restaurant im Hafen von Roskilde vor Anker.

Ole Rømer
Museet

Östlich im Waldgebiet von Vestskoven fand man 1978 die Sternwarte des berühmten Astronomen Ole Rømer (1644 – 1710), der 1675 die Lichtgeschwindigkeit aus den Verfinsterungen der Jupitermonde bestimmte und den ersten Meridiankreis baute. Über Leben und Werk informiert das Museum in der Kroppedale Allé 3 in Tåstrup.

*Lejre Oldtidsbyen

Seit über 35 Jahren bemüht man sich im historisch-archäologischen Versuchszentrum an der Slangealleen 2, knapp 4 km nordwestlich von Lejre, die Arbeits- und Lebensformen früherer Zeiten anschaulich zu machen. Größte Attraktion ist ein Eisenzeitdorf mit vier rekonstruierten Häusern, Hütten, Feldern und Haustieren, genauso wie ein dänisches Dorf vor rund 2000 Jahren vermutlich aussah. Heiligtum war das Opfermoor, wo Schiffe, Waffen, Tiere, ja sogar Menschen den Göttern geopfert wurden. In den offenen Werkstätten kann man Töpfer, Weber und Schmied bei der Arbeit zusehen oder man paddelt gemütlich in einem ausgehöhlten Einbaum herum. Die rekonstruierten Kleinbauernhöfe der Anlage erzählen vom Leben auf dem Lande vor 150 Jahren. Im Sommer finden außerdem zahlreiche Veranstaltungen zum Thema "ländlicher Alltag in Dänemark" statt (Auskunft: ☎ 46 48 08 78; Öffnungszeiten: Mai – Mitte Juni, Mitte Aug. – Mitte Sept. Di. – So. 10^{00} – 17^{00} Uhr, Mitte Juni – Mitte Aug., Mitte – Ende Okt. tgl. 10^{00} – 17^{00} Uhr).

Øm Jættestuen

Rund 2 km südöstlich befindet sich an der Nebenstraße nach Øm ein ca. 5000 Jahre altes Gangrab aus der Jungsteinzeit. Die 7 m lange, mannshohe Grabkammer besteht aus 15 tragenden Seitensteinen und vier tonnenschweren Decksteinen – für die Besichtigung eine Taschenlampe mitnehmen!

*Ledreborg Slot

Eines der besterhaltenen Rokoko-Schlösser Dänemarks ist Ledreborg, 2 km südwestlich von Lejre. Seit 1739 ist das Anwesen Sitz der Familie Holstein-Ledreborg. An der prachtvollen Ausstattung des 18. Jh.s, die weitgehend erhalten blieb, wirkte der Rokokoarchitekt Niels Eigtved mit. Hauptaugenmerk gilt dem stuckverzierten Kuppelsaal und der Schlosskapelle, die in einem Anbau liegt. Zeit sollte man sich unbedingt auch für den 80 ha großen, terrassenförmig angelegten Park nehmen, der ein Beispiel gelungener Landschaftsgestaltung im englisch-französischen Stil liefert – faszinierend für Kinder: einer der größten Irrgärten Europas und die märchenhaften Naturskulpturen von Jørn Hansen (Öffnungszeiten: Mai – Mitte Juni, Sept. So. 11^{00}–17^{00} Uhr, Mitte Juni – Aug. tgl. 11^{00}–17^{00} Uhr).

Gammel Kongsgård

Der 300 Jahre alte Pachthof von Ledreborg ist heute Museum mit originalen Einrichtungsgegenständen von 1748 bis 1959.

Trudsholm

Das ehemalige Herrenhaus von Gut Trudsholm nordwestlich bei Kirke Såby wird derzeit zum Kulturzentrum mit einem Renaissancegarten ausgebaut. Wechselnde Kunstausstellungen sind bereits seit 1999 zu besichtigen.

Skjoldenæsholm Sporvejsmuseet

Knapp 9 km südwestlich von Lejre nahe Skjoldenæsholm zeigt ein Straßenbahnmuseum mehr als 30 Wagen aus der Zeit von 1863 bis 1949; ab 1952 wurden die Straßenbahnen durch Dieselbusse ersetzt.

Holbæk

Am Holbækfjord, einem Arm des großen Isefjords rund 30 km westlich von Roskilde, bietet die alte Handelsstadt Holbæk hübsche Straßenzüge, einen attraktiven Hafen mit Holzschiffswerft, den Nachbau einer ehemaligen Rettungsstation im Zone Redningskorpets Museum am Skyttensvej 2 und Seelands größtes lokalgeschichtliches Museum mit Interieurs des 17. – 19. Jh.s in der Klosterstræde 14 – 16. Im Dorf Andelslandsbyen Nyvang am Oldvejen vermitteln der alte Kaufladen, Meierei und Dorfschmiede ein Bild der

Roskilde, Umgebung (Fts.), Tveje Merløse Kirke	Blütezeit der Genossenschaftsbewegung zwischen 1880 und 1950. Auf der A 57 geht es nach Süden zu einer der ältesten Dorfkirchen des Landes mit 20 m hohen Zwillingstürmen aus Tuffstein. Erbaut wurde das Gotteshaus um 1120 im romanischen Stil von Asser Rig, dem Vater Bischof Absalons. Beachtenswert sind die Kanzel von 1571 und Fresken aus dem 13. Jahrhundert.
Tuse Kirke	Kunstvolle gotische Wandmalereien des Isefjordmeisters aus der Mitte des 15. Jh.s birgt 7 km westlich der Stadt die schlichte romanische Dorfkirche von Tuse.
*Bromølle Kro	Anno 1198 erhielt der Landgasthof, 5 km südlich von Jyderup am Slagelsevej 78 in Bromølle, als erster die königlichen Privilegien steuerfrei Branntwein zu brennen, Bier zu brauen und Brot zu backen. Der somit älteste Kro des Landes ist bis heute reetgedeckt und hat nur acht Zimmer, also frühzeitig reservieren (☎ 58 25 00 90, FAX 58 25 02 38).

Samsø — M / N 16

Bezirk: Århus amt
Inselfläche: 114 km²

Lage und Allgemeines

Obwohl Samsø nur 4500 Einwohner zählt, können seine kleinen Dörfer mit dänischer Fachwerkidylle fast die gleiche Zahl an Touristen beherbergen, ohne dabei aus allen Nähten zu platzen. Das 28 km lange und bis zu 7 km breite Ferienparadies auf halber Strecke zwischen ▶ Seeland und dem dänischen Festland besitzt eine abwechslungsreiche Natur, weiße, sanft abfallende Sandstrände säumen die gesamte Insel. In Seglerkreisen erfreuen sich die bestens ausgestatteten Marinas in Ballen und Langør großer Beliebtheit, zudem verfügt Samsø über einen 18-Loch-Golfplatz und ausgezeichnete Reiterhöfe. Autofähren verkehren von Sælvig zum jütischen Hov und von Kolby Kås nach ▶ Kalundborg auf Seeland. Bekannt ist Samsø auch für seine landwirtschaftlichen Erzeugnisse, insbesondere Tomaten, und seine mustergültige Energiegewinnung. In naher Zukunft will man sämtliche elektrische Energie und Heizungswärme aus regenerativen Ressourcen gewinnen, die zwei Dutzend gigantischer Windmühlen liefern sollen sowie lokale Heizkraftwerke, die mit vor Ort produziertem Biogas und Sonnenenergie gespeist werden.

Sehenswerte Stätten auf Samsø

Tranebjerg

Im Herzen von Südsamsø liegt die Inselmetropole Tranebjerg mit einer Festungskirche aus dem 14. Jahrhundert. Am Museumsvej 10 wird im Økomuseum Samsø, einem alten Hof vom Anfang des 19. Jh.s, die spannende Inselgeschichte von der Steinzeit bis heute erzählt.

Ballen

Knapp 5 km südöstlich schmiegt sich das hübsche Dorf Ballen an die Ostküste, im Sommer Treffpunkt für Feriengäste und Freizeitkapitäne, die im Jachthafen vor Anker gehen.

Ende des 19. Jh.s ließ die bis heute auf der Insel herrschende Familie Danneskjold Samsøe ganz im Süden den Gutshof Brattingsborg mit einer Villa im englischen Stil erbauen. Die Parkanlage ist während der Sommermonate unter der Woche zugänglich. Alternative: die reizvollen Wanderwege in den östlich anschließenden Küstenwäldern. Allein der Rundblick über die Belten und das Kattegat lohnt die Anfahrt zum Leuchtturm Vesborg Fyr, der hoch über dem Meer die äußerste Südwestspitze der Insel markiert.

Brattingsborg, Vesborg Fyr

Baedeker TIPP) Samsø Glas

Auf einem alten Bauernhof am Skollebakevej 19 in Brundby betreiben die beiden Schwestern Malene und Mette Find eine experimentierende Glaswerkstatt mit Sinn fürs Funktionelle. Ihre klassischen Trinkgläser, individuell geformten Karaffen, Schalen und Lampen sind eine Augenweide und natürlich auch wunderschöne Souvenirs (Öffnungszeiten: Mi. – Sa. 13⁰⁰ – 17⁰⁰ Uhr, ☎ 86 59 34 14).

Ein gutes Dutzend unbewohnte Inselchen gehören zum kleinen Archipel, das sich im Nordwesten zum Kattegat öffnet. Das ganze Gebiet, in dem seltene Seevögel ein Refugium gefunden haben, steht unter Naturschutz und ist nur eingeschränkt zugänglich.

*Stavns Fjord

Im Naturhafen von Langør treffen sich im Sommer die Freunde des Segelsports, sieht man Dreimastschoner und Galeassen liegen. Nur 11 m breit ist der wenige Hundert Meter lange Kanhave Kanal, der schon zur Wikingerzeit die Verbindung zur Sælvig Bugt herstellte.

Langør, Kanhave Kanal

Dank seiner schönen reetgedeckten Fachwerkhöfe rund um den Dorfteich wurde Nordby, das, wie der Name sagt, im Norden liegt, 1990 zum "besterhalten Dorf Dänemarks" gekürt. Vom nahen Aussichtsturm auf dem 64 m hohen Ballebjerg kann man bis zu den Moränenhügeln im Landschaftsschutzgebiet Nordby Bakker sehen.

*Nordby

Ballebjerg

Silkeborg   K / L 10

Halbinsel Jütland
Bezirk: Århus amt
Einwohnerzahl: 48 000

Es war Michael Drewsen, der Mitte des 19. Jh.s dem erst 1840 von Christian VIII. gegründeten Städtchen am Langsø zum Aufschwung verhalf. Der Papierfabrikant wusste die Wasserkraft der Gudenå zu nutzen, und Silkeborg entwickelte sich bald zum Zentrum des mitteljütländischen Seenhochlandes. Seine herrlichen Wälder und Seen sind heute ein beliebtes Ausflugsziel. Bekannt ist Silkeborg aber auch für sein Süßwasseraquarium, eine große COBRA-Sammlung und den einzigartigen Vorzeitfund des "Tollundmannes".

Hauptstadt des Seenhochlandes

Sehenswertes in Silkeborg

Im ältesten Gebäude der Stadt, einem 1767 am Seeufer erbauten Herrenhaus, zeigt das Kulturhistorische Museum eine eisenzeitliche Sensation: die guterhaltene Moorleiche des "Tollundmanns" ist etwa 2400 Jahre alt (Öffnungszeiten: tgl. 10⁰⁰ – 17⁰⁰ Uhr).

**Hovedgården

**Kunstmuseum

Niels Frithiof Truelsen lieferte 1982 den Entwurf für das 1998 erweiterte Museumsgebäude in einem herrlichen Park am Gudenåvej 9. Die Frontfassade schmückt der Keramikfries "Epokhé" nach Skizzen von Jean Dubuffet. Ausgestellt sind Werke moderner Künstler seit den 1930er-Jahren, allen voran die Arbeiten der 1948 entstandenen COBRA-Gruppe, zu deren Gründungsmitgliedern der Maler, Bildhauer, Keramiker und Webkünstler Asger Jorn (1914 – 1973) zählte. Über 5500 Werke von 156 international hochgeschätzten Künstlern wie Emil Nolde, Max Ernst, Francis Picabia, Man Ray und Karel Appel sowie mehrere Hundert Arbeiten aus seinem eigenen Schaffen hinterließ Asger Jorn der Stadt Silkeborg, in der er aufgewachsen war und 1933 mit einer ersten Ausstellung seine Laufbahn begonnen hatte. Im Zweiten Weltkrieg entwickelte Jorn zusammen mit den späteren COBRA-Künstlern Ejler Bille, Henry Heerup, Egill Jacobsen und Carl-Henning Pedersen einen eigenen spontan-abstrakten Stil. 1956 begann die Arbeit am Hauptwerk "Stalingrad", ein monumentales Bild von innerem und äußerem Kampf und Widerstand, das erst 1972 beendet wurde – ein Gegenstück zu Picassos "Guernica" (Öffnungszeiten: April – Okt. Di. – So. 10^{00} – 17^{00}, Nov. bis März Di. – Fr. 12^{00} – 16^{00} Uhr, Sa., So. 10^{00} – 17^{00} Uhr).

Im Kunstmuseum von Silkeborg sind hochkarätige Künstler ausgestellt wie Max Ernst und die COBRA-Mitglieder Asger Jorn und Ejler Bille.

*Aqua

Nordeuropas größtes Süßwasseraquarium, das am Vejlsøvej 55 liegt, verspricht eine spannende Reise in die Tiefe dänischer Seen und Wasserläufe. Aus nächster Nähe kann man Fischotter beim Jagen beobachten, Forellen, Hechte und Karpfen studieren (Öffnungszeiten: Juni – Aug. tgl. 10^{00} – 18^{00} Uhr, Sept. – Mai Mo. – Fr. 10^{00} – 16^{00} Uhr, Sa., So. 10^{00} – 17^{00} Uhr).

Umgebung von Silkeborg

Von Silkeborg kann man im Sommer mit dem 1861 gebauten Raddampfer "Hjejlen", der im Museumspark eine Anlegestelle hat, auf der Gudenå zur 147 m hohen Himmelbjerget fahren. Dabei passiert man zwei weitere Himmelbergseen, den Brassø und den Borresø. Majestätisch erhebt sich der Himmelbjerget über dem See Julsø als Teil einer wunderschönen Wald- und Seenlandschaft, die sich im Osten bis Skanderborg (▶ Århus, Umgebung) fortsetzt. Wer Lust hat, kann einem der markierten Wanderwege folgen, sich ein Kanu mieten oder die Angel nach Zander, Hecht und Forelle auswerfen. Vom 25 m hohen Turm auf dem Himmelberg, der anno 1874 zu Ehren Frederiks VII. errichtet wurde, bietet sich ein prächtiger Rundblick. Ganz in der Nähe erinnert ein Denkmal an den Dichter Steen Steensen Blicher (▶ Herning), der hier im 19. Jh. seine Versammlungen abhielt.

*Ausflug zum Himmelbjerget

Der Weg am Südhang entlang führt rund 15 km weiter nach Gammel Rye, das jahrhundertelang Hauptort und Thingstätte von Mitteljütland war. Über die Blütezeit des Holzschuhhandels im 19. Jh. erzählt das Mølle- og Træskomuseum am Møllestien, vom Alltag der Region seit den Tagen der Steinzeit berichtet das Gudenåmuseet am Ryvej 40.

Gammel Rye

Seltene europäische und amerikanische Oldtimer findet man rund 15 km nordöstlich von Silkeborg im Jütländischen Automobilmuseum am Skovvejen in Gjern, wo 140 Fahrzeuge aus der Zeit von 1900 bis 1948 zu bewundern sind.

Gjern

Sjælland · Seeland   K – S 18 – 29

Bezirke: Københavns amt, Frederiksborg amt, Roskilde amt, Vestsjællands amt, Storstrøms amt
Inselfläche: 7026 km²
Bewohnerzahl: 2,1 Mio.

Seit dem 1. Juli 2000 ist Europa wieder um eine richtige Insel ärmer. Gut eine Stunde brauchte früher die Fähre vom seeländischen Halskov bis nach Knudshoved auf ▶ Fünen, seit 1998 können Autofahrer in zehn Minuten von Seeland über die neue Storebæltbrücke nach Fünen gelangen. Sogar die Mautgebühr ist billiger als das Ticket der Fähren, die inzwischen den Betrieb eingestellt haben. Dem Brückenschlag über den Großen Belt folgte zwei Jahre später die Verbindung zwischen der dänischen Hauptstadt und dem schwedischen Malmö über den Øresund, so dass Kopenhagen, Oslo und Stockholm nun direkt per Auto und Eisenbahn mit dem europäischen Festland verbunden sind (▶ Baedeker Special, S. 30). Im Süden Seelands stellen Storstrømmenbrücke und Farøbrücke eine Verbindung nach ▶ Falster und die Ulvsundbrücke eine Anbindung an ▶ Møn her.

Der Abschied vom Inselleben

Dominierendes Zentrum der größten dänischen Insel ist die charmante Hauptstadt ▶ Kopenhagen. Ihre Villenvororte reichen im Norden fast bis nach ▶ Helsingør, wo das Hamletschloss Kronborg

Königliches und grünes Seeland

"Joanna" heißt die Replik eines norwegischen Dingi aus der Zeit um 895, das vor der Wikingerschiffshalle in Roskilde steht.

Seeland (Fortsetzung)

über den Øresund wacht. Im benachbarten ▶ Hillerød steht der wohl prächtigste Renaissancebau Dänemarks: Schloss Frederiksborg. Das einzigartige Louisiana Museum für moderne Kunst in Humlebæk ist geradezu ein Muss für alle Kulturfans. Wer den Hollywoodfilm "Jenseits von Afrika" gesehen hat, kennt natürlich auch die dänische Galionsfigur Karen Blixen, deren Wohnhaus in Rungstedlund längst zur Pilgerstätte avanciert ist.

Aber Seeland ist nicht nur Einzugsgebiet der Hauptstadt, es bietet auch wunderschöne Ausflugsziele, unzählige Kulturereignisse und ein gutes Stück der schönsten Natur des Landes. ▶ Roskilde ist berühmt für seinen Dom, die spannende Wikingerschiffshalle und das spektakuläre Roskilde Festival. Im benachbarten Lejre Forsøgscenter wird die Eisenzeit wieder lebendig, Schloss Ledreborg weiter westlich gehört zu den besterhaltenen Rokokoanlagen Nordeuropas. In ▶ Køge findet man das älteste Fachwerkhaus Dänemarks, auf der Ringburg Trelleborg bei ▶ Slagelse sind die Wikinger präsent, im traditionsreichen Holmegårdglaswerk bei ▶ Næstved kann man Glasbläsern bei der Arbeit zusehen. Und im Märchenland von ▶ Ringsted sind die Kleinsten allemal die Größten. Nationalhistorische Bedeutung hat eine reetgedeckte Villa in Hundested. Dorthin zog sich der Polarforscher Knud Rasmussen nach seinen Reisen durch Grönland zurück. Und immer ist man auf Seeland in kürzester Zeit wieder am Meer mit kilometerlangen Sandstränden, endlosen Dünenlandschaften und Fjorden, die weit ins Landesinnere vordringen. Hier kommen alle Urlauber auf ihre Kosten – Sonnenanbeter und Wasserratten, Freunde des Angelsports, Surfer und Freizeitkapitäne.

Skagen

A 16

Halbinsel Jütland
Bezirk: Nordjyllands amt
Einwohnerzahl: 13 000

Wo Skagerrak und Kattegat zusammentreffen, endet der europäische Kontinent, bildet die Kommune Skagen die Spitze Dänemarks. Herzstück ist bis heute der Hafen, in dem Fischkutter und Segeljachten vor Anker gehen. Am Kai fällt der Blick auf die malerischen alten Fischpackhäuser, die der Künstler Th. Bindesbøll entwarf – eine ausgezeichnete Adresse, um frischen Fisch zu essen. An Wochentagen wird hier morgens ab 7⁰⁰ Uhr kistenweise Fisch ersteigert. Niedrige, gelb getünchte Häuschen aus der Zeit um 1900 mit roten Ziegeldächern, deren Kanten schneeweiße Schmuckborten tragen, findet man in Gammel Skagen. Skagens Museen, die ihren Ursprung in der Künstlerepoche der Jahrhundertwende haben, zählen vor allem durch den Mythos der Skagen-Maler (s. S. 60) zu den meistbesuchten in Dänemark. Wer noch Mitbringsel sucht, wird in den zahlreichen Werkstätten und Ateliers fündig, wo man bei der Verarbeitung von Glas, Keramik und Bernstein zusehen kann. Ungetrübte Badefreuden versprechen derweil die endlosen Sandstrände der Umgebung. Surfer finden optimale Verhältnisse, und die vielen Wracks vor der Küste bieten Tauchern ein lohnendes Ziel. Die herrliche Dünen- und Heidelandschaft sollte man mit dem Fahrrad oder auf Schusters Rappen erkunden, für Nervenkitzel sorgen Sportarten wie Paragliding und Drachenfliegen.

*Die Spitze Dänemarks

Hübsche gelb getünchte Häuschen gehören zum Ortsbild von Skagen, das in den Sommermonaten mehr Besucher als Einwohner zählt.

Sehenswertes in Skagen

***Skagen Museum**

Das 1908 gegründete Museum am Brøndumsvej 4 besitzt rund 1800 Gemälde, Zeichnungen und Skulpturen von Künstlern, die zwischen 1830 und 1930 in Skagen gewirkt haben. Besonders die Skagenmaler (s. auch S. 60) sind durch farbschöne Gemälde vertreten, darunter die Gründungsmitglieder der Künstlerkolonie P. S. Krøyer, Michael und Anna Ancher (Öffnungszeiten: Mai – Sept. tgl. 10:00 bis 17:00 bzw. 18:00 Uhr, April, Okt. Di. – So. 11:00 – 16:00 Uhr, Nov. – März Mi. – Fr. 13:00 – 16:00 Uhr, Sa., So. 11:00 – 15:00 bzw. 16:00 Uhr).

Fasziniert vom Licht des Ortes zwischen den Meeren gründeten Peter S. Krøyer, Michael Ancher und seine Frau Anna Ende des 19. Jh.s ihre Künstlerkolonie, deren Bilder heute in Skagens Museum zu bewundern sind.

Anchers Hus

Anno 1884 wurde das niedrige Haus am Markvej 2 vom Anna und Michael Ancher erworben. Seit dem Tod ihrer Tochter Helga im Jahre 1964 ist das Künstlerheim Museum.

*Bamsemuseet

Ein Muss für Kinder: Am Oddevej 2A wird die Geschichte des Teddybären erzählt (Öffnungszeiten: tgl. 10:00 – 15:00 bzw. 17:00 Uhr).

*Ravmuseum

Dänemarks größte Bernsteinsammlung mit Insekteneinschlüssen, Schmuck der Serie Skagenrosen und Bernsteinschleifen für Kinder bietet das Museum am Bankvej 2 (Öffnungszeiten: Aug. – Mitte Juni tgl. 10:00 – 17:00, Mitte Juni – Juli tgl. 10:00 – 22:00 Uhr).

By- og Egnsmuseum

In den Gebäuden am P. K. Nielsensvej 8 – 10 sind das Leben der Fischer und die Rettungsgeschichte von Skagen dokumentiert, darunter das Haus eines armen und das eines reichen Fischers.

Das Haus Nr. 21 im nahen Hans Baghsvej war seit 1902 Domizil des Dichters und Malers Holger Drachmann (1846 – 1908), ebenfalls Mitglied der Künstlerkolonie.

Skagen (Fts.), Drachmanns Hus

Wer wissen will, wie die Landzunge Skagen Odde entstanden ist oder wie man Strandsteine bestimmt, ist im Naturhistorischen Museum richtig, das auch Knochenfunde von Mammuts und Steinwerkzeuge besitzt.

Naturhistorisk Museum

Wie branden bei Grenen zwei Meere aufeinander und warum wandert die Düne Råbjerg Mile? "Wind, Wasser, Licht und Sand sehen, hören und verstehen" lautet das Motto im neuen Erlebniszentrum am Batterivej 51, das 2000 eröffnet wurde. Leicht verständlich wird hier die raue Natur Nordjütlands veranschaulicht. Und für den Bau zeichnete kein Geringerer als Stararchitekt Jørn Utzon verantwortlich, der Schöpfer der Sydneyoper (Öffnungszeiten: Mitte Mai bis Aug. tgl. 10^{00} – 22^{00}, Sept. – Mitte Mai tgl. 10^{00} – 16^{00} Uhr).

*Skagen Odde Naturcenter

Etwa 3 km westlich der Stadt legt der Turm der alten Laurentiuskirche aus dem 14. Jh. Zeugnis davon ab, dass die Natur stärker ist als der Mensch. Die Pfarrkirche wurde Ende des 18. Jh.s vom Flugsand erreicht und 1795 auf Anordnung des Königs geschlossen.

Tilsandede Kirke

Umgebung von Skagen

Wenige Kilometer nordöstlich der Stadt markiert die flache Landzunge Grenen Dänemarks äußerste Nordspitze, den Treffpunkt zweier Meere. Während sich der Nordstrand am Skagerrak verbreitert, trägt die See am Südstrand der Kattegatküste Land ab. Im Kunstmuseum von Grenen sind junge Künstler vertreten wie Eva Lind und Axel Lind, in den Dünen liegt das Grab von Holger Drachmann (s. oben), der als "Sänger der Meere" in die Literatur einging.

*Grenen

Südlich von Skagen sollte man sich die etwa 2 km² große und bis zu 35 m hohe Wanderdüne Råbjerg Mile ansehen, die jährlich rund 15 m nach Osten vorrückt und dabei laufend ihre Gestalt verändert. Das Dünengebiet steht unter Naturschutz, das Vordringen des Flugsands darf auch von Bepflanzungen nicht aufgehalten werden. Steinadler, Seeadler und Wanderfalken kann man etwa 15 km südwestlich im Adlerreservat am Skagensvej 107 beobachten.
Farm Fun am Jerupvej 155 in Ålbæk bietet Klettergerüste und einen Streichelzoo für Kinder.

*Råbjerg Mile

*Ørnereservatet Ålbæk

Slagelse   P 20 / 21

Insel Seeland
Bezirk: Vestsjællands amt
Einwohnerzahl: 35 000

Schon im Mittelalter war Slagelse ein wichtiger Handelsplatz dank seiner Lage an der Hauptverkehrsader zwischen ▶ Kopenhagen und Westseeland, wo seit 1998 die neue Brücke von Halskov über den Großen Belt die Verbindung nach ▶ Fünen herstellt.

Lage

Sehenswertes in Slagelse

Sct. Peders Kirke, Sct. Mikkels Kirke

Durch mehrere große Stadtbrände sind nur wenige historische Gebäude erhalten geblieben. Ältestes Bauwerk ist die St.-Peter-Kirche, die ebenso wie die gotische Backsteinkirche St. Michael im 13. Jh. begonnen wurde. Unweit der letzteren liegt die ehemalige Lateinschule, die u. a. auch H. C. Andersen (▶ Baedeker Special S. 226) und der Schriftsteller Jens Baggesen (1764 – 1826) besuchten.

Slagelse Museum

Rekonstruierte Werkstätten und ein alter Kaufmannsladen sind im Heimatmuseum an der Bredgade 11 zu besichtigen.

Antvorskov

Nur Ruinen zeugen südöstlich vor der Stadt noch vom ersten Johanniterkloster Dänemarks, das 1165 von König Valdemar dem Großen gestiftet worden war und zum Hauptsitz des Johanniterordens in den nordischen Ländern wurde.

Umgebung von Slagelse

＊Trelleborg

Wer die Wikingerzeit (▶ Baedeker Special, S. 40) aus nächster Nähe erleben will, sollte 7 km westlich zur Trelleborg fahren. Vermutlich war es König Harald Blauzahn, der die 6 ha große Ringburg um 980 als militärischen Stützpunkt errichten ließ. Bis zu 500 Soldaten, Frauen und Kinder hatten Platz in der Festung, die um das Jahr 1000 ihre Bedeutung verlor. Ein Teil der Funde, die bei den Ausgrabungen 1934 – 1942 zu Tage kamen, sind im Museum ausgestellt, wo mit modernster Technik die Geschichte der Burg dokumentiert ist. Das "Trelleborghaus" (Abb. S. 41) am Eingang ist eine Rekonstruktion der Vorburggebäude, die überwiegend als Vorratslager und Werkstätten dienten. Der wie mit einem Zirkel gezogene Wallgraben von 137 m Durchmesser war außen mit starken Holzpalisaden verkleidet und an vier Stellen durch überdachte Holztunnel-Tore passierbar. Quer über den Burgplatz liefen zwei Holzbohlenstraßen im rechten Winkel aufeinander zu. Belegt sind 16 Langhäuser von knapp 30 m Länge in der Haupt- und 15 in der Vorburg, alle

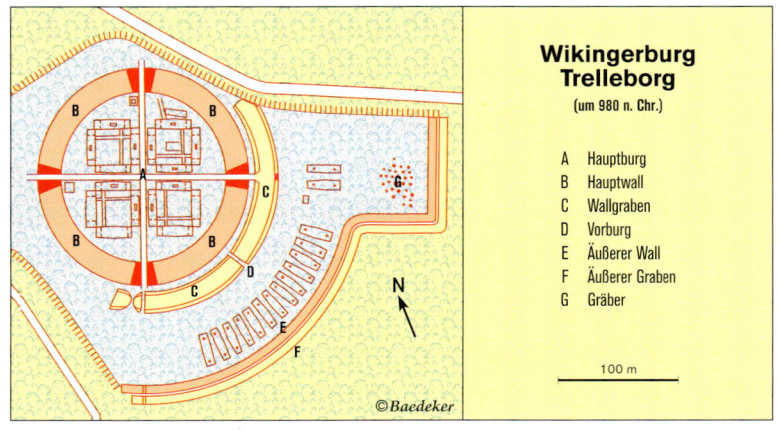

Stabbauten aus Holz. Im Bereich der Vorburg gibt es außerdem ein Gräberfeld mit knapp 160 Bestattungen. Wer gerne selbst Wikinger spielen möchte, kann auch an Museumsaktivitäten wie Bogenschießen, Brotbacken und Rudertouren im Wikingerboot teilnehmen (Trelleborg Allé 4, Hejninge; Öffnungszeiten: April – Okt. tgl. 10⁰⁰ bis 17⁰⁰ Uhr, Nov. – März tgl. 13⁰⁰ – 15⁰⁰ Uhr).

Slagelse, Umgebung, Trelleborg (Fortsetzung)

Svendborg R 16

Insel Fünen
Bezirk: Fyns amt
Einwohnerzahl: 39 000

Mit Stolz blickt die für 1253 urkundlich belegte Seefahrerstadt am schönen Svendborgsund auf eine lange maritime Tradition. Um 1850 wurde auf ihren Werften die Hälfte der dänischen Holzschiff-

*Seefahrerstadt mit Tradition

Uraltes Fachwerk schmückt den liebevoll erhaltenen mittelalterlichen Hof von Anne Hvide in der Fruestræde neben dem Marktplatz.

tonnage gebaut und noch heute sind die schmucken Holzboote, die in ▶ Fünens zweitgrößter Stadt vom Stapel laufen, bei Kennern sehr gefragt. Auch eine der größten privaten Reedereien der Welt, Mærsk, wurde 1876 am Svendborgsund gegründet von Arnold Peter Møller, und der längst internationale Megakonzern Møller schult seine Leute zum Thema Seefahrt noch immer hier. Fischfreunde treffen sich unweigerlich im Kneipenviertel an der Hafenfront, wo edle Jachten dicht an dicht liegen und die Inselfähren vom Havnepladsen ihre Fahrt nach ▶ Ærø und in die dänische Südsee antre-

Baedeker SPECIAL

Brecht im dänischen Exil

Sechs Jahre lang lebte Bertolt Brecht auf der Flucht vor den Nazis im dänischen Exil, bevor er über Schweden und Finnland in die USA emigrierte. In seinem Haus bei Svendborg hatte der Dichter eine seiner produktivsten Phasen. Das Gastland selbst und dessen Bewohner allerdings interessierten ihn so gut wie gar nicht.

Die Einladung nach Dänemark erhielt Bertolt Brecht (1898 – 1956) in seinem Pariser Exil von der dänischen Schriftstellerin Karen Michaëlis, die mit Brechts Antifaschismus uneingeschränkt sympathisierte. Am 19. Dezember 1933 verließ der Dichter Paris und reiste samt Anhang nach Dänemark. Zuerst lebte Brecht im Haus von Karen Michaëlis in Thurø, wo er auch mit dem dänischen Schriftsteller Martin Andersen Nexø zusammentraf. Dann kaufte er für lächerliche 7000 Kronen, damals 6000 Reichsmark, ein strohgedecktes Fachwerkhaus am Skovsbostrand in Rantzausminde bei Svendborg, das ihm und seiner Familie sechs Jahre lang als Unterkunft dienen sollte.

Leben fast wie gehabt

Im Bauernhaus richteten sich die Exilanten gemütlich ein. Brecht fühlte sich hier wohl, besaß er doch wieder ein Arbeitszimmer, das einen wichtigen Bestandteil seines geordneten Lebens darstellte. Dieses Zimmer war der größte Raum im Haus – Helene Weigel, die beiden gemeinsamen Kinder und Brechts Sekretärin und Lektorin Margarete Steffin respektierten die Belange des Hausherrn und schliefen, wenn nötig, in einem kleineren Zimmer oder in der Küche. Brecht war ein Gewohnheitstier. Er hatte einen fest geregelten Arbeitstag, den er zeitlebens beibehielt: Er stand sehr früh auf, setzte sich an den Schreibtisch, nach dem Mittagessen machte er ein kurzes Nickerchen, nachmittags arbeitete er wieder, zog jedoch diesmal Mitarbeiter oder Freunde hinzu, abends wollte er immer Gäste um sich haben. In der Svendborger Zeit entstanden so u. a. "Die Gewehre der Frau Carrar", "Der gute Mensch von Sezuan", "Furcht und Elend des Dritten Reiches", "Die Rundköpfe und die Spitzköpfe", die erste Fassung vom "Leben des Galilei" und der "Dreigroschenroman". Das Stück "Die Rundköpfe und die Spitzköpfe" wurde sogar am 4. November 1936 im kleinen Kopenhagener Theater "Riddersalen" uraufgeführt.

Auch von anderen liebgewordenen Gewohnheiten ließ Brecht im dänischen Exil nicht ab, wie von seinen Leidenschaften für Frauen und für Autos. Mit der dänischen Schauspielerin Ruth Berlau begann er ein Verhältnis, womit sich seine beiden Lebensgefährtinnen schnell abfinden mussten. Mit einem alten Ford schließlich machte der Dichter die Gegend unsicher. "Brecht war ein glänzender Autofahrer, einer der schnellsten und unvorsichtigsten meiner Bekanntschaft", schrieb der Maler George Grosz, der den Dichter in Dänemark besuchte. 1938 fuhr Brecht eine fünfköpfige dänische Familie krankenhausreif.

Während seines Exils am Svendborg Sund hielt sich der Dichter jedoch nicht ununterbrochen in Dänemark auf. Auf Einladung der Internationalen Vereinigung Revolutionärer Theater reiste er nach

Brechts Strohdachidylle am Skovbostrand von Svendborg ist heute Domizil für internationale Künstler und Autoren, die hier auf Einladung der Stadt ein Werk erstellen.

Moskau, eingeladen wurde er auch nach Paris, London und in die USA.

Der Dichter und die Dänen

Vielen Exilländern, darunter auch den USA, verpasste Brecht einen Denkzettel. Dänemark jedoch kam dabei noch am besten weg: "Die Dänen sind sehr gemütliche Leut und haben uns gastlich aufgenommen". Land und Leute interessierten den Dichter dennoch wenig; Svendborg war für ihn nur "Dänisch-Sibirien". Brecht hatte ein distanziertes Verhältnis zur Natur, die ihn umgebende schöne Landschaft war ihm egal. Der sprachunbegabte Gast weigerte sich auch strikt, Dänisch zu lernen – den Ämtergang mussten andere für ihn besorgen. Und wenn Nachbarn vorbeigingen, guckte er einfach weg. So ganz gleichgültig scheint ihm aber sein dänisches Domizil nicht gewesen zu sein, denn sonst hätte er seine hier entstandene poetische Sammlung wohl nicht 'Svendborger Gedichte' genannt.
Am 22. April 1939 setzte sich Brecht aus Angst vor dem sich anbahnenden Krieg nach Schweden ab, wo er in einem geräumigen Holzhaus auf der Insel Lidingö ohne Unterbrechung seine alten Gewohnheiten fortsetzte.

Künstlerdomizil

Im Jahr 1981 erwarb die Stadt Svendborg Brechts ehemaliges Haus am Skovbostrand. Geplant war zunächst, mit finanzieller Unterstützung aus der DDR, aus dem Strohdachhaus ein Brechtmuseum zu machen. Mit dem Ende der DDR musste dieses Projekt jedoch aufgegeben werden. Heute dient das private und daher nicht zu besichtigende Haus als Domizil für Künstler und Autoren, die, vom Stadtrat eingeladen, hier einige Wochen leben dürfen, als Gegenleistung aber ein künstlerisches Werk erstellen müssen. Erster Gast im Sommer 1996 war der Hamburger Schriftsteller Günther Schwarberg, der am Skovsbostrand das Buch "Sommertage bei Bertolt Brecht" schrieb, in dem er "dem lieben Bert Brecht" erzählt, was er in dessen dänischem Bauernhaus gedacht und getan hat.

Allgemeines (Fortsetzung)	ten. Die Oldtimerschiffe haben ihren eigenen Liegeplatz am liebevoll restaurierten Speicher von Maritimt Center Danmark. Im Sommer dreht täglich die 1924 gebaute Sundfähre "Helge" ab Jessens Mole ihre Runden nach Thurø und Tåsinge und mit der Galeasse "Palnatoke" kann man sogar auf Segeltörn gehen.

Sehenswertes in Svendborg

*Torvet *Anne Hvides Gård	Enge, verwinkelte Gassen, verträumte Innenhöfe und ein idyllischer Marktplatz gehören zum Bummel durch die schöne Altstadt. Neben dem Torvet, den Samstag Vormittag der Wochenmarkt beherrscht, entzückt in der Fruestræde 3 Svendborgs ältestes Stadthaus von 1560, Anne Hvides Gård, in dem Silber des 17. – 19. Jh.s ausgestellt ist (Abb. S. 265; Öffnungszeiten: Juni – Okt. tgl. 10^{00} bis 16^{00} bzw. 17^{00} Uhr, 1. – 23. Dez. tgl. 10^{00} – 17^{30} Uhr).
Sct. Nicolai Kai Nielsen	Vor der um 1220 im romanischen Stil erbauten Nikolaikirche grüßt "ein kleines Mädchen", die Skulptur "En lille pige" von Kai Nielsen, der 1882 in Svendborg geboren wurde. Wer weitere Plastiken des neoklassizistischen Bildhauers sehen will, sollte auch im Kunstbygningen SAK an der Vestergade 27 – 31 vorbeischauen.
Legetøjsmuseet	Aus der Zeit, bevor Kunststoff und Computer die Kinderzimmer eroberten, erzählt das Spielzeugmuseum an der Sct. Nicolaigade 1b.
L. Lange & Co's Ovnmuseum	In der ehemaligen Eisengießerei an der Vestergade 45 erfährt man, wie Öfen und Kamine zwischen 1850 und 1984 hergestellt wurden.
*Viebæltegård	Wer etwas über Frühgeschichte und Mittelalter in Svendborg und Südfünen wissen will, wird beim Stadtmuseum fündig im ehemaligen Armenhaus am Grubbemøllevej 13 nordwestlich der Altstadt (Öffnungszeiten: Mo. – Fr. 10^{00} – 16^{00} bzw. 17^{00} Uhr).
Zoologisk Museum	Am Dronningemæn 30 wird die Tierwelt Dänemarks vorgestellt, insbesondere Nordeuropas Vogelarten. Unübersehbar ist das 17 m lange Skelett eines Bartenwals, der 1955 bei Troense strandete.
*Hvidkilde Slot	Nur 4 km außerhalb steht eines der schönsten deutschen Barockpalais des Landes: das um 1550 erbaute Schloss Hvidkilde, das im Besitz der Grafen Ahlefeldt-Laurvig-Lehn ist und Ende der 1990er-Jahre umfassend restauriert wurde. Heute veranstaltet das Hotel Svendborg im Rittersaal festliche Bankette (☎ 62 21 17 00).

Südliche Umgebung von Svendborg

Thurø	Schöne Natur und die besten Badestrände findet man auf der vorgelagerten Insel Thurø, die über einen Damm erreichbar ist. Auf dem Friedhof der Inselkirche aus dem 17. Jh. ruht Karin Michaëlis (1872 – 1950), deren Romanserie "Bibi" in den 1930er-Jahren auch in Deutschland Bestseller war. Das Domizil der Schriftstellerin, Torelund, wurde später von Tom Kristensen (1893 – 1974) bewohnt, der ebenfalls auf dem kleinen Kirchhof begraben ist. Sein autobiografischer Roman "Hærværk" gehört zu den großen Zeitromanen vor

dem Zweiten Weltkrieg, oft gleichgestellt mit Döblins "Berlin Alexanderplatz". Wer gerne Minigolf spielt, muss zum Smørmosen Strand mit 20 handgegossenen, wirklich lustigen Schikanen.

Thurø (Fortsetzung)

Tåsinge, Troense: Über die 1200 m lange Svendborg-Sund-Brücke fährt man zur Insel Tåsinge, die eine weitere Brücke auch mit ▶ Langeland verbindet. Eine Dorfidylle mit reetgedeckten Fachwerkhäusern des 18. Jh.s kann der Hauptort Troense an der Nordostseite der Insel aufweisen. Die Geschichte der Seefahrt von 1700 bis heute ist Thema der Søfartssamlingerne an der Strandgade 1 in der ehemaligen Dorfschule von 1790.

Christian IV. (▶ Berühmte Persönlichkeiten) ließ den Herrensitz bis 1644 für seinen Sohn Valdemar Christian erbauen. Mit dem Prisengeld aus der Schlacht in der ▶ Køge Bugt erwarb der Seeheld Niels Juel 1678 das Anwesen, das von seinem Enkel Mitte des 18. Jh.s zu einer prachtvollen Barockanlage ausgebaut wurde, heute das größte Schloss Dänemarks in Privateigentum. Noble Interieurs und Kunstsammlungen des Herregårdsmuseum wie die Porträts C.G. Pilos von König Frederik V. und seiner Familie schildern das Schlossleben im Laufe von 350 Jahren. Der Nordflügel beherbergt das neue Museum für Segelsport, im Südflügel werden historische Jachten restauriert. Auf dem Dachboden stehen seit 1998 rund 1000 m² für die umfangreiche Sammlung von Jagdtrophäen und volkskundliche Exponate zur Verfügung (Öffnungszeiten: Mai – Sept. tgl. 10⁰⁰ bis 17⁰⁰ Uhr, im Sept. Mo. geschlossen). Kulinarische Erlebnisse ersten Ranges erwarten den Gast im Kellerrestaurant "Slotskælderen" unter der Schlosskirche (☎ 62 22 59 00), zum Garten gehört das Bistro "Æblehaven", und im alten Teepavillon bekommt man zu Kaffee und Kuchen den Meerblick gratis dazu.

**Valdemars Slot

Vom Kirchturm in Bregninge hat man eine herrliche Aussicht auf Südfünen und die Inselwelt. Direkt daneben berichtet das Skipperhjem und Folkemindesamling in einem Kapitänshof aus dem 19. Jh. über das Leben auf See. Außerdem wird hier der tragischen Liebesaffäre zwischen der Kopenhagener Seiltänzerin Elvira Madigan und dem schwedischen Grafen Sixten Sparre gedacht. Im Sommer 1889 hatte sich das verzweifelte Paar im nahen Nørreskovwald das Leben genommen. Heute ist es Brauch, am Doppelgrab der Liebenden auf dem Friedhof von Landet den Brautstrauß abzulegen, wenn man sich in der benachbarten Kirche das Jawort gegeben hat.

Bregninge

Nördliche Umgebung von Svendborg

Gold-, Silber- und Bronzefunde bei Gudme und Lundeborg belegen, dass nördlich von Svendborg schon während der Eisenzeit ein wichtiges Handelszentrum lag. Dass hier zur Zeit der Völkerwanderung bereits ein Königreich existierte und demnach die Wiege Dänemarks gestanden hat – also noch vor dem Reich Gorms des Alten in Jelling (▶ Vejle, Umgebung) – wird seit 1993 durch einen sensationellen Fund in Gudme vermutet. Freigelegt wurde eine 47 x 9,5 m große Halle aus dem 4. Jh., der größte bisher nachgewiesene Bau der Eisenzeit in Skandinavien, bei dem es sich wahrscheinlich um

Gudme Kongens Hal

Svendborg, Umgebung (Fortsetzung), Broholm Slot	einen Königshof handelt, über den eine kleine Ausstellung informiert. Die Ausgrabungsfunde sind im Svendboger Stadtmuseum und im Nationalmuseum von ▶ Kopenhagen zu sehen. Das hinter Wallgraben und Sperrmauer versteckte Schloss aus der Mitte des 17. Jh.s ist nicht zu besichtigen, dafür aber das jüngst renovierte Museumsgebäude am Broholmsvej 32 mit der beachtlichen Altertumssammlung des Kammerherrn N.F.B. Sehested.
Hesselagergård	Einzigartig in Dänemark sind die um 1550 nach venezianischem Vorbild geschaffenen Rundgiebel des wehrhaften Herrenhofs 4 km nordwestlich von Lundeborg. Erbaut wurde das schmucke Anwesen um 1538 von Johan Friis, der ab 1532 als Reichskanzler für fast ein halbes Jahrhundert maßgeblich die Geschicke des Landes bestimmte. Das von der Straße aus gut sichtbare Renaissancegebäude ist leider nicht für die Öffentlichkeit zugänglich.
Dammestenen	Wer gerne picknickt, kann dies auf einer Wiese östlich von Hesselager tun, wo der Dammestenen aufragt (Abb. S. 14), Dänemarks größter Findling. Der schätzungsweise 1000 t schwere, gut 12 m hohe Granitbrocken von 46 m Durchmesser wurde während der letzten Eiszeit vermutlich von Norwegen hierher transportiert.
Glorup Slot	Nur 5 km weiter nordwestlich trifft man auf Schloss Glorup, das 1743 im Stil des Barock verändert wurde. Den großzügig angelegten Park, der auch für Normalsterbliche zugänglich ist, zieren schöne Skulpturen, Gedenksteine und ein toskanischer Liebestempel.
Lykkesholm	*"Was für eine Verpflegung erhältst Du hier auf Lykkesholm! Warmes Mittagessen, herrlichen Wein und gute Betten"* schwärmte H.C. Andersen (▶ Baedeker Special, S. 226), der auf dem Herrensitz von 1600 ein gern gesehener Gast war. Im Mittelalter stand östlich die Burg Magelund, deren Wälle aus dem 14. Jh. zu besichtigen sind.
Lindeskov	Rund 3 km nördlich sind im Wald Lindeskov sieben Dolmengräber und ein Kammergrab aus der Jungsteinzeit um 3500 v. Chr. freigelegt worden. Das größte Grab unweit der Hauptstraße ist mit 168 m der längste Dolmen Dänemarks. Fast 130 seiner ursprünglichen Randsteine sind erhalten geblieben.

Tønder S 6

Halbinsel Jütland
Bezirk: Sønderjyllands amt
Einwohnerzahl: 10 000

*Hauptstadt der Marsch und Hochburg der Klöppelspitzen	Keine 5 km trennen die Hauptstadt der Tønder Marsk, Dänemarks größter Marsch, von der deutschdänischen Grenze. Seine Blütezeit erlebte Tønder, das bereits 1243 lübisches Stadtrecht erhielt, zwischen dem ausgehenden Mittelalter und der Renaissance. Das Handelsschiff im Stadtwappen erinnert an die große Zeit als Hafenstadt, wo mit der Ausschiffung von Getreide und Vieh gutes Geld verdient wurde. Zum Schutz gegen die verheerenden Sturmfluten ließ Herzog Johann der Ältere Mitte des 16. Jh.s Deiche bauen. Die erfolgreiche Eindeichung der Nordseeküste brachte jedoch bald

auch die Versandung der Zufahrt zum Meer, so dass die alte Handelsstadt neue Wege gehen musste. Man setzte auf Klöppelspitzen als Modetrend mit Zukunft. Im 17. Jh. genoss die aufstrebende Klöppelindustrie in und um Tønder Weltruhm, arbeiteten zeitweilig bis zu 12 000 Mädchen am Klöppelkissen – die besten unter ihnen konnten bis zu 50 Reichstaler im Jahr verdienen. Erst mit dem Aufkommen maschinell produzierter Tüllstoffe um 1800 endete die Zeit der Spitzenkrämer, 1836 war nur noch einer von ihnen übrig. Den Wohlstand der betuchten Spitzenhändler bezeugen noch heute die stattlichen Barock- und Rokokoportale erhaltener Patrizierwillen im Zentrum. Alle drei Jahre wird der kunstvollen Tradition beim internationalen Klöppelfestival gedacht mit Teilnehmern aus aller Welt (2001, 2004 etc.). Heute profitiert die Stadt vom Grenzhandel, ist die reizvolle Fußgängerzone beliebtes Ziel für Deutsche, die gern Dänisches einkaufen – der große Julimarkt findet übrigens wie zu Großmutters Zeiten statt. Seit 1994 veranstaltet Tønder auch einen stimmungsvollen Weihnachtsmarkt, den ersten seiner Art in Dänemark überhaupt.

Allgemeines (Fortsetzung)

> ***Baedeker* TIPP** **Det gamle Apotek**
>
> Kunstvolles Glas, Keramik und Textilien, bezaubernde Scherenschnitte, originelle Karten oder nostalgische Haushaltswaren, im vornehmen Patrizierhaus von 1671 an der Østergade 1 kann man fast alles zum Thema dänisches Kunsthandwerk kaufen. Dazu gibt es ein Apothekermuseum mit alten Utensilien, Geheimrezepten und Giftschrank (Öffnungszeiten: tgl. 9:30 – 17:30 Uhr).

Längst gehört das international anerkannte Festival, das 2000 bereits sein 26. Jubiläum gefeiert hat, zu den musikalischen Highlights in Dänemark. Über 25 000 Fans strömen alljährlich Ende August nach Tønder, um auf sechs Bühnen, aber auch den Straßen und Plätzen der Stadt den zahlreichen Bands und Solisten zu lauschen, die Blues und Gospel, Jazz und traditioneller Folkmusik vortragen. Das Programm erscheint jeweils Ende Juni (Kartenverkauf: ☎. 74 72 10 00, Internet: www.tf.dk).

Tønder Festival

Sehenswertes in Tønder

Das Klosterbagerens Hus am Marktplatz, ein spätgotisches Giebelhaus aus der Zeit um 1517, wurde für den früheren Klosterbäcker erbaut. Schräg gegenüber soll die Staupefigur des "Kagmanden" Gerechtigkeit und Ordnung symbolisieren – hier wurden einst Prügelstrafen öffentlich vollstreckt.

Torvet

Der knapp 48 m hohe Turm der 1592 geweihten Christuskirche diente früher als Seemarke für den Schiffsverkehr. Zum reichen Kircheninventar aus Renaissance und Barock gehören eine Kanzel von 1586 und schöne Grabmäler des 17. und 18. Jahrhunderts.

Kristkirken

Benannt wurde das 1672 erbaute Giebelhaus in der Fußgängerzone an der Storegade 14 nach dem Buchhändler F.W.E. Drøhse, der den sorgsam restaurierten Bau 1859 erwarb. Heute werden hier Klöppelspitzen ausgestellt, demonstrieren regelmäßig Klöpplerinnen der Gegend das alte Handwerk (Öffnungszeiten: Mo. – Fr. 10:00 – 17:00 Uhr, Sa. 10:00 – 14:00 bzw. 16:00 Uhr).

*Drøhses Hus

Vestergade	Zwei stattliche Patriziervillen des 18. Jh.s stehen in der angrenzenden Vestergade: das um 1793 im Louis-XVI-Stil errichtete Haus Nr. 14 und das "Deichgrafenhaus" (Nr. 9) mit schmucker Rokokofassade, das 1777 für den Spitzenhändler und späteren Bürgermeister Carsten Richtens entworfen wurde.
*****Uldgade**	Einstöckige Giebelhäuschen mit kleinen Erkern sind typisch für die gepflasterte Uldgade, wo einst Frauen und Mädchen an den langen Winterabenden im Schein der Schusterkugel ihre Spitzen klöppelten – die heutige Idylle lässt leicht vergessen, wie anstrengend die feine Arbeit für Augen und Rücken war und dass viele Mädchen schon mit sechs Jahren ans Klöppelkissen gesetzt wurden statt in die Schule zu gehen.
*****Tønder Museum**	Südlich am Kongevej 51 steht vom ehemaligen Schloss Tønderhus, das 1750 abgerissen wurde, nur noch das Torhaus mit dem Trabantensaal. Hier zeigt das Stadtmuseum ausgesuchte Klöppelarbeiten, Trachten und Tischsilber des 17. und 18. Jh.s sowie Dänemarks größte Sammlung holländischer Kacheln und Fayencen.
*****Sønderjyllands Kunstmuseum**	Anläßlich der Rückführung Nordschleswigs an Dänemarks wurde 1920 das Kunstmuseum ins Leben gerufen mit einer repräsentativen Sammlung zeitgenössischer dänischer Maler und Bildhauer.
*****H.J.Wegner Udstilling**	Anno 1995 wurde der alte Wasserturm zum Museum über den Möbeldesigner Hans Jørgen Wegner ausgebaut – auf sieben Etagen sind alle Modelle aus 50 Jahren zu bewundern. (Öffnungszeiten für alle drei Museen: Juni – Aug. tgl. 10⁰⁰ – 17⁰⁰ Uhr, Sept. – Mai Di. – So. 10⁰⁰ – 17⁰⁰ Uhr).

Hier scheint es, als wäre die Zeit stehen geblieben: reetgedeckte Backsteinhäuschen und altes Kopfsteinpflaster in Møgeltønder.

Umgebung von Tønder

Beliebtes Ausflugsziel ist 5 km westlich das idyllische Møgeltønder. Reetgedeckte Backsteinhäuschen, Lindenbäume und altes Katzenkopfpflaster sind Kennzeichen der Slotsgade, eine der schönsten Dorfstraßen Dänemarks. In der um 1200 geweihten Møgeltønder Kirke befindet sich eine der ältesten Orgeln des Landes von 1679.

*Møgeltønder

Für seine treuen Dienste im Krieg gegen Schweden wurde Marschall Hans Schack 1661 mit der bischöflichen Burg "Møgeltønderhus" belohnt, die er zu einer Barockanlage umbauen ließ. Sein Rokokoaussehen erhielt der Bau um 1750. Elf Generationen blieb das Anwesen im Besitz der Familie Schack, 1993 übernahm Prinz Joachim das Gut samt Land- und Forstwirtschaft, wo der diplomierte Agrarwirt heute mit seiner Frau Prinzessin Alexandra lebt. Zur Hochzeit 1995 wurde eine Spendensammlung für die Restaurierung des Schlosses veranstaltet; das Ergebnis waren 13 Mio. Kronen (Führungen durch den Schlosspark 13^{00} bzw. 13^{30} Uhr: Mitte Mai bis Juni Mi., Do., Sa., Juli, Aug. Di. – Sa.).

*Schackenborg Slot

Im Nachbardorf Gallehus wurden 1639 und 1734 zwei mit Tierzeichen und Runensteinen verzierte keltische Goldhörner aus der Zeit um 500 gefunden. Gedenksteine markieren die Fundstellen.

Gallehus

An der Küste nordwestlich von Møgeltønder liegt gleich hinter den Deichen der Ort Højer, bekannt für seinen traditionellen Schafsmarkt, der jedes Jahr am zweiten Septemberwochenende abgehalten wird. Wen wunderts, dass Marschlämmer eine lokale Delikatesse sind. Die reetgedeckten Höfe im alten Ortsteil stehen längst unter Denkmalschutz. Markanter Blickpunkt ist die 30 m hohe Holzwindmühle im holländischen Stil von 1857. Hier kann man sich im Højer Mølle & Marsk Museum über das Müllerhandwerk und die Marsch informieren. Weitere Auskünfte über das Wattenmeer und den Einfluss der Gezeiten – hier mit einem Tidenhub von 1,8 m – erteilt das Tøndermarskens Naturcentret neben dem Sperrwerk Vidå Slusen in der Møllegade 12. Über 100 Jahre wurden Tønder und seine Umgebung durch den Højerdeich von 1861 geschützt. Nach vier Sturmfluten, die eine Evakuierung der Bevölkerung von mehreren 100 km^2 notwendig machten, wurde ein höherer Deich beschlossen, ein rein dänisches Projekt, das 1981 fertiggestellt werden konnte. Er hält einem Wasserstand von mehr als 6 m über Normalnull stand. Auf der Sturmflutsäule bei der Højerschleuse sind alle bisherigen Sturmfluten markiert.

*Højer

Knapp 20 km nördlich von Tønder gründeten Zisterziensermönche 1173 an der Brede Å ein Kloster, um das sich der gleichnamige Ort entwickelte – Løgum ist ein altes dänisches Wort für einen wasserreichen Platz. Nach Tønder war Løgumkloster zeitweilig das zweitgrößte Zentrum der Klöppelindustrie. Mitte August findet alljährlich der traditionelle "Klostermærken" statt, eine gelungene Mischung aus Viehmarkt und Volksfest. Eine Besonderheit des Klostermarktes sind die Gauklergottesdienste, handelt es sich doch auch um das wichtigste Treffen der dänischen Schaustellerzunft.

Løgumkloster

Von den ursprünglich vier Flügeln des Klosters blieben nur ein Teil des Ostflügels mit Kapitelsaal, Sakristei und Bibliothek sowie der

**Klosterkirken og gamle kloster

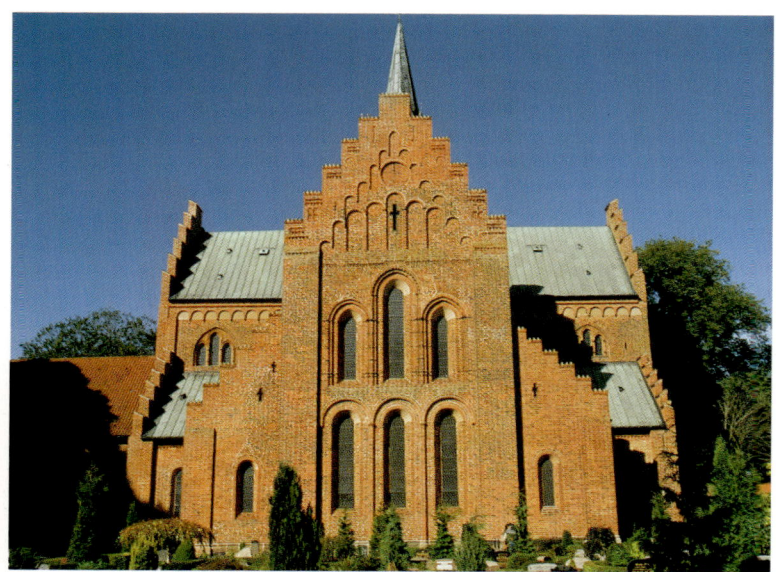

Zisterzienser begannen im 12. Jh. mit dem Bau der Klosterkirche, die durch ihre ästhetisch schnörkellose Ziegelbauweise besticht.

Løgum Klosterkirken (Fortsetzung)

Nordflügel, die heutige Kirche, erhalten. Fast 400 Jahre existierte das Kloster bis zur Reformation, die 1536 in Dänemark eingeführt wurde. Nach dem Tod des Abtes wurde das Kloster 1548 endgültig aufgelöst und als Gutsbetrieb weitergeführt. Die 1225 – 1325 im spätromanischen und frühgotischen Stil erbaute Klosterkirche beeindruckt durch ihre Raumwirkung mit hohen spitzbogigen Fenstern und schönen Pfeilern. Ursprünglich waren die Wände weiß gekalkt; das rotbraune Mauerwerk wurde erst bei der letzten Restaurierung zu Beginn des 20. Jh.s freigelegt. Der Flügelaltar aus dem späten 15. Jh. stand bis 1925 in der Kirche von Jerne. In die Nordwand des Chores eingemauert ist ein Reliquienschrank von ca. 1325. Auf dieselbe Zeit ist der Zelebrantenstuhl datiert. Sein mittleres Giebeldreieck zeigt Christus, der Marias Seele gen Himmel hebt. Im Chorbogen befindet sich ein gotisches Triumphkreuz mit großem Kruzifix von ca. 1330. An zwei Pfeilern im Westteil der Kirche sind die Holzfiguren zu sehen, die früher wahrscheinlich als Altarbilder dienten: eine Ende des 15. Jh.s gefertigte "Anna Selbdritt" und eine Pietàgruppe von 1500 – 1525. Die Kanzel mit Reliefs der Tugenden ist eine tonderaner Arbeit von 1580. Zwischen zwei Fenstern an der Nordwand des Hauptschiffs erkennt man eine Freske der französischen Lilie, ein Mariensymbol, bekannt aus dem Wappen des Mutterklosters Citeaux in Frankreich. In der berühmten Werkstatt von Claus Berg entstand vermutlich die auf 1510 datierte Seitenaltarfigur "Christus als der Gepeinigte" in der südöstlichen Seitenkapelle. In der Sakristei birgt eine Nische an der Westwand die anmutige Holzskulptur "Maria mit dem Kind" von ca. 1400. Durch eine niedrige Tür betritt man die Bibliothek, deren

Südwand eine Nachbildung des Hochaltars von 1325 trägt. Das mit Gold, Silber und Bergkristallen verzierte Kunstwerk erzählt in 12 Feldern das Leben Marias, mit Christus als Richter auf einem Regenbogen thronend – das Original befindet sich im Nationalmuseum in ▶ Kopenhagen. Westlich schließt das 1585 von Herzog Adolf von Gottrop im Renaissancestil erbaute Jagdschloss an, heute Priesterseminar und Fortbildungsstätte für Pastoren der Volkskirche.

Tønder, Umgebung, Løgum Klosterkirken (Fortsetzung)

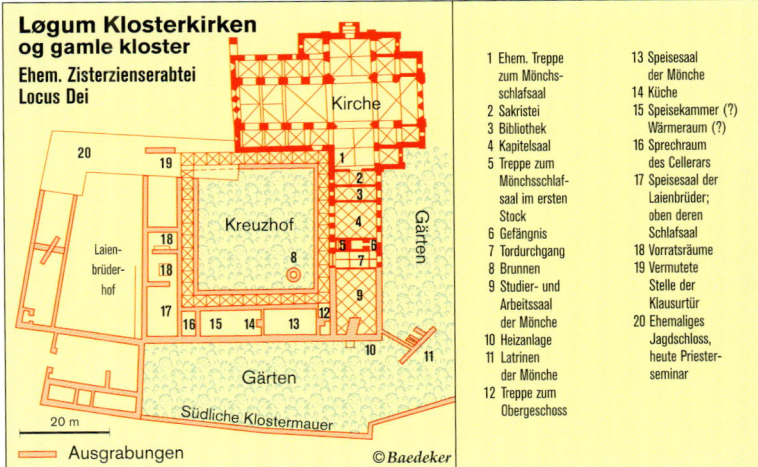

Im archäologischen Erlebnispark, ca. 20 km nordwestlich von Løgumkloster am Hjemstedvej 60 in Skærbæk, wird die Eisenzeit wieder lebendig. Umgeben von rekonstruierten Häusern kann man hier wie vor 2000 Jahren in Einbäumen herumpaddeln, mit Pfeil und Bogen schießen oder mit zeittypischen Geräten eine Mahlzeit zubereiten (Öffnungszeiten: Mitte Juni – Mitte Aug. tgl. 10:00 – 19:00 Uhr; übriges Jahr tgl. 10:00 – 17:00 Uhr).

*****Hjemsted Oldtidspark**

Wer mit Kindern unterwegs ist, muss in Südjütlands größten Freizeitpark östlich von Tønder am Sommersvej 4 in Terkelsbøl bei Tinglev. Hier warten mehr als 20 superschnelle und lustige Wasserrutschen, Prärieexpress, Kaffeetassenkarussell und Ponyreiten, schnittige Gokarts, Afrikas Tierwelt und Kapitän Hook's Piratenschiff (Öffnungszeiten: Mitte Mai – Anfang Sept. tgl. ab 10:00 Uhr).

*****Sommerland Syd**

Vejle   N 10

Halbinsel Jütland
Bezirk: Vejle amt
Einwohnerzahl: 48 000

Der Name des modernen Handelszentrums, das 1327 Stadtrecht erhielt, bedeutet "Furt" und verweist auf die herrliche Lage zu Füßen waldreicher Uferhänge am Ende des gleichnamigen Fjords.

*****Lage**

Sehenswertes in Vejle

Rådhus

Wo sich während des Mittelalters ein Dominikanerkloster befand, schlägt heute die alte Klosterglocke vom Turm des Rathauses, das 1878 am Rådhustorvet errichtet wurde. Die modernen Skulpturen zum Thema Handel, Industrie und Landwirtschaft schuf Sigurdjon Olafson.

*Sct. Nicolai Kirke

Ältestes Bauwerk der Stadt ist die im 13. Jh. begonnene gotische St.-Nikolai-Kirche am Kirketorvet. Hier steht ein Sarg mit der ca. 2500 Jahre alten Moorleiche einer 40–50-jährigen Frau aus der keltischen Eisenzeit, die man 1835 im Moor Hraldskær entdeckte. An der Außenmauer des nördlichen Kreuzarms sind 23 Schädel von hingerichteten Räubern eingemauert.

Den Smidtske Gård

Über 800 Jahre Stadtgeschichte werden in dem Fackwerkhaus von 1799 in der Fußgängerzone Søndergade (Nr. 14) dokumentiert.

*Vejle Kunstmuseum, Vejle Museum

Nordwestlich am Flegborg lohnen zwei weitere Museen den Besuch: das Kunstmuseum (Nr. 16) bietet neben Malerei und Skulpturen eine der landesweit größten Grafiksammlungen mit Arbeiten von Rembrandt bis zu Olaf Rude und Wilhelm Lundstrøm. Gleich daneben widmet sich das Vejlemuseum (Nr. 18) der Vor- und Frühgeschichte der Region (Öffnungszeiten beider Museen: Di. – So. 11^{00} bis 16^{00} Uhr).

Vejle Mølle

Wahrzeichen der Stadt ist eine 1847 erbaute Windmühle, die im Jahre 1890 nach einem Brand neu errichtet wurde. Seit 1937 sind Mahlgang und Walzen wieder in Betrieb und im Sommer nun als Museum geöffnet.

Umgebung von Vejle

*Grejsdalen

Naturfreunde sollten einen Ausflug in das wildromantische Tal 7 km nördlich von Vejle einplanen, das unter Naturschutz steht und für seine reiche Vogelfauna bekannt ist.

**Jelling

Weitere 5 km sind es bis Jelling, um 1000 das politische Zentrum des Landes. Hier liegen die beiden größten Grabhügel Dänemarks und zwei Runensteine, die auf die UNESCO-Liste des Weltkulturerbes gesetzt wurden. Die 21 m und 24 m hohen Grabhügel an der Landstraße stammen aus der Zeit um 935 bis 950. Ausgrabungen legen die Vermutung nahe, dass der nördliche Hügel das Grab König Gorms († um 940), der südliche das seiner Gemahlin Thyra enthält.

König Gorm herrscht über Dänemark,
Er herrscht die dreißig Jahr,
Sein Sinn ist fest, seine Hand ist stark,
Weiß worden ist nur sein Haar,
Weiß worden sind nur seine buschigen Braun,
Die machten manchen stumm,
in Grimme liebt er drein zu schaun, –
Gorm Grymme heißt er drum.

Der große Runenstein von Jelling

Und die Jarls kamen zum Fest der Jul,
Gorm Grymme sitzt im Saal.
Und neben ihm sitzt, auf beinernem Stuhl,
Thyra Danebod, sein Gemahl;
Sie reichen einander still die Hand
Und blicken sich an zugleich,
Ein Lächeln in beider Augen stand, –
Gorm Grimme, was macht dich so weich?

Den Saal hinunter, in offener Hall,
Da fliegt es wie Locken im Wind,
Jung-Harald spielt mit dem Federball,
Jung-Harald, ihr einziges Kind,
Sein Wuchs ist schlank, blond ist sein Haar,
Blau-golden ist sein Kleid,
Jung-Harald ist heut fünfzehn Jahr,
Und sie lieben ihn allbeid.

(Aus: Theodor Fontanes Gedicht "Gorm Grymme")

	Vejle, Umgebung, Jelling (Fortsetzung)

Der kleine Runenstein, den Gorm für seine Frau setzen ließ, trägt die Inschrift: "Gorm der König errichtete diese Mäler nach Thyra, seiner Königin, dem Stolz Dänemarks." Der große Runenstein ist das wunderbar verzierte Vermächtnis von Harald Blauzahn (940 bis 985) zur Erinnerung an seine Eltern und die eigenen Ruhmestaten. Zu lesen ist: "Harald der König ließ diese Mäler errichten nach Gorm, seinem Vater, und nach Thyra, seiner Mutter, der Harald, der für sich Dänemark gewann und ganz Norwegen, und der die Dänen zu Christen machte." Der große Runenstein wird auch Taufschein Dänemarks genannt, selbst wenn es noch ein Jahrhundert dauern sollte, bis das ganze Land christianisiert war. Harald verlegte seinen Sitz von Jelling nach Seeland, vermutlich nach ▶ Roskilde.

**Jelling Oldtidsminder

Im schönen Fårupsee kann man jeden Sommer das rekonstruierte Wikingerschiff "Jelling Orm" bestaunen, ein 15 m langes und 3 m breites Schiff aus goldgelbem Lärchenholz.

Jelling Orm

Spaß für die ganze Familie verspricht ein Nachmittag im Löwenpark Givskud, knapp 10 km nordwestlich von Jelling. Auch Elefanten, Nashörner, Zebras und Kamele leben hier, nicht zu vergessen die zahmen Tiere im Kinderbauernhof (Öffnungszeiten: Mai – Mitte Juni, Mitte Aug. – Mitte Sept. tgl. 10⁰⁰ – 18⁰⁰ Uhr, Mitte Juni – Mitte Aug. tgl. 10⁰⁰ – 22⁰⁰ Uhr, Mitte Sept. – Okt. tgl. 10⁰⁰ – 17⁰⁰ Uhr,).

*Løveparken Givskud

Viborg   J 9

Halbinsel Jütland
Bezirk: Viborg amt
Einwohnerzahl: 42 000

Seit über 1000 Jahren schlägt das Herz der alten Hauptstadt Jütlands, die an erhöhter Stelle neben den Seen Søndersø und Nørresø thront, die zum Baden, Bootfahren und Angeln einladen. Am "Heiligen Berg", wie die Übersetzung des Namens lautet, wurde ein be-

Lage und Bedeutung

Auf der Thingstätte in Viborg ließen sich die neu gewählten Könige Dänemarks huldigen.

deutendes Thing abgehalten, residierte ab 1065 ein Bischof. Die Rolle der Domstadt als Knotenpunkt wichtiger Handelswege lässt sich bis heute nicht leugnen. Hier war der Ausgangspunkt des historischen Heer- und Ochsenweges, der von ▶ Jütland nach Schleswig und weiter führte. Eine Klasse für sich ist der alljährlich am letzten Juniwochenende veranstaltete Heerwegmarsch, der wohl größte Volksmarsch Nordeuropas. Das Kongehyldingsmonument neben dem Dom erinnert daran, dass sich vom 11. bis 17. Jh. die Stände in der lange Zeit größten Stadt Jütlands versammelten, um dem neugewählten König zu huldigen. Mit der Reformation und dem Absolutismus schwand die Bedeutung Viborgs. Verheerende Großbrände, zuletzt 1726, zerstörten die meisten alten Bauten, so dass nur im Domviertel das mittelalterliche Erbe erhalten blieb.

Am Ende der letzten Eiszeit vor etwa 12 000 Jahren kamen die Gletscher aus Norden und Osten direkt südwestlich von Viborg zum Stillstand. Eis und Schmelzwasser hinterließen eine abwechslungsreiche Landschaft, heute eine bezaubernde Mischung aus Heideflächen, Seen, Flusstälern und fruchtbarem Ackerland. Der ▶ Limfjord reicht sogar mit einer Messerspitze Salz im Hjarbæk Fjord fast bis ans Stadtgebiet heran. Die Seele der Gegend hat wohl niemand so einfangen können wie der Heidedichter Steen Steensen Blicher (1782 – 1848), der auch nach über 150 Jahren noch populär ist. Blichers Erzählungen aus der Schulstube im nahen Lysgård kennen die meisten Dänen von Kindesbeinen an. Über Viborger Bürger des 20. Jh.s erzählt der 1935 hier geborene Peer Hultberg in seinem Kultroman "Byen og verden" – 1994 in deutscher Übersetzung als "Die Stadt und die Welt" beim Residenz Verlag erschienen.

Sehenswertes in Viborg

*Domkirken

Die zweitürmige, neoromanische Granitkirche wurde im 12. Jh. erbaut und zwischen 1864 und 1876 nach dem Vorbild der ursprünglichen Kathedrale erneuert. Nur die dreischiffige Krypta ist original erhalten. Hier ruht in einem lederbezogenen Sarg der einbalsamierte Goldmacher Valdemar Daa, den H. C. Andersen (▶ Baedeker Special, S. 226) in seiner Geschichte "Der Wind erzählt von Valdemar Daa und seinen Töchtern" verewigt hat. Das Innere des Doms wird von einer Bilderbibel beherrscht, die Joakim Skovgaard zwischen 1901 und 1906 ausführte. Die Malereien in den Seitenschiffen haben als Thema das Alte Testament, im Querschiff sieht man Szenen aus dem Leben Jesu, im Chor Auferstehung und Himmelfahrt. Die Deckenmalereien "Jesu Geburt, flankiert von Moses, David und den Propheten" führte Skovgaard in Öl auf Mahagoni aus. Unter dem Südturm befindet sich ein Dommuseum im Aufbau.

*Skovgaard Museum

Das alte Barockrathaus am Domplatz wurde von Claus Stallknecht aus Altona entworfen, den man nach dem Brand von 1726 zum Wiederaufbau nach Viborg berufen hatte. Jetzt stellt hier ein Museum

Ein Nachbau der mittelalterlichen Kathedrale: der neoromanische Dom ▶

Skovgaard Museum (Fortsetzung)

Gemälde und Skulpturen von Joakim Skovgaard (1856 – 1933), seiner Familie und dem befreundeten Künstlerkreis aus, darunter auch Vorarbeiten zu den Fresken im Dom (Öffnungszeiten: Mai bis Sept. tgl. 10⁰⁰ – 12³⁰, 13³⁰ – 17⁰⁰ Uhr, Okt. – April tgl. 12³⁰ – 17⁰⁰ Uhr).

*Sct. Mogens Gade

In den Vierteln um den Dom ist die Geschichte am lebendigsten, nicht zuletzt in der jüngst restaurierten Sct. Mogens Gade, wo man am mittelalterlichen Gebäude Nr. 9 lesen kann: "So ein Haus gibt es nur in Viborg". Im Hof des "Karnapgården (Nr. 31) erinnern Granitquader und Reliefs an frühere Kirchenbauten.

Rund um den Dom hat man in den letzten Jahren die mittelalterlichen Bauten sorgsam restauriert wie in der schmucken Sct. Mogens Gade.

Søndre Sogns Kirke

Die "Kirche der Südgemeinde" wurde 1227 von Dominikanern errichtet. Nur Chor und Mittelschiff sind noch aus dieser Zeit erhalten, die übrigen Teile wurden nach dem Großbrand von 1726 neu aufgebaut. Der gotische Altar von 1520, eine vergoldete flämische Bildschnitzerarbeit, stand ursprünglich in der Schlosskirche von Christiansborg in ▶ Kopenhagen, bevor Frederik IV. ihn später der Kirche vermachte.

Stiftsmuseum

Ein anschaulicher Schlüssel zur Geschichte der Region ist das kulturhistorische Museum in der Fußgängerzone am zentralen Hjultorv, wo man sich samstags auf dem Wochenmarkt trifft. Statuen von Pionieren der Heidekultivierung künden davon, dass hier einst die Heidegesellschaft tagte.

Borgvold, Brænderigården

Das Tüpfelchen auf dem i in Viborg sind die vielen Grünanlagen wie der Stadtpark Borgvold mit einem biblischen Garten am Ufer der Nørresø. Direkt gegenüber in der Riddergade 8 veranstaltet das Kunst- und Kulturhaus Brænderigården Ausstellungen mit dänischen und internationalen Künstlern.

Viborg (Fortsetzung)

Umgebung von Viborg

Unberührte Heide, alte Buchen und knorrige Eichen, verwunschene Quellen und einen 34 m tiefen See finden Naturfreunde 8 km südwestlich im Gebiet von Hald. Eine der klassischen Wanderungen von 5 km führt unterhalb von Ravensberg entlang, wo Niels Bugges Bank die schönste Aussicht gewährt. In der Scheune beim Gut Hald Hovedgård, dem seit dem Mittelalter fünften Anwesen an dieser Stelle, informiert eine Ausstellung über das ganze Gebiet.

*Hald

Baedeker TIPP) Unter Tage

Westlich von Viborg erzählt ein fantastisches, rund 80 km langes Stollenlabyrinth vom harten Arbeitsalltag in den beiden Kalkminen Mønsted und Daugbjerg, deren Abbau schon um das Jahr 1000 begann. Manche der Höhlen, die besichtigt werden können, sind so groß wie Dome, manche Pfade so schmal, dass man kaum aufrecht gehen kann. Mitte der 1950er-Jahre wurden die Gruben, die auch Baumaterial für den Dom von ▶ Ribe lieferten, stillgelegt (Öffnungszeiten: Mitte Mai – Okt. tgl. 11⁰⁰ – 17⁰⁰ Uhr).

Zwei Museen in E' Bindstow und Thorning widmen sich dem Dichterpfarrer Steen Steensen Blicher (1782 – 1848) und seiner Zeit.

E' Bindstow, Thorning

Die archäologischen Funde auf dem Höhenzug 16 km nördlich von Viborg reichen von ca. 2200 v. Chr. bis 1300 n. Chr. Seit 1962 wurden Dörfer und Grabstätten der Eisenzeit, Grubenhäuser der jüngeren Steinzeit und Hügel der Bronzezeit freigelegt, entwickelte sich das Gelände zu einem prähistorischen Erlebnisbereich.

Hvolris

Vordingborg   R / S 24

Insel Seeland
Bezirk: Storstrøms amt
Einwohnerzahl: 20 000

Nur Ruinen zeugen in der Garnisonsstadt unweit der Storstrømsbrücke zwischen ▶ Seeland und ▶ Falster noch von einer der ältesten Festungsanlagen Dänemarks. Nach Jahren der Zersplitterung wurde das Reich 1157 unter Valdemar dem Großen auf Burg Vordingborg wieder vereint. Hier begannen Ende des 12. Jh.s die Wendenzüge unter Führung Bischof Absalons, 1241 verfasste Valdemar II. in Vordingborg das erste dänische Gesetzbuch "Jyske Lov". Valdemar Atterdag ließ die Burg 1360 zu einer mächtigen Festung ausbauen, um den deutschen Hansestädten trotzen zu können.

Lage und Geschichte

Sehenswertes in Vordingborg

Mit dem Umbau der Burg entstand 1365 der wuchtige "Gänseturm", das Wahrzeichen Vordingborgs und neben Resten der Ring-

*Gåsetårnet

Gåsetårnet (Fortsetzung)

mauer heute das einzige noch erhaltene Bauwerk der Valdemarzeit. Auf dem Spitzdach in 36 m Höhe hebt eine vergoldete Gans ihre Flügel. Das erste Exemplar soll schon im Jahre 1368 Valdemar Atterdag bestellt haben, der die Hansestädte, die Dänemark den Krieg erklärt hatten, spöttisch mit einer Schar schnatternder Gänse verglich. Die weite Aussicht lohnt den Aufstieg zur Turmspitze (Öffnungszeiten: Juni – Aug. tgl. 10⁰⁰ – 17⁰⁰ Uhr, April, Mai, Sept., Okt. Di. – So. 10⁰⁰ – 16⁰⁰ Uhr, Nov. – März Di. – Fr. 10⁰⁰ – 16⁰⁰ Uhr, Sa., So. 13⁰⁰ – 16⁰⁰ Uhr).

Einziges Zeugnis der Valdemarzeit ist der mittelalterliche Gänseturm, auf dessen Spitzdach eine vergoldete Gans die Flügel hebt.

Sydsjællands Museum

Gegenüber auf dem Gelände der Burgruine zeigt das Heimatmuseum Funde aus der Steinzeit, kostbares Kircheninventar sowie Werkzeug und Textilien aus Vordingborg, Langebæk und Præstø.

Historisk Botanisk Have

Hinter dem Museum liegt der 1921 im Renaissancestil geschaffene botanische Garten. Hier wachsen über 200 Kräuter und Heilpflanzen, die man früher für Arzneimittel verwandte.

Vor Frue Kirke

Die gotische Liebfrauenkirche wurde um 1400 aus großformatigen Backsteinen erbaut. Im 15. Jh. gestattete der Papst den Verkauf von Ablaßbriefen, um mit den Einnahmen die Erweiterung der Kirche zu bestreiten. Das herrliche Altarbild aus dem Jahre 1442 stammt von Abel Schrøder d.J.; über dem Hauptfeld mit der Kreuzigung Christi ist das Monogramm Christians IV. zu sehen. Im Chor sind Wandmalereien des 15. Jh. zu bewundern, darunter eine außergewöhnliche Darstellung von Christi Geburt. Die Karrikatur vom durstigen Maurer Jeppe wurde bei Renovierungsarbeiten entdeckt.

Umgebung von Vordingborg

Um die Storstrømpassage zu sichern, legte man Anfang des 20. Jh.s. auf der vorgelagerten Insel Masnedø ein Fort an, das 1994 restauriert wurde und heute für Kunstausstellungen dient.

Masnedøfortet

Auf der 15 km langen schmalen Halbinsel nördlich von Vordingborg kann man bronzezeitliche Gräber entdecken. In den Hügeln an der Spitze der Landzunge wachsen verschiedenste Wildblumen, leben in den salzhaltigen Wasserlöchern und Tümpeln seltene Froscharten. In einem Freigehege kann man hier außerdem amerikanische Bisons beobachten.

Knudshoved Odde

Im alten Pfarrhof bei der Kirche von Udby, 10 km nördlich der Stadt, wurde 1783 der berühmte dänische Theologe und Volkserzieher Nikolai Frederik Severin Grundtvig geboren (▶ Berühmte Persönlichkeiten). Gedenkstuben im Pfarrhaus aus der Zeit um 1600 erinnern an Grundtvig, der hier seine Jugend verbrachte und einen Teil seiner frühen Werke schrieb.

Grundtvigs Mindestuer

Auf eine Bürgerinitiative hin entstand 12 km nördlich von Vordingborg im "Gammel Øbjerggård" des Dorfes Kong ein kleines kulturgeschichtliches Museum. Erzählt wird die Geschichte von Niels Ryberg, einem Bauernsohn, der 1744 das Gut kaufte und hier 1783 eine Weberei ins Leben rief, die bereits wenige Jahre später zum Hoflieferanten aufstieg und auch bei anderen europäischen Fürstenhäusern sehr gefragt war. Rybergs Fürsorge für seine Leute war für die damalige Zeit bemerkenswert. Sogar ein Hospital und Altenheim ließ er in Kong einrichten.

Kong Museum

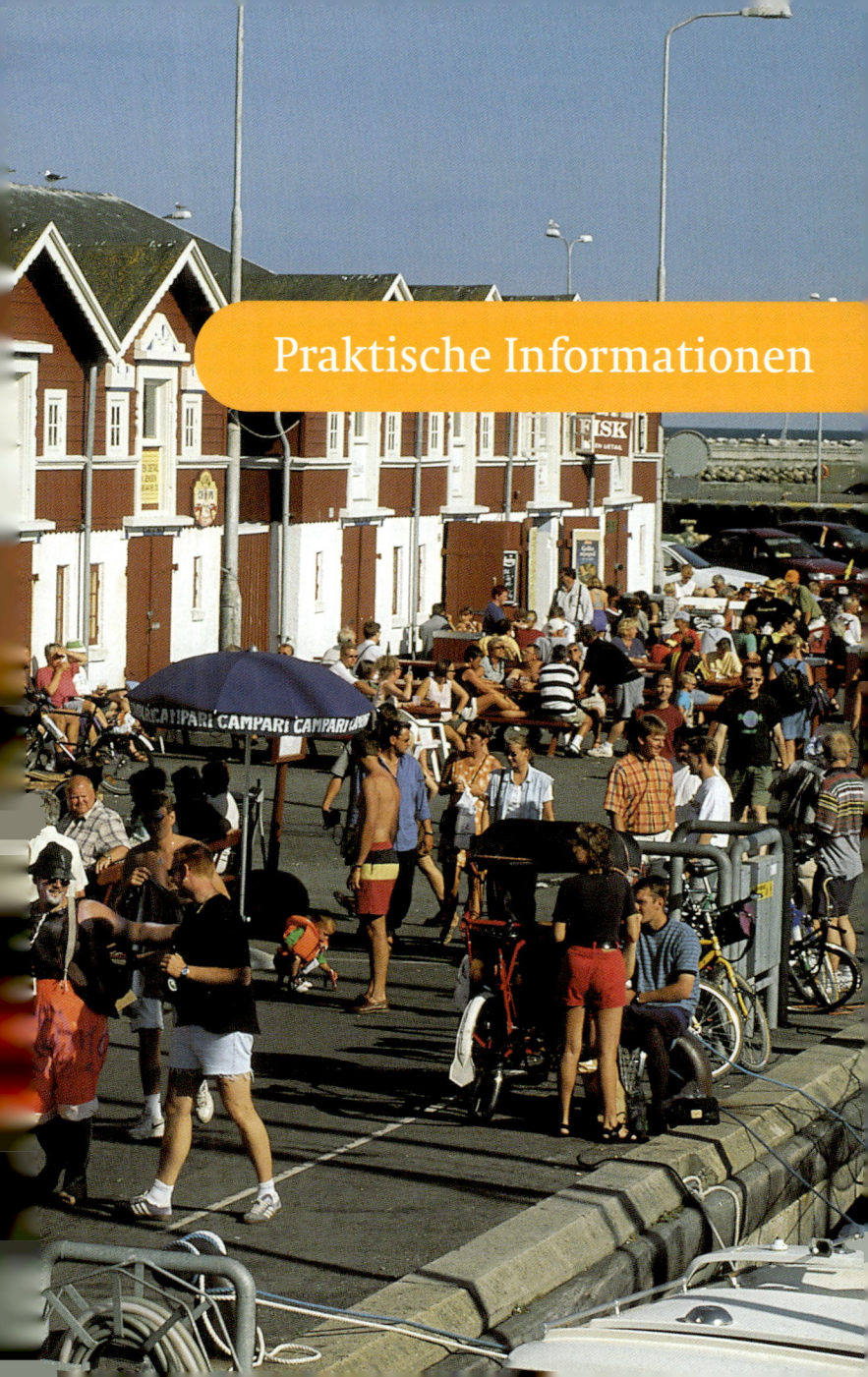
Praktische Informationen

Praktische Informationen von A bis Z

Anreise

Mit dem Auto

Seit Juli 2000 können Autofahrer dank der großen Brücken-Tunnel-Verbindungen über den Großen Belt (zwischen Fünen und Seeland) sowie über den Øresund (zwischen Seeland und Südschweden) von Flensburg bis nach Malmö (Schweden) durchfahren (jeweils Mautgebühren).
Die Autofähre von Puttgarden/Fehmarn nach Rødbyhavn/Lolland braucht eine Stunde; von Rostock nach Gedser/Falster dauert die Überfahrt zwei Stunden. In der Hochsaison ist eine rechtzeitige Reservierung der Fähre zu empfehlen; Buchungen übernimmt jedes Reisebüro.
Wer die lange Anfahrt scheut, im Urlaub aber den eigenen Wagen nicht missen will, kann den Autoreisezug bis nach Hamburg nehmen und von dort die Reise selbst fortsetzen. Autoreisezüge fahren ein- bis mehrmals wöchentlich von Lörrach, Sonthofen und München nach Hamburg. In der Schweiz bildet Chur den Ausgangspunkt, in Österreich die Stadt Villach.

Mit der Bahn

Täglich fahren mehrere Züge von Hamburg nach Kopenhagen über die Vogelfluglinie (zwischen Puttgarden und Rødby wird der Zug mit dem Fährschiff über den Fehmarnbelt befördert) sowie über die Große-Belt-Verbindung. Nach Kopenhagen direkt gelangt man täglich mit dem EuroNight über Nacht von München, Nürnberg bzw. Karlsruhe, Frankfurt/M. sowie von Köln und dem Ruhrgebiet. Von Hamburg aus bestehen tägliche Verbindungen auch nach Jütland und Fünen, u. a. auch nach Frederikshavn (Anschluss an Fährschiffe nach Schweden und Norwegen in Frederikshavn und Hirtshals). Auskünfte auch über Spartarife erteilt die Deutsche Bahn AG.

Deutsche Bahn
☎ (0 18 05) 99 66 33   www.bahn.de

Mit dem Flugzeug

Fast der gesamte Linienflugverkehr von und nach Dänemark geht über den Flughafen Kopenhagen (Kastrup). Es bestehen direkte Flugverbindungen u. a. von Berlin, Dresden, Düsseldorf, Frankfurt/M., Hamburg, Hannover, Köln, München und Stuttgart, von Wien, sowie von Genf und Zürich. Die Fluggesellschaft Maersk Air, eine vorwiegend innerdänische Linie, fliegt dreimal täglich von Frankfurt/M. nach Billund mit dem Kinderparadies LEGOLAND.

◀ Beste Adresse, um fangfrischen Fisch zu essen:
die alten Giebelhäuser am Kai von Skagen

Fluggesellschaften

SAS
(Scandinavian Airlines System)
in Deutschland:
☎ (0 18 03) 23 40 23
in der Schweiz:
☎ (01) 80 08 76 00
FAX (01) 80 08 76 20
in Österreich:
☎ (01) 08 00 90 08 00
FAX (01) 7 00 07 67 44
in Dänemark:
☎ 32 32 68 00

Lufthansa
in Deutschland:
☎ (0 18 03) 80 38 03
in Dänemark:
☎ 32 32 26 00
FAX 32 32 22 99

Swissair
in der Schweiz:
☎ (08) 48 80 07 00
FAX (01) 2 58 34 40
in Deutschland:
☎ (01 80) 3 00 03 34
FAX (01 80) 3 00 04 40
in Dänemark:
☎ 32 47 48 49
FAX 32 47 48 90

Austrian Airlines
in Österreich:
☎ (01) 17 66 76 00
FAX (01) 17 66 76 99
in Deutschland:
☎ (01 80) 3 00 05 20
FAX (01 80) 3 00 05 23
in Dänemark:
☎ 32 47 47 47

Maersk Air
in Frankfurt/M.:
☎ (0 61 05) 20 60 60
FAX (0 61 05) 20 60 68

Anreise
(Fortsetzung)

Ärztliche Hilfe

Alle Reisenden haben Anspruch auf kostenlose Behandlung in dänischen Krankenhäusern, sofern sie erkranken oder ein vorhandenes Leiden sich verschlimmert. Die meisten Hotels in Dänemark stehen mit einem Arzt in Verbindung. Auch über Campingplätze, Jugendherbergen sowie Informationsbüros kann man ärztliche Hilfe anfordern.

Allgemeines

Für Reisende aus EU-Ländern empfiehlt es sich, bei der ärztlichen Behandlung und beim Medikamenteneinkauf das Formular E 111 vorzuzeigen, das die zuständige Krankenkasse im voraus ausstellt. Ratsam ist es in jedem Fall, eine Reisezusatzversicherung abzuschließen.

Versicherung

Die Apotheken folgen den ▶ Öffnungszeiten der Geschäfte. In größeren Städten sind Apothekennotdienste eingerichtet. Zu beachten ist, dass viele der in Deutschland verschreibungsfreien Medikamente in Dänemark oft nur gegen Rezept erhältlich sind.

Apotheken

Allgemeiner Notruf
rund um die Uhr: ☎ 112.
(Unfallhilfe, Ambulanz)
Hinweis auf den nächsten ärztlichen Notdienst außerhalb der normalen Sprechzeiten (8^{00}–16^{00} Uhr) und am Wochenende: ☎ 38 88 60 41
Weitere Notrufnummern:
▶ Notdienste

Auskunft

In Deutschland

Dänisches Fremdenverkehrsamt
(zuständig auch für Österreich und die Schweiz)
Glockengießerwall 2
D-20095 Hamburg
☎ (0 40) 32 02 10
FAX (0 40) 32 02 11 11
Internet:
www.visitdenmark.com
E-Mail: daninfo@dt.dk
Prospektanforderung

rund um die Uhr:
☎ (01 90) 19 00 33

In Dänemark

Danmarks Turistråds Infocenter
(Dänischer
Fremdenverkehrsrat)
Vesterbrogade 6 D
DK-1620 København V
☎ 33 11 14 15
FAX 33 93 14 16
E-Mail: dt@dt.dk

Der Grüne Reiseführer

Beim Dänischen Fremdenverkehrsamt in Hamburg ist "Der Grüne Reiseführer" kostenlos erhältlich, der ökologisch interessierten Dänemarkurlaubern bei der Ferienplanung hilft. Das Heft informiert u. a. über umweltfreundlich geführte Unterkünfte, über die Sauberkeit von Meer und Stränden sowie über Aktivitäten wie Radfahren und Wassersport.

Auskünfte innerhalb Dänemarks

In den größeren Städten und Fremdenverkehrsorten befinden sich Informationsbüros des Dänischen Fremdenverkehrsrates. Viele dieser Auskunftsstellen sind ganzjährig geöffnet. Die Mitarbeiter sprechen meist mehrere Sprachen, v.a. Deutsch und Englisch.

Örtliche Auskunftsstellen

Aabenraa
H. P. Hanssens Gade 5
DK-6200 Aabenraa
☎ 74 62 35 00; FAX 74 63 07 44

Ærø
Vestergade 1 B
DK-5970 Ærøskøbing
☎ 62 52 13 00; FAX 62 52 14 36

Aalborg
Østerågade 8
DK-9100 Aalborg
☎ 98 12 60 22; FAX 98 16 69 22

Århus
Rådhuset
DK-8000 Århus C
☎ 89 40 67 00; FAX 86 12 95 90

Billund
Ved LEGOLAND Parken
DK-7190 Billund
☎ 76 50 00 55; FAX 75 35 31 79

Bornholm
Ndr. Kystvej 3
DK-3700 Rønne
☎ 56 95 95 00; FAX 56 95 95 68

Christiansfeld
Kongensgade 5
DK-6070 Christiansfeld
☎ 74 56 16 30; FAX 74 56 32 18

Ebeltoft
Strandvejen 2
DK-8400 Ebeltoft
☎ 86 34 14 00; FAX 86 34 05 28

Esbjerg
Skolegade 33
DK-6700 Esbjerg
☎ 75 12 55 99; FAX 75 12 27 67

Faaborg
Banegårdspladsen 2 A
DK-5600 Faaborg
☎ 62 61 07 07; FAX 62 61 33 37

Fanø
Færgevej 1
DK-6720 Fanø
☎ 75 16 26 00; FAX 75 16 29 03

Fredericia
Danmarksgade 2A
DK-7000 Fredericia
☎ 75 92 13 77; FAX 75 93 03 77

Frederikshavn
Skandiatorv 1
DK-9900 Frederikshavn
☎ 98 42 32 66; FAX 98 42 12 99

Frederikssund
Jernbanegade 24 a
DK-3600 Frederikssund
☎ 47 31 06 85; FAX 47 31 36 74

Frederiksværk
Gjethusgade 5
DK-3300 Frederiksværk
☎ 47 72 30 01; FAX 47 72 30 22

Gedser
Moltzaugade 2
DK-4874 Gedser
☎ 54 17 90 41; FAX 54 17 90 39

Gilleleje
Hovedgade 6 F
DK-3250 Gilleleje
☎ 48 30 01 74; FAX 48 30 34 74

Gråsten
Kongevej 71
DK-6300 Gråsten
☎ 74 65 09 55; FAX 74 65 35 13

Grenaa
Torvet 1
DK-8500 Grenaa
☎ 87 58 12 00;
FAX 87 58 12 12

Haderslev
Honnørkajen 1
DK-6100 Haderslev
☎ 74 52 55 50; FAX 74 53 46 67

Helsingør
Havnepladsen 3
DK-3000 Helsingør
☎ 49 21 13 33; FAX 49 21 15 77

Herning
Torvet 1 a
DK-7400 Herning
☎ 96 27 22 22; FAX 96 27 22 23

Hillerød
Slangerupgade 2
DK-3400 Hillerød
☎ 48 24 26 26; FAX 48 24 26 65

Hirtshals
Nørregade 40
DK-9850 Hirtshals
☎ 98 94 22 20; FAX 98 94 58 20

Hjørring
Markedgade 9
DK-9800 Hjørring
☎ 98 92 02 32; FAX 98 92 04 52

Hobro
Sdr. Kajgade, Havnen
DK-9500 Hobro
☎ 98 52 56 66; FAX 98 52 56 66

Holbæk
Jernbaneplads 3
DK-4300 Holbæk
☎ 59 43 11 31; FAX 59 44 27 44

Holstebro
Den Røde Plads 14
DK-7500 Holstebro
☎ 97 42 57 00; FAX 97 42 57 07

Hornbæk
Vestre Stejlebakke 2 A
DK-3100 Hornbæk
☎ 49 70 47 47; FAX 49 70 41 42

Horsens
Søndergade 26
DK-8700 Horsens
☎ 75 60 21 20;
FAX 75 60 21 90

Hundested
Nørregade 22
DK-3390 Hundested
☎ 47 93 77 88; FAX 47 93 78 67

Jelling
Gormsgade 4
DK-7300 Jelling
☎ 75 87 13 01; FAX 75 82 10 11

Juelsminde
Odelsgade 1
DK-7130 Juelsminde
☎ 75 69 33 13; FAX 75 69 31 30

Kalundborg
Volden 12
DK-4400 Kalundborg
☎ 59 51 09 15; FAX 59 51 22 15

Kerteminde
Strandgade 1 B
DK-5300 Kerteminde
☎ 65 32 11 21; FAX 65 32 18 17

Køge
Vestergade 1, DK-4600 Køge
☎ 56 65 58 00; FAX 56 65 59 84

Kolding
Akseltorv 8
DK-6000 Kolding
☎ 76 33 21 00; FAX 76 33 21 20

Kopenhagen / København
(Wonderful Copenhagen)
Bernstorffgade 1
DK-1577 København V
☎ 33 25 38 44; FAX 33 22 12 88

Korsør
Nygade 7
DK-4220 Korsør
☎ 58 35 02 11; FAX 58 35 02 66

Læsø
Vesterø Havnegade 17
DK-9940 Læsø
☎ 98 49 92 42; FAX 98 49 92 83

Lemvig
Toldbodgade 4
DK-7620 Lemvig
☎ 97 82 00 77;
FAX 97 82 30 77

Mariager
Torvet 1 B
DK-9550 Mariager
☎ 98 54 13 77; FAX 98 54 16 14

Maribo
Torvet
DK-4930 Maribo
☎ 54 78 04 96; FAX 54 78 01 96

Marielyst
Marielyst Strandpark 3
DK-4873 Væggerløse
☎ 54 13 62 98; FAX 54 13 62 99

Middelfart
Havnegade 10
DK-5500 Middelfart
☎ 64 41 17 88; FAX 64 41 34 85

Møn
Storegade 2
DK-4780 Stege
☎ 55 81 44 11; FAX 55 81 48 46

Mors
Havnen 4
DK-7900 Nykøbing Mors
☎ 97 72 04 88; FAX 97 72 55 82

Næstved
Havnen 1
DK-4700 Næstved
☎ 55 72 11 22; FAX 55 72 16 67

Nakskov
Axeltorv 3
DK-4900 Nakskov
☎ 54 92 21 72; FAX 54 92 35 97

Nyborg
Torvet 9
DK-5800 Nyborg
☎ 65 31 02 80; FAX 65 31 03 80

Nykøbing Falster
Østergågade 7
DK-4800 Nykøbing F.
☎ 54 85 13 03; FAX 54 85 10 05

Nykøbing Sjælland
Svanestræde 9
DK-4500 Nykøbing S.
☎ 59 91 08 88;
FAX 59 93 00 24

Odense
Rådhuset
DK-5000 Odense C
☎ 66 12 75 20;
FAX 66 12 75 86

Randers
Tørvebryggen 12
DK-8900 Randers
☎ 86 42 44 77;
FAX 86 40 60 04

Ribe
Torvet 3
DK-6760 Ribe
☎ 75 42 15 00;
FAX 75 42 40 78

Ringkøbing
Torvet
DK-6950 Ringkøbing
☎ 97 32 00 31;
FAX 97 32 49 00

Ringsted
Sct. Bendtsgade 10
DK-4100 Ringsted
☎ 57 61 34 00;
FAX 57 61 64 50

Rødby
Færgestationsvej 6
DK-4970 Rødby
☎ 54 60 41 12; FAX 54 60 45 47

Rømø
Havnebyvej 30
DK-6792 Rømø
☎ 74 75 51 30; FAX 74 75 50 31

Roskilde
Gullandsstræde 15
DK-4000 Roskilde
☎ 46 35 27 00; FAX 46 35 14 74

Rudkøbing
Torvet 5
DK-5900 Rudkøbing
☎ 62 51 35 05; FAX 62 51 43 35

Samsø
Langgade 32, Tranebjerg
DK-8305 Samsø
☎ 86 59 14 00;
FAX 86 59 31 73

Silkeborg
Havnen, Åhavevej
DK-8600 Silkeborg
☎ 86 82 19 11; FAX 86 81 09 83

Skagen
Sct. Laurentii Vej 22
DK-9990 Skagen
☎ 98 44 13 77; FAX 98 45 02 94

Skanderborg
Parkvej 14
DK-8660 Skanderborg
☎ 86 52 27 44; FAX 86 52 13 53

Skive
Østerbro 7
DK-7800 Skive
☎ 97 52 32 66; FAX 97 52 88 31

Slagelse
Løvegade 7
DK-4200 Slagelse
☎ 58 52 22 06; FAX 58 52 86 87

Sønderborg
Rådhustorvet 7
DK-6400 Sønderborg
☎ 74 42 35 55; FAX 74 42 57 47

Svendborg
Centrumpladsen
DK-5700 Svendborg
☎ 62 21 09 80; FAX 62 22 05 53

Tønder
Torvet 1
DK-6270 Tønder
☎ 74 72 12 20; FAX 74 72 09 00

Vejle
Banegårdspladsen 6
DK-7100 Vejle
☎ 75 82 19 55; FAX 75 82 10 11

Viborg
Nytorv 9
DK-8800 Viborg
☎ 86 61 16 66; FAX 86 60 02 38

Vordingborg
Algade 96
DK-4760 Vordingborg
☎ 55 34 11 11;
FAX 55 34 03 08

Autohilfe

Pannenhilfe

Der dänische Automobilclub FDM leistet keine Straßenhilfe; im Schadensfall rufe man den Tag und Nacht erreichbaren FALCK-Dienst an, der abschleppt oder vor Ort repariert (gegen Barzahlung). Dessen Rufnummern können jedem Telefonbuch entnommen werden.

Für deutschsprachige Touristen hat der ADAC einen Dienst in Dänemark eingerichtet, der jeden Tag von 8³⁰ – 18⁰⁰ Uhr erreichbar ist.

> **ADAC-Notruf**
> ADAC c/o Falck Euro-Service, ☎ 79 42 42 85
> Boulevarden 66, DK-7100 Vejle FAX 75 72 78 79

Badestrände und Wasserqualität

Badestrände

Die dänische Küste erstreckt sich über 7400 km. Gut zwei Drittel davon eignen sich zum Baden, über fast allen weht die "Blaue Flagge", das Gütesiegel der EU für eine saubere Natur und gute Badewasserqualität. An der Nordseeküste Jütlands findet man von den Inseln Rømø und Fanø im Süden bis zum nördlichsten Punkt Dänemarks bei Skagen fast durchgehend breite, zum Baden bestens geeignete Sandstrände mit ausgeprägtem Dünenhinterland, nur stellenweise wie bei Bovbjerg, Bulbjerg und Rubjerg von Steilküsten unterbrochen. An der Ostküste Jütlands mit den vielen, sich tief

Dänemarks Strände sind ein Traumziel für große und kleine Badenixen.

einschneidenden Fjorden sind die Strände schmaler, gibt es keine Dünen. Bornholm ist das einzige Gebiet Dänemarks mit längeren Felsküsten, daneben besitzt es aber auch feine Sandstrände. Auf der Halbinsel Mols und entlang der jütländischen Ostküste rücken Wälder oft nahe an den Strand heran. Auch Seeland, Fünen und seine Nachbarinseln weisen vorzügliche Strände auf. Umweltbewusst versucht man in Dänemark die Strände weitgehend im natürlichen Zustand zu halten, weshalb Liegestühle, Sonnenschirme und Strandkörbe eher eine Seltenheit sind.

Badestrände (Fortsetzung)

Jeder Strand ist jeder Person frei zugänglich. Daher gibt es keine speziell ausgewiesenen FKK-Strände. Bestimmungen oder Vorschriften "mit oder ohne" existieren nicht. Örtlich kann jedoch durch Ausschilderung ein Verbot erteilt werden – wie z. B. in Henne Strand und Holmsland Klit. Fragen zum FKK-Urlaub in Dänemark beantwortet der dänische FKK-Verband:

FKK

Dansk Naturist Union
Postfach 165　　　　　　　☎ (00 45) 70 22 27 26
DK-6400 Sønderborg　　　E-Mail: dnu@post6.tele.dk

Die bekanntesten Badeorte liegen an der Nordküste Seelands, an der Ostküste von Falster und der Südspitze Bornholms. Großer Beliebtheit erfreuen sich auch Ferienanlagen wie z.B. Lalandia/Lolland mit einem 6600 m² großem Badeland, wo man das ganze Jahr über Urlaub machen kann (▶ Hotels), nur 200 m vom Strand.

Badeorte und Ferienanlagen

Außer dem Gütesiegel der blauen Umweltflagge, die nur an sauberen Stränden gehisst werden darf, wird in Dänemark alljährlich eine "Badewasserkarte" herausgegeben, die im Buchhandel und bei den Informationsstellen (▶ Auskunft) erhältlich ist. Sie zeigt die Qualität des Meerwassers und den Zustand der dänischen Strände an. Ferner sind Küstengebiete, wo das Baden als bedenklich angesehen wird, deutlich in mehreren Sprachen ausgeschildert.

Qualität der Gewässer und Strände

Der Feriengast braucht in Dänemark keine Kurtaxe zu entrichten. Dementsprechend ist das Angebot an Dienstleistungen, die am Strand geboten werden, geringer als in Ländern, wo Kurtaxe gezahlt werden muss. In der Nähe der Badestrände liegen meist Parkplätze. Eine Parkgebühr für Autos wird selten erhoben, es erfolgt aber auch keine Überwachung.

Hinweise

Beim Dänischen Fremdenverkehrsamt (▶ Auskunft) ist eine Dänemarkkarte erhältlich, auf der alle dänischen Strände aufgelistet und näher beschrieben sind.

Information

Behindertenhilfe

Seit 1984 gibt das Dänische Fremdenverkehrsamt in Hamburg (▶ Auskunft) regelmäßig das Heft "Reisen in und nach Dänemark für Körperbehinderte" heraus, das praktische Hinweise über Unterkunft, Aktivitäten, Sehenswürdigkeiten und Transportmöglichkei-

Reisen in und nach Dänemark

Behindertenhilfe
(Fortsetzung)

ten für Rollstuhlfahrer enthält. Im Hotelverzeichnis des Dänischen Fremdenverkehrsamtes sind die für Rollstuhlfahrer geeigneten Unterkünfte gekennzeichnet. Informationen über das Reisen von Behinderten in Dänemark erteilt auch die Dachorganisation aller dänischen Behindertenverbände DSI. Der Reisedienst des Bundesverbandes Selbsthilfe Körperbehinderter (BSK-Reisedienst) organisiert Gruppenreisen, vermittelt geschulte Reisehelfer und leistet Hilfe bei Individualreisen.

DSI-Dachverband
De samvirkende Invalide-
organisationer DSI
Kløverprisvej 10 B
DK-2650 Hvidovre
☎ (00 45) 36 75 17 77
FAX (00 45) 36 75 14 03
www.handicap.dk

E-Mail: dsi@handicap.dk

BSK-Reisedienst
Altkrautheimer Str. 17
D-74238 Krautheim/Jagst
☎ (0 62 94) 6 83 02 bzw.
6 83 03
FAX (0 62 94) 6 81 07

Camping und Caravaning

Allgemeines

In Dänemark gibt es fast 520 Campingplätze, von denen 130 ganzjährig geöffnet sind. Ihrem Standard entsprechend sind sie mit einem Stern (einfache Ausstattung) bis fünf Sternen (Luxuskategorie) ausgezeichnet. Etwa 400 Campingplätze vermieten an die 3 300 Hütten, die allerdings weder Bad noch Toilette besitzen, da jeder die sanitären Einrichtungen des Campingplatzes benutzen kann.
Für die Übernachtung auf einem dänischen Campingplatz ist ein dänischer oder internationaler Campingpass erforderlich. Ein Gastausweis kann auf allen Plätzen erworben werden. Wildes Campen, auch in Wohnmobilen nur für eine Nacht, ist in Dänemark generell verboten.

Information

Ein Verzeichnis der Campingplätze kann beim Dänischen Fremdenverkehrsamt (▶ Auskunft) angefordert werden. Der dänische Campingrat gibt alljährlich das offizielle Verzeichnis der Campingplätze heraus mit Beschreibungen und Übernachtungspreisen.

Campingrat
www.campingraadet.dk
Das alljährlich aktualisierte
Buch "Camping Danmark" ist
in Deutschland erhältlich bei:

Dr. Götze, Land und Karte,
Bleichenbrücke 9
D-20345 Hamburg
☎ (0 40) 35 74 63 17

Diplomatische Vertretungen

Dänische Botschaften

Deutschland
Rauchstraße 1

D-10787 Berlin
☎ (0 30) 50 50 20 00
FAX (0 30) 50 50 20 50

Diplomatische Vertretungen (Fortsetzung)

Österreich
Führichgasse 6, A-1015 Wien
☎ (01) 5 12 79 04
FAX (01) 5 13 81 20

Schweiz
Thunstraße 95
CH-3006 Bern
☎ (0 31) 3 50 54 54
FAX (0 31) 3 50 54 64

Botschaften in Dänemark

Deutschland
Stockholmsgade 57
DK-2100 København Ø
☎ 35 26 16 22
FAX 35 26 71 05

Österreich
Sølundsvej 1
DK-2100 København Ø
☎ 39 29 41 41
FAX 39 29 20 86

Schweiz
Amaliegade 14
DK-1256 København K
☎ 33 14 17 96
FAX 33 33 75 51

Einkäufe und Souvenirs

Preise

Die Preise für Waren des täglichen Bedarfs ähneln im Großen und Ganzen in Deutschland oder sind nur geringfügig teurer. Für Fleischprodukte und Bier muss man meist mehr bezahlen, hingegen sind Kaffee, Tee, Fruchtsäfte sowie Fisch und Gemüse mitunter preisgünstiger. Wesentlich teurer sind Zigaretten (20 Stück ca. 30 dkr), Spirituosen und Toilettenartikel. Gold- und Silberwaren sowie Glas und Keramik können jedoch oft billiger erstanden werden. Die Benzinpreise unterliegen ständigen Schwankungen.

Beliebte Mitbringsel: formschönes Porzellan, Keramik und Spielsachen

Einkäufe (Fortsetzung)	Auf dem Gebiet des Design haben die Dänen eine besondere Meisterschaft entwickelt (▶ Baedeker Special, S. 56). Viele Gebrauchsgegenstände und Erzeugnisse des Kunsthandwerks erhalten durch klare, materialgerechte Linienführung ein modernes und doch zeitloses Gepräge. Beliebt als Souvenirs sind Porzellan- und Glaswaren, Schmuck und Silberbesteck, verarbeiteter Bernstein, Keramik, Kerzen oder Möbel. Als Mitbringsel eignen sich auch Antiquitäten, fantasievolles Spielzeug, bezaubernde Kindersachen, handgefertigte Tabakspfeifen und mollige Pullover.
Lebensmittel	Unter den Lebensmitteln sind besonders Räucherlachs und Leberpastete, eingelegter Hering, Frühstücksspeck und Käse sowie die süßen Kransekager und Wienerbrød zu nennen. Spirituosenspezialitäten wie der Aquavit sind relativ teuer.
Hinweis	Die Erstattung der 25 % hohen dänischen Mehrwertsteuer (MOMS) ist für Personen mit festem Wohnsitz in der EU seit dem 1. Januar 1994 nicht mehr möglich.

Eisenbahn und Autobus

Allgemeines	Innerdänisch verbinden Intercityzüge im Stundentakt die Landesteile sowie alle größeren Städte. Zwischen Kopenhagen und den größeren Städten verkehren Schnellzüge (Lyntog = Blitzzug) mit nur wenigen Haltestellen. Auf den übrigen Strecken gewährleisten Regional- und Lokalzüge regelmäßige Verbindungen. In Gebieten ohne Bahnanschluss sorgt ein gut ausgebautes Netz von Überlandbussen für die Abwicklung des Personentransports. Infos über lokale Busverbindungen und Fahrpläne erteilen die örtlichen Touristenbüros (▶ Auskunft).
Platzkarten	Für alle Intercityzüge über den Großen Belt und für die Blitzzüge zwischen den größeren Städten sowie für Schlaf- und Liegewagen sind Platzkarten erforderlich.
Fahrkartenermäßigungen	Kinder bis zu vier Jahren benötigen in Dänemark bei Fahrten mit der Eisenbahn keine Fahrkarte, Kinder von vier bis elf Jahren zahlen den halben Preis. Eine Ermäßigung erhalten auch junge Leute bis 25 Jahren, Senioren ab 60 Jahren und Gruppen von mindestens drei Personen. Informationen über andere Ermäßigungen erhält man bei der Deutschen Bahn (▶ Anreise).
Information	Die Dänischen Staatsbahnen haben keine Vertretung in Deutschland. Bahnauskünfte, auch über Fahrkartenermäßigungen, erteilt die Deutsche Bahn AG (▶ Anreise).

Elektrizität

Das Stromnetz in Dänemark führt eine Spannung von 220 Volt Wechselstrom; die Frequenz beträgt 50 Hertz. Fast alle Steckdosen sind mit einem Kippschalter versehen, um den Strom ein- und auszuschalten. Europanormstecker, die man in entsprechenden Geschäften erhält, sind in Dänemark weitgehend verwendbar.

Essen und Trinken

Mahlzeiten

Frühstück (morgenmad) bekommt man in Hotels und Restaurants bis etwa 11:00 Uhr. Es ist kontinental, mit Brötchen, Käse, Ei, Marmelade und reichhaltigem Aufschnitt. Das Mittagessen (frokost) wird zwischen 11:30 und 14:00 Uhr, das Abendessen zwischen 18:00 und 20:00 Uhr eingenommen. Das kalte Abendessen nennen die Dänen "aftensmad" und – Vorsicht! – das warme Abendbrot "middag", also Mittagessen.

Frokost: Typisch für Dänemark sind die in den Restaurants vielseitig gedeckten Mittagsbuffets, die sogenannten "Frokost". Gereicht werden dabei eine Reihe von kalten und warmen Gerichten. Man beginnt immer mit Fisch, meist marinierter Hering, gefolgt von geräuchertem oder "graved" Lachs, danach hat man die Wahl zwischen Frikadellen, Schweinebraten, Leberpastete oder Rinderbrust, den Abschluss bildet ein Stück Käse (ost), der auch mit etwas Rum übergossen serviert wird. Dazu trinkt man Bier und eisgekühlten Aquavit.

Speisen

Spezialitäten: Echte dänische Spezialitäten sind Smørrebrød, mit allen erdenklichen Köstlichkeiten belegte Brote, sowie die Bratwurst pølse, Bornholmer Räucherhering, das Gebäck "wienerbrød" und "rødgrød med fløde", Rote Grütze mit Sahne (▶ Baedeker Special, S. 298).
Fisch: In Dänemark wird Fisch aller Art wahrhaft köstlich und abwechslungsreich zubereitet. Dass Fisch hier eine große Rolle spielt, hat natürlich mit der Lage des Landes zwischen den Meeren zu tun, ist aber auch darauf zurückzuführen, dass die Kirche dem Volk einst vier fleischlose Tage in der Woche verordnete. Die Fischarten, die in den Speiselokalen am häufigsten auf den Tisch kommen, sind Hering, Forelle, Flunder und gebratene Scholle sowie Aal und Lachs.

Fleisch

Die Dänen lieben aber auch deftige Gerichte wie Frikadeller (Hackfleischklöße aus Schweinefleisch – ein Nationalgericht, das 1842 aus Deutschland importiert wurde), Hakkebøf (Hackfleischklöße vom Rind), Flæskesteg mit rødkål (Schweinebraten mit knuspriger Schwarte und Rotkraut), gule ærter (Erbsensuppe mit Bratwurst und Schweinefleisch) oder dyreryg (Rehbraten mit Preiselbeeren).

Getränke

Nationalgetränke

Die Nationalgetränke der Dänen sind Kaffee und Bier. Der aus dem Ausland importierte Wein ist im Verhältnis zum europäischen Festland relativ teuer.

Aquavit

Ein typisch dänischer Schnaps, der gern nach dem Verzehr von fetten Speisen getrunken wird, ist der goldfarbene Aquavit – abgeleitet vom lat. aqua vitae = Lebenswasser –, ein mit Kümmel und an-

Baedeker SPECIAL

Smørrebrød und andere Leckerbissen

Die bodenständige Küche Dänemarks kennt nur wenige exquisite Spezialitäten. Doch die haben es in sich.

"Die Dänen", so eine New Yorker Gastrokritikerin, "essen belegte Brote zum Frühstück, zum Lunch und zum Abendessen, und um sicherzugehen, dass sie keinen Hunger bekommen, essen sie auch noch ein paar Brote zwischendurch." Gemeint ist das berühmte **Smørrebrød**, was übersetzt schlicht Butterbrot bedeutet, aber doch den typischen dänischen Leckerbissen umschreibt. Denn den wichtigsten Bestandteil des in seiner Grundform aus einer möglichst dünnen Scheibe Weiß-, Schwarz-, Grau-, Roggen- oder Knäckebrot und nicht zu dick aufgetragenen Butter bestehenden Smørrebrød bildet der pålœg, der Belag. Und der kann vielfältig sein. Beliebt sind Krabben, gebeizter Lachs, marinierter Hering, geräucherter Hering mit Eigelb, Radieschen und Schnittlauch, geräucherter Aal mit Rührei, Schweinebraten mit Rotkohl, Äpfeln und Backpflaumen, zartrosa Roastbeef mit gerösteten Zwiebeln und Meerrettich sowie Leberpastete mit eingelegten Senf- oder Gewürzgurken. Wann das Smørrebrød, das rein dänische Urprodukt, auf den Markt kam, ist nicht eindeutig geklärt. Es heißt, Ende des 19. Jh.s sei dieser Leckerbissen im Kopenhagener Lokal von Oskar Davidsen entstanden, dessen beengte Räumlichkeiten keinen Platz mehr für eine richtige Küche zuließen, so dass die zuständige Köchin mehr aus Verlegenheit auf die Idee kam, den Gästen fantasievoll kreierte Schnittchen anzubieten. Diese erwiesen sich als ein solcher Renner, dass das Lokal bald 178 Smørrebrød-Variationen anbot. Das sog. opulente Smørrebrød, auf dem sich verschiedene Spezialitäten türmen, entstand im Ersten Weltkrieg, als man versuchte, die sparsame Auswahl des Belags optisch aufzuwerten und den Eindruck eines gewissen Wohlstands zu erwecken. Beim Smørrebrød kommt das feine Gespür der Dänen für Design zum Ausdruck; nicht nur für den Gaumen, auch für das Auge sollte der Belag eine wahre Freude sein. Zubereitet werden die belegten Brote vielerorts von sog. Smørrebrød-Jungfern, die eine besondere Ausbildung besitzen, ähnlich wie Köche oder Konditoren. Smørrebrød kann man überall und immer zwischendurch essen. Viele Restaurants bieten auf dem Smørrebrødseddel eine Endlosliste dieser Leckereien an, es gibt Smørrebrød-Wagen und spezielle Smørrebrødläden. Aber Vorsicht: Nach drei Schnittchen ist man in der Regel pappsatt. Getrunken werden zum Smørrebrød Bier und evtl. ein "snaps", aber bloß kein Wein.

Sonne über Gudhjem

Eine dänische Spezialität sind auch **Bornholmer**, geräucherte Heringe von der Insel Bornholm. Selbst wenn die Zahl der Privaträuchereien stark zurückgegangen ist, sind die Schornsteine der Räuchereien charakteristisch für die Küstenstädte der Insel. Geräuchert werden die Heringe mit Kopf, Haut und Gräten in der Zeit von Mai bis Oktober. Zuerst müssen die ausgenommenen Fische gesalzen werden, dann steckt man sie paarweise zusammen, indem der Kopf des einen durch die Kiemenöffnung des anderen geschoben wird. Anschließend werden die Heringe auf einer langen Stange aufgereiht und über Erlenholzfeuer geräuchert. Vier bis fünf Stunden dauert die Umwandlung vom gemeinen Ostseehering in den goldglänzenden Bornholmer. Den Hering mit dem zarten, leicht gesalzenen Fleisch isst man im Ganzen und stilecht mit den Fingern, Feinschmecker jedoch bevorzugen ihn filetiert mit Zwiebeln, Schnittlauch und Radieschen. Ganz delikat ist der Bornholmer mit rohem Eigelb, dann heißt er "Sol over Gudhjem" (Sonne über Gudhjem) – nach dem idyllischen Fischerdorf an der Ostküste der Insel. Zum Nachspülen eignet sich hervorragend ein Aquavit.

Demokratisches Würstchen

Es gibt sie immer noch, die Pølsevogn. Trotz der zunehmenden Anzahl an Fast-Food-Restaurants im amerikanischen Stil konnten sich die fahrbaren Würstchenstände mit ihren gasbeheizten Wasserbadbehältern, Bratpfannen und Grillrosten halten, auch wenn viele Würstchenbuden als Zugeständnis an die neue Esskultur nun auch Hamburger anbieten. Aber was wäre das dänische Stadtbild ohne die beliebten, zuweilen leuchtend roten **Pølser**, die in pappigen Brötchen und mit Senf und Ketschup in knalligen Farben, aber auch mit Remoulade, süßen Gurken und Röstzwiebeln serviert werden? Sind die Pølser doch auch ein Sinnbild "demokratischer Gesinnung", worauf Dänen gerne hinweisen, denn Extrawürste gibt es an den Imbissständen nicht: Jung und Alt, Arbeitnehmer und Arbeitgeber, Gebildete und Ungebildete sind alle gleich, wenn sie an der Würstchenbude in Ruhe eine knackige Pølse verzehren.

Süße Zungenbrecher

Schwierig zu bestellen, da für Nichtdänen ein wahrer Zungenbrecher, aber echt lecker: **Rødgrød med fløde**, auf Deutsch: Rote Grütze z. B. aus Himbeeren sowie schwarzen und roten Johannisbeeren. Serviert wird der gesüßte und angedickte Saft mit Sahne oder Milch. Rote Grütze erscheint oft auf der Dessertkarte, ist aber nicht selten so mächtig, dass sie spielend eine kleinere Mahlzeit ersetzt.
Wer sich mit einem kleinen Kuchenteil zufrieden geben möchte, sollte sich beim Bäcker oder in einem Café das auch relativ leicht auszusprechende **Wienerbrød** kaufen bzw. bestellen. In Wien selbst ist das Wienerbrød, hergestellt aus Hefeteig, der schicht-

"Sonne über Gudhjem" heißen die geräucherten Bornholmer Heringe mit rohem Eigelb.

weise mehrmals mit Butter gerollt und mit verschiedenen Konditorkremes und anderen Süßigkeiten gefüllt wird, völlig unbekannt. In Dänemark kennt man das leckere Hefeteilchen seit 1840; das Rezept soll von Bäckern stammen, die aus politischen Gründen Wien verließen und in Kopenhagen ein neues Zuhause suchten. Außerhalb Dänemarks ist die Leckerei auch bekannt, nur unter einem anderen Namen – als Kopenhagener.

Essen und Trinken (Fortsetzung)	deren Gewürzen aromatisierter Branntwein mit mindestens 38 % Alkohol, der eiskalt getrunken wird. Als Magenbitter ist der rubinrote sanfte "Gammel Dansk" zu empfehlen.
Bier	Das übliche Getränk ist helles Lagerbier (øl), das in der Regel in kleine Flaschen abgefüllt wird. Es gibt auch dänisches Fassbier, allerdings enthält es wie das englische wesentlich weniger Kohlensäure als das deutsche. Die bei weitem größte Braugruppe des Landes, die United Breweries Carlsberg und Tuborg, stellt allein über 15 Marken für den inländischen Markt her, von leichten Pils- und Altsorten bis hin zu Starkbieren.
	Eine dänische Spezialität ist die sog. "kande", eine Mischung aus zwei Biersorten (Porter, ein Starkbier, mit Pils oder Alt), und Aquavit, Pernod sowie Zitronenlimonade.

Fähren nach und in Dänemark

Hinweis	Die folgenden Fährverbindungen sind für die Anreise nach Dänemark, für den innerdänischen Verkehr sowie für die Weiterreise nach Norwegen und Schweden von Bedeutung. Bis auf wenige Ausnahmen verkehren die Fähren täglich.

Fähren

Deutschland – Dänemark

Sylt – Rømø
Puttgarden – Rødby
Rostock – Gedser
Saßnitz – Rønne (Bornholm)
Kiel – Langeland

Fähren innerhalb Dänemarks

Aalborg – Engholm
Årøsund – Årø
Assens – Bågø
Bandholm – Askø
Bøjden – Fynshav
Branden – Fur
Esbjerg – Fanø
Faaborg – Søby (Ærø)
Faaborg – Avernakø – Lyø
Frederikshavn – Læsø
Grenaa – Anholt
Hals – Egense
Hammer Bakke – Orø
Hardeshøj – Ballebro
Havnsø – Sejerø
Holbæk – Orø
Hov – Samsø
Hundested – Rørvig
Hvalpsund – Sundsøre
Kalundborg – Århus
Kalundborg – Samsø
Kleppen – Venø
Kopenhagen – Rønne (Bornholm)
Kragenæs – Fejø
Kragenæs – Fernø
Kulhuse – Sølager
Mellerup – Voer
Mommark – Søby (Ærø)
Mors – Thy (Feggesund)
Mors – Thy (Næssund)
Rudkøbing – Marstal (Ærø)
Rudkøbing – Strynø
Sjællands Odde – Ebeltoft
Sjællands Odde – Århus
Snaptun – Endelave
Snaptun – Hjarnø
Stigsnæs – Agersø
Stigsnæs – Ornø
Stubbekøbing – Bogø
Svendborg – Ærøskøbing
Svendborg – Skarø – Drejø
Tårs – Spodsbjerg (Langeland)
Thyborøn – Agger
Udbyhøj Nord – Udbyhøj Süd

Dänemark – Norwegen

Frederikshavn – Larvik
Frederikshavn – Oslo
Frederikshavn – Moss
Hanstholm – Bergen

Hanstholm – Egersund
Hirtshals – Kristiansand
Hirtshals – Moss
Hirtshals – Oslo
Kopenhagen – Oslo

Dänemark – Schweden

Frederikshavn – Göteborg
Grenaa – Varberg
Helsingør – Helsingborg

Rønne (Bornholm) – Ystad

Fährgesellschaften

Bornholm Ferries
☎ (03 83 92) 3 52 26

Scandlines
Puttgarden ☎ (0 43 71) 86 51 61
Rostock ☎ (03 81) 6 73 12 17
Saßnitz ☎ (03 83 92) 6 44 20

Fähren
(Fortsetzung)

Beim Dänischen Fremdenverkehrsamt (▶ Auskunft) ist eine Dänemarkkarte erhältlich, auf der die Telefon- und Faxnummern für Buchungen von Autofähren aufgeführt sind. Man findet dort auch Angaben über die Dauer der jeweiligen Überfahrt und Richtpreise. Ferner wird auf Preise für Wohnwagen und Fahrräder hingewiesen.

Information

Feiertage

1. Januar
Gründonnerstag
Karfreitag
Ostermontag
Buß- und Bettag (4. Freitag nach Ostern)
Christi Himmelfahrt
Pfingstmontag
Verfassungstag (5. Juni; s. unten)
24. Dezember (s. unten)
25. Dezember
26. Dezember
31. Dezember (s. unten)

Am 5. Juni, dem Verfassungstag, schließen Geschäfte und Büros um 12^{00} Uhr, Banken sind ganztags geschlossen.
Am 24. und 31. Dezember schließen die Banken und viele Büros ganztags, Geschäfte um 12^{00}, 14^{00} oder 16^{00} Uhr.

Flugverkehr

Drehscheibe des dänischen Luftverkehrs ist der Kopenhagener Flughafen Kastrup (Kastrup Lufthavn bzw. International Airport), der rund 10 km südöstlich der Hauptstadt auf der Insel Amager liegt.

Flughafen Kastrup

Den innerdänischen Flugverkehr betreibt die Scandinavian Airlines System (SAS). Darüber hinaus fliegt die dänische Gesellschaft Maersk Air alle größeren Städt in Dänemark an (☎ ▶ Anreise).

Innerdänischer Flugverkehr

Inlandsflüge starten in Kopenhagen zu den jütländischen Flugplätzen Århus, Aalborg, Billund, Esbjerg, Karup, Rønne (Bornholm), Sønderborg und Thisted. Zu den kleineren Inseln Anholt und Læsø bestehen Anflugmöglichkeiten per Airtaxi (Abflug von Roskilde).

Innerdänische Flughäfen

Geld

Währung

Die Währungseinheit ist die Dänische Krone (dkr oder DKK) zu je 100 Øre. Es gibt Banknoten zu 50, 100, 200, 500 und 1000 Kronen. Im Umlauf sind Münzen mit oder ohne Loch: 25 und 50 Øre (ohne Loch, aus Kupfer); 1, 2 und 5 Kronen (mit Loch, aus Silber); 10 und 20 Kronen (ohne Loch, Messing).

1 dkr = 0,26 DM	1 DM = 3,85 dkr
1 dkr = 1,86 öS	1 öS = 0,54 dkr
1 dkr = 0,21 sfr	1 sfr = 4,74 dkr
1 dkr = 0,13 €	1 € = 7,44 dkr

Devisenbestimmungen

Die Ein- und Ausfuhr von dänischen und ausländischen Banknoten, Reiseschecks und anderen Zahlungsmitteln ist unbegrenzt.

Euro

Seit dem 1. Januar 1999 ist der Euro (€) die gemeinsame Währung und ab 1. Januar 2002 das offizielle Zahlungsmittel in elf europäischen Staaten. Das EU-Land Dänemark befindet sich vorerst noch nicht darunter, nachdem die dänische Entscheidung am 30. September 2000 gegen den Euro ausfiel.

Schecks und Kreditkarten

Kreditkarten und Reiseschecks werden von allen Geldinstituten sowie den meisten Hotels, Restaurants und größeren Geschäften angenommen; Eurocheques werden meist nicht mehr eingelöst. Mit der Eurochequekarte und gängigen Kreditkarten kann an den Geldautomaten der meisten Banken Geld abgehoben werden. Ungeachtet der Höhe des Betrages wird bei jedem Umtausch eine Wechselgebühr in Höhe von 20 bis 35 dkr erhoben.

Bei Verlust der Eurochequekarte wende man sich umgehend an den Zentralen Annahmedienst der Verlustmeldungen von Eurochequekarten in Frankfurt am Main: ☎ aus Dänemark: (00 49/69) 74 09 87 oder (00 49) 18 05–02 10 21; Tag und Nacht besetzt); die Karte wird dann sofort gesperrt.

Auch bei Verlust von Kreditkarten benachrichtige man unverzüglich die jeweilige Organisation: für American Express ☎ (00 49 / 69) 97 97 10 00, für Eurocard ☎ (00 49 / 69) 79 33 19 10 und für Visa ☎ 001 800 4 28 18 58.

Danmønt-Kort

Anstelle von Münzen kann in mehr als 100 Städten, u. a. in Briefmarken- und Parkautomaten, Kiosken etc. sowie landesweit in allen Kartentelefonen, die Hartgeldkarte "Danmønt-Kort" verwendet werden. Erhältlich ist diese Karte (100 – 500 dkr) in Banken, Postämtern, DSB-Fahrkartenschaltern, Superbrugsen und Q8-Tankstellen.

Öffnungszeiten von Banken

Die Banken sind in der Regel Mo. – Fr. 9³⁰ – 16⁰⁰ Uhr und Do. bis 18⁰⁰ Uhr geöffnet. Wechselstuben in größeren Bahnhöfen und Flughäfen schließen oft erst um 22⁰⁰ Uhr – hierfür wird allerdings auch eine Sondergebühr erhoben!

Hotels und Gasthöfe

Allgemeines

Über das ganze Land sind mehr als 1000 Hotels verteilt, vom einfachen Landgasthof bis zum vornehmen Schloss bzw. Herrensitz. Generell überwiegt die gehobene Mittelklasse, Luxushotels bilden die Ausnahme und sind am ehesten in der Hauptstadt anzutreffen.

Allgemeines (Fortsetzung)

Viele Gasthöfe, von der einfachen Kneipe bis zum Luxusetablissement, nennen sich Kro (Mehrzahl: Kroer), was dem alten deutschen Ausdruck Krug entspricht. Der erste Kro entstand 1198. Um bei ihren regelmäßigen Reisen durchs Land während der Nacht immer ein Dach über den Kopf zu haben, ließen dänische Regenten an den Königswegen Landgasthöfe eigens für Mitglieder des Hofes einrichten. Die Inhaber dieser Kroer genossen per königlichen Erlass viele Steuerfreiheiten, z. B. beim Brennen von Branntwein und beim Bierbrauen: Bewohner aus dem umliegenden Gebiet allerdings durften sie nicht bewirten – damit sollte der Trunksucht etwas Einhalt geboten werden. 1912 wurden zum letzten Mal königliche Privilegien an Kroer verliehen.

Kroer

1997 wurde in Dänemark eine offizielle Hotelklassifizierung eingeführt. Davon betroffen sind ca. 500 Hotels, Gasthöfe mit Übernachtungsmöglichkeit und Ferienanlagen, die der HORESTA angehören, dem Arbeitgeberverband des Hotel-, Gaststätten- und Fremdenverkehrsgewerbes. Diese Unterkünfte erhalten nach objektiven Kriterien einen, zwei, drei, vier oder fünf Sterne, wobei ein Stern für einfachste Ausstattung steht, fünf Sterne eine luxuriöse Einrichtung umschreiben. Einige der nachgenannten Hotels weisen keinen Stern auf, sind also kein Mitglied der HORESTA.

Klassifizierung

HORESTA
www.danishhotels.dk

Beschreibungen und Preise aller klassifizierten Hotels

Hotelzimmer werden durch Reisebüros, Automobilclubs, einige örtliche Touristenbüros, durch EASY-BOOK oder direkt beim Hotel reserviert. Viele Auskunftsstellen informieren auch über Preisnachlässe bei Übernachtungen (z. B. Hotelscheck, Familienscheck).

Zimmerreservierung

EASY-BOOK
Århusgade 33-35
DK-2100 København Ø
☎ 35 38 00 37

FAX 35 38 06 37
(Öffnungszeiten:
Mo. – Fr. 9^{00} – 18^{00},
Sa. 9^{00} – 14^{00} Uhr)

Eine Vielzahl dänischer Hotels hat das Zertifikat "Grüner Schlüssel" erhalten. Um diese Auszeichnung zu bekommen, die wie ein Schlüssel mit menschlichem Gesicht aussieht, muss ein Hotel eine Reihe von Umwelt- und Gesundheitsanforderungen erfüllen (u. a. Begrenzung des Wasser- und Energieverbrauchs, Verwendung umweltfreundlicher Reinigungs- und Waschmittel, Müllsortierung, rauchfreie Zimmer usw.). Der Grüne Schlüsel wird für 12 Monate verliehen, danach wird erneut über seine Vergabe entschieden. Den Grünen Schlüssel können auch Ferienanlagen, Jugendherbergen, Ferienhäuser und Campingplätze erhalten. Weitere Informationen erteilt:

Grüner Schlüssel

Grüner Schlüssel (Fortsetzung)

Den Grønne Nøgle
Vester Farimagsgade 3
DK-1606 København V

☎ 33 36 99 10
FAX 33 36 99 19
www.dengroennenoegle.dk

Preise

Übernachtungen in dänischen Hotels sind nicht gerade billig, doch enthalten alle Preise 15 % Bedienungsaufschlag und 25 % Mehrwertsteuer. Ein Doppelzimmer der mittleren Preisklasse kostet außerhalb von Kopenhagen 500 – 800 dkr pro Nacht, in Kopenhagen 750 – 1400 dkr.

In der anschließenden Hotelauswahl gelten pro Doppelzimmer einschließlich Frühstück folgende Preiskategorien:

Kat. 1	bis 499 dkr
Kat. 2	500 – 799 dkr
Kat. 3	800 – 1099 dkr
Kat. 4	1100 – 1399 dkr
Kat. 5	ab 1400 dkr

Aabenraa

***Hotel Knapp
Stennevej 79, Stolling
DK-6200 Aabenraa
☎ 74 62 00 92; FAX 74 62 10 92
www.wine-design.dk/knapp
5 Z.; Kat. 3
Anno 1836 beginnt die Geschichte des Hotels im Ortsteil Stolling, wo Chefkoch Torben Nass heute feinste Menüs zaubert, ergänzt durch edle Tropfen der Weinimporteure Tina und Per Dupont Holdt, die hier ein Gourmettempelchen geschaffen haben. Leider gibt es nur 5 Gästezimmer.

Ærøskøbing (Ærø)

**Ærøhus
Vestergade 38
DK-5970 Ærøskøbing
☎ 62 52 10 03; FAX 62 52 21 23
www.sima.dk/arohus
66 B.; Kat. 2
Ein hübscher Garten umgibt das romantische Ferienhotel, wo man auch auf der Terrasse speisen kann. Am Samstag wird im Ballsaal getanzt (nicht in den dänischen Sommerferien).

Aalborg

****Hotel Scheelsminde,
s. S. 311

***Hotel Chagall
Vesterbro 36
DK-9000 Aalborg
☎ 98 12 69 33, FAX 98 13 13 44
www.hotel-chagall.dk
89 Z.; Kat. 3
Wie der Name es vermuten lässt, setzt man in dem zentralen Stadthotel auf künstlerisches Ambiente. Zum Chagall Buffet gehören Fisch, Lamm und knackige Salate.

***Slotshotellet
Rendsburggade 5
DK- 9000 Aalborg
☎ 98 10 14 00; FAX 98 11 65 70
www.slotshotellet.dk
155 Z.; Kat. 3
Von der Bar des Komforthotels schweift der Blick über den Limfjord. Fitnesscenter, Sauna und Solarium.

Århus

****Hotel Royal
Store Torv 4
DK-8100 Århus C

☎ 86 12 00 11; FAX 86 76 04 04
www.hotelroyal.dk
102 Z.; Kat. 4, 5

Das über 160 Jahre alte Haus im Zentrum besticht durch seine historische Atmosphäre. Abends lädt das im Haus untergebrachte klassische Royal Scandinavian Casino, eines der schönsten Kasinos Europas, zu Amerikanischem Roulette und Black Jack ein.

***Hotel Ritz
Banegårdspladsen 12
DK–8000 Århus C
☎ 86 13 44 44; FAX 86 13 45 87
www.hotelritz.dk
68 Z.; Kat. 3
Die Zimmer des zur Hotelkette Best Western gehörenden und mitten im Zentrum gelegenen Hotels aus dem Jahr 1932 sind erst kürzlich renoviert worden. Das Restaurant René ist eine der besten kulinarischen Adressen der Stadt.

**Hotel Guldsmeden
Guldsmedgade 40
DK–8000 Århus C
☎ 86 13 45 50; FAX 86 13 76 76
www.hotelguldsmeden.dk
19 Z.; Kat. 2
Erst 1999 eröffnete Sandra Wienert das charmante Garnihotel im Herzen der Stadt.

Bornholm

***Hotel-Restaurant Skovly
Nyker Strandvej 40, Sorthat
DK–3700 Rønne
☎ 56 95 07 84
FAX 56 95 48 23
www.bornholm.com
30 Z.; Kat. 1, 2
Ein Ferienparadies für die ganze Familie am Blykobbeflüsschen, umgeben von uraltem Laubwald und nur 150 m vom kilometerlangen Badestrand entfernt.

***Siemsens Gard
Havnebryggen 9
DK–3740 Svaneke
☎ 56 49 61 49; FAX 56 49 61 03
www.siemsens.dk
51 Z.; Kat. 3, 4
Ein Brüderpaar führt das Hotel in einem 350 Jahre alten Kaufmannshof direkt am Hafen. Vom Restaurant, das vorzügliche Küche bietet, hat man einen herrlichen Blick auf den Hafen und das Meer.

Christiansfeld

Brødreminghedens Hotel
s. S. 310

Ebeltoft

Molskroen
Hovedgaden 16
DK–8400 Ebeltoft
☎ 86 36 22 00; FAX 86 36 23 00
www.molskroen.dk
18 Z.; Kat. 3
Die meisten Zimmer des Landhauses mit Fachwerk von 1923 verfügen über einen offenen Kamin und haben Meerblick. Auch im Restaurant hat man eine wunderschöne Aussicht auf das Meer und den Garten.

Esbjerg

***Palads Hotel
Skolegade 14
DK–6700 Esbjerg
☎ 75 18 16 00; FAX 75 18 16 24
www.cab-inn.dk
94 Z.; Kat. 2
Das gemütliche, kürzlich renovierte Hotel im Stadtzen-

trum bietet recht preisgünstige Zimmer an. Kleinfamilien sind herzlich willkommen.

Faaborg

Steensgaard Herregårdspension,
s. S. 312

***Hotel Færgegaarden
Chr. IX's Vej 31
DK-5600 Faaborg
☎ 62 61 11 15; FAX 62 61 11 95
16 Z.; Kat. 2, 3
Das hübsche Haus von 1857 neben dem Hafen bietet einen herrlichen Blick aufs Inselmeer. Im edlen Restaurant lässt sich exquisit tafeln.

Fanø

Sønderho Kro,
s. S. 117

Fjerritslev

Kokkedal Slot,
s. S. 313

Fredensborg

****Hotel Store Kro
Slotsgade 6
DK-3480 Fredensborg
☎ 48 48 01 11; FAX 48 48 45 61
49 Z.; Kat. 4,5
König Frederik IV. ließ das Haus 1719–1722 erbauen. Die Geschichte ist in allen dekorativen Räumen zu spüren – wie auch im Restaurant, wo man mit dänischen und französischen Speisen verwöhnt wird.

Fredericia

Hotel Postgaarden,
s. S. 311

Frederikshavn

***Hotel Lisboa
Søndergade 2
DK-9900 Frederikshavn
☎ 98 42 21 33; FAX 98 43 80 11
www.lisboa.dk
32 Z.; Kat. 2
Helles Familienhotel, das sein Design dem Künstler Peder Meinert verdankt; nur 5 Minuten bis zur Fährstation.

Grenaa

***Gjerrild Kro
Bygaden 16, Gjerrild
DK-8500 Grenaa
☎ 86 38 40 20; FAX 86 38 40 51
www.sima.dk/gjerrild-kro
19 Z.; Kat. 2, 3
Dorfidylle umgibt den mit dem "Grünen Schlüssel" ausgezeichneten Gasthof, zehn Autominuten vom Fährhafen Grenaa und 20 Minuten von Djurs Sommerland entfernt.

Haderslev

***Hotel Harmonien
Gåskærgade 19
DK-6100 Haderslev
☎ 74 52 37 20;
FAX 74 52 44 51
www.harmonien.dk
28 Z.; Kat. 3
Jüngst restauriertes Hotel mit Atmosphäre. Im Weißen Saal, in dem schon 1863 König Frederik VII. mit Gräfin Danner tanzte, kann man auch heute vorzüglich speisen.

Helsingør

****Marienlyst
Nordre Strandvej 2
DK-3000 Helsingør
☎ 49 21 40 00; FAX 49 21 49 00
www.marienlyst.dk
204 Z.; Kat. 4, 5
Seit 1901 zählt das Traditionshotel am Øresund zu den führenden Häusern Skandinaviens. Man speist mit Blick aufs Wasser, entspannt sich im Erlebnisbad oder beschließt den Abend im Spielkasino.

***Hotel Hamlet
Bramstræde 5
DK-3000 Helsingør
☎ 49 21 05 91; FAX 49 26 01 30
www.hotelhamlet.dk
204 Z.; Kat. 3
Historisches Gebäude mit modernem Komfort. Natürlich heißt das durchaus empfehlenswerte Restaurant Ophelia.

Herning

****Hotel Eyde
Torvet 1, DK-7400 Herning
☎ 97 22 18 00; FAX 97 21 01 65
www.eyde.dk
86 Z.; Kat. 3, 4
Das Hotel am Marktplatz gilt als die beste Adresse der Stadt. Im Restaurant gibt es kulinarische Genüsse, Entspannung findet man im English Pub.

Hjørring

***Hotel Phønix
Jernbanegade 6
DK-9800 Hjørring
☎ 98 92 54 55; FAX 98 90 10 37
www.phoenix-hjoerring.dk
70 Z.; Kat. 2
Familienbetriebenes Hotel in einem modernisierten Gründerzeitbau. Restaurant mit ausgezeichneter Küche.

Hornbæk

Sauntehus Slotshotel
s. S. 311

**Hotel Villa Strand
Kystvej 12
DK-3100 Hornbæk
☎ 49 70 00 88; FAX 49 70 00 88
17 Z.; Kat. 2, 3
Das wunderschön gelegene Haus am Strand von Hornbæk verfügt über einen ruhigen Garten, der direkten Zugang zu den Dünen bietet. Im Restaurant hat man die Wahl zwischen dänischen und koscheren Gerichten.

Horsens

Serridslevgaard,
s. S. 151

Hundested

***Hundested Kro & Hotel
Nørregade 10
DK-3390 Hundested
☎ 47 93 75 38; FAX 47 93 78 61
www.sima.dk/hundested-kro
50 Z.; Kat. 2, 3
Schon wegen seiner Fischspezialitäten ist der Gasthof gut besucht. Zudem gibt es ein überdachtes Schwimmbecken, Fitnessraum und Sauna. Und zum Strand sind es 100 m.

Køge

***Hotel Niels Juel
Toldbodvej 20
DK-4600 Køge
☎ 56 63 18 00; FAX 56 63 04 92
www.hotelnielsjuel.dk
51 Z.; Kat. 2, 3
Nur 5 Minuten Fußmarsch trennen das moderne Hotel am Hafen von der Altstadt.

Kopenhagen / København

*****Hotel d'Angleterre

Das Hotel ist nicht nur das erste Haus am Platz, sondern eine der berühmtesten Nobelherbergen der Welt, s. S. 310.

**** 71 Nyhavn Romantikhotel
Nyhavn 71
DK-København K
☎ 33 43 62 00
FAX 33 43 62 01

www.71nyhavnhotel
copenhagen.dk
84 Z.; Kat. 5

Die nostalgische Herberge diente bis zum Jahre 1804 als Speicherhaus. Von den Zimmern wird ein fantastischer Blick auf den hyggeligen Nyhavn geboten. Im rustikalen Restaurant Pakhuskælderen kommen Feinschmecker auf ihre Kosten.

***Hotel Alexandra
H. C. Andersens Boulevard 8
DK-1553 København V
☎ 33 74 44 44
FAX 33 74 44 88
www.hotel-alexandra.dk
61 Z.; 4, 5
Der hübsche Gründerzeitbau von 1910 mit klassisch-eleganten Zimmern vermittelt Alt-Kopenhagener Atmosphäre. In dem Haus, das schon einmal den Grünen Schlüssel gewann, ist eine ganze Etage Nichtrauchern vorbehalten.

***Gentofte Hotel
s. S. 311

***Hotel Ibsens
Vendersgade 23
DK-1363 København K
☎ 33 13 19 13; FAX 33 13 19 16
www.ibsenshotel.dk
103 Z.; Kat. 3, 4
Das Haus im Herzen von Kopenhagen wurde 1997 gänzlich renoviert. Drei Frauen führen das Hotel mit dem wohl besten Preis-Leistungs-Verhältnis dieser Kategorie.

***Hotel Opera,
s. S. 310

**Hotel Selandia
Helgolandsgade 12
DK-1653 København V
☎ 33 31 46 10; FAX 33 31 46 09
www.hotel-selandia.dk
74 Z.; Kat. 2, 3
Kleineres Hotel nahe dem Hauptbahnhof, das besonders wegen seines freundlichen Services beliebt ist.

*Absalon Annex
Helgolandsgade 19
DK-1653 København V
☎ 33 24 55 11; FAX 33 31 62 48
www.absalon-hotel.dk
76 Z.; Kat. 1, 2
Der Anbau des Hotels Absalon, unweit des Tivoli, verfügt über komfortable Zimmer mit freiem Zutritt zu Bad und Toilette auf jedem Stockwerk.

Lemvig

***Hotel Nørre Vinkel
Søgårdvejen 6
DK-7620 Lemvig
☎ 97 82 22 11; FAX 97 81 05 41
www.golfcenter.dk
54 Z.; Kat. 2, 3
Das Hotel ist nach und nach aus einem Bauernhof von 1841 entstanden. Vorzüglich gespeist wird in der ehemaligen Scheune, in einem separaten Flügel wurden 26 Ferienwohnungen eingerichtet. Nur wenige Meter sind es bis zum Golfplatz am Limfjord.

Middelfahrt

***Hindsgavl Slot,
s. S. 213

Møn

Liselund Ny Slot
Langebjergvej 6
DK-4791 Borre
☎ 55 81 20 81

FAX 55 81 21 91
20 Z., Kat. 3
Das 1887 erbaute Herrenhaus liegt in einem zauberhaften Park, nur wenige Schritte vom königlichen Puppenschloss Liselund entfernt. Im Hotel setzt man auf hohen Standdard ohne steif zu wirken. Die ausgezeichnete dänische Küche ist von internationaler Gastronomie inspiriert.

Nibe

Store Restrup Herregaard
s. S. 313

Nyborg

****Hotel Nyborg Strand
Østerøvej 2
DK-5800 Nyborg
☎ 65 31 31 31; FAX 65 31 37 01
www.nyborgstrand.dk
240 Z.; Kat. 2, 3, 4
Umgeben von Buchenwald an einem der schönsten Strände am Großen Belt. Geboten werden Schwimmbad, Solarium und eine Petanquebahn; auf der Speisekarte steht dänisches Essen zu familienfreundlichen Preisen.

Nykøbing Falster

***Hotel Falster
Skovalleen
DK-4800 Nykøbing Falster
☎ 54 85 93 93; FAX 54 82 21 99
69 Z.; Kat. 2, 3
Mit dem "Grünen Schlüssel" ausgezeichnet und für Rollstuhlfahrer geeignet. Guter Ausgangspunkt für das Mittelaltercenter, den Knuthenberg Safaripark und das Aalholm Automuseum auf Lolland.

Odense

***City Hotel Odense
Hans Mulesgade 5
DK-5000 Odense C
☎ 66 12 12 58, FAX 66 12 93 64
www.city-hotel-odense.dk
43 Z., Kat. 3
Moderner Komfort zu vernünftigen Preisen, nur wenige Minuten vom Zentrum und dem H.C.-Andernsen-Viertel.

Ribe

****Hotel Dagmar,
s. S. 311

Den Gamle Arrest
Torvet 11
DK-6760 Ribe
☎ 75 42 37 00; FAX 75 42 37 22
22 B.; Kat. 2, 3

Modern und einfach eingerichtete Zimmer im ehemaligen Stadtgefängnis. Im angeschlossenen Restaurant leckere regionale Spezialitäten.

Ringkøbing

***Hotel Fjordgården
Vesterkær 28
DK-6950 Ringkøbing
☎ 97 32 14 00; FAX 97 32 47 60
www.hotelfjordgaarden.dk
98 Z.; Kat. 2, 3
Das Hotel am Ringkøbingfjord besitzt ein Badeland mit Wasserrutsche, Sauna, Solarium und Fitnessraum. Im Restaurant sollte man die Fischgerichte probieren.

Ringsted

****Sørup Herregaard
Sørupvej 26
DK-4100 Ringsted
☎ 57 64 30 02
FAX 57 64 31 73

Baedeker SPECIAL

Traumhaft schlafen

Traumhaft schlafen lässt es sich in Dänemark vielerorts – in komfortablen bis äußerst luxuriösen Herbergen mitten in der Stadt, in königlich privilegierten Landgasthöfen sowie in Schlosshotels, Herrenhäusern oder anderen Unterkünften in reizvoller Landschaft. Doch Vorsicht: In manch einer Herberge kann es des Nachts grausig spuken!

Edle "Städter"

Im "Königssaal" kann man all die dänischen Könige bewundern, die im historischen **Brødremeninghedens Hotel**, im Hotel der Brüdergemeine im Zentrum von Christiansfeld, abgestiegen sind. Im ersten Schleswigkrieg (1848–1850) schlug der Kommandant der deutschen Truppen in dem 1773 erbauten Haus sein Hauptquartier auf, 1864 wurde hier die "Christiansfelder Konvention" verabschiedet, auf die im selben Jahr die Friedensvereinbarungen in Wien folgten. In allen Räumen des Hauses wird die Geschichte spürbar, auch im Restaurant, wo man ausgezeichnet tafeln kann, aber vor allem die unwiderstehlichen Nachspeisen des Konditormeisters Gert Sørensen probieren sollte. (Hos Gert Sørensen, Lindegade 25, DK-6070 Christiansfeld, ☎ 74 56 17 10, FAX 74 56 36 40, www.visitdenmark.dk; 9 Z., ab 500 dkr)

Wenn das Kopenhagener Fünf-Sterne-Hotel **D'Angleterre** sprechen könnte, hätte es eine Menge zu berichten, denn mit seinen über 250 Jahren ist es eins der ältesten Hotels auf dem Erdball. Schon immer sind hier gern die Großen der Welt abgestiegen, wie das Gästebuch beweist, in dem man Namen findet wie Winston Churchill, Roald Amundsen, Roger Moore und Michael Jackson. Das 1873 abgerissene und im imposanten Kolonialstil wiedererrichtete Hotel am Kongens Nytorv hatte in seiner langen Geschichte viele Besitzer, im Zweiten Weltkrieg musste es sogar als Hauptquartier der deutschen Besatzer herhalten. Heute gehört das luxuriöse Haus, das als einziges dänisches Hotel zu "The Leading Hotels of the World" zählt, dem Ehepaar Remmen, das die berühmte gleichnamige Hotelkette unterhält. Luxus und Eleganz bieten nicht nur die Zimmer und Suiten, sondern auch die beiden Feinschmeckerrestaurants "D'Angleterre" und "Wiinblad" sowie der "Spa & Fitness Club" mit Swimmingpool, Jacuzzi, Türkischem Bad, Sauna, Solarium, Massageabteilung und Schönheitssalon. (Hotel D'Angleterre, Kongens Nytorv 34, Postbox 30 44, DK-1021 København K, ☎ 33 12 00 95, FAX 33 12 11 18, www.remmen.dk; 130 Z., ab 3000 dkr)

Opernfreunde werden sich im charmanten Drei-Sterne-Hotel **Opera** sicherlich für eins der neun Zimmer entscheiden, die nach berühmten Opern benannt sind. Einen Besuch lohnen auf alle Fälle der Frühstücksraum und die Bar, die beide im englischen Stil ausgestattet sind. Trotz der ausgezeichneten Lage des Hotels, nämlich in der Nähe des Königlichen Theaters, gibt es für motorisierte Gäste gute Parkmöglichkeiten. (Hotel Opera, Tordenskjoldsgade 15, DK-1055 København K, ☎ 33 47 83 00, FAX 33 47 83 01, www.operahotelcopenhagen.dk; 91 Z., ab 1400 dkr)

Nahe der Innenstadt von Fredericia und in unmittelbarer Nähe des

Hafens, der Schiffswerft und der Wallanlagen befindet sich das **Hotel Postgaarden**, eine moderne Unterkunft mit eigenem Parkplatz, wo der jüngste Hoteldirektor Dänemarks die Gäste willkommen heißt. Diese können unter mehreren verschiedenen Zimmertypen auswählen, und sollten alle besetzt sein, finden sich vielleicht freie Betten im Hotel Medio an der alten Brücke über den Kleinen Belt, das vom Hotel Postgården verwaltet wird. (Hotel Postgården, Oldenborggade 4, DK-7000 Fredericia, ☎ 75 92 18 55, FAX 75 92 15 65, www.postgaarden.dk; 61 Z., ab 580 dkr)

In den romantischen Zimmern mit den schiefen Fußböden und kleinen Sprossenfenstern des "ältesten Hotels des Landes in der ältesten Stadt Dänemarks", wie sich die Vier-Sterne-Unterkunft **Hotel Dagmar** von anno 1581 in Ribe gegenüber dem 900 Jahre alten Dom nennt, fühlt man sich tatsächlich in eine andere Zeit versetzt. Hier lässt es sich nicht nur wunderschön nächtigen, exzellent ist auch die Küche der beiden zum Haus gehörenden Restaurants, die Kulinarisches von Hummerspezialitäten bis zu traditionellen dänischen Tellergerichten servieren. (Hotel Dagmar, Torvet 1, DK-6760 Ribe, ☎ 75 42 00 33, FAX 75 42 36 52, www.hoteldagmar.dk; 50 Z., ab 945 dkr).

Reine Idylle

Früher war **Scheelsminde**, das der prominente Justizrat Christian Paul Scheel 1808 errichten ließ, einer der schönsten Herrensitze Dänemarks. Einen Blick werfen sollte man auf alle Fälle in die Hausbibliothek und die Hans-Christian-Andersen-Stube oder in das Restaurant, das der französischen Vereinigung "Confrèrie de la Chaine des Rôtisseurs" angehört und einen herrlichen Blick auf den großen, das Vier-Sterne-Hotel umgebenden Park bietet. (Scheelsminde, Scheelsmindevej 35, DK-9100 Aalborg, ☎ 98 18 32 33, FAX 98 18 33 34, www.scheelsminde.dk; 76 Z.; ab 1090 dkr).

Wer eher Ruhe vor dem Trubel der dänischen Hauptstadt sucht, ist im Drei-Sterne-Hotel **Gentofte**, rund 10 km nördlich von Kopenhagen, bestens aufgehoben. Für Entspannung sorgen hier eine grüne Umgebung, aber auch die komfortabel ausgestatteten, in hellen und freundlichen Farben möblierten Zimmer. Im weithin bekannten Restaurant "Le Patron" mit seinem offenen Kamin und seinen Holzbalken spürt man noch die Atmosphäre eines altdänischen Gasthofes – kein Wunder, denn

In der Herrenhofpension Steensgaard weiß man historische Atmosphäre mit moderner Bequemlichkeit und perfektem Service zu verbinden.

schon ab 1600 machte sich das Haus in der Gegend als Kro einen Namen. (Gentofte Hotel, Gentoftegade 29, DK-2820 Gentofte, ☎ 39 68 09 11, FAX 39 68 06 11, www. gentoftehotelcopenhagen.dk; 71 Z., ab 975 dkr)

Das 3 km von Hornbæk entfernte, in reizvoller Landschaft gelegene **Sauntehus Slotshotel**, einer der jüngsten Gutshöfe des Landes von 1914, wurde 1999 als Schlosshotel wiedereröffnet. Das Hotel verfügt über einen Tennisplatz, Hallenbad, Sauna und Solarium, zum Badestrand und Golfplatz ist es nicht weit. Haustiere sind nicht erlaubt. (Sauntehus Slotshotel, Saunte Bygade 50, DK-3100 Hornbæk, ☎ 49 75 03 15, FAX 49 75 00 80, www.royalclassic.dk; 29 Z., ab 995 dkr)

Erst Bischofssitz, dann Königsschloss, später Lehnssitz – das Anwesen von **Dragsholm Slot** blickt auf eine lange Geschichte, schließlich ist es schon 800 Jahre alt. Zum Hotel gehören ein Park mit über hundertjährigen, im Mai und Juni wunderschön blühenden Rhododendren, zur Nekselø-Bucht mit ihren kinderfreundlichen Badestränden läuft man 500 m. Im Restaurant in der alten Schlossküche im Keller werden ausgezeichnete dänische Spezialitäten serviert. Es gibt auch noch einen Rittersaal, ein Schlosstheater, eine Kirche und – Vorsicht! – ein Verlies. (Dragsholm Slot, Dragsholm Alle, DK-4534 Hørve, ☎ 59 65 33 00, FAX 59 65 30 33, www.dragsholm-slot.dk; 42 Z., ab 1000 dkr).

Nicht nur Golfer zieht es in das **Skjoldenæsholm Hotel & Golfcenter** mit eigenem 18-Loch-Platz. Auch Angler, Wanderer, Reiter und Jäger kommen in der wald- und seenreichen Landschaft um das Hotel herum auf ihre Kosten. Im Mittelflügel des 1766 im klassizistischen Stil errichteten Hauptgebäudes stehen den Gästen Luxuszimmer mit Marmor-bädern zur Verfügung. (Skjoldenæsholm Hotel & Golfcenter, Skjoldenæsvej 106, DK-4174 Jystrup Midtsj., ☎ 57 52 81 04, FAX 57 52 88 55, www.skj.dk; 36 Z., ab 1100 dkr)

Um das historische Ambiente zu wahren – das Hauptgebäude der **Steensgaard Herregårdspension** stammt ursprünglich aus dem 14. Jh., die letzte umfassende Veränderung erfolgte zu Beginn des 20. Jh.s –, wurden die Zimmer, die vier Salons und der Speisesaal mit kostbaren, antiken Möbeln ausgestattet. Dazu kommt ein Service von absoluter Perfektion. Ruhe und Geborgenheit vermitteln der umliegende Park mit altem Baumbestand, schöne Seen und ein Tiergehege mit Wildschweinen und Damwild. Wer Zeit hat, kann hier stundenlang wandern und ungestört die herrliche Natur genießen. (Abb. S. 311; Steensgaard Herregårdspension, DK-5642 Millinge, ☎ 62 61 94 90, FAX 63 61 78 61; www.herregaardspension.dk; 18 Z., ab 990 dkr).

Einst stand auf dem Anwesen das Kloster von Veng – die Kirche aus dem Jahr 1080 ist noch erhalten. Doch als die Mönche lieber der Völlerei zu huldigen schienen als dem Heiligen Geist, wurden sie vom Papst ins benachbarte Kloster von Øm strafversetzt. 1767 erwarb der Präfekt von Woyda das Anwesen und nannte es nach seiner Frau Sophiendal. Baron Gottlob Rosenkrantz ließ in den 1870er-Jahren darauf ein pompöses Gebäude in der Renaissancestil errichten, das heute als eines der exklusivsten Schlosshotels Dänemarks gilt. Den Gästen des **Sophiendal Gods** (Abb. S. 313) stehen herrschaftliche Gemächer und Säle zur Verfügung; 29 Doppelzimmer sind mit Himmelbetten ausgestattet. Auch Familienfeste können hier abgehalten werden, bis 300 Gäste kommen in den stattlichen Räumen problemlos unter. Die lieblichen Hügel und Täler, die das Gut umgeben, bieten vielerlei Möglichkeiten zum Wandern, Reiten, Angeln und Jagen. Und wer, wie einst die Mönche, gerne schlemmen möchte, ist im Hotelrestaurant gut aufgehoben, wo Produkte aus der dazugehörigen Land- und Waldwirtschaft, u. a. Angusvieh, lecker zubereitet werden. (Sophiendal Gods, Låsbavej 82, Veng, DK-8660 Skanderborg, ☎ 86 94 47 88, FAX 86 94 48 10, www.royalclassic.dk; 40 Z., ab 950 dkr).

Nedergaard Herregårdspension, ein alter Herrensitz, dessen Geschichte bis ins 15. Jh. zurückreicht, liegt auf Nordlangeland idyllisch zwischen Wäldern und dem Langelandsbelt. Die vorzüglichen Mahlzeiten im Speisesaal des stilvoll eingerichteten Hauptgebäudes ab 1867 müssen im Voraus bestellt werden. Zum Strand mit den guten Bade- und Angelmöglichkeiten sind es gerade mal 800 m. (Nedergaard Herregårdspension, Nedergaardsvej 10, DK-5953 Tranekær, ☎ und FAX 62 59 13 16, www. langeland.com; 4 Z.; ab 650 dkr)

Rødkilde Herregårds Bed & Breakfast, ein alter fünischer Gutshof mit einer ehemaligen Wassermühle, liegt idyllisch in einem Park mit herrlicher Aussicht auf einen See, die man von den fünf Zimmern und von der Gästeterrasse aus genießen kann. In der Kellerküche wird ein kräftiges Frühstück aufgetischt. Zum Strand sind es 5 km, zum nächsten Golfplatz 13 km. (Rødkilde Herregårds Bed & Breakfast, Rødkildevej 15, Ulbølle, DK-5762 V. Skerninge, ☎ 62 24 10 45, FAX 62 24 10 77; 5 Z., ab 650 dkr)

Gruselig schön

Das wunderschön gelegene Dornröschenschloss strahlt Ruhe aus – doch Vorsicht: Im **Kokkedal Slot** bei Brovst kann einem auch das Gruseln gelehrt werden. Das im 17. Jh. von Erik Banner, einem der mächtigsten Männer Dänemarks nach der Reformation, ursprünglich als Festung mit Wallgraben, Zugbrücke und einem unterirdischen Geheimgang erbaute Gut war einst Schauplatz einer tragischen Liebesaffäre. Vor 400 Jahren wurde die unverheiratete Tochter von Ritter Lykke nach einem Fest schwanger. Um die Schande zu vertuschen, ließ der Ritter das arme Kind lebendig einmauern. Von Zeit zu Zeit hört man sie von den stattlichen Hotelzimmern aus nachts durch die Gänge wandeln. Gelegentlich ist auch das Geräusch einer heranfahrenden Kutsche zu vernehmen. Es heißt, das Gefährt sei der Leichenwagen des Teufels und komme, um die frühere Besitzerin Karen Galde abzuholen. Diese habe ihre Seele Luzifer verschrieben, nur um Schlemmerorgien frönen zu können. (Kokkedal Slot, Kokkedalvej 17, DK-9460 Brovst, ☎ 98 23 36 22, FAX 98 23 22 66, www.royalclassic.dk; 22 Z., ab 900 dkr).

Der in einem ruhigen Park gelegene und mit romantischen Zimmern ausgestattete Herrensitz **Store Restrup Herregaard** bei Nibe hatte in der Vergangenheit ausgefallene Eigentümer. Der Wikinger Ref soll das Anwesen gegründet haben, das zum ersten Mal 1314 erwähnt wird. Mitte des 16. Jh.s besaß es ein gewisser Jørgen Marsvin, der angeblich so stark war, sein eigenes Pferd in die Höhe zu heben. Das jetzige

Auf Sophiendal Gods kann man fürstlich tafeln.

Hauptgebäude wurde 1723 von einem der erfolgreichsten Generäle des Nordischen Krieges, Christian Levetzau, im Barockstil errichtet. Einer seiner Nachfolger im 18. Jh. ruinierte sich selbst, als er kostbare französische Seidentapeten anbringen ließ – die heute noch im Salon zu bewundern sind. Ein anderes Relikt aus der Vergangenheit sind die Gespenster. Keine Angst: Es sind nur gute Geister. Die "Weiße Dame", Gräfin Juliane Sophie, die im Kindbett starb, beschützt die Kinder, die hier nächtigen, und Iver, ein früherer Eigentümer, sucht in den Kellergewölben nach einem Schatz. (Store Restrup Herregaard, Restrup Kærvej 10, DK-9240 Nibe, ☎ 98 34 18 88, FAX 98 34 10 43, www.royalclassic.dk; 48 Z., ab 650 dkr).

www.sorup.dk
102 Z.; Kat. 4
Auf dem alten Herrensitz, dessen Geschichte bis ins 12. Jh. zurückreicht, setzt man auf französische und neue dänische Küche. Hallenbad, Sauna, Solarium und Tennisplatz garantieren Entspannung.

Rødby

Lalandia
Lalandiacentret 1
DK-4970 Rødby
☎ 54 61 05 00; FAX 54 61 05 01
www.lalandia.dk
600 Häuser; ab 124 dkr im 3-Personen-Haus/Tag
Über 600 Ferienhäuser in verschiedenen Größen gehören zum größten Badeland Dänemarks, in dem das ganze Jahr über Wellenbad, Whirlpools und Wasserrutschen in subtropischem Ambiente zur Verfügung stehen, und in 200 m Entfernung ein herrlicher Ostseestrand.

Rømø

**Hotel Færgegården
Vestergade 1 (in Havneby)
DK-6792 Rømø
☎ 74 75 54 32; FAX 74 75 58 59
www.hotelfaergegaarden.dk
35 B.; Kat. 3
Das Hotel am Südende der Insel wurde im früheren Wohnhaus eines Kapitäns aus dem Jahre 1813 eingerichtet. Der Besucher stößt hier auf interessante Gegenstände aus dem alten Jütland. Es gibt auch ein Hallenbad und Restaurant.

Roskilde

***Svogerslev Kro
Svogerslev Hovedgade 45,
Svogerslev,
DK-4000 Roskilde
☎ 46 38 30 05; FAX 46 38 30 14
www.svogerslev-kro.dk
18 Z.; Kat. 2
Der gemütliche rote Fachwerkbau in ruhiger Umgebung liegt 4 km westlich der Stadt. Probieren Sie im Restaurant den Lachs mit Avokadomousse.

Ry

**Himmelbjerget
Himmelbjergvej 20
DK-8680
☎ 86 89 80 45; FAX 86 89 87 93
www.hotel-himmelbjerget.dk
18 Z.; Kat. 1
Höchstgelegene Unterkunft Dänemarks in der bezaubernden Silkeborger Seenlandschaft. Familienfreundliches Hotel und Restaurant mit regionalen und internationalen Spezialitäten.

Silkeborg

****Hotel Louisiana
Christian VIII's Vej 7
DK-8600 Silkeborg
☎ 86 82 18 99; FAX 86 80 32 69
www.louisianahotel.dk
43 Z.; Kat. 3, 4
Das zentrale Best-Western-Hotel mit Dachterrasse und Fitnessraum besitzt ein super Restaurant. Ganz in der Nähe: Golfplatz und Dänemarks einzige ganzjährige Skipiste.

Skanderborg

Sophiendal Gods
s. S. 312

Skagen

Strandhotellet
Jeckelsvej 2, Gammel Skagen
DK-9990 Skagen
☎ 98 44 34 99; FAX 98 44 59 19
9 Z.; Kat. 2, 3
Romantisches Hotel. Die winzigen, geschmackvoll eingerichteten Zimmer haben Meerblick. Nettes Restaurant.

Skørping

***Hotel Rebild Park
Jyllandsgade 4
DK-9520 Skørping
☎ 98 39 14 00; FAX 98 39 14 64
47 Z.; Kat. 2, 3
Ehemaliges Herrenhaus mit anheimelnder Atmosphäre nahe dem Rebildnationalpark. Schwimmbad, Sauna und zwei gute Restaurants.

Svendborg

***Hotel Troense
Strandgade 5-7, Troense
DK-5700 Svendborg
☎ 62 22 54 12; FAX 62 22 78 12
www.hoteltroense.dk
31 Z.; Kat. 2, 3
Die Zimmer in den weißen Bungalows im Garten eignen sich sehr gut für Gehbehinderte. Vom Restaurant, das auch Speisen für Diabetiker und Vegetarier serviert, hat man einen traumhaften Blick auf den Svendborgsund.

Tønder

***Schackenborg Slotskro
Slotsgaden 42, Møgeltønder
DK-6270 Tønder
☎ 74 73 83 83, FAX 74 73 83 11
www.schackenborg.dk
12 Z., Kat 3, 4

In dem alten königlich privilegierten Gasthof neben Schloss Schackenborg zelebriert Børge Kolbeck erlesene Gerichte – Spezialität des Hauses: Lachssoufflé Haeberlin.

***Hotel Tønderhus
Jomfrustien 1
DK-6270 Tønder
☎ 74 72 22 22; FAX 74 72 05 92
42 Z.; Kat. 2, 3
Das Haus wurde nach dem Vorbild eines friesischen Gehöfts erbaut. Restaurant mit leckerer Speisekarte.

Tranekær

Nedergaard Herregårdspension,
s. S. 315

Tylstrup

**Luneborg
Luneborgvej 310
DK-9382 Tylstrup
☎ 98 26 51 00; FAX 98 26 51 90
www.luneborg.dk
20 Z.; Kat. 2
Hübsches Haus mit gemütlich eingerichteten Zimmern und ansprechendem Restaurant.

Væggerløse-Marielyst

***Hotel Nørrevang
Marielyst Strandvej 32, Marielyst, DK-4873 Væggerløse
☎ 54 13 62 62; FAX 54 13 62 72
www.norrevang.dk
66 Z.; Kat. 3
In dem Fachwerkidyll gibt es ein Familienrestaurant, ein Candlelightrestaurant, eine griechische Taverne und eine Diskothek.

Vejle

****Munkebjerg Hotel
Munkebjergvej 125
DK-7100 Vejle
☎ 76 42 85 00; FAX 75 72 08 86
www.munkebjerg.dk
148 Z.; Kat. 5
Das stilvolle Haus mit zwei Spitzenrestaurants gilt als eine der besten Adressen des Landes. Bei Livemusik genießt man im Panoramarestaurant sein Dinner, um anschließend

Hotels und Gasthöfe (Fortsetzung)

vielleicht das Spielkasino aufzusuchen. Das Haus besitzt auch eine Konditorei, eine Metzgerei und ein Golfmuseum.

***Bredal Kro og Motel
Horsensvej 581
DK-7120 Vejle Øst
☎ 75 89 57 99; FAX 75 89 51 52
www.bredal-kro.dk
24 Z.; Kat. 2
Anno 1847 wurde Bredal Kro königlich privilegierter Gasthof, heute eine komfortable Unterkunft mit kulinarischen Erlebnissen.

Viborg

***Palads Hotel
Sct. Mathiasgade 5
DK-8800 Viborg
☎ 86 62 37 00; FAX 86 62 40 46
www.hotelpalads.dk
80 Z.; Kat. 3, 4
Das Stadthotel neben der Kathedrale verfügt über gut ausgestattete Zimmer und Suiten. Im Restaurant wird nach dänischer Tradition gekocht.

Vordingborg

***Hotel Kong Valdemar
Algade 101, Slotstorvet
DK-4760 Vordingborg
☎ 55 34 30 95; FAX 55 34 04 95
www.hotelkongvaldemar.dk
60 Z.; Kat. 2
Das moderne Hotel neben der 800 Jahre alten Schlossruine lohnt schon wegen des Restaurants den Besuch.

Jugendherbergen

Allgemeines

In Dänemark gibt es ca. 100 Jugend- und Familienherbergen, die wie die Hotels mit einem bis fünf Sternen klassifiziert werden – 13 Danhostels sind mit dem "Grünen Schlüssel" (▶ Hotels) ausgezeichnet. Die Häuser nehmen sowohl Jugendliche als auch Erwachsene auf. Jede Herberge bietet ein preiswertes Frühstück an, warme Mahlzeiten können in der Gästeküche zubereitet werden. Bettwäsche kann mitgebracht oder ausgeliehen werden. Um in einer dänischen Jugendherberge zu übernachten, benötigt man einen Jugendherbergsausweis des Heimatlandes; man kann aber auch in Dänemark einen internationalen Jahresgästeausweis kaufen bzw. für eine Übernachtung einen Aufpreis zahlen.

Information

Ein kostenloses Gesamtverzeichnis aller Danhostels hält das Dänische Fremdenverkehrsamt (▶ Auskunft) bereit. Ausführlichere Informationen erteilt "Danhostel Danmarks Vandrerhjem".

Danhostel Danmarks Vandrerhjem
Vesterbrogade 39
DK-1620 København V
☎ 33 31 36 12
FAX 33 31 36 26
www.danhostel.dk

Kinder

Dänemark gilt als Inbegriff von Familienurlaub. Kindern wird hier so viel geboten, dass es dem Nachwuchs wohl kaum langweilig werden dürfte. In Ferienzentren und auf Campingplätzen sind Spielplätze die Norm, Spielgeräte stehen oft auch mitten auf dem Marktplatz eines Ortes oder im Garten eines Restaurants, Spielecken in Banken, Läden und Museen sind keine Seltenheit. In viele Sehenswürdigkeiten und Museen dürfen die Kleinen ohne Eintritt zu bezahlen, immer mehr Museen richten eigens Kinderabteilungen ein. Die meisten Restaurants haben Kindermenüs und ein Hochstuhl ist selbstverständlich. Zu den größten Attraktionen zählen natürlich die breiten Sandstrände mit seichtem Wasser, das Spielzeugparadies LEGOLAND in Billund und die in Dänemark "Sommerland" genannten großen Erlebnisparks für die ganze Familie, unter denen der bei Fårup in Nordjütland einer der attraktivsten ist. Streichelzoos gibt es in allen großen Tiergärten, selbst in den Safariparks von Givskud und Knuthenborg. Spannend für Kinder sind auch Begegnungen mit der Vergangenheit – im Wikingerschiffsmuseum, auf den zahlreichen Wikingermärkten und -festen oder im Mittelalterzentrum Nykøbing auf Falster. Vom ältesten, noch in Betrieb befindlichen Raddampfer der Welt genießt man die Landschaft des mitteljütländischen Seenhochlandes, an der Kreideküste der Insel Møn darf ungeniert nach Fossilien gesucht werden.

Kinder (Fortsetzung)

Im großen Reiseprospekt des Dänischen Fremdenverkehrsamtes (▶ Auskunft) sind die Attraktionen für Kinder wie Freizeitparks, Sommer- und Badeländer, Zoos und Veranstaltungen aufgelistet, wo die Kleinen der Vergangenheit begegnen können.
Familienreiseführer Dänemark: ▶ Literaturempfehlungen.

Kino

Ein Kinobesuch kann in Dänemark zu einem Erlebnis werden, denn hier werden die Filme nicht synchronisiert, sondern immer in der Originalsprache mit Untertiteln gezeigt.

Literaturempfehlungen

Andersen, Hans Christian: "Märchen, Geschichten, Briefe". Insel Verlag, Frankfurt/M. 1999. Anthologie, die anhand von geschickt ausgewählten und gut kommentierten Werken des großen Erzählers ein überraschend neues Gesamtbild des Menschen und Dichters Hans Christian Andersen liefert.

Sachbücher und Belletristik

Bernth, Susanne (Hrsg.): "Jenseits von Berlin. Dänen und die deutsche Metropole – eine Anthologie". Kopenhagen 1999. Die vom dänischen Außenministerium anlässlich des Umzugs der Botschaft nach Berlin herausgegebene Anthologie enthält Texte dänischer Schriftsteller über ihr Verhältnis zu Berlin, aber auch Beiträge zur Zeitgeschichte (u. a. erste Begegnung von Niels Bohr mit Albert Einstein 1920, Asta Nielsens Begegnung mit Adolf Hitler, Bericht über die letzten Tage der Schlacht um Berlin 1945 aus dänischer Sicht).

Keel, Aldo (Hrsg.): "Skandinavische Erzähler". Manesse Verlag, Zürich 1999. 23 Erzählungen, die zum größten Teil auf dem Land spielen. Zu den fünf dänischen Autoren gehören auch Karen Blixen und Klaus Rifbjerg.

Literatur- empfehlungen (Fortsetzung)	Nexø, Martin Andersen: "Pelle der Eroberer" (1906 – 1910). Vierbändiger Roman, in dem einfühlsam das harte Leben von Bauern, Fischern und Arbeitern zu Beginn des 20. Jh.s auf der Insel Bornholm geschildert wird (▶ Berühmte Persönlichkeiten).

Pietsch, Ernst Robert: "Reise nach Schweden und Dänemark im Jahre 1908". Hrsg. Stefan Wolter, Hainholz Verlag, Göttingen 1999. Charmant beschriebene Vergnügungs- und Bildungsreise des Landschaftsgärtners Robert Pietsch (1850 – 1928) durch Dänemark und Südschweden.

Precht, Georg und Richard: "Das Schiff im Moor". Limes Verlag, München 1999. In diesem Detektivroman muss ein Kopenhagener Kriminalassistent auf der beschaulichen Insel Lilleø die Geheimnisse um ein vor 200 Jahren gesunkenes Schiff lüften.

Urban-Halle, Peter und Vangsgaard, Henning: "Idylle, katastrophal". Carl Hanser, München 1999. Dänische Gedichte vom Zweiten Weltkrieg bis zur Gegenwart, wobei die wichtigsten Namen der dänischen Lyrikszene im Großen und Ganzen vertreten sind. |
| Geschichte | Findeisen, Jörg-Peter: "Dänemark". Verlag Friedrich Pustet, Regensburg 1999. Mit diesem Buch legte der Mecklenburger Historiker Jörg-Peter Findeisen (seit 1995 Honorarprofessor an der Universität Sundvall/Schweden) die erste umfassende Schilderung der politischen, gesellschaftlichen und wirtschaftlichen Geschichte Dänemarks in deutscher Sprache von der Frühzeit bis heute vor. |
| Familien-
reiseführer | Freier, Ute und Peter: "Familien-Reiseführer Dänemark". Companions Verlag, Hamburg 1999. Viele interessante Tipps für einen Urlaub mit Kindern in Dänemark.

Kraus–Naujeck, Corinna: "Ferien in Dänemark". Kleiner Bachmann Verlag, Bensheim 1998. Zahlreiche Illustrationen und lehrreiche Texte bringen Dänemark den Kindern näher. Das Buch enthält auch ein kleines Wörterbuch und Postkarten zum Basteln. |

Margeritenroute

Seit 1991 besteht eine eigens für Autotouristen zusammengestellte Route, die auf einer Länge von 3540 km hauptsächlich über landschaftlich reizvolle Nebenstrecken zu den bedeutendsten Sehenswürdigkeiten Dänemarks führt. Gekennzeichnet wird die Strecke, die in fünf Einzelrouten aufgeteilt ist, von braun-weiß-gelben Schildern mit einer blühenden Margerite, der Lieblingsblume von Dänemarks Königin Margrethe II.

Mietwagen

Avis
Reservierung in Deutschland:　　Reservierung in Dänemark:
☎ (0 18 05) 55 77 55　　　　　　☎ 33 26 80 00

		Mietwagen
Europcar	**Hertz**	(Fortsetzung)
Reservierung in Deutschland:	Reservierung in Deutschland:	
☎ (01 80) 5 80 00	☎ (01 80) 5 33 33 35	
Reservierung in Dänemark:	Reservierung in Dänemark:	
☎ 89 33 11 33	☎ 33 17 90 88	

Notdienste

Allgemeiner Notruf

Polizei,
Feuerwehr und
Ambulanz
☎ 112

Notrufdienste in Deutschland

ACE-Notrufzentrale Stuttgart
Kranken- und Fahrzeug-
rückholdienst
Telefon aus Dänemark:
☎ (00 49 / 18 02) 34 35 36

ADAC-Notrufzentrale München
Telefon aus Dänemark:

☎ (00 49 / 89) 22 22 22
(rund um die Uhr besetzt;
Beratung nach Unfällen etc.)

☎ (00 49 / 89) 76 76 76

(Ambulanzrückholdienst
und Telefonarzt)

DRK-Flugdienst Bonn
Telefon aus Dänemark:
☎ (00 49 / 2 28) 23 00 23

**Deutsche Rettungsflugwacht
Stuttgart**
Telefon aus Dänemark:
☎ (00 49 / 7 11) 70 10 70

Notrufdienst in Österreich

ÖAMTC-Notrufzentrale Wien
☎ (00 43 / 1) 9 82 82 82

Notrufdienst in der Schweiz

**Schweizerische Rettungs-
flugwacht Zürich**
☎ (00 41 / 1) 14 14
bzw. 3 83 11 11

▶ Autohilfe   Pannenhilfe

Öffnungszeiten

Die Geschäfte sind in der Regel Mo.–Fr. von 9^{00} bzw. 10^{00} – 17^{30} bzw. 18^{00} Uhr, Do. oder Fr. bis 19^{00} oder 20^{00}, Sa. bis 12^{00} oder 14^{00} Uhr geöffnet. Da das Ladenschlussgesetz in Dänemark weitaus liberaler als in Deutschland ist, können die Öffnungszeiten regional sehr unterschiedlich sein.   Geschäfte

In Kleinstädten haben die Geschäfte über Mittag oft geschlossen.
Am Samstagnachmittag und an Sonn- und Feiertagen sind Bäckereien, Kioske und Blumenläden normalerweise geöffnet. In den Ferienorten öffnen die meisten Geschäfte jeden Tag, also auch am Wochenende, ihre Pforten.

▶ Geld, Öffnungszeiten   Banken

▶ Post   Postämter

Post

Öffnungszeiten	Die Postämter sind im Allgemeinen Mo.–Fr. 9:00 oder 10:00 – 17:00 oder 18:00 Uhr, Sa. 9:00 – 12:00 Uhr geöffnet.
Portogebühren	Für einen Brief bis 20 g oder eine Postkarte innerhalb Dänemarks und der EU sowie in die Schweiz kostet das Porto 4,50 dkr. Für Post ins Ausland muss neben der Briefmarke ein großes A (für "prioritaire") vermerkt werden.
*julemærker	Im Dezember 1903 hatte der in einem Kopenhagener Postamt arbeitende Beamte Einar Holbøll die glänzende Idee, wie den notleidenden Kindern in den Arbeitervierteln am Rand der Hauptstadt zu helfen wäre: Auf die unzähligen Karten, Briefe, Päckchen und Pakete zur Weihnachtszeit sollte jeder Versender zusätzlich eine kleine Marke im Wert von 2 øre kleben, und aus dem Erlös könnte man eine Klinik für tuberkulosekranke Kinder bauen. 1904 kamen die ersten Weihnachtsmarken auf den Markt. Der Erlös dieser Aktion war dermaßen hoch, dass auch in der Vorweihnachtszeit der folgenden Jahre die sog. "julemærker" herausgegeben wurden. 1911 konnte tatsächlich ein Tuberkulosesanatorium für Kinder gebaut werden. Immer noch kommen diese Weihnachtsmarken in Dänemark alljährlich in den Handel, und immer noch wird mit dem Gewinn aus dem Verkauf der julemærker Kindern in Not geholfen – heute nicht mehr tuberkulosekranken Kindern, sondern solchen mit psychischen und sozialen Problemen. Die julemærker machten international Schule: Mittlerweile geben weit über hundert Staaten vergleichbare Marken heraus.

Reisedokumente

Personalpapiere	Zur Einreise nach Dänemark benötigen Reisende aus Deutschland, Österreich und der Schweiz einen gültigen Personalausweis oder Reisepass. Kinder brauchen einen Kinderausweis (ab 10 Jahren mit einem Lichtbild), wenn sie nicht im Reisepass der Eltern eingetragen sind.
Fahrzeugpapiere	Wer mit dem Wagen aus Deutschland, Österreich oder der Schweiz nach Dänemark fährt, braucht einen Führerschein und einen Fahrzeugschein. Ein Nationalitätszeichen (D-, CH- oder A-Schild) ist nur notwendig, wenn das Auto kein Euronummernschild hat. Die Grüne Versicherungskarte ist nicht obligatorisch.
Haustiere	Für die Mitnahme eines Hundes oder einer Katze ist eine Bescheinigung über eine Tollwutschutzimpfung (mindestens 1 Monat, höchstens 1 Jahr alt) erforderlich. Sie muss im internationalen Impfpass eingetragen sein. Hunde der Rassen Pit-Bull-Terrier und Tosa dürfen nicht eingeführt werden.

Reisezeit

Das dänische Klima unterscheidet sich kaum vom dem Norddeutschlands, allerdings weist der Nachbar im Norden mehr die Eigenarten eines Inselklimas auf. D. h. die Winter sind nicht zu kalt, die Sommer selten heiß, der Herbst ist lang und mild, und die Frühlingswärme setzt später ein. Regen ist nicht selten, so dass man sich in jedem Fall darauf einstellen sollte, wenngleich Dauerregen nicht häufig vorkommt. Die Abende sind auch im Sommer gerne kühl, weshalb auch ein warmes Kleidungsstück sicherheitshalber einzupacken ist.

Reisezeit (Fortsetzung)

Klimatabelle Kopenhagen

Intensive Regenfälle sind bei Westwind an der jütländischen Nordseeküste häufiger als im Osten des Landes, wo besonders bei Ostwind im Sommer trockenes Sonnenwetter vorherrscht. Von Juni bis August, in den Hauptreisemonaten, liegt die Temperatur bei 15 bis 17°C, sie kann bis 25°C ansteigen. Die Wassertemperatur erreicht in dieser Zeit 18 bis 20°C. Bedingt durch den Golfstrom und die Gezeiten erwärmt sich im Frühjahr und im Frühsommer das Wasser der Nordsee schneller als das der Ostsee, erreicht indes im Hochsommer nicht so hohe Temperaturen. Charakteristisch für die nördliche Lage sind die langen, hellen Sommernächte, die ihren Höhepunkt im Juni erreichen.

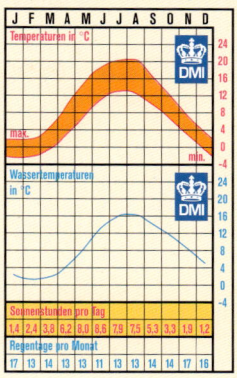

Restaurants

In der dänischen Gastronomie wird dem Besucher jede Geschmacksrichtung von dänischer Hausmannskost bis zur exquisitesten Küche geboten. Viele dänische Restaurants heißen Kro, was dem alten deutschen Ausdruck Krug entspricht. Daneben wartet eine Vielzahl von fremdländischen Lokalen mit kulinarischen Genüssen auf. Wer typisch Dänisch speisen möchte, sollte sich zur Frokost an den kalten und warmen Gerichten der dänischen Mittagsbuffets gütlich tun oder eine schmackhafte Smørrebrødkombination zusammenstellen (▶ Essen und Trinken). Ein Restaurantbesuch in Dänemark ist nicht gerade billig, doch sollte dabei berücksichtigt werden, dass im Preis sowohl 15 % Bedienung als auch 25 % Umsatzsteuer (MOMS) enthalten sind.

Kulinarische Freuden

Aabenraa

Sejlclubben
Kystvej 55
☎ 74 62 66 84
Wer in Aabenraa vor Anker geht, kann gleich am Segelhafen ausgezeichnet Fisch essen.

Storm P.
Storetorv 4
☎ 73 62 10 00
Originelles Ambiente und sehr netten Service bietet das 1999 eröffnete Restaurant am alten Markt, benannt nach dem Kopenhagener Robert Storm Petersen (1882 – 1949), der durch seine humoristi-

schen Zeichnungen bekannt geworden ist – die Wände lassen's erahnen. Super Pasta und knackige Salate.

Christie's Söder Hostrup Kro
Knapp 4 km hinter der Autobahnabfahrt Aabenraa wird in einem kleinen Landgasthof feine Tischkultur und höchst angenehmer Service zuteil. Dorsch in würziger Safransauce oder butterweiches Kalbsfilet mit Morchelrahm, wen wundert es, dass Hausherr Jens Peter Kolbeck königlicher Hofkoch war.

Aalborg

Duus Vinkjælder
Østergade 9
☎ 98 12 50 56
In Aalborgs schönstem Patrizierhaus, dem Jens Bangs Stenhus, speist man bei Kerzenlicht in einem rustikalen historischen Weinkeller.

Mulino
Bispensgade 31
☎ 98 12 39 99
Winziges italienisches Lokal mit kleiner Terrasse in hübschem Innenhof. Unbedingt versuchen: das gegrillte Lachsfilet und die hausgemachten Pfannkuchen.

Århus

Margueritten
Guldsmedgade 20
☎ 86 19 60 33
Lokal in einem schönen Hinterhof mit kleiner Terrasse. Zwischen moderner Kunst kann man an Holztischen vorzüglich speisen. Empfehlung: das Perlhuhn und die Lammkoteletts.

Teater Bodega
Skolegade 7
☎ 86 12 19 17
Alle Bühnengrößen des dänischen Theaters sind hier auf Schwarzweißfotos an den Wänden verewigt. Ein Genuss: große Bratscholle in der Pfanne serviert. Außerdem ist das Smørrebrød vom Feinsten.

Blokhus

Strandingskroen
Høkervej 2
☎ 98 24 90 07
Galionsfiguren, Antiquitäten und – wie der Name es vermuten lässt – witziges Strandgut verleihen dem "königlich privilegierten Krug" sein stimmungsvolles Ambiente. Besonders gut: die Fischgerichte.

Bornholm

Bokulhus
Bokulvej 4,
Gudhjem
☎ 56 48 52 97
Spezialität des Hauses sind Fischgerichte. Hübscher Terrassengarten mit Rundblick über Gudhjem bis zum Meer.

Helsekost-Pensionat
Myregårdsvej 10, Østermarie
☎ 56 47 20 06
Vollwert vom Feinsten: Selbstgebackene Vollkornbrötchen, leckere Salate und frisch zubereitete vegetarische Gerichte; Abendessen nach Absprache.

Ebeltoft

Hotel Vægtergården
Femmøller Strand
☎ 86 36 22 11
Restaurant der Spitzenklasse direkt am Strand mit Blick über die Ebeltofter Bucht. Unwiderstehlich: die Lachsterrine mit Spinat und Perlhuhn und die köstlichen Desserts.

Den Skæve Kro
Villadsgyde 7
☎ 86 34 18 38
Fachwerkidylle mit farbenfroher zeitgenössischer Kunst aus Ebeltoft und Umgebung an den Wänden. Tipp für laue Sommerabende: der hübsche kleine Garten.

Havmågen
Stockflethsvej 12
☎ 86 34 66 86
Direkt am Hafen von Ebeltoft, wo die Fischkutter anlegen. Fangfrische Meeresfrüchte genießt man bei Klaviermusik, umgeben von moderner Kunst. Sehr freundlicher Service.

Esbjerg

Dronning Louise
Torvet 19
☎ 75 13 13 44

Tanzlokal mit leckeren dänischen Gerichten in einem schmucken Gründerzeitbau direkt im Herzen der Stadt. Jazzmatinee jeden Samstagnachmittag.

Faaborg

Tre Kroner
Strandgade 1
☎ 62 61 01 50
Die Räume mit Holztischen sind zwar klein, dafür ist die Auswahl an Smørrebrød wirklich groß. Spezialität ist "Trekronerbræt" mit warmem Hering, Käse und Brot.

Fanø

Sønderho Kro,
s. S. 117

Fredericia

Kryb-I-Ly Kro
Koldinglandevej 160
DK-7000 Fredericia
☎ 75 56 25 55, FAX 75 56 45 14
77 Z., Kat. 4
Einer der schönsten Gasthöfe Dänemarks ist der "Schlüpf-unter-Krug", der bereits 1737 von Christian VI. seine Privilegien erhielt. Das Restaurant ist landesweit für seine ausgezeichnete Küche bekannt.

Børkop Vandmølle,
s. S. 118

Frederikshavn

Moby Dick
Boensgade 8
☎ 98 43 40 17
Jagdutensilien schmücken das Kellerlokal mit internationaler Küche. Spezialität des Hauses: gebratener Aal.

Haderslev

Kafka
Nørregade 6
☎ 74 53 00 08
Unweit des Yachthafens wird stilvolles Ambiente zu annehmbaren Preisen geboten. Sucht ihresgleichen: die frische Pasta des Hauses mit delikater Krabbensauce.

Helsingør

Rendez Vous
Olai Gade 22
☎ 49 26 37 36
Erinnert an französische Bistros, das allerdings in einem alten dänischen Fachwerkhaus. Ausgezeichnet: die reiche Auswahl an Smørrebrød.

Hornbæk

Søstrene Olsen
Øresundsvej 10
☎ 49 70 05 50

Strohdachidyll von 1897, wo man sich nach erfrischenden Dünenwanderungen den Genuss bester dänisch-französischer Küche gönnen sollte.

Horsens

Venezia
Borgergade 25
☎ 75 80 18 11
Italienisches Lokal mit nettem Service und großer Pastaauswahl. Ein Genuss sind die Gamberoni in Proseccosauce.

Kerteminde

Rudolf Mathis
Dosseringen 13
☎ 65 32 32 33
Wer etwas Besonderes sucht, reserviert am besten Plätze im exquisiten Fischrestaurant am Kerteminde Hafen. Unwiderstehlich: die Canneloni mit Jomfruhummer und das Himbeerparfait; beeindruckend: die Weinkarte.

Køge

Guldfisken
Havnen 21
☎ 56 65 01 86
Buddelschiffe und anderes Mobiliar der Seefahrt sind Kennzeichen der urigen Kneipe mit viel Atmosphäre.

Kolding

Den Gyldne Hane
Christian IV's Vej 23
☎ 75 52 97 20
Gefragte Gourmetadresse mit dänisch-französischer Speisekarte in einem Fachwerkhaus am Südrand der Stadt.

Kopenhagen / København

Cap Horn
Nyhavn 21
☎ 33 12 85 04

Direkt am stets belebten, "hyggeligen" Nyhavn fällt der Blick auf betagte Oldtimerschiffe. Ein Muss: die Fischsuppe des Hauses und danach die Entenbrust.

Kong Hans Kælder
Vingårdstræde 6
☎ 33 11 68 68
Steinbutt mit Kaisergranat in einer aromatischen Bärlauchsauce u.a. Delikatessen werden im weißgetünchten gotischen Kellergewölbe aus dem 15. Jh. serviert. Das Lokal bekam den ersten Michelinstern des Landes verliehen!

Krogs Fiskerestaurant
Gammel Strand 38
☎ 33 15 89 15
Das schmucke Patrizierhaus von 1798 gilt als Topadresse für Fischliebhaber. Besonders schmackhaft werden hier Hummer und Scholle zubereitet. Im Sommer kann auch draußen getafelt werden.

Passagens Spisehus
Vesterbrogade 42
☎ 33 22 47 51
Rentier, Moshusochse und Lachs sind die Spitzenreiter im trendigen Newcomerrestaurant.

Victor
Ny Østergade 8
☎ 33 12 36 13

Stilvoll ohne steif zu wirken, das gilt für die stets gut besuchte Feinschmeckeradresse, deren Ausstattung 1993 mit dem dänischen Kunstpreis ausgezeichnet wurde.

Middelfart

Hindgavl Slot
s. S. 213

Holm's
Algade/Nygade
☎ 64 41 01 31
Für Gemütlichkeit steht der Fachwerkbau von 1583. Ein Hochgenuss: der Rinderbraten auf fünische Art mit dunklem Bier und der Seewolf mit Jomfruhummersauce.

Millinge

Falsled Kro
Assensvej 513
☎ 62 68 11 11
Das Hotelrestaurant im Südwesten von Fünen hat viele der besten dänischen Köche aus- oder weitergebildet. So verspricht denn die Speisekarte des luxuriösen Anwesens, zu dem auch 17 bezaubernde Zimmer gehören, stets Gaumenfreuden erster Güte.

Nyborg

Østervemb
Mellemgade 18
☎ 65 30 10 70
Frische, ökologische Zutaten werden hier nach traditioneller Küchenkunst verarbeitet. Unbedingt probieren: den Fjordlachs mit Spargel.

Nykøbing Falster

Czarens Hus
Langgade 2
☎ 54 85 28 29
Hier kehrte 1716 Zar Peter der Große ein. Dänische Hausmannskost in einem prachtvollen Fachwerkbau aus der Zeit um 1700. Der Atriumgarten lädt zu einem Drink ein.

Odense

Den Gamle Kro
Overgade 23
☎ 66 12 14 33
Forelle blau, Scholle mit Lachs-Mousse oder lieber Perlhuhnbrust mit Entenleber? Wer gerne schlemmt und dazu historisches Ambiente bevorzugt, sollte im Gamle Kro gegenüber dem Museum Møntergården einkehren. Mönchszimmer und Gildestube des 1683 erbauten Fachwerkhauses sind mit Antiquitäten eingerichtet, am schönsten sitzt man im glasüberdachten Innenhof mit umlaufender Galerie aus dem 18. Jahrhundert.

Marie Louise
Lottrups Gård 9
☎ 66 17 92 95
Stimmungsvoller Handelsspeicher, 10 Gehminuten vom Rathaus entfernt. Patron Michel Michaud pflegt kreativ die Küche seiner Heimat: Steinbutt

mit Artischockenragout und würzige Pilzravioli; hervorragende französische Weine.

Ribe

Dagmar
Torvet 1
☎ 75 42 00 33

Im ältesten Hotel Dänemarks wird fürstlich getafelt, s. S. 311

Sælhunden
Skibbroen 13
☎ 75 42 09 46
Scholle oder Straußensteak? Beides wird draußen an Tischen mit Blick auf den Ribe-Vesterå-Kanal serviert.

Weis Stue
Torvet 2
☎ 75 42 07 00
Den Hauch der Geschichte spürt man im 1704 erbauten Fachwerkhaus mit stilvollen Stuben und kleinem Garten.

Roskilde

Svogerslev Kro
Svogerslev Hovegade 45
☎ 46 38 30 05
Ein Inbegriff dänischer Krug-Gastlichkeit ist der reetgeckte Kro 4 km westlich der Stadt, wo man landestypische Spezialitäten bekommt. Im Sommer unbedingt reservieren.

Skagen

Bodilles Kro
Østre Strandvej 11
☎ 98 44 33 00
Landschaftsbilder von Mitgliedern der Künstlerkolonie Skagen hängen an den Wänden des rustikalen Wirtshauses in Hafennähe. Gekocht wird wie zu Urgroßmutters Zeiten. Tipp für den Sommer: das große Fischbuffet.

Fiskehuset
Fiskehuskaj 27
☎ 98 44 34 64
In den liebevoll restaurierten ehemaligen Packhäusern am Hafen gelegen. Fangfrische Meerestiere, gut zubereitet und bezahlbar (Abb. S. 284).

Svendborg / Tåsinge

Slotskælderen in Valdemars Slot
Slotalleen 100, Trœnse
☎ 62 22 59 00
Im "Schlosskeller" des barocken Valdemars Slot wird ausgezeichnet gekocht und elegant serviert, und das vom bodenständigen Heringsteller bis zur perfekten Scholle.

Tønder

Café Victoria
Storegade 9
☎ 74 72 00 89
Witziges Café in der Fußgängerzone. Kleine Snacks und leckere Salate; netter Service. Unbedingt probieren: das süffige Victoriabier vom Fass.

Schackenborg Slotskro
s. S. 315

Viborg

Beart
Sct. Mathiasgade 76
☎ 86 62 37 27
Lokal im Jugendstildesign. Absolut köstlich: Lachs an Korianderkreme auf Feldsalat und Kalbsmedaillons in Armagnacsauce.

Rundfunk und Fernsehen

Nachrichten in englischer Sprache werden das ganze Jahr über Mo. – Fr. um 8.30 Uhr auf dem 3. Programm des dänischen Rundfunks (UKW) gesendet. In den Sommermonaten senden viele lokale Rundfunkanstalten Nachrichten in englischer und deutscher Sprache (Auskünfte erteilen die nächsten Touristenbüros). Deutsche Sender können über Lang- und Mittelwelle empfangen werden.

Rundfunk

Mit normaler Antenne kann deutsches Fernsehen nur im südlichen Teil Dänemarks gut empfangen werden. Viele Ferienhäuser, Hotels und Campingplätze verfügen über Satellitenschüsseln, die den Empfang vieler (auch deutscher) Programme sichern.

Fernsehen

Sport

Dänemark bietet zahlreiche Möglichkeiten, sich sportlich zu betätigen – sowohl auf dem Land als auch zu Wasser und in der Luft. Beim Dänischen Fremdenverkehrsamt (▶ Auskunft) sind informative Prospekte u. a. zum Angeln, Radfahren und Segeln in Dänemark erhältlich.

Hinweis

Für Sportangler ist Dänemark ein Paradies. Gelegenheiten für ihr Hobby finden Angler an den Molen und Buhnen der Westküste, den Flüssen und Seen in Jütland, den Fjorden in Ostjütland, den Küsten von Fünen und Seeland, an den Felsenküsten von Bornholm sowie auf hoher See. Das Land bietet eine 7 300 km lange Küste, über 200 Auen, 500 Seen sowie unzählige Moore und zahlreiche Forellenseen. Die Dänen – passionierte Angler von Meerforellen, Bachforellen, Regenbogenforellen und Lachsen – tun viel, um den Fischbestand zu erhalten bzw. zu verbessern. Neben Forellenseen (Fünen gilt als europäisches Meerforellenparadies) sind Lachsstämme in der Skjern Au, der Gudenau, der Storau und anderen Flüssen eingerichtet. Um in Dänemark angeln zu dürfen, muss jede Person zwischen 18 und 67 Jahren einen Angelschein besitzen, der u. a. in Touristenbüros erhältlich ist und den es mit drei unterschiedlichen Gültigkeitsdauern gibt: für ein Jahr, eine Woche oder einen Tag.

Angeln

Baden:
▶ Badestrände und Badeorte

Golf:
Das leicht hügelige Gelände, das für große Teile Dänemarks kennzeichnend ist, bietet ideale Voraussetzungen fürs Golfen, das sich in den letzten Jahren zum Volkssport entwickelt hat – die Saison dauert mindestens 8 Monate im Jahr. Mehr als 130 Golfplätze mit unterschiedlichsten Schwierigkeitsstufen gibt es in dem kleinen Land, weshalb nirgendwo in Dänemark weiter als 50 km gefahren werden muss, um den nächsten Golfplatz von internationalem Standard zu erreichen. Ausländische Gäste sind überall willkommen, sofern sie Mitglied eines Golfclubs sind (Greenfees kosten pro Tag um die 200 dkr; Adresse der Dansk Golf Union, s. S. 329).

Jagd	Jagen darf in Dänemark nur, wer eine Einladung zur Jagd vorweisen kann und einen dänischen Jagdschein besitzt (Adresse s. 329).
Kanu und Kajak	Es gibt 50 befahrbare Flussläufe sowie Seen und Kanäle. Auf den Wasserläufen Gudenå in Mitteljütland und Suså auf Seeland ist Kanufahren am weitesten verbreitet. Informationen erteilen die örtlichen Touristenbüros (▶ Auskunft).
Radfahren	Das Fahrrad steht ganz oben auf der Beliebtheitsskala in Dänemark. Fast 10 000 km gut ausgeschilderte Radrouten, davon zehn nationale, bieten beste Voraussetzungen für Sicherheit und Genuss. In Zügen dürfen Fahrräder nur mitgeführt werden, wenn hierfür Platz vorhanden ist; fast alle Fähren und Überlandbusse (nicht Stadtbusse!) erlauben die Mitnahme von Rädern. Detailliertes Karten- und Informationsmaterial ist u. a. erhältlich bei Dansk Cyklist Forbund (Adresse, S. 329).
Reiten	Dänemark ist ein Eldorado für Reitsportfans. Überall gibt es Reiterhöfe und Reitschulen – beliebt sind Ausritte am Strand und durch die Wälder. Auch ein Wochenendkurs mit Unterricht für die ganze Familie und wahlweise die dazugehörige Unterkunft kann gebucht werden. Detaillierte Infos erteilt der Dansk Ride Forbund (s. S. 329).
Segeln und Surfen	Kurze Ausfahrten oder lieber lange Törns? In Dänemark findet man sowohl offene Gewässer wie Ostsee und Kattegat als auch geschütztere Reviere wie die südfünische See zwischen Seeland und Lolland/Falster und dem Limfjord. Auch die Gewässer rund um Bornholm sind beliebtes Segelrevier. Mehr als 500 Häfen, von den modernsten Sportboothäfen bis zu idyllischen Ankerplätzen stehen den Seglern dabei zur Verfügung. Die Hafengebühren schwanken zwischen 100 und 200 dkr. Segel- und Motorboote werden in der Regel auf Wochenbasis vermietet. Ein Segelschein/Bootsführerschein wird in Dänemark nicht verlangt. Hohe Wellen und anspruchsvolle Brandung für Highspeedfans der Surferszene findet man an der Nordseeküste. Bekannte Surfreviere sind auch die Bucht von Køge, die Küste Nordseelands und die Inselwelt im Süden Fünens. Informationen über Windsurfingschulen erteilen das Dänische Fremdenverkehrsamt (▶ Auskunft) und die Dansk Brætsejler Organisation (s. S. 329).

Dänemark gilt als Seglerparadies.

Tauchen	Vor allem am Kattegat und am Kleinen Belt werden Tauchkurse angeboten, erfahrene Sporttaucher können eine Ausrüstung mieten (Adresse s. S. 329).
Wandern	In Dänemark gibt es Hunderte von gekennzeichneten Wanderwegen. Viele dänische Touristenbüros bieten Tages- oder Mehrtageswanderungen an oder halten Informations- und Kartenmaterial für die jeweilige Region bereit. Die schönsten Zeiten zum Wandern sind der Frühsommer und der Herbst, wenn sich die Landschaft in ihren intensivsten Farben zeigt.

Golf

Dansk Golf Union
Idrættens Hus
Brøndby Stadion 20
DK-2605 Brøndby
☎ 43 26 27 00
FAX 43 26 27 01

Jagd

Jagttegn, Skov-og Naturstyrelsen
Haraldsgade 53, III
DK-2100 København Ø
FAX 39 27 60 99

Radfahren

Dansk Cyklist Forbund
☎ 33 32 31 21
FAX 33 32 76 83
www.dcf.dk

Reiten

Dansk Ride Forbund
Langebjerg 6
DK-2850 Nærum
FAX 45 80 01 51

Surfen

Dansk Brætsejler Organisation
c/0 Henrik Caspersen
Natskyggevej 11
DK-3390 Hundested

Tauchen

Dansk Sportsdykker Forbund
Brøndby Stadion 20
DK-2605 Brøndby
☎ 43 26 25 60
FAX 43 26 25 61

Sport
(Fortsetzung)

Sprache

Nicht nur in den Touristenzentren und größeren Hotels, sondern fast überall in Dänemark kommt man mit Englisch oder Deutsch zurecht, da die meisten Dänen eine der beiden Sprachen sprechen oder zumindest verstehen.

Allgemeines

Kleiner Sprachführer Dänisch

Zur Erleichterung der Aussprache sind alle dänischen Wörter mit einer einfachen Aussprache (in eckigen Klammern) versehen.

Ja./Nein./Vielleicht.	Ja. [ja]/Nej. [nei]/Måske. [moskeh]	**Auf einen Blick**
Bitte.	Vær så venlig. [wär so wännli]	
	Vær så god. [wärs' goh]	
Danke.	Tak. [tack]	
Vielen Dank!	Mange tak. [mange tack]	
Gern geschehen.	Det var så lidt. [deh war so litt]	
Entschuldigung!	Undskyld! [onnsküll]	
Wie bitte?	Hvad behager? [wa behar]	
Ich verstehe Sie/dich nicht.	Jeg forstår Dem/dig ikke. [jei forstohr dämm igge]	
Ich spreche nur wenig ...	Jeg taler kun lidt ... [jei täler kunn litt]	
Können Sie mir bitte helfen?	Undskyld, kan De hjælpe mig? [onnsküll, kann die jälpe mei]	
Ich möchte ...	Jeg vil gerne ... [jei will gärne]	
Das gefällt mir (nicht).	Det kan jeg (ikke) lide. [deh kann jei (igge) lie]	

Auf einen Blick (Fortsetzung)	Haben Sie ...?	Har De ... ? [har deh ...]
	Wie viel kostet es?	Hvad koster det? [wa koster deh]
	Wie viel Uhr ist es?	Hvad er klokken? [wa är kloggen]
Kennenlernen	Guten Morgen!	God morgen! [goh morn]
	Guten Tag!	Goddag! [goh däh]
	Guten Abend!	God aften! [goh aften]
	Hallo! Grüß dich!	Hallo!/Hej! Dav! [halloh/hei/dau]
	Mein Name ist ...	Mit navn er ... [mit naun är ...]
	Wie ist Ihr Name, bitte?	Undskyld, hvad er Deres navn? [onnsküll, wa är däres naun]
	Wie geht es Ihnen?	Hvordan har De det? [wordann har die deh]
	Danke. Und Ihnen/dir?	Godt tak. Hvad med Dem/dig? [gott tack. Wa med dämm/dei]
	Auf Wiedersehen!	Farvel! [fahrwäll]
	Bis morgen!	Vi ses i morgen! [wi sehs i morn]
Auskunft	links/rechts	venstre/højre [wänstre/heure]
	geradeaus	lige ud [lie ud]
	nah/weit	tæt/fjernt [tätt/fjärnt]
	Bitte, wo ist ...?	Undskyld, hvor er ...? [onnsküll, wor är ...]
	der Hauptbahnhof	hovedbanegården [hohwed-bähnegohren]
	die U-Bahn	S-toget [äss-touet]
	der Flughafen	lufthavnen [lofthaunen]
	Wie weit ist das?	Hvor langt er der? [wor langt är der]
Panne	Ich habe eine Panne.	Jeg har en skade på bilen. [jei hahr en skähde po bielen]
	Würden Sie mir bitte einen Abschleppwagen schicken?	Vil De være venlig at sende mig en kranvogn? [will die währe wännli att sänne mei en krahnwoun]
	Wo ist hier in der Nähe eine Werkstatt?	Hvor er der et værksted? [wor är der et wärksted]
Tankstelle	Wo ist bitte die nächste Tankstelle?	Undskyld, hvor er den nærmeste tankstation? [onnsküll, wor är den närmeste tankstaschohn]
	Ich möchte ... Liter ...	Jeg vil gerne have ... liter ... [jei will gärne häh ... liter]
	... Normalbenzin.	... oktan 93. [oktähn tre-ou-hallfämms]
	... Super.	... oktan 95/98. [oktähn fem-ou-hallfämms/ohde-ou-hallfämms]
	... Diesel.	... diesel. [diesel]
	... bleifrei/verbleit.	... blyfri/blyholdig. [blüfrie/blühholldig]
	... mit ... Oktan.	... med ... oktan. [med ... oktähn]
	Volltanken, bitte.	Vær venlig at fylde helt op. [währ wännli att fülle hehlt opp]
Unfall	Hilfe!	Hjælp! [jälp]
	Vorsicht!	Pas på [pas poh]
	Rufen Sie bitte schnell ...	Tilkald hurtigt ... [tillkall hurdit]
	... einen Krankenwagen.	... en ambulance. [en ambulangse]
	... die Polizei.	... politiet. [politiet]
	... die Feuerwehr.	... brandvæsenet. [brannwähsnet]

Deutsch	Dänisch	Thema
Es war meine/Ihre Schuld.	Det var min/Deres skyld. [de var mien/dähres süll]	**Unfall** (Fortsetzung)
Geben Sie mir bitte Ihren Namen und Ihre Anschrift.	Vær venlig at give mig Deres navn og adresse. [währ wännli att gie mei dähres naun ou adrässe]	
Wo gibt es hier ... ... ein gutes Restaurant?	Hvor er der ... [wor är der] ... en god restaurant? [en goh resdaurang]	**Essen/ Unterhaltung**
Gibt es hier eine gemütliche Kneipe?	Er der et hyggeligt værtshus? [är der et hüggelit wärtshus]	
Reservieren Sie uns bitte für heute abend einen Tisch für 4 Personen.	Vil De være venlig at reservere et bord til i aften til fire personer. [will die währe wännli att reserwehre et bohr till i afften till fier persohner]	
Auf Ihr Wohl!	Skål! [skohl]	
Bezahlen, bitte.	Jeg vil gerne betale. [jei will gärne betähle]	
Wo kann man hier tanzen gehen?	Hvor kan man gå hen at danse? [wor kann mann goh hänn att danse]	
Wo finde ich ...?	Hvor finder jeg ...? [wor finner jei]	**Einkaufen**
eine Apotheke	et apotek [et apotek]	
eine Bäckerei	et bageri [et bäjeri]	
Fotoartikel	fotoartikel [fotoartikel]	
ein Kaufhaus	et varehus [et wahrehuhs]	
ein Lebensmittelgeschäft	en købmand [en köbmann]	
einen Markt	torret [torwet]	
Können Sie mir bitte ... empfehlen?	Kunne De anbefale mig ... [kunne die anbefähle mei]	**Übernachtung**
... ein gutes Hotel	... et godt hotel? [et gott hotel]	
... eine Pension	... en pension? [en pangschon]	
Ich habe bei Ihnen ein Zimmer reserviert.	Jeg har reserveret et værelse her. [jei hahr reserveret et währelse her]	
Haben Sie noch ein Zimmer frei?	Har De ledige værelser? [hahr die ledige währelser]	
ein Einzelzimmer	et enkeltværelse [et enkeltwährelse]	
ein Doppelzimmer	et dobbeltværelse [et dobbeltwährelse]	
mit Dusche/Bad	med brusebad/bad [med bruhsebad/bad]	
mit Blick aufs Meer	med udsigt over havet [med udsikt ouer hähwet]	
für eine Nacht	for en nat [for en natt]	
für eine Woche	for en uge [for en uhe]	
Was kostet das Zimmer mit ...	Hvad kostet værelset med ... [wa koster währelset med]	
... Frühstück?	... morgenmad? [mornmäd]	
... Halbpension?	... halvpension? [hallpangschohn]	
Können Sie mir einen guten Arzt empfehlen?	Kan De anbefale mig en god læge? [kann die anbefähle mei en goh lähje]	**Arzt**
Ich habe hier Schmerzen.	Jeg har ondt her. [jei hahr onnt her]	

Sprache

Bank	Wo ist hier bitte ...	Undskyld, hvor er der ... [onnsküll, wor är der ...]	
	... eine Bank?	... en bank? [en bank]	
	... eine Wechselstube?	... et vekselkontor? [et wäkselkontohr]	
	Ich möchte ... DM (Schilling, Schweizer Franken) in Kronen umwechseln.	Jeg vil gerne veksle DM (schilling, schweizerfrancs) til kroner. [jei will gärne wäksle D-mark (schilling, schweizerfrancs) till kroner]	
Post	Was kostet ...	Hvad koster ... [wa koster ...]	
	... ein Brief ...	... et brev ... [et brew ...]	
	... eine Postkarte ...	... et postkort ... [et postkort]	
	... nach Deutschland?	... til Tyksland? [till tüsklann]	

Zahlen

0	nul [noll]	19	nitten [nitten]
1	en [ehn]	20	tyve [tühwe]
2	to [toh]	21	enogtyve [ehn-ou-tühwe]
3	tre [treh]	22	toogtyve [toh-ou-tühwe]
4	fire [fier]	30	tredive [trähdwe]
5	fem [fämm]	40	fyrre [föhr]
6	seks [säks]	50	halvtreds [hallträss]
7	syv [süw]	60	tres [träss]
8	otte [ohde]	70	halvfjerds [halljährs]
9	ni [nie]	80	firs [fiers]
10	ti [tie]	90	halvfems [hallfämms]
11	elleve [älwe]	100	et hundrede [et hunnrede]
12	tolv [toll]	200	to hundrede [toh hunnrede]
13	tretten [trätten]	1000	et tusinde [et tuhsinn]
14	fjorten [fjohrten]	2000	to tusinde [toh tuhsinn]
15	femten [fämmten]	10 000	ti tusinde [tie tuhsinn]
16	seksten [seisten]		
17	sytten [sütten]	1/2	en halv [en hall]
18	atten [atten]	1/4	en fjerdedel [en fjehredehl]

Spisekort (Speisekarte)

morgenmad (Frühstück)	sort kaffe [sort kaffe]	schwarzer Kaffee
	kaffe ned mælk [kaffe med mälk]	Kaffee mit Milch
	koffeinfri kaffe [koffeinfri kaffe]	koffeinfreier Kaffee
	te med mælk/citron [teh med mälk/sitrohn]	Tee mit Milch/Zitrone
	urtete [urte-teh]	Kräutertee
	chocolade [schokoläde]	Schokolade
	frugtsaft [fruktsaft]	Fruchtsaft
	et blødkogt æg [ett blökokt äg]	ein weiches Ei
	røræg [röhr-äg]	Rührei
	bacon og æg [bäkon ou äg]	Eier mit Speck
	brød/rundstykker/ristet brød [bröd/ronnstöckär/ristet bröd]	Brot/Brötchen/Toast
	horn [horn]	Hörnchen

smør [smöhr]	Butter	**morgenmad**
ost [ost]	Käse	(Fortsetzung)
pølse [pölse]	Wurst	
skinke [skinke]	Schinken	
honning [honning]	Honig	
marmelade [marmeläde]	Marmelade	
mysli [müsli]	Müsli	
yoghurt [joghurt]	Joghurt	
frukt [frukt]	Obst	
butterdejspostej [budderdeis-postei]	Blätterteigpastete	**forretter**
fiskesalat [fiskesaläht]	Fischsalat	(Vorspeisen)
forskellige forretter [forskällije forrätter]	Diverse Vorspeisen	
hønsesalat [hönsesaläht]	Geflügelsalat	
kold steg [koll stei]	Kalter Braten	
leverpostej [lewerpostei]	Leberpastete	
pålæg [polläg]	Aufschnitt	
røget sild [reuet sill]	Bückling	
sildeanretning [sille-anrättning]	Heringsplatte	
ærtesuppe [ärtesobbe]	Erbsensuppe	**suppen**
kærnemælksuppe [kärnemälksobbe]	Buttermilchsuppe	(Suppen)
øllebrød [öllebröd]	Bier-Brot-Suppe	
ål [ohl]	Aal	**fisk og skaldyr**
blåmuslinger [blomusslinger]	Miesmuscheln	(Fisch und
brisling [brisling]	Sprotte	Schalentiere)
fiskeboller [fiskeboller]	Fischklößchen	
flynder [flünder]	Flunder	
gedde [gedde]	Hecht	
helleflynder [hälleflünder]	Heilbutt	
klipfisk [klippfisk]	Stockfisch	
nordsøhummer [nohrsöh-hummer]	Kaisergranat	
ørred [örred]	Forelle	
pighvar [piggwahr]	Steinbutt	
rejer [reier]	Krabben, Garnelen	
rødspætte [rödspätte]	Scholle	
sandart [sandart]	Zander	
sild [sill]	Hering	
torsk [torsk]	Dorsch	
bajerske pølser [beierske pölser]	Würstchen	**kødretter**
bedekølle [behdekölle]	Hammelkeule	(Fleischgerichte)
benløse fugle [behnlöse fuhle]	Rouladen	
biksemad [bicksemäd]	Labskaus	
engelsk bøf [engelsk böff]	Rumpsteak	
flæskesteg [fläskestei]	Schweinebraten	
frikadelle [frekadelle]	Frikadelle	
kalveskank [kalweskank]	Kalbshaxe	
kødboller [ködboller]	Fleischklößchen	
lever [lehwer]	Leber	
mørbrad [mörbra]	Schweinelende	
nyrer [nühr]	Nieren	
medisterpølse [medisterpölse]	Bratwurst	

kødretter (Fortsetzung)	svinekotelet [swienekotelett] tunge [tunge]	Schweinekotelett Zunge
vildt og fjerkræ (Wild und Geflügel)	agerhøne [äjerhöhne] and [ann] due [due] gås [gohs] hare [hahr] hjort [johrt] kalkun [kalkuhn] kylling [külling] rådyr [roddühr]	Rebhuhn Ente Taube Gans Hase Hirsch Truthahn (Brat-)Huhn / Hähnchen Reh
salater (Salate)	agurkesalat [agurkesaläht] blandet salat [blannet saläht] endiviesalat [endiviesaläht] grøn salat [grönn saläht] italiensk salat [italiehnsk saläht] julesalat [juhlesaläht] karrysalat [karrüsaläht]	Gurkensalat Gemischter Salat Endiviensalat Grüner Salat Gemüsesalat Schikoree Heringssalat mit Curry
	smørrebrød [smörbröd] det kolde bord [deh kolle bohr]	Buntdekoriertes belegtes Brot Kaltes Buffet, bei dem es auch warme Gerichte gibt.
grønsager (Gemüse)	ærter [ärter] blomkål [blommkohl] brunede kartofler [bruhnede kartoffler] gulerødder [gullerödder] kartoffelmos [kartoffelmohs] pillekartofler [pillekartoffler]	Erbsen Blumenkohl glasierte Kartoffeln Möhren Kartoffelbrei Pellkartoffeln
	(syltede) rødbeder [sültede röhbeder] rødkål [rödkohl] rørhatte [röhrhätte] savojkål [saweukohl] svampe [swampe]	(eingelegte) rote Bete Rotkohl Steinpilze Wirsing Pilze
efterretter (Dessert)	bondepige med slør [bonnepije med slöhr] citronfromage [sitrohnfromähsche] frugtsalat [fruktsaläht] is [ies] jordbæris [johrbähries] omelet med syltetøj [omelätt med sülteteu] piskefløde [piskeflöhde] rødgrød (med fløde) [rödgröd med flöhde] æblegrød [äblegröd] boller [boller]	Apfelauflauf mit Schlagsahne (wörtlich: Bauernmädchen mit Schleier) Zitronenkreme Obstsalat Eis Erdbeereis Omelette mit Marmelade Schlagsahne Rote Grütze (mit Sahne) Apfelmus süße Brötchen

kanelkrans [känelkrans]	Zimtkuchen	**Sprache,**
kransekage [kransekäje]	Mandelhörnchen	**efterretter**
kvarkkage [kwark-käje]	Käsekuchen	**(Fortsetzung)**
lagkage [laukäje]	Sahnetorte	
napoleonskage [näpoleonskäje]	Sahneschnitte	
roulade [rohlähde]	Biskuitrolle	
småkager [smo-käjer]	Teegebäck, Kekse	
søsterkage [sösterkäje]	Napfkuchen	
wienerbrød [wienerbröd]	Kopenhagener Gebäck	

Vinkort (Getränkekarte)

øl [öl]	Bier	**alkoholiske**
fadøl [fad-öl]	Fassbier	**drikke**
brændevin [brännewien]	Branntwein	**(Alkoholische**
likør [romm]	Likör	**Getränke)**
snaps [snaps]	Aquavit	
vin [wien]	Wein	
hvidvin [widwien]	Weißwein	
rødvin [rödwien]	Rotwein	
hedvin [hedwien]	Dessertwein	
kaffe [kaffe]	Kaffee	**alkoholfrie**
te (med citron) [teh med sitrohn]	Schwarztee (mit Zitrone)	**drikke**
æblemost [äblemost]	Apfelsaft	**(Alkoholfreie**
mineralvand [minerahlwann]	Mineralwasser	**Getränke)**
juice [djuhs]	Fruchtsaft	
mælk [mälk]	Milch	
chokolade [schokoläde]	Schokolade	
kakao [kakäo]	Kakao	
appelsinjuice [abbelsiehn-djuhs]	Orangensaft	
appelsinvand [abbelsiehn-wann]	Orangenlimonade	

Straßenverkehr

Verkehrsvorschriften

Die dänischen Autobahnen (Motorvej; gebührenfrei) und die numerierten Hauptstraßen (Hovedvej) sind in gutem Zustand und verhältnismäßig wenig befahren. Mautgebühren werden nur an der Storebæltbrücke und der Øresundbrücke erhoben.
Die Mehrzahl der Verkehrsschilder entspricht dem internationalen Standard. **Allgemeines**

Es besteht Gurtanlegepflicht auf Vorder- und Rücksitzen! Kinder unter drei Jahren dürfen nur in einem anerkannten Kindersitz auf den Beifahrersitz. **Gurtanlegepflicht**

Motorradfahrer müssen einen Schutzhelm tragen. **Helmpflicht**

In Dänemark ist es vorgeschrieben, ein Warndreieck mit sich zu führen. **Warndreieck**

Straßenverkehr (Fortsetzung), Vorfahrtsregeln	An Straßeneinmündungen bedeuten weiße Dreiecke (Haifischzähne) auf der Fahrbahn "Vorfahrt gewähren". Kreisverkehr hat Vorfahrt.
Zulässige Höchstgeschwindigkeiten	In den Ortschaften (erkennbar am weißen Schild mit Stadtsilhouette) beträgt die Höchstgeschwindigkeit 50 km/h, auf Land- und Schnellstraßen 80 km/h, auf Autobahnen 110 km/h, für Pkw mit Anhänger 70 km/h. Auch geringe Überschreitungen der Höchstgeschwindigkeit werden in Dänemark mit hohen Geldstrafen (ab 100 DM) vor Ort geahndet. Wer nicht zahlen kann, muss den Wagen bei der Polizei zurücklassen.
Beleuchtung	Autos und Motorräder müssen rund um die Uhr mit eingeschaltetem Abblendlicht fahren! Andernfalls ist mit einer Geldstrafe zu rechnen.
Promillegrenze	Die Höchstgrenze für den Blutalkoholgehalt liegt bei 0,5 Promille.
Handyverbot	Das Telefonieren mit dem Handy während der Fahrt ist verboten.
Unfall- und Schadensfälle	▶ Autohilfe Wird man schuldhaft in einen Unfall verwickelt, wende man sich an folgende Institution:

Dansk Forening for international Motorkøretøjsforsikring Ameliegade 10	DK-1256 København K ☎ 33 13 75 55 FAX 33 11 23 53)

Kraftstoff	Dänemark verfügt über ein großes Netz an Tankstellen mit allen internationalen Benzinmarken (verbleit 98 Oktan, bleifrei – "blyfri" – 92, 95 und 98 Oktan), Zweitaktertreibstoff, Diesel und Gas. Aufgrund der Sicherheitsbestimmungen ist es verboten, auf einem Fährschiff Treibstoff in einem Reservekanister mitzuführen. Die Tankstellen sind in der Regel tagsüber bis 18.00 Uhr geöffnet. Außerhalb der Geschäftszeiten kann man an den Automatenzapfsäulen tanken (mit 100-Kronen-Scheinen). Rund um die Uhr sind die Autobahntankstellen sowie einige wenige Tankstellen in den größeren Städten geöffnet.

Taxi

Für Taxifahrten wird eine Grundgebühr von ca. 25 dkr erhoben. Der Preis pro km beträgt Mo.–Fr. 7⁰⁰ – 16⁰⁰ Uhr ca. 8 dkr, in der übrigen Zeit ca. 10 dkr. Örtliche Unterschiede können vorkommen.

Telefon

Telefongespräche	Telefongespräche können in Dänemark von öffentlichen Telefonzellen und Postämtern mit 1-, 2-, 5- oder 10-Kronen-Münzen geführt werden. Für ein Auslandsgespräch benötigt man mindestens 5 dkr.

Ist der Teilnehmer nicht erreichbar, erhält man in den meisten Telefonzellen das Geld nicht zurück, die bezahlte Sprechzeit bleibt jedoch erhalten. Viele Telefonzellen haben eine eigene Rufnummer, die auch vom Ausland her angerufen werden kann. Die Funktion "Empfänger zahlt" ist von allen Telefonzellen aus möglich.

Telefon (Fortsetzung)

Kartentelefone sind in Dänemark weit verbreitet. An diesen Fernsprechern können auch "Danmønt"- und deutsche Chipkarten verwendet werden. Die Telefonkarten sind in Kiosken und Postämtern zu 30, 50 oder 100 dkr erhältlich.

Kartentelefone

D- und E-Netz-Telefone können ohne Formalitäten frei eingeführt und benutzt werden. Man erkundige sich am besten bei der jeweiligen Telefongesellschaft im Heimatland nach den technischen Besonderheiten im International Roaming mit Dänemark.

Mobiltelefone

Ländervorwahlen

von Deutschland, Österreich und der Schweiz ...
... nach Dänemark: 00 45
(+ achtstellige Teilnehmernummer; es gibt keine Ortsvorwahlen)

von Dänemark ...
... nach Deutschland: 00 49
... nach Österreich: 00 43
... in die Schweiz: 00 41
(Die Null der nachfolgenden Ortsnetzkennzahl entfällt!)

Telefonservice

Inlandsauskunft: 118
Auslandsauskunft: 113

Trinkgeld

In Dänemark sind Trinkgelder nicht üblich, weder im Hotel noch im Restaurant, Taxi oder beim Friseur.

Unterkunft

▶ dort

Camping

In Dänemark stehen jährlich rund 50 000 Ferienhäuser vom einfachen Holzhaus bis zur Luxuseinrichtung der Sonderklasse zur Verfügung. Diese Unterkünfte befinden sich alle in Privatbesitz und sind daher sehr individuell gebaut und eingerichtet. Ferienhäuser werden wochenweise vermietet, wobei sich die Preise nach der Ausstattung und Lage richten. Zu mieten sind diese Häuser über Reise- und Vermittlungsbüros in Deutschland und Dänemark bzw. Touristenbüros vor Ort. Auskunft erteilt auch das Dänische Fremdenverkehrsamt (▶ Auskunft). Drei der größten Ferienhausanbieter sind: Novasol (www.novasol.de), Dansommer (www.dansommer.de) und DanCenter (www.dancenter.com).

Ferienhäuser

▶ dort

Hotels

▶ dort

Jugendherberge

Unterkunft (Fortsetzung), Privatzimmer

In Dänemark kann man auch in Privatzimmern unterkommen. Entweder fragt man direkt bei den Hauseigentümern nach, die an der Straße Schilder mit "Zimmer frei" – "Rooms" aufgestellt haben, oder man wendet sich an die örtlichen Touristenbüros (Doppelzimmer durchschnittlich 280 – 380 dkr). Auch viele Landwirte stellen Zimmer zur Verfügung ("Urlaub auf dem Bauernhof").

Dansk Bed & Breakfast
Bernstorffsvej 71
DK-2900 Hellerup
☎ 39 61 04 05, FAX 39 61 05 25

www.bbdk.dk.
Informationen über Bed & Breakfast und Bauernhausferien in Dänemark

Veranstaltungen und Feste

Hinweis

Vor allem im Sommer finden in Dänemark überall Feste, Konzerte, Theater- und Musikfestivals, Festspiele und spezielle Märkte wie die Wikingermärkte statt. Aktuelle Informationen über Veranstaltungen sind bei den Touristenbüros vor Ort erhältlich, beim Dänischen Fremdenverkehrsamt, das jährlich einen Veranstaltungskalender herausgibt, oder im Internet (▶ Auskunft).

April

Geburtstag der Königin
am 16. April mit einer großen Parade der Palastwache in Kopenhagen.

Mai

Wikingermarkt in Ribe
Dänemarks größter Wikingermarkt findet Anfang Mai im Ribe Vikingecenter statt. Über 200 Handwerker in historischen Kostümen zeigen, wie vor 1000 Jahren als Schmied oder Töpfer gearbeitet wurde. Auch der Umgang mit Waffen wird demonstriert, für Spannung sorgen die Reitveranstaltungen.

Karneval in Kopenhagen
Alternative Studenten- und Stadtteilgruppen begründeten zu Beginn der 1980er-Jahre den Pfingstkarneval, wobei sie sich an südamerikanischen Vorbildern orientierten. Da Samba nicht zum kalten Wetter passt, wurde das Fest der farbenprächtigen Fantasiekostüme in der Hoffnung auf wärmere Temperaturen entgegen allen europäischen Traditionen auf Pfingsten gelegt. Neben heißen Samba-Nächten und bunten Umzügen gibt es zum Abschluss einen Kinderkarneval. Auch in anderen Städten feiert man einen farbenfrohen Karneval nach brasilianischem Muster, u. a. in Aalborg.

Copenhagen Marathon
Stadtmarathon mit Läufern aus aller Welt Ende Mai.

Juni

Verfassungstag (Grundlovsdag)
Am 5. Juni, dem Tag, an dem König Frederik VII. Dänemark 1849 eine bürgerliche Verfassung gab, wird in ganz Dänemark ausgiebig gefeiert.

Klöppelfestival in Tønder
Alle drei Jahre (2001, 2004, ...)

findet das internationale Klöppelfestival in Tønder statt mit Workshops, Vorträgen und Ausstellungen.

Drachenfestival auf Fanø
Rund 5000 Drachenpiloten aus aller Welt demonstrieren an einem langen Wochenende Mitte Juni ihre Flugleistungen mit den fantasievollsten Drachenkonstruktionen.

Sonnwendfeiern am 23. Juni
Im ganzen Land feiern die Dänen mit Straßen- und Nachbarfesten die Mittsommernacht. Das ursprünglich heidnische Fest wurde in katholischer Zeit in "Fest von Johannes dem Täufer" (Sankthansaften) umbenannt, endet jedoch unverändert mit großen Feuern, mit der Verbrennung einer hölzernen Hexe auf einem Scheiterhaufen.

Jazz- und Bluesfestival in Aalborg
In der ganzen Stadt gibt es Jamsessions bis spät in die Nacht.

Silkeborger Jazzfestival
Internationale Bands spielen Jazz nicht nur an, sondern auch auf den Seen Silkeborgs.

Skagen Visefestival
Fans der Folkmusik treffen sich Ende Juni an Dänemarks Nordspitze in Skagen.

Hærvejsmarchen
Der wohl größte Volksmarsch Nordeuropas am letzten Juni-Wochenende. Jedes Jahr unterschiedlich lange Strecken; begonnen aber wird immer in Viborg, und dort endet auch der Marsch auf dem historischen Heerweg.

Odense Orgelfestival
In allen Kirchen der Stadt spielen internationale Solisten Barock-, Gospel-, Kammer- und Kirchenmusik.

Wikingerspiele
Spannende und unterhaltsame Wikingermärkte und -spiele im Wikingercenter Frykat bei Hobro (Ostjütland), auf der Freilichtbühne am Jels Sø bei Rødding (Südjütland) und am Gräberfeld Lindholm Høje bei Aalborg.

Juli

Roskildefestival
Europas größtes Rockfestival:
▶ Baedeker Special, S. 250

Midtfyns Festival
Zeitgleich läuft Anfang Juli in Ringe auf der Insel Fünen das Midtfyns Festival über die Bühne, das mit dem von Roskilde hinsichtlich der Aufmachung mit rund 100 Bands und Solisten durchaus mithalten kann.

Ringreiterfeste
Große Ringreiterfeste auf Als und in Aabenraa, wo am ersten Wochenende im Juli das größte der mittelalterlichen Ritterturniere stattfindet.

4. Juli
Dänen und Amerikaner dänischer Herkunft feiern in den Hügeln von Rebild Bakker den amerikanischen Unabhängigkeitstag.

5./6. Juli
Fredericia gedenkt auf den Wallanlagen des dramatischen Sieges von 1849 über die schleswig-holsteinischen Truppen.

Copenhagen Jazz Festival
Wer Jazz liebt, sollte in der zweiten Juliwoche nach Kopenhagen reisen. Zum zehntägigen Copenhagen Jazz Festi-

Veranstaltungen und Feste (Fortsetzung)

val treffen seit vielen Jahren Gäste aus aller Welt ein. Auf Straßen und Plätzen, in Lokalen und Konzerthallen spielen internationale Jazzgrößen aller Stilrichtungen. Thelonious Monk, Duke Ellington, Miles Davis – nicht nur sie haben dem Festival ihre Reverenz erwiesen. Hier wird jedem Besucher klar, was die dänische Metropole für die Musik bedeutet: Kopenhagen ist die europäische Hauptstadt des Jazz.

H.C. Andersen Festspillene
Im Freilichtmuseum "Den Fynske Landsby" bei Odense werden Andersens Märchen inszeniert.

Langelandfestival
Viertägiges Festival in Rudkøbing Ende Juli, das größte Gartenfest des Landes mit musikalischen Aufführungen.

Vikingetræf
Wikingerfest am Strand von Moesgård.

Juli / August

Musikfestival auf Fanø
Klassische Klavierkonzerte und Orchestermusik

Bornholms Musikfestival
Klassische Konzerte und Kammermusik in den Rundkirchen der Insel.

Hammershus Markt
Mittelalterliche Markttage im Sommer auf der Bornholmer Burg Hammershus.

Ende August

Mittelalterfestival in Horsens
Europas größtes Mittelalterfestival bietet an zwei Tagen in der zweiten Augusthälfte spannende Ritterturniere, offene Werkstätten, Bühnen und Umzüge mit über 100 000 Gauklern, Musikanten, Rittern, Pilgern, Mönchen, Bauern und Bettlern.

Anfang September

Århuser Festwoche
Größtes Kulturfestival in Skandinavien mit Theater, Ballett, Tanz, klassischer und moderner Musik, Sport, Film, Literatur, Symposien, Kinderveranstaltungen, kunterbuntem Straßenrummel, Oper und Ausstellungen.

Drachenfestival auf Rømø
Anfang September wird es eng am Himmel über Rømø, wenn unzählige der bunten Fantasievögel aufsteigen.

Dezember

Weihnachtsmarkt in Tønder
Stimmungsvoller Lichterglanz und Budenzauber.

Zeit

MEZ — In Dänemark gilt die Mitteleuropäische Zeit (MEZ), für die Sommermonate von Ende März bis Ende Oktober die europaweite Sommerzeit (MEZ + 1 Std.).

Zeitungen, Zeitschriften

In allen Ferienorten werden deutsche Zeitungen (oft vom gleichen Tag) und Zeitschriften verkauft.

Zollbestimmungen

Innerhalb der Europäischen Union ist der Warenverkehr für private Zwecke weitgehend zollfrei.

EU-Binnenmarkt

Gegenstände des persönlichen Bedarfs, die man im Urlaub braucht, können aus Deutschland und Österreich zollfrei nach Dänemark eingeführt werden. Zur Abgrenzung zwischen privater und gewerblicher Verwendung gibt es Richtmengen: 90 l Wein (davon max. 60 l Schaumwein) und 110 l Bier. Bei Stichprobenkontrollen ist glaubhaft zu machen, dass die Waren tatsächlich nur für den eigenen privaten Verbrauch bestimmt sind.
Lediglich bei Tabakwaren und bei hochprozentigem Alkohol gibt es eine mengenmäßige Begrenzung: Man darf nicht mehr als 300 Zigaretten oder 150 Zigarillos oder 75 Zigarren oder 400 g Rauchtabak, ferner nicht mehr als 1,5 l Spirituosen (über 22 Vol.-%-Alkoholgehalt) nach Dänemark einführen (Personen über 17 Jahre).

Einreise nach Dänemark aus Deutschland und Österreich

Für Reisende aus Nicht-EU-Ländern (u. a. Schweizer Staatsbürger) liegen die Freimengengrenzen für Personen über 17 Jahren bei 200 Zigaretten oder 100 Zigarillos oder 50 Zigarren oder 250 g Rauchtabak, ferner bei 2 l Wein oder 1 l Spirituosen mit mehr als 22 Vol.-% Alkoholgehalt, 500 g Kaffee oder 200 g Kaffeeauszüge, 100 g Tee oder 40 g Teeextrakt, 0,5 l Parfüm oder 0,25 l Eau de Toilette.

Einreise nach Dänemark aus Nicht-EU-Ländern

▶ Reisedokumente

Haustiere

▶ Telefon

Mobiltelefone

Über die Mitnahme von Schusswaffen sollte man sich beim Dänischen Fremdenverkehrsamt (▶ Auskunft) informieren. Grundsätzlich verboten sind Schreckschuss- und Gaspistolen, Luftgewehre, Gasampullen, Tränengassprays, Schlag- und Hiebwaffen sowie Messer mit fester Klinge über 12 cm Länge.

Waffen

Aus Dänemark dürfen 300 Zigaretten oder 150 Zigarillos oder 75 Zigarren oder 400 g Rauchtabak und 1,5 l Spirituosen sowie sonstige Waren nach Deutschland und Österreich eingeführt werden.

Wiedereinreise in EU-Länder

Es gelten folgende Freimengengrenzen: 250 g Kaffee, 100 g Tee, 200 Zigaretten oder 50 Zigarren oder 250 g Tabak, 2 l Wein oder andere Getränke bis 15 % Alkoholgehalt sowie 1 l Spirituosen mit mehr als 15 % Alkoholgehalt. Souvenirs sind bis zu einem Wert von 100 sfr zollfrei.

Wiedereinreise in die Schweiz

Wer sich im Einzelfall über Zollbestimmungen im Reiseverkehr zwischen Dänemark und anderen Ländern nicht im klaren ist, sollte sich an die Dänische Botschaft wenden (▶ Diplomatische Vertretungen).

Hinweis

Register

Aabenraa 70, 304, 321
Aakirkeby 101
Aalborg 72, 304, 311, 322, 339
ACE-Notrufzentrale 319
ADAC-Notruf 292, 319
Æbelholt 140
Ægholm 216
Ærø 80, 304
Ærøskøbing 80, 304
Agger 205
Agger Tange 204
Aggersborg, Wikingerburg 208
Aggersborggård 209
Aggersund 208
Ålbæk 263
Ålestrup 208
Alfelt, Else 135
Ålholm Automobilmuseum 212
Alle der Bleiche 214
Allinge 98
Almindingen 101
Alphabet, dänisches 70
Als 82
Alsønderup Enge 140
Ambulanz 319
American Express 302
Amerikanischer Unabhängigkeitstag 339
Ancher, Anna 60
Ancher, Michael 60
Andersen, Hans Christian 183, 215, 226, 230, 317
Andrézel, Pierre 193
Angantyr 38
Angeln 327
Anholt 84
Anreise 286
Apotheken 287
Aquavit 297
Arbeitslosenrate 29
Århus 85, 304, 322, 340
ARKEN Museet for Moderne Kunst 190
Arreskov 108
Arresø 122
Års 143
Ärztliche Hilfe 287
Askø 211
Asnæs 155

Assens 215
August, Bille 48
Augustenborg Slot 84
Auskunft 288
Auslandsauskunft 337
Austrian Airlines 287
Autobahnen 335
Autobus 296
Autohilfe 292
Automobilclubs 292
Avernakø 82
Avis 318

Badestrände 292
Badewasserkarte 293
Bagenkop 197
Baggesen, Jens 195
Bahnreisen 286
Ballebjerg 257
Ballen 256
Bandholm 211
Bang & Olufsen 59, 207
Bangsbo 120
Banken 302
Barock 55
Bauernhausferien 338
Behindertenhilfe 293
Bentsen, Ivar 60
Benzin 336
Berg, Claus 54
Bering, Vitus 149
Bernadotte, Sigvard 58
Bernstein 103-104
Bernth, Susanne 317
Best, Dr. Werner 47
Bevölkerung 21
Bier 300
Bildungswesen 23
Bindesbøll, Thorwald 57
Bing & Grøndahl 56
Birkholm 82
Bjernede 244
Bjørn, Acton 58
Blåbjerg 108
Blåbjerg Plantage 108
Blaue Flagge 292
Blauzahn, Harald 38, 264, 277
Blåvand 107
Blåvands Huk 107
Blicher, Steen Steensen 135, 259, 278, 281
Blixen, Karen 192, 317

Blixen, Tania 192
Blokhus 145, 322
Bodum 58
Bogense 213
Bogø 216
Bohr, Niels 48, 188, 317
BonBonLand 221
Bonnesen 141
Børglum Kloster 145
Børkop Vandmølle 118
Bornholm 18, 47, 95, 298, 305, 318, 322, 340
Borreby Slot 195
Botschaften 294
Bovbjerg Klint 148
Bovbjerg Fyr 148
Bøvling Klit 147
Brahe, Tycho 48
Brahetrolleborg 110
Brændegårdssø 108
Brændesgårdshaven 101
Brattingsborg 257
Brecht, Bertolt 266
Bredal Kro 316
Brede 191
Bregentved Slot 222
Bregninge 269
Broager 72
Brødremeninghedens Hotel 310
Brogårdstenen 98
Broholm Slot 270
Bromølle Kro 256
Brønderslev 79
Broskov Oldtidsvej 222
Brovst 313
Brücken 30
Brüdergemeine, Herrnhuter 126
Brundby 257
Brundlund Slot 71
BSK-Reisedienst 294
Bulbjerg 206
Bundgård 141
Bündnisse 28
Bygholm Slot 150

Camping 294
Campingrat 294
Caravaning 294
Caroline Mathilde 51
Carstensen, Georg 172
Catherinesminde 72

Charlottenlund 191
Christian I 249
Christian I. 39
Christian II. 39
Christian III. 39
Christian IV. 44, 49, 249, 269
Christian VII. 51
Christianisierung 38
Christiansen, Ole Kirk 202
Christiansfeld 126, 310
Christiansø 101
Cimbrerstenen 141
Clausholm Slot 235
COBRA 61, 132, 134, 258
Copenhagen, s. Kopenhagen
Copenhagen Card 156
Copenhagen Marathon 338

D'Angleterre, Hotel 310
Dagmar, Hotel 311
Dammestenen 14, 270
DanCenter 337
Danebrog 24
Dänenwerk 38
Daner 36
Danevirke 38
Danfoss Museum 84
Danhostel Danmarks Vandrerhjem 316
Dänisch 329
Dänisches Fremdenverkehrsamt 288
Danmarks Aquarium 191
Danmarks Turistråds Infocenter 288
Danmønt-Kort 302
Dannebrog 24
Dansk Brætsejler Organisation 329
Dansk Cyklist Forbund 329
Dansk Design 56
Dansk Forening for international Motorkøretøjsforsikring 336
Dansk Golf Union 329
Dansk Klokkemuseum 126
Dansk Naturist Union 293
Dansk Ride Forbund 329
Dansk Sportsdykker Forbund 329
Dansk Veteranflysamling 241
Danske Bo-Miljøer 142
Danske Brandværnsmuseum 92
Danske, Holger 131
Dansommer 337
De syv Haver 215
Den gamle By 90
Denner, Balthasar 55
Design, Dänisches 56
Deutsche Bahn 286
Deutsche Rettungsflugwacht 319
Devisen 302
Dinesen, Isaac 193
Dinesen, Karen 192
Diplomatische Vertretungen 294
Djurs Sommerland 92
Djursland 92
Drachenfestivals 339, 340
Drachmann, Holger 263
Dragør 189
Dragsholm Slot 312
Drejø 82
DRK-Flugdienst 319
Dronning Alexandrines Bro 216
Dronningestolen 215, 219
Dronningmølle 134
DSI 294
Dueodde 101
Dünenheide 115
Dybbøl Banke 83
Dybbøl Mølle 83
Dyrehavsbakken 191

E' Bindstow 281
EASY-BOOK 303
Ebeltoft 93, 305, 322
Eckersberg, Christoffer Wilhelm 55, 110
EFTA 47
Egeskov Slot 110
Egholm 78
Einkäufe 295
Einreise 341
Eisenbahn 286, 296
Ejer Bavnehøj 92
Elektrizität 296
Elmelunde 217
Elmuseet 236
Elsmark 84
Energie 34
Engestofte 211
Erbseninseln 101
Erdgas 34
Erdöl 34
Eriksson, Leif 41
Erster Weltkrieg 46
Ertebølle 208
Ertebøllekultur 53
Ertholmene 101
Esbjerg 102, 305, 323
Essen 297
Euro 47, 302
Eurocard 302
Eurocheques 302
Europäische Union 47
Europæisk Automobilmuseum 233
Europcar 319
European Free Trade Association 47
Europäische Gemeinschaft 47
Export 28

Faaborg 108, 306, 323
Færgegården 122
Fähren 300
Fährgesellschaften 301
Fahrkartenermäßigungen 296
Fahrräder 328
Fahrzeugpapiere 320
Fakse 222
Fakse Ladeplads 222
FALCK-Dienst 292
Falster 111
Familienreiseführer 318
Fanefjord Kirke 216
Fanø 53, 114, 339, 340
Fanø Vesterhavsbad 116
Fantasy World 243
Fårevejle Kirke 123
Farø 216
Farøbro 113
Färöer 12, 24
Fårup Sommerland 145
Fårupsee 277
FDM 292
Fehmarnbelt 33, 210
Feiertage 301
Fejø 211
Femø 211

Ferienhäuser 337
Fernsehen 327
Feste 338
Feuerwehr 319
Finch-Hatton, Denys 192
Find, Malene und Mette 257
Fisch 297
Fischerei 34
Fischlehm 158
Fjenneslev Kirke 244
Fjerritslev 209
Fjord- & Bæltcentret 224
FKK-Strände 293
Fläche 12
Flensburger Förde 72
Flora Danica 56
Fluggesellschaften 287
Flughäfen 301
Flugverkehr 286, 301
Folketing 25
Fontane, Theodor 277
Fornæs Fyr 95
Frauenwahlrecht 46
Fredensborg 306
Fredensborg Slot 140
Fredericia 117, 310, 323, 339
Frederik III. 39
Frederik IX. 26, 249
Frederik VI. 56
Frederiksborg Slot 136
Frederikshavn 118, 306, 323
Frederiksø 101
Frederikssund 121
Frederiksværk 122
Freier, Ute und Peter 318
Fremdenverkehrsamt, Dänisches 288
Frilandsmuseet (Lyngby) 190
Frokost 297
Frøslevlager 72
Frøslevlejrens 72
Frühzeit 53
Frydenlund Fuglepark 214
Fünen 124
Fünische Alpen 110
Fur 206
Fyn 124
Fyns Aquarium 214
Fyns Sommerland 214

Fynske Landsby, Den 232
Fyrkat, Vikingecenter 143

Gallehus 273
Gallehus, Goldhörner von 53
Gammel Estrup 235
Gammel Rye 259
Gærup 110
Gasthöfe 302
Gavnø Slot 221
Geburtstag der Königin 338
Gedser 113
Geld 302
Gendarmenpfad 72
Gentofte, Hotel 311
Geschichte 36, 318
Getränke 297, 335
Gezeiten 114
Giacometti, Alberto 132
Gilbjerg Hoved 134
Gilleleje 133-134
Gisselfeld Slot 221
Givskud, Löwenpark 277
Gjern 259
Gjerrild 95
Glavendrup 214
Glorup Slot 270
Godfred 38
Golf 327
Gørlev 155
Gorm 276
Gotik 54
Græsholm 101
Grass, Günter 217
Gråsten 72
Grauballemann 91
Grejsdalen 276
Grenaa 94, 306
Grenen 263
Gribskov 140
Große-Belt-Brücke 31
Großer Nordischer Krieg 44
Grønjægers Høj 216
Grönland 12, 24
Grønne Lagune 151
Grønne Nøgle 304
Grønsalen 216
Grundlovsdag 338
Grundtvig, Nikolaj Frederik Severin 50
Grundtvigs Mindestuer 283

Grüner Reiseführer 288
Grüner Schlüssel 303
Gudenå 236, 259
Gudhjem 99, 322
Gudme 269
Guldborg Sund 112
Gyldenløves Høj 243
Gyldensteen 214

Haderslev 125, 153, 306, 323
Hadsten 236
Hærvejen 153
Hærvejsmarchen 339
Haithabu 42
Hald 281
Hamlet 129
Hammeren 98
Hammermøllen 133
Hammershus 98
Handy 336, 337
Hanklit 206
Hansen, Christian Friedrich 55
Hanstholm 206
Hanstholm Vildreservat 205
Hårbølle 215
Harritslevgård 214
Hasle 98
Hauptstadt 160
Haustiere 320
Havefest 197
Havneby 246
Havnebyen 123
Havnstrup 136
Hee 241
Heerwege, historische 153
Heerwegsmarsch 339
Helgenæs 93
Hellebæk 133
Helligdomsklipperne 99
Helsingør 127, 306, 323
Henne Strand 108
Hennebjerg. 108
Henningsen, Poul 57
Herning 134, 307
Herningsholm 135
Herrnhuter Brüdergemeine 126
Hertz 319
Hesnæs 114
Hesselagergård 270
Hesselbjerg 206

Hillerød 136
Himmelbjerget 259, 314
Himmerland 141
Hindsgavl Slot 213
Hindsholm 224
Hirtshals 145
Historismus 55
Hjemsted Oldtidspark 275
Hjerl Hede 208
Hjørring 143, 307
Hjortø 82
Ho Bugt 107
Hobro 142, 153
Höchstgeschwindigkeiten 336
Højby, 123
Højer 273
Højerup 158
Højriis Slot 206
Holbæk 255
Holbøll, Einar 320
Holckenhavn Slot 224
Hollufgård 232
Holmegård Glasværk 56, 221
Holmsland Klit 242
Holstebro 146, 153
Holstein 45
Holsteinborg Slot 195
HORESTA 303
Horn Rev 107
Hornbæk 133, 307, 311, 324
Horne 109
Horneland 109
Horsens 148, 324, 340
Hørve 312
Hotels 302
Hulbjergjættestuen 200
Hultberg, Peer 278
Humlebæk 131
Hundested 123, 307
Husby Klit 241
Hvidbjerg 118
Hvide Sande 241-242
Hvidkilde Slot 268
Hvolris 281

Industrie 34
Ingrid, Königin 26, 72
Inlandsauskunft 337
Island 47

Jacobsen, Arne 58, 60
Jacobsen, Christian 56
Jacobsen, Jens Peter 206
Jacobsen, Robert 61
Jægerspris Slot 122
Jagd 328
Jagttegn, Skov-og Naturstyrelsen 329
Jakobsen, Carl 183
Jazzfestivals 339
Jelling Oldtidsminder 277
Jelling Orm 277
Jelling, Runensteine 276
Jensen, Georg 56
Jernbanemuseum 92
Jesperhus Blomsterpark 206
Johannsen, Kirsten Winter 108
Johansen, Viggo 60
Jons Kapel 98
Jorn, Asger 61, 258
Juel, Niels 157, 269
Jugendherbergen 316
Julebæk 133
Julemærker 320
Julsø 259
Juni-Verfassung 46
Jütland 152
Jyderup 256
Jylland 152
Jylland, Fregatte 93
Jylllands Mini Zoo 136
Jyske Lov 281
Jystrup 312

Kählers Keramik 220
Kajak 328
Kaleko Mølle 109
Kalmarer Union 39
Kalø Slot 93
Kalundborg 153
Kande 300
Kanu 328
Karneval in Kopenhagen 338
Karpf, Peter 58
Kartentelefone 337
Kastrup International Airport 301
Kattegat 263
Kattegatcentret 94
Keel, Aldo 317
Keldby Kirke 216

Kerteminde 224, 324
Kieler Frieden 45
Kierkegaard, Søren 50, 134, 188
Kimbern 36
Kinder 316, 318
Kino 317
Kirkeby 246
Kirkeby, Per 61, 132, 143, 160
Klassizismus 55
Kleiner Belt 212
Klekkende Høj 216
Klima 15, 320
Klint, Kaare 58
Klintholm Have 217
Klitmøller 205
Klöppelfestival 338
Klöppelspitzen 271
Knud der Große 43
Knud IV. 38
Knud VI. 38
Knudshoved Odde 283
Knuthenborg Safaripark 211
København s. Kopenhagen
Købke, Christen 55
Køge 156, 307, 324
Kokkedal Slot 313
Kolding 159, 324
Kolonien 45
Kong Askers Høj 216
Kong Humbles Grav 200
Kong Museum 283
Kong Svends Høj 211
Kongelige Porcelainsfabrik 56
Königliche Porzellanmanufaktur 56
Königswappen 25
Kopenhagen 160, 307, 310-311, 324, 339
  Alexander Newski Kirke 182
  Amager 179, 188
  Amagermuseet 189
  Amagertorv 168
  Amalienborg Slot 181
  Arbejdermuseet 185
  ARKEN 190
  Assistens Kirkegård 188
  B & W Museum 179
  Bakken 191
  Bella Center 188

345

Kopenhagen (Fortsetzung)
  Bispebjerg 188
  Børsen 179
  Bymuseum 186
  Carlsberg 187
  Charlottenborg Slot 169
  Christiania 180
  Christiansborg Slot 177
  Christianshavn 179
  Christianskirke 179
  Citybikes 165
  Copenhagen Card 165
  Danmarks Aquarium 191
  Dansk Design Centre 174
  Davids Samling 185
  Den Lille Havfrue 183
  Designer Zoo 186
  Dyrehaven 191
  Experimentarium 191
  Folketing 178
  Frederiksberg 187
  Frederiksberg Have 187
  Frederikskirken 182
  Frederiksstaden 181
  Frihedsmuseet 182
  Gammel Dok 179
  Gammel Strand 179
  Gammeltorv 167
  Gefion Springvandet 182
  Grabrødretorv 168
  Grundtvig Kirke 188
  Guiness World of Records 169
  Hirschsprungske Samling 186
  Højbroplads 169
  Holmens Kirke 179
  Hotel d'Angleterre 169
  Huset 167
  Jacobsen, J. C. 187
  Jensen, Lene Stevns 185
  Kastellet 182
  Kierkegaard, Søren 186
  Kleine Meerjungfrau 183
  Klunkehjemmet 177
  Købmagergade 169
  Kongelige Afstøbningssamling 182
  Kongelige Bibliotek 178

Kopenhagen (Fortsetzung)
  Kongelige Stalde og Kareter 178
  Kongelige Teater 169
  Kongens Have 185
  Kongens Nytorv 169
  Kunsthåndværkermarked 167
  Kunstindustrimuseet 182
  Latinerkvarter 167
  Louis Tussaud's Wax Museum 172
  Marmorkirken 182
  Moia, Manuel G. 186
  Mruta, H. B. 186
  Nash, Jørgen 186
  Nationalmuseet 176
  Nørrebro 188
  Ny Carlsberg Glyptothek 174
  Nyboder 182
  Nyhavn 170
  Øksnehallen 186
  Ørestad 188
  Øresundbrücke 188
  Orlogsmuseet 180
  Østergade 169
  Planetarium 186
  Rådhus 166
  Ravhuset 169
  Reiterstandbild Frederiks VII. 178
  Rosenborg Slot 184
  Rundetårn 169
  Skt. Petri Kirke 168
  Sømods Bolcher 167
  Statens Museum for Kunst 185
  Storm P. Museet 187
  Strøget 167
  Teatermuseet 178
  Thorvaldsen Museum 178
  Thotts Palais 170
  Tivoli 171
  Tojhusmuseet 178
  Tuborg 191
  Universitet 167
  Vesterbro 186
  Vor Frelsers Kirke 179
  Vor Frue Kirke 167
  Zoologisk Museum 188
  Zoo 187

Korinth 108, 110
Korselitze Slot 113
Korsør 194
Kraftstoff 336
Krakamarken 234
Kraus-Naujeck, Corinna 318
Kreditkarten 302
Krengerup 215
Kristensen, Tom 268
Kro 303
Kronborg Slot 129
Kronen 302
Kronprinz Frederik 27
Kröger, Tonio 8, 9
Krøyer, Peter Severin 60
Kryb-I-Ly Kro 323
Kunstgeschichte 53
Kunsthandwerk 56
Kurtaxe 293

Ladbyskibet 224
Lage 12
Lalandia 314
Ländervorwahlen 337
Landesnatur 12
Landsting 46
Landwirtschaft 29
Langboote 42
Langeland 197
Langelandfestival 340
Langelandsfort 200
Læsø 196
Lauenburg 45
Ledreborg Slot 255
LEGO 58, 202
LEGOLAND 200
Lejre Oldtidsbyen 255
Lem 241
Lemvig 207, 308
Lerchenborg Slot 155
Lillebeltbro 212
Limfjorden 17, 204
Limfjordmuseet 208
Lincoln, Abraham 141
Lindelse 199
Lindeskov 270
Lindholm Høje 79
Lindisfarne 40
Liseleje, 123
Liselund Ny Slot 219, 308
Liselund Slot 219
Literaturempfehlungen 317
Løgster Grunde 204

Løgstør 208
Løgumkloster 273
Lohals 199
Løjt 71
Løkken 145
Lolland 209
Lønstrup 144
Louisiana Museum 131
Løveparken Givskud 277
Lufthansa 287
Lutter am Barenberg 44
Lykkesholm 270
Lyngby 190
Lyø 81
Lyrik, Dänische 318

Maastrichter Vertrag 47
Madigan, Elvira 269
Maersk Air 287
Mærsk, Reederei 265
Magelund 270
Maglemosekultur 53
Måle 224
Mann, Thomas 8
Mandø 240
Marbæk 107
Margeritenroute 318
Margrethe I. 39, 249
Margrethe II. 25, 26
Mårhoj 224
Mariager 143
Maribo 211
Marielyst 113, 315
Marienlyst Slot 129
Marselisborg Slot 91
Marstal 81
Mårup Kirke 144
Masnedøfortet 283
Mathis, Rudolf 324
Meerestiere 19
Melstedgård 99
Michaëlis, Karin 268
Mickelsen, Hans 50
Middelaldercenter (Bornholm) 100
Middelaldercentret (Falster) 112
Middelfart 212, 325
Midtfyns Festival 339
Mietwagen 318
Millinge 312, 325
Mittelalterfestival 340
Mobiltelefone 337
Moesgård Museum 91
Møgeltønder 273, 315

Molererde 206
Møller, Arnold Peter 265
Møller, Erik 60
Mols, 93
MOMS 321
Møn 215, 308
Monarchie 26
Møns Klint 217
Morgenmad 297
Mørkov, 155
Mors 206
Morsø 206
Munkebjerg Hotel 315

Nakkehoved 134
Nakskov 211
Næstved 219
Nationalflagge 24
Nationalhymnen 25
Nationalkirche 39
Nationalpark 20
NaturBornholm 101
Naturraum 12
Naturschutz 20
Nedergaard Herregårdspension 312
Neksø 101
Nexø, Martin Andersen 48, 101, 188, 318
Nibe 313
Niederschläge 16
Niels Bugges Bank 281
Nielsen, Asta 51, 317
Nielsen, Carl 230, 233
Nielsen, Kai 61
Nielsens Barndomshjem, Carl 233
Nordborg Slot 84
Nordby 115, 257
Nordschleswig 46
Nordsømuseet 146
Normanni 40
Nørre Alslev 113
Nørre Snede 153
Nørre Vorupør 205
Nørre Vosborg 147
Nørresø 108
Nørresundby 79
Notdienste 319
Notke, Bernt 54
Notruf 287
Novasol 337
Nyborg 222, 309, 325
Nyker 98
Nykirke 98

Nykøbing Falster 112, 309, 325
Nykøbing Mors 206
Nykøbing Sjælland 123
Nyord 216
Nysø 222
Nysted 212

ÖAMTC-Notrufzentrale 319
Ochsenwege, historische 153
Odden 123
Odense 224, 309, 325, 339
Odsherred 123
Öffnungszeiten 319
Oksbøl 107
Oksevejen 153
Olskirke 99
Ølstrup 241
Øm Jættestuen 255
Ombudsman 25
Opera, Hotel 310
Orebygård 212
Øresund 31
Øresundbrücke 30
Orgelfestival 339
Ørnereservatet 263
Ørslev 195
Ørsted, Hans Christian 197
Østerlars 100
Østermarie 322

Padburg 72
Pannenhilfe 292
Parlament 25
Parteien 25
Pedersen, Carl-Henning 135, 152
Pederstrup 211
Pelle der Eroberer 48, 318
Personalpapiere 320
Petersen, Robert Storm 187
Pflanzen 16
PH-Lampen 57
Pietsch, Ernst Robert 318
Planetstien 207
Polizei 319
Pølser 299
Porto 320
Post 320
Postgaarden, Hotel 311

347

Præstø 222
Precht, Georg und Richard 318
Prinz Henrik 26
Prinz Joachim 26, 273
Prinz Nikolai 26
Prinzessin Alexandra 26, 138
Privatzimmer 338
Promillegrenze 336
Puttgarden 33, 210

Råbjerg Mile 263
Radfahren 328
Randkløveskår 100
Rantzausminde 266
Ranum 208
Rasmussen, Knud 123
Rasmussen, Poul Nyrup 25
Råsted 236
Rebild Bakker Nationalpark 20, 141
Reersø 155
Reformation 39
Regierung 25
Reichswappen 24
Reisedokumente 320
Reiseversicherung 287
Reisezeit 320
Reiten 328
Religion 23
Renaissance 54
Restaurants 321
Reventlow Museum 211
Reventlow, Johan Ludvig 110
Ribe 236, 309, 311, 326
Rifbjerg, Klaus 317
Ringkøbing 240, 309
Ringreiterfeste 70, 339
Ringsted 242, 309
Robben 20
Rockfestival von Roskilde 250
Rødby 33, 314
Rødbyhavn 210
Rødgrød med fløde 299
Rødkilde Herregårds Bed & Breakfast 313
Rødvig 159
Rokoko 55
Rold 142
Rold Skov 141
Rollo 43
Romanik 54
Romantik 55
Rømer, Ole 254
Rømø 244, 314, 340
Rømø Ny Sommerland 246
Rønne 97, 305
Rosenholm Slot 92
Roskilde 246, 314, 326
Rosnæs 154
Rote Grütze 299
Routenvorschläge 64
Royal Copenhagen 57
Royal Scandinavia 57
Rubjerg Knude 144
Rudkøbing 197
Rundfunk 327
Rungstedlund 192
Rusland 134
Ry 314
Ryberg, Niels 283
Ryomgård 92
Rytterknægten 101

Sæby 120
Sæbygård 121
Sahl Kirke 208
Sakskøbing 212
Salling 207
Samsø 256
Sandvig 98
SAS 287
Sauntehus Slotshotel 311
Scandinavian Airlines System 287
Schackenborg Slot 273
Schadensfälle 336
Schecks 302
Scheelsminde, Hotel 311
Schleswig 45
Schriftsteller, Dänische 317
Schulen 23, 110
Schwedenkriege 39
Schweizerische Rettungsflugwacht 319
Seeland 259
Segeln 328
Selsø Slot 122
Serridslevgård 151
Shakespeare 129
Silkeborg 257, 314
Silkeborger Jazzfestival 339
Sjælland 259
Skælskør 195
Skagen 261, 314, 326, 339
Skagenmaler 60
Skagerrak 263
Skallingen 107
Skamlingsbanken 160
Skanderborg 92, 312
Skandinavisk Dyrepark 93
Skærbæk 275
Skarø 82
Skerninge 313
Skive 153
Skjoldenæsholm Hotel 312
Skjoldenæsholm Sporvejsmuseet 255
Skørping 315
Skovsgaard 199
Skrøbelev 198
Skuldelev Legetøjssamling 122
Slagelse 263
Slotsmølle (Langeland) 199
Smørmosen Strand 269
Smørrebrød 298
Snave 224
Snogebæk 101
Søby 81, 135
Søby Volde 81
Sofienlyst 199
Søholt 211
Sommerland Falster 113
Sommerland Sjælland 123
Sommerland Syd 275
Sommerland West 241
Sommerspiret 215, 219
Sommerzeit 340
Sønderborg 83
Søndergaard, Jens 148
Sønderho 116
Sønderho Kro 117
Sønderskovgaard 198
Sonne über Gudhjem 298
Sonnwendfeiern 339
Sophiendal Gods 312
Sorgenfri Slot 190
Sorø 244
Sørup Herregård 244
Sostrup Slot 95
Souvenirs 295
Sparre, Graf Sixten 269

Sparresholm 221
Speisekarte 332
Spezialitäten 298
Spisekort 332
Spodsbjerg 197, 198
Sport 327
Spøttrup Slot 208
Sprache 329
Sprogø 32
Staat 21
Staatsform 24
Staatsgebiet 24
Staatsoberhaupt 25
Staatswappen 24
Stavning 241
Steensgaard Herregårdspension 312
Stege 216
Stejleberg 98
Stevns 158
Stevns Klint 158
Store Heddinge 158
Store Restrup Herregaard 313
Store Vildmose 79
Storebæltbrücke 31, 195
Storstrømsbrücke 113, 281
Straßenverkehr 335
Strandgaarden 241
Strøby Egede 157
Struensee, Johann Friedrich Graf von 51
Struer 207
Strynø 198
Stubbekøbing 114
Südsee, dänische 81
Surfen 328
Svaneke 100, 305
Svanninge Bakker 110
Svendborg 265, 315, 326
Swissair 287

Tågerup 210
Tambours Have 107
Tange Sø 236
Tara 199
Tåsinge 269, 326
Tåstrup 254
Tauchen 328
Taxi 336
Teglværksmuseum 72
Tegner Museum 134
Telefon 336
Temperaturen 15
Terkelsbøl 275
Teutonen 36
Textilindustrie 134
Thisted 206
Thorning 281
Thorsager 92
Thorvaldsen, Bertel 52
Thronfolge 25
Thurø 268
Thy 205
Thyborøn 205
Thyra, Königin 276
TICKON 199
Tiere 16, 18
Tilsandede Kirke 263
Tinbæk Kalkmine 141
Tinglev 275
Tipperne 242
Tirpitz Stillingen 107
Tissø 54
Tisvildeleje 123
Tobaksladen 199
Toftum 245
Tollundmann 257
Tommerup 214
Tønder 153, 270, 315, 326
Tønnisgård 246
Torbenfeldt 155
Torelund 268
Torsminde 147
Tourismus 35
Touristeninformation 288
Tranæker Internationale Center for Kunst og Natur 199
Tranebjerg 256
Tranekær 313
Tranekær Slot 199
Trelleborg 41, 264
Trinken 297
Trinkgeld 337
Trip-Trap 59
Troense 269
Troense, Hotel 315
Trudsholm 255
Trundholm Mose 123
Tuse 256
Tveje Merløse Kirke 256
Tylstrup 315

Ulfeldt, Leonora Christina 211
Ulstrup Mølle 154
Ulstrup Slot 236
Ulvshale 216
Unfall 336
Unterkunft 337
Uranienborg 49
Urban-Halle, Peter 318
Urlaub auf dem Bauernhof 338
Utzon, Jørn 58, 60

Væggerløse 113, 315
Valdemar I., der Große 38, 54
Valdemar II. 38
Valdemar IV. Atterdag 38
Valdemars Slot 269, 326
Vallø Slot 157
Vangsgaard, Henning 318
Varde 107, 153
Varde Sommerland 107
Vejen 160
Vejle 153, 275, 315
Velling Mærsk 241
VELUX 58
Vemmetofte Kloster 222
Ven 49
Vendsyssel 143, 205
Veranstaltungen 338
Verfassung 25
Verfassungstag 301, 338
Verkehr 35
Verkehrsvorschriften 335
Vesborg Fyr 257
Vest Stadil Fjord 241
Vester Vedsted 240
Vestervig 205
Vestskoven 254
Viborg 153, 277, 316, 326
Viby 224
Vikingetræf 340
Villa Strand, Hotel 307
Vinderup 208
Virgin Islands 46
Visa 302
Visefestival 339
Vissenbjerg 214
Vitskøl Kloster 208
Vögel 18
Vojens 125
Vordingborg 281, 316

Waffen 341
Währung 302
Walhall 41
Wandern 328
Wasserqualität 292

Wattenmeer 20, 115, 240
Wechselstuben 302
Wegner, Hans J. 58
Weihnachtsmarkt 340
Wienerbrød 299
Wikinger 40, 53, 264
Wikingermarkt in Ribe 338
Wikingerspiele 339
Winde 16
Windkraftanlagen 34
Wirtschaft 28
Wohlfahrtssystem 28
Wolter, Stefan 318
Zahlen 332
Zeit 340
Zeitungen 340
Zimbern 141
Zollbestimmungen 341
Zweiter Weltkrieg 46

Verzeichnis der Karten und grafischen Darstellungen

Touristische Höhepunkte 2/3
Lage in Europa 13
Die dänischen Amtsbezirke 22
Danebrog 24
Reichswappen 25
Routenvorschläge 65
Aalborg, Cityplan 73
Århus, Cityplan 86
Bornholm, Inselkarte 96
Esbjerg, Cityplan 105
Helsingør, Cityplan 128
Louisiana, Museum für Moderne Kunst 132
Schloss Frederiksborg 136
Kopenhagen, Stadtwappen 160
Kopenhagen, Cityplan 162/163
Kopenhagen, Tivoli 171
Kopenhagen, Ny Carlsberg Glyptotek 175
Odense, Cityplan 225
Ribe, Cityplan 238
Roskilde, Cityplan 247
Roskilde Domkirke 248
Wikingerburg Trelleborg 264
Løgum Klosterkirken 275
Logo des Dänischen Fremdenverkehrsamtes 288
Klimatabelle Kopenhagen 321

Bildnachweis

Archiv für Kunst und Geschichte: S. 49, 52, 53, 60, 193
Associated Press: S. 27
Baedeker-Archiv: S. 45
Dänisches Fremdenverkehrsamt: S. 91, 143, 282
dpa: S. 51
HB-Verlag: S. 8 (oben), 9 (unten rechts und links), 43, 71, 83, 89, 100, 109, 116, 142, 145, 148, 155, 158, 204, 207, 217, 237, 245, 262, 292, 284/285, 299
Huber: S. 8/9, 10/11, 17, 62/63, 218
Søren Jensen: S. 184
Knuthenborg Safaripark: S. 210
Hans Joachim Kürtz: S. 29, 32/33, 59, 168, 177, 181
Laif: S. 99
Dr. Madeleine Reincke: S. 1, 8 (unten), 9 (oben), 14, 21, 34, 41, 57, 58, 61, 67, 75, 76, 77, 79, 80, 85, 87, 90, 93, 94, 102, 103, 104, 106, 110, 111, 112, 114 , 119, 120, 121, 124, 126 (2 x), 130, 131, 133, 135, 138, 139, 140, 146, 150, 151, 152, 157, 164, 166, 170, 174, 176, 179, 180, 183, 187, 189, 190, 194, 198, 201, 202, 203, 209, 213, 214, 220, 223, 227, 229, 231, 233, 235, 239, 243, 249, 252, 254, 258, 260, 261, 265, 267, 269, 272, 274, 276, 278, 279, 280, 295, 297, 298, 300, 305, 307, 308, 309, 311, 313, 315, 318, 320, 321, 322, 323, 324 (2 x), 325, 326, 327, 328
Roskilde Festival: S. 250
Schapowalow: S. 173
ZEFA: S. 19

Titelbild: ZEFA – reetgedeckte Fachwerkidylle im Herzen Jütlands
Hintere Umschlagseite: HB – Kinder werden von Dänemark begeistert sein.

Impressum

Ausstattung:
165 Abbildungen
26 Karten und grafische Darstellungen, 1 große Reisekarte

Text: Achim Bourmer (Natur, Kultur, Geschichte; Praktische Informationen; Specials anteilig) und Dr. Madeleine Reincke (Reiseziele von A bis Z; Specials anteilig)

Bearbeitung: Baedeker Redaktion (Dr. Madeleine Reincke)

Kartografie: Franz Huber, München; Falk, Ostfildern (große Reisekarte)

Chefredaktion: Rainer Eisenschmid, Baedeker Ostfildern

6. Auflage 2001
Vollständig neu verfasst und neu gestaltet

Urheberschaft: Karl Baedeker GmbH, Ostfildern
Nutzungsrecht: Mairs Geographischer Verlag GmbH & Co., Ostfildern

Sprachführer: In Zusammenarbeit mit der Ernst Klett Verlag GmbH,
Redaktion PONS Wörterbücher

Der Name *Baedeker* ist als Warenzeichen geschützt.
Alle Rechte im In- und Ausland sind vorbehalten.
Jegliche – auch auszugsweise – Verwertung, Wiedergabe, Vervielfältigung, Übersetzung, Adaption, Mikroverfilmung, Einspeicherung oder Verarbeitung in EDV-Systemen ausnahmslos aller Teile dieses Werkes bedarf der ausdrücklichen Genehmigung durch den Verlag Karl Baedeker GmbH.

Printed in Germany
ISBN 3-87504-185-2   **Gedruckt auf 100% chlorfreiem Papier**

Notizen

Notizen

Notizen

Notizen

Notizen

Notizen

Baedeker Programm
Reiseziele in aller Welt

Baedeker Allianz Reiseführer

- Ägypten
- Algarve
- Amsterdam
- Andalusien
- Athen
- Australien
- Bali
- Baltikum
- Bangkok
- Barcelona
- Belgien
- Berlin
- Berlin (engl.)
- Bodensee · Oberschwaben
- Brasilien
- Bretagne
- Brüssel
- Budapest
- Burgund
- Chicago · Große Seen
- China
- Costa Blanca
- Costa Brava
- Dänemark
- Deutschland
- Dominikanische Republik
- Dresden
- Elba
- Elsass · Vogesen
- Finnland
- Florenz
- Florida
- Franken
- Frankfurt am Main
- Frankreich
- Französische Atlantikküste
- Fuerteventura
- Gardasee
- Germany (engl.)
- Gomera
- Gran Canaria
- Griechenland
- Griechische Inseln
- Großbritannien
- Hamburg
- Harz
- Hawaii
- Hongkong · Macao
- Ibiza · Formentera
- Indien
- Irland
- Ischia · Capri · Procida
- Israel
- Istanbul
- Istrien · Dalmatinische Küste
- Italien
- Italien · Norden
- Italienische Riviera · Ligurien
- Japan
- Jordanien
- Kalifornien
- Kanada
- Kanada · Osten
- Kanada · Westen
- Kanalinseln
- Karibik
- Kenia
- Köln
- Kopenhagen
- Korfu · Ionische Inseln
- Korsika
- Kreta
- Kuba
- Kykladen
- La Palma
- Lanzarote
- Lissabon
- Loire
- Lombardei · Mailand · Oberital. Seen
- London
- Madeira